KB081229

민주정치라야 정치학이 산다

정치학 교수로 보낸 30년과 학문 탐구의 궤적

한 배 호 지음

Democracy, the Regime Most Amenable to Political Science

HAHN, BAE HO

ORUEM Publishing House
Seoul, Korea
2013

▶ 유한재단 이사장 퇴임날, 유일한 박사 사진 앞에서(2010.5.20)

▶ 유일하게 남은 온 가족사진(1940)
(제일 우측이 저자, 뒷줄 가운데가 모친)

▶ 초등학교 시절의 가족사진

▶ 미국상선을 타고 태평양을 건너갈때(1954, 봄) (제일 왼편이 저자)

▶ 저자와 아내의 첫 데이트(1955, 봄방학 때)

▶ 존 포스터('켄터키의 옛집' 작곡가) 집 앞에서(1956)

▶ 1955년 오하이오주에서 박정수(뒷쪽 오른쪽에서 2번째), 이범준(뒷쪽 오른쪽에서 3번째)의 약혼식(이범준 옆이 김용 세계은행 총재 어머니 전옥숙, 앞줄 왼쪽이 저자의 아내 박동숙, 앞줄 제일 우측이 오덕주 여사)

▶ 왼쪽에서 두 번째, 박현명 목사(저자의 장인)의 미국 방문 때(1949)

▶ 고려대 아시아문제연구소 앞(앞줄 왼편에서 세 번째가 저자, 그 옆이 김준엽 전 총장)

▶ 저자의 77세 희수연 때의 가족과 친지

▶ **이병형**(예비역 중장, 저자 아내의 외사촌 오빠, 전쟁기념관 설립자)

▶ **고려대 대학원장 시절**(1989~1992)

▶ 제8회 유일한상 시상식 때 안병욱(숭실대 교수) 수상자와 함께(2009. 1. 15)

▶ 괌(Guam) 여행 당시(2001, 여름), 온 가족이 함께
(뒷줄 우측에서 세 번째가 저자, 제일 왼편부터 장남 시훈, 차남 승훈, 승훈의 아들 우현, 승훈의 처 이영미, 시훈의 딸 동연, 승훈의 아들 도현, 시훈의 아들 재현, 시훈의 처 윤은정)

민주정치라야 정치학이 산다

정치학 교수로 보낸 30년과 학문 탐구의 궤적

한 배 호 지음

머리말

내 나이와 비슷한 연령층에 속한 한국 사람들은 격동의 시대를 살아왔다. 어린 시절엔 일본 식민지배하에서 살았고, 해방 후 좌우투쟁의 혼란기, 대한민국 건국 얼마 후에 겪은 한국전쟁, 4·19, 5·16과 같은 정변, 그리고 군사정권의 경제개발과정에 직접 또는 간접으로 참여하여 한국경제가 급성장하는 것을 지켜봤다.

그 후에는 군사정권에 대항하여 정권교체를 이룬 시민과 학생들의 격렬했던 민주화운동을 직접 보고 체험했다. 참으로 다사다난하고 격변 속을 살아온 세대이다.

2013년 1월, 지금의 한국을 바라보는 나의 마음은 흐뭇하다.

경제 강국으로 성장했고 민주화를 달성한 오늘의 한국을 자랑스럽게 바라본다. 한국처럼 한때 황무지라고 부를 정도로 처참하고 가난하며 어려웠던 처지에 있었던 나라가 이처럼 단기간 내에 산업화와 민주화를 달성한 나라가 세계 또 어디에 있을까 하는 생각이 든다.

참으로 자랑스러운 한국이다. 확실히 기적에 가까운 일을 해낸 한국의 자랑스러운 국민들이다.

민주화 후의 한국은 점차 제도적으로 틀은 잡혀가고 있지만 실제 운영 면에서는 문제가 적지 않다. 민주정치는 대의정치와 동의(同意)의 정치를 원칙으로 하면서 다수결의 원칙과 소수에 대한 존중과 관용을 실천규칙으로 삼는 정치체제이다. 그중에도 지도층이 국민의 동의를 무엇보다 중요하게 여기는 체제이다. 그래서 흔히 민주정치는 여론의 정치라고 부른다.

민주정치는 정치지도층이 수시로 국민들을 대상으로 「맥」을 짚어가면서 국민들의 요구를 정확히 파악하여 그것을 정책으로 환원하려는 정치이다. 그러나 현실적으로 다수결의 원칙이나 소수의 권리를 존중하는 룰은 제대로 지켜지지 않고 있다. 진정한 의미의 동의에 의한 정치는 자리를 잡지 못하고 있다.

위정자들이 국민의 동의를 바탕으로 국가를 운영해갈수록 정치학이 설 자리는 더욱 확고해질 수 있다는 것이 나의 생각이다. 왜냐하면 정치학은 국민들의 정치적 포부와 희망과 좌절을 객관적으로 관찰하여 파악할 수 있는 방법을 지닌 학문이며, 상황에 따라 집권층의 결정에 대해 자유롭게 비판하고 자문할 수 있어야 하는 사회과학적인 학문이기 때문이다.

오랫동안 정치학은 그런 기능을 제대로 발휘할 수 없는 환경에 놓여 있었다. 그러나 이제는 다르다. 그렇기에 앞으로 한국에서 정치학이 민주정치를 오늘보다 높은 수준과 단계로 발전시키는 데 긍정적인 공헌과 역할을 다할 수 있게 되기를 기대한다. 무엇보다 정치학계 자체가 그런 역할을 맡을 능력과 소명의식과 자질을 가진 학자나 연구자들로 구성되어야 한다.

이 책에 담은 내용은 좀 특이한 면이 있다. 자서전이라 하기에는 책에 대한 소개가 많고 그렇다고 순수하게 학술적인 내용을 담은 책도 아니다. 내가 낳고 살아온 한국에서, 또한 대학에서 정치학을 가르치면서 관찰하고 연구하며 쓴 책들을 통해서 한국정치의 기본성격과 한국의 정치가 어떻게 변해왔는지를 다루는 것이 주 내용이다. 그러면서 필요에 따라 가끔 책을 집필하던 당시의 한국의 정치 및 사회적 상황을 서술했다. 나는 이 책을 통해서 정치학자가 사는 환경과 학문내용이나 활동 사이에 떼어 놓을 수 없는 깊은 관계가 있음을 강조하고 싶다. 그래서 책의 제목을 『민주정치라야 정치학이 산다』로 했다.

본 저자의 고려대학교 교수 시절의 제자인 통일연구원의 박종철 박사는 이 책이 나오기까지 처음부터 마지막까지 여러 면에서 수고해 주었다. 공무로 바쁜 중에도 많은 시간을 할애하여 도와준 박종철 박사에게 진정으로 감사드린다. 또한 여러 가지로 어려운 여건 속에서도 이 책의 출판을 흔쾌히 맡아준 도서출판 오름의 부성옥 대표에게도 깊은 감사를 드린다.

2013년 1월

한배호

| 차 례 |

제1편 성장과 성숙

제2편 포부를 안고 건너간 태평양

제3편 정치학 교수로 보낸 30년: 저서를 통해 본 나의 학문 탐구의 궤적

제7장 두 번째 쿠데타와 80년대의 대학가: 『한국의 정치』 외 출간 235

제8장 학내 소요 와중에 맡은 보직: 『한국현대정치론』 외 출간 277

제4편 기억에 남는 일들: 세종연구소장과 유한재단 이사장 시절

〈프롤로그〉

"이 많은 정치학자를 어디에 쓰지?"

* * *

1973년 가을로 기억한다. 유신정치가 시작된 지 1년 정도 후였다. 한국정치학회는 한미합동학술회의라는 명목으로 미국에서 정치학을 가르치고 있는 한국인 학자들이 다수 참가한 학술회의를 가졌다. 국내 학자들을 포함해서 수백 명이 참가한 대규모의 회의였다. 문교부장관이었던 민관식 장관이 후원해 주었다고 들었다. 재미학자들이 돌아가서 유신체제를 홍보해 줄 것을 부탁하기 위한 모임이기도 했다.

회의 마지막 날 저녁 재미 한국인 학자들과 한국정치학회 간부들과 소수의 원로교수들이 청와대로 초청되었다. 회의 프로그램의 일환으로 잡혀진 행사였다. 복잡한 보안 절차를 거쳐 청와대의 작은 회의장으로 안내되어 칵테일을 마시고 있는데 한참 후 박정희 대통령과 비서진이 들어왔다. 대통령의 얼굴을 향한 사진기자들의 카메라 플래시가 터지면서 그의 환한 얼굴이 보였다. 처음으로 박 대통령을 2~3미터 정도로 가까운 거리에서 볼 수 있었다.

서로 경쟁하듯 박 대통령에게 가까이 가려고 하던 재미 한국인학자 중 한 사람이 "대통령 각하 우리 정치학자들을 좀 써주세요"라고 아양 떠는 식으로 말했다. 대통령은 웃는 얼굴을 지으면서 "이 많은 정치학자들을 어디에 쓰지"라고 대답했다. 농담처럼 들리면서도 진담이 섞인 말투였다.

그 후 오랫동안 대통령의 대답을 가끔 생각했다. 그냥 별로 깊이 없는 가벼운 대화로 넘어갈 수도 있지만 그 당시 우리나라의 최고 지도자로서 이미 10년 이상 경제성장을 달성하기 위해 모든 국력을 집중 투입해서 이른바 "한강의 기적"이라는 고도경제성장을 이룩한 국가의 최고 지도자의 사고의 일단을 보여 주는 것 같았기 때문이다. 아마 그 모임이 국내외 경제학자들의 모임이었다면 재미 정치학자가 한 것 같은 질문이 나오지도 않았을 것이고, 나왔다 해도 대통령의 대답은 달랐을 것이다. 대통령과 경제학자들 사이에 구체적으로 당면한 경제문제에 대한 대화가 오고 갔을 것으로 상상할 수 있다.

정치학 교수들을 보면서 박 대통령은 어떤 생각을 했고 어떤 느낌이었을까? 경제개발 문제로 꽉 차 있던 대통령의 머릿속에 정치학이라는 학문의 용도에 대한 깊이 있는 생각이 들어설 틈이 없었을 것이다. 있었다 해도 그동안 자기를 몹시 괴롭혔던 대학생들의 데모를 연상할 수도 있고 그런 학생들을 배출한 교수들을 보면서 좋은 감정을 갖고 있었는지도 의문이다. 사실과는 다르지만 서울대를 동숭동 캠퍼스에서 관악산 밑으로 옮기도록 한 이유 중의 하나가 서울대생들이 서울 중심가에서 데모하는 것을 막으려는 의도가 있었다는 '소문'이 돌았던 적이 있다. 정치학 교수에 대해 대통령이 친근감이나 호감을 갖기는 어려웠을 것이다. 무엇보다 대통령의 머리에 정치학자들의 용도가 금방 떠오르지 않은 것은 너무나 당연한 것으로 본다. 그러니 "어디에 쓰지" 하는 표현이 저절로 나올 수밖에 없었을 것이다.

그것은 박 대통령 개인의 정치에 대한 평소의 성향이나 사고와 무관하지 않다고 생각한다. 1961년 5·16 쿠데타 얼마 후 나온 그의 저서 『국가와 혁명과 나』라는 책자의 서문에서 "장안의 '적'들을 몰아내고"라는 표현이 여러 번 나온다. 구 정치인들을 지칭한 것으로 그들과 마치 전쟁을 치르는 것 같은 표현을 쓰고 있다. 물론 장면 정부를 무력으로 전복하고 집권한 삼엄한 분위기에서 나올 수 있는 표현이었지만 자유당시절 군인들이 정치인들에 대해 가진 반감과 증오심을 대변해주는 면도 있다. 사실 박 대통령의 정치에 대한 혐오감과 반감은 군부 고위급장교들 사이에도 널리 공감대를 이루고 있었다.

그러나 박 대통령이 "이 많은 정치학자를 어디에 쓰지"라고 반문한 것은 정치에 대한 혐오감이나 반감 때문만은 아니라고 본다. 사실 그에게 정치학이라는 학문의 용도가 무엇인지 분명치 않았기 때문일 것이다. 그리고 박 대통령과 정치학은 불편한 관계가 될 수밖에 없다. 정치학이란 권력을 비판하고 권력의 본질을 밝히고 권력이 어떻게 행사되고 있는가를 논하는 학문이다. 이것은 독재체제에만 해당되는 것이 아니라 민주정치에도 그대로 적용되는 보편적 원리이다.

가장 중요한 점은, 그날 저녁 정치학자에게 말한 박 대통령의 대답이 그 당시 한국의 정치체제의 본질과 무관하지 않았다는 사실이다. 나는 정치학은 민주정치체제하에서나 꽃피울 수 있는 사회과학분야의 학문이라고 생각한다. 1961년 쿠데타로 집권한 후 10년 동안 박 대통령은 '힘'에 의존한 정치를 해왔기 때문에 정치학이라는 학문의 본질과 필요성을 알 리가 없었을 것이다. 더구나 정치학의 본질이 권력을 '벌거벗기는 것'이라면 정치학의 대상이 되는 권력에게 정치학은 쓸데없는 것일 뿐 아니라 매우 위협적인 것일 수도 있다.

나치 정권이 지배하기 전의 독일은 세계적인 명망을 얻은 다수의 사회과학자들을 배출했다. 그러다 바이마르 민주 정권을 무너뜨린 히틀러(Hitler)가 집권하자 사회과학자들의 말살이 시작되었다. 공교롭게도 독일의 유명한 사회과학자들의 상당수가 유태계의 독일인이었다. 이들은 모두 필사적으로 독일을 탈출하여 미국과 영국으로 망명하여 명문대학에서 연구를 계속했다. 프란츠 노이만(Franz Neumann), 지그문트 노이만(Sigmund Neumann), 폴 라잘스펠트(Paul Lazarsfeld), 한스 스피에르(Hans Spier), 한스 거스(Hans Gerth), 라인하드 벤딕스(Reinhad Bendix) 등이 이런 경우에 해당하는 대표적인 사회과학자와 정치학자들이다.

이탈리아의 사회과학도 마찬가지였다. 모스카(Mosca), 파레토(Pareto), 미헬스(Michels) 등 근대 사회학의 창시자로 불리는 학자들을 배출했던 이탈리아는 파쇼 정권이 들어선 후 사회과학의 불모지대로 전락하여 2차 대전이 종식된 지 반세기가 지난 오늘에도 사회과학분야는 크게 발전하지 못하는 후유증을 앓고 있다. 제국주의시대 일본의 사회과학자들도 유사한 경험을 했다. 제국주의시대의 일본은 소수의 권력층과 군부가 천황을 신격화하고 그 지배체제를 미화하는 사상을 고취하는 데 학문을 이용했고 그 체제를 비판하는 학자는 탄압과 수난을 겪어야 했다. 국가지상주의를 강조한 국가학이나 천황(天皇)이 하사한 헌법을 해석하는 법학은 존속될 수 있었다. 그런 상태에서 독립된 정치학 연구는 불가능했다. 2차 대전에 패배한 후에야 일본은 미 점령 당국의 지시 아래 대학에서 정치학을 독립된 학문으로 설치하는 교육개혁을 추진할 수 있었다.

2차 대전에서 패전하기 이전 일본은 천황을 "살아있는 신"이라고 부르며 신격화하고 그의 권력을 절대화하였고 그 이름을 빙자해 여러 차례 전쟁을 치르는 죄악을 범했다. 군국주의시대에는 천황의 이름을 자유롭게 부를 수조차 없었다. 천황의 이름을 잘못 부르다 처벌을 받기도 했다. 그런데 일본의 어떤 저명한 문인은 "천황도 별다른 것 없는 것이 그도 화장실에 가기 때문이다"라는 명언을 남기고 긴 옥살이를 했다. 그는 천황을 절대화하면서 그 그늘 아래 갖은 악행을 저지른 당시 일본집권세력을 싸잡아 벌거벗긴 용기 있는 지식인이었다고 생각한다.

우익 전체주의 국가들인 나치독일, 이탈리아, 그리고 천황제 일본도 그렇지만 좌익 전체주의국가인 구소련, 그리고 오늘날 중국과 북한에서 권력을 차지한 세력에 대한 비판은 자살행위이다. 마르크스-레닌주의를 절대화시키고 그것을 세뇌공작의 무기로 이용하고 있는 나라에서 정치권력의 본질을 파헤치는 정치학은 존재하지 않는다.

김일성 일가가 3대에 걸쳐 통치하고 있는 북한 공산체제에서 지금 김정은을 정점으로 해서 형성된 권력피라미드의 진실을 밝혀낼 수 있는 사람은 북한에 있을 수 없다. 21세기에 전대미문의 정치적 노예체제하에서 권력을 논하는 것은 상상조차 할 수 없는 곳이 오늘의 북한이다. 과거 한때 세계를 위협했던 공산주의국가들에서 사용한 "사회과학"이라는 말의 내용은 마르크스주의를 지칭하는 것이며 그것은 공산정권을 옹호하도록 국민을 세뇌시키는 수단으로 이용되었을 뿐이다. 공산주의 정치체제에 사회나 정치현상을 객관화해서 분석하는 학문으로서 정치학이 존립할 가능성은 전혀 없다.

그래서 정치학과 정치체제 사이의 관계는 어떤 것인가 하는 질문이 제기될 수 있다. 나치 독일과 파쇼 이탈리아를 떠나 서방세계로 망명한 유럽의 사회과학자들은 미국만 아니라 세계의 사회과학을 발전시키는 데 지대한 공헌을 했다. 그들의 상당수가 베버의 제자이거나 그에게서 영향을 받은 학자들이었다. 베버는 독일제국시대에 태어나 활동했으나 그 체제하에서도 학문의 자유와 정치적 자유를 희구했고 방대한 양의 저술을 했다.

그러나 그의 제자들의 운명은 달랐다. 그들도 독일에서 계속 연구활동할 수 있고 생명의 위협을 받지 않았다면 독일을 떠날 이유는 없었다. 그러나 희대의 독재자 히틀러 밑에서는 그들이 추구하는 학문의 자유는 물론 자신들의 생존도 보장받을 수 없었다. 그 체제에서 권력을 비판하거나 나치정권의 정책을 비판하는 일은 상상조차 할 수 없었고, 그 정권하에서 살아남는 유일한 길은 히틀러에게 충성하는 일이었다. 그들에게는 망명만이 살길이었던 것이다.

독일이나 이탈리아의 사회과학자들에 비한다면 한국의 사회과학자나 정치학자가 처했던 상황이나 사회 · 정치적 조건은 훨씬 나은 편이다. 이승만 정권이 비록 독재적인 성격은 지녔으나 사회과학자들이나 정치학자를 탄압하는 정권은 아니었다. 단지 공산주의자나 사회주의자에 대한 극단적인 규제와 통제 때문에 일부 자유주의사상을 가진 학자가 부당하게 억압을 받는 일이 있었다. 더구나 박정희 군사정권은 이승만 정권보다 강성의 정권이었고 진보적인 학자들에 대해서뿐만 아니라 군사정권의 대안을 논하는 일 자체가 위험부담이 될 정도로 전횡적이고 권위주의적이었고 학문의 자유도 과거보다 많이 위축되었다.

강권에 의지하는 권력정치가 극치에 달했던 유신체제하에서는 그 체제를 무조건 추종하거나 체제를 학문적으로나 행동으로나 정면으로 반대하는 어느 한 쪽을 택하도록 압박하는 정치적 상황이 전개되었다. 그런 상황 속에서 정치학자들이 권력을 상대로 비판하고 견제하는 학문을 추구하는 일은 많은 제약을 받았다. 정치학이 아직 제대로 자리도 잡지 못했던 1950년대는 빼고, 1960년대부터 90년대에 이르는 30년간 한국의 정치학은 숨은 쉴 수 있었지만 허탈상태에 놓여 있었다. 그것이 근본적으로 정권적인 차원의 문제였지만 정치학자로서 나도 자성과 동시에 그 긴 세월을 답답한 심정으로 보낸 것이 너무나 아까운 느낌을 갖는다.

그래서 어떤 때는 서구의 정치학자들이 참으로 부럽다는 생각이 든다. 서구 민주국가에서의 정치학의 발달은 권위주의 정권하의 정치학과 너무나 대조적이다. 미국의 경우를 보면 1950년에 5,000명이었던 정치학자의 수는 계속 늘어나 현재 미국정치학회의 회원은 2~3만 명에 이르고 있다(David Easton, *Political System,* p.39). 대학의 수도 많지만 정부기관, 공사립의 정책을 연구하는 연구소, 심지어 대기업이 가지고 있는 다수의 연구소도 정치학을 전공한 사람들로 채워져 있다. 미국의회(상 · 하원)가 설치한 입법조사부서에서도 수백 명의 정치학 전공자들이 의원들의 입법과정을 도와주고 있다. 그러나 국회의원의 다수는 변호사출신들이다. 이것이 미국에서 정치학이라는 학문이 차지하고 있는 비중이자 사회적인 인지도라 할 수 있다. 미국의 민주적인 정치체제가 정치학을 사회과학 중 하나의 중요한 학문이자 정치와 밀접한 관계가 있는 학문으로 자리 잡게 한 것이다.

이런 이유에서도 정치체제와 정치 그리고 정치학 사이의 관계를 논하지 않을 수 없다. 단지 폭력수단에만 의존하여 지배하는 정치체제하에서는 정치학의 용도는 말할 것도 없고 심한 경우에는 그 존립도 어렵다. 정치체제와 정치학은 끊을 수 없는 상호관계를 갖고 있고 동전의 양면과도 같다고 할 수 있다. 또 정치와 정치학의 관계를 논할 때 정치가들의 사명 및 자질과 함께 학자로서의 정치학자의 자질이나 자세도 논하지 않을 수 없다. 넓은 맥락에서 볼 때 양자가 깊은 관계를 맺고 있기 때문이다.

한영(韓英)사전에는 정치(Politics)라는 단어가 「정치학」(political studies)과 「정치」라는 두 가지 의미를 가진 것으로 표기되어 있다. 해롤드 라스웰(Harold Lasswell)은 "정치란 누가, 무엇을, 언제, 어떻게 획득하느냐"는 현상이라고 규정한 바 있다. 여기서 '무엇'이란 권력을 포함해서 사람들이 추구하려는 가치를 말한다고 할 수 있다. 그는 '정치'라는 용어에 두 측면이 포함되어있는데 하나는 조작(操作-manipulation)이라는 측면이고 또 하나는 사색(Contemplation)이라는 측면이라고 지적하고 있다. 정치하는 일(조작적 행위)과 정치학자가 정치현상을 연구하는 대상이 같으면서도 서로 다르다는 것을 강조한 것이다. 정치를 조작하는 일에 종사하는 정치가도 정치적 사색을 할 줄 알아야 하지만, 정치현상에 대한 사색을 주로 하는 정치학자도 정치의 조작적 측면에 대한 통찰력을 지녀야 한다. 정치학자도 예민한 정치적 감각을 지닐 필요가 있다. 또 예리한 정치적 감각을 지닐 필요가 있다. 그래서 정치와 정치학은 동전의 양면과 같은 것으로 보아야 한다.

그런데도 한국을 포함해서 많은 국가에서 정치와 정치학이 긴장관계나 심지어 상극적인 갈등관계를 갖는 국가가 많다. 특히 제3세계의 비민주적이고 독재적인 체제에서 정치와 정치학의 관계가 그렇다. 그런 체제하에서 정치와 정치학은 서로 필요성을 인정하는 것보다 상호배타적이거나 갈등관계를 지니게 된다.

그런데 정치를 '조작'과 '사색' 차원으로 구별하는 것은 정치와 정치학이 서로 무관하다는 뜻은 아니다. 정치에 대해 사색하는 사람은 권력을 조작하는 사람이 하는 행동이 가져올 결과를 생각하고 분석하며 비판하는 기능도 할 수 있어야 한다. 막강한 권력을 행사하는 일에 따르는 과오나 오만이 초래한 결과가 너무나 클 수 있기 때문이다. 정치하는 사람도 정치학자 같이는 아니더라도 자기가 추구하는 목적에 대해 깊이 사색하고 그 바탕 위에서 행동할 줄 알아야 한다. 다시 말해서 정치와 정치학은 불가분의 관계를 지니는 것이다.

권력의 권위성을 강조하는 미국의 정치학자 이스턴(David Easton)은 라스웰과 비슷한 견해를 가지고 정치현상을 논하면서 "정치란 가치를 '권위'를 가지고 배분하는 현상"이라고 규정한 바 있다. 가장 중요한 것은 '권위'라는 용어이다. 즉 합법성과 아울러 정당성을 지녀야 한다는 뜻이다. '가치'란 권력, 부, 명예를 말한다. 그런 가치를 배분하는 구조가 바로 '정치체제(regime)'이며 그 구조적 테두리 안에서 정책을 수립하고 집행하게 된다. 정치체제란 정부라는 메커니즘이나 국가기구(사법, 입법 등)를 포함할 뿐 아니라 사회 내의 모든 구조와 과정들의 상호작용을 포함하는 권력구조이다. 또한 정치체제는 한 사회의 경제생활을 조직하는 '권력을 행사할 수 있는 합법적인 지배체제(system of rule)'를 뜻하는 개념이다.

그래서 이스턴은 정치학을 가리켜 "정치체제와 정치변화를 다루는 학문"이라 부르고 있다. 또한 "권력의 핵심을 연구하는 학문"이라고도 했다. 풀이하면 "정치학은 정치체제내의 권력의 분포양상을 연구하고 그것이 가치분배에 어떤 영향을 미치는 지를 알아내려는 학문"이라 할 수 있다. 그렇기 때문에 정치권력의 핵심을 파악하여 연구하는 일은 권위주의정권에서는 사실상 불가능에 가깝다. 그런 종류의 정권은 권력을 목적으로뿐만 아니라 수단으로도 독점하고 있기 때문에 정치체제를 독점하고 있는 세력은 자기보호를 위해서도 정치학자들이라는 존재를 귀찮게 여기며 경계하거나 탄압하고 멀리하게 된다.

독재정권만큼은 아니지만 같은 현상이 민주정권에서도 나타날 수 있다. 그 체제하에서도 권력을 사실 그대로 파악하고 분석하려는 정치학자들의 연구가 여러 가지 제약을 받을 수 있다. 단지 차이가 있다면 민주정치에서는 언론자유가 있어서 언론이 정권이나 집권층에 대해 보다 철저한 감시를 할 수 있다는 점이 다를 뿐이다. 그런 언론의 역할이 없다면 민주정치체제도 본질적으로 권력의 부패와 남용과 비리의 유혹으로부터 자유로울 수 없는 것이다. 언론의 자유와 권력을 벌거벗기려는 정치학의 학문적 자유가 확보될 때 정치권력에 대한 감시와 비판이 있을 수 있고 건전한 민주정치를 유지해 갈 수 있다.

'가치를 권위적(Authoritative)으로 분배'하는 일은 몇 사람이 제멋대로 하는 것이 아니다. '정치하는 사람'은 권위성을 지니고 정권을 운영하는 역할을 담당하는 반면, 정치학자는 그것이 어떤 조건하에서 어떻게 가장 잘 운영되는가를 구명하고 어떤 조건하에서 그것이 변화하게 되는지를 다루게 된다. 권위성이란 '권력과 정당성'이라는 두 개의 요소를 합친 개념이다. 권력은 강권과 제재(制裁)를 수반하는 영향력을 말하며 정당성이 없는 권력은 권위성을 지녔다고 말할 수 없다. 그것은 폭력에 가까운 것이 된다. 정당성이란 피지배자인 국민들이 정권을 운영하는 지배자들의 지배할 수 있는 권리에 대한 믿음을 바탕으로 하는 것이다. 그래서 어떤 지배층이든 국민들로부터 정당성을 인정받는 것은 단순히 복종을 얻는 것보다 어렵고 중요하다. 정치와 윤리가 불간분의 관계를 갖는 근거가 여기에 있다.

정치학에서 권위는 권력과 정당성을 합친 중요한 개념이다. 모든 정치체제가 권위 없이 국가를 통치할 수 없다. 그리고 권위를 어떻게 확보하고 행사하느냐에 따라 정치체제의 성격은 전혀 달라진다. 권위를 무제한적으로나 또는 견제를 받지 않고 휘두르는 체제는 독재체제, 즉 '권위주의체제'가 된다. 그것과 민주체제의 차이는 권위에 대한 제도적 차원의 견제가 있느냐 없느냐에 있다. 비교정치분야에서 권위주의체제에 대한 연구가 큰 관심을 끄는 이유는 제3세계의 대부분의 국가가 그런 유형의 체제에서 벗어나지 못하고 있기 때문이다.

그래서 라스웰의 견해를 따르면, 정치학이라는 학문은 가치분배를 다루는 정치체제의 본질이나 그것을 구성하는 권력구조에 대한 연구만 아니라 어떤 권력을 가지고 어떻게 가치분배를 하느냐에 관심을 가질 수밖에 없다. 또한 어떤 조건하에 정치적인 변화가 발생하는가에 관심을 갖는다. 집권층이 권위성을 상실할 때, 사회 내에서 가치분배가 공정하게 이루어지지 못할 때, 국민들의 정치참여가 봉쇄될 때, 급격하고 광범한 정치변화가 일어날 수 있다. 그런 원인들을 규명하는 것도 정치학자의 중요한 연구과제이다.

나는 1952년 임시수도였던 부산에서 이승만 대통령의 재선을 강권으로 관철시킨 「부산 정치파동」을 직접 목격했다. 1950년 봄 연세대 정치외교학과에 입학하자마자 한국전쟁으로 학업을 중단하였다가 우연한 기회에 부산에 있던 유엔민사처(UNCACK) 본부의 행정과 소속으로 보도관이라는 직책으로 국회 본회의에 출근하고 있었다. 그날의 의사일정과 의원들의 발언 가운데 중요한 내용만 요약해서 영어로 보고서를 만들어 나의 직접 상사였던 미군 중위에게 전달하는 임무를 맡았다. 그리고 부산정치파동이 일어나던 날부터 간선제에서 직선제로 대통령을 선출하도록 한 개헌안이 국회를 통과하는 날까지 3~4개월 동안 국회 안팎에서 일어난 사태를 직접 지켜 볼 수 있었다.

당시 나와 같은 사무실에 조한용(趙漢用)이라는 분이 계셨다. 그때 나이 50대였고 깡마른 체격에 매우 지적인 품모를 지닌 분이었다. 알고 보니 여운형(呂運亨) 씨와 가까운 분으로 해방 직후 여운형 씨가 조직한 건국준비위원회(建準)를 같이 만들었고 1945년 9월 중순 미군이 인천항에 들어왔을 때 하지(Hodge) 장군을 만나 미군을 환영한다는 뜻의 여운형 씨의 친서를 전달하기도 한 분이었다.

서로 친하게 지내게 되면서 내가 정치학을 공부한다고 하니까 그분은 "정치를 하는 것과 좋아하는 것은 다른 것이야"라고 말했다. 그분은 여운형 씨와의 연관 때문이었는지 남한에 1948년 단독정부가 수립되면서 정계에서 물러나 있었다. 그러나 전쟁 때 월북을 하지 않은 것을 보면 공산주의자나 사회주의자도 아니었던 것 같다. 매우 수준 높은 영어를 구사했고 보고서도 영어로 쓰고 있었다. 그 당시의 정치전반에 대한 분석을 맡아 일하고 있었던 것으로 보였다.

"정치를 하는 것과 정치를 좋아하는 것은 다른 것이야"라고 말한 그분의 말은 정치를 '조작'과 '사색'으로 구별하여 논한 라스웰의 말과 일맥 상통하는 표현이다. 그분이 라스웰의 책을 읽었을 리는 없을 것이다. 그분이 정치에 관여하면서 직접 체험한 것을 말해주었다고 본다. 그분도 내가 보기에 정치를 하는 성격은 아니었던 것 같다. 매우 지성적인 분이었다. 그래서 진보적인 정치가인 여운형을 좋아 했을지 모른다.

여운형계로 낙인 찍혔다면 단독정부가 수립된 후 이승만 정권하에서는 소외 내지는 경계를 당하면서 살아야 했을 것이다. 그가 나에게 정치를 '좋아하는 것'은 '정치하는 것과 다르다'는 말은 우리나라의 정치가 얼마나 잔인하고 험악하며 포악할 수 있는가를 직접 체험한 사람만이 느낄 수 있었던 솔직한 고백이었을 것이다. 나에게 정치에 투신하는 일이 얼마나 큰 부담을 안는 것이라는 사실을 말해 주려 했다고 본다.

1952년 이승만이 재집권하기 위해 벌인 부산정치파동을 목격하면서 그런 정치체제하에서 정치학은 아무 소용도 없다고 생각했다. '땃벌떼'라는 깡패조직과 동원된 농민 · 노동단체가 소와 말이 끄는 마차들을 타고 몰려와 국회의사당을 둘러싼 채 시위를 했다. 신문은 우의(牛意) 마의(馬意)의 동원이라고 풍자했다. 데모대가 국회의원을 폭력으로 위협하고 테러를 가하는 사태를 목격했다. 미국에 유학을 간 후에도 나는 가끔 부산정치파동 때 보았던 것을 떠올릴 때마다 한국정치의 미래를 비관할 수밖에 없었다. 그리고 미국의 민주적인 정치체제의 운영을 보면서 "이건 우리와 너무 다른데. 이런 정치도 있구나"라고 감탄하기도 했다. 내가 부산에서 보았던 우리나라의 정치 모습이나 정치체제의 운영방식과는 '천양지차(天壤之差)'라는 느낌이었다.

1954년 미국에서 유학하는 동안 이승만 대통령에게 3선을 허용하기 위해 강행한 소위 「사사오입」 개헌을 둘러싼 소동을 미국 신문보도에서 읽었을 때도 부산정치파동 때의 일이 다시 떠올랐다. 그리고 역시 미국신문에서 1958년 12월 신 국가보안법을 통과하는 과정에서 일어났던 여야 간의 격투에 대해서와 야당 의원이 부상을 당했다는 보도를 보았을 때 한편 부끄럽기도 했지만 또다시 부산정치파동 때를 연상했던 경험이 있다. 그러다 1960년 4 · 19 학생의거사건이 일어났을 때 나는 미국유학 생활하던 중 처음으로 한국인임을 자랑스럽게 생각하고 긍지를 느꼈다. 시카고에서 유학생들이 모여 흥분된 상태에서 국내에서 전개되는 사태를 지켜보면서 한국정치의 미래를 논한 적도 있다.

그러나 그 후 1960년대 4 · 19 의거 1년 후 한국에 돌아와 대학에서 정치학을 강의하는 동안 목격하고 체험한 중요한 정치적 이벤트와 사건이 일어나는 근본요인들은 1952년 부산에서 보았던 것과 본질적으로 크게 다를 바 없었다. 그런 의미에서 「부산정치파동」은 해방 후 한국에서 나타난 정치의 본질을 담은 원형(prototype)이자 패러다임(paradigm)과 같다는 생각이 들었다. 한마디로 부산정치파동은 흔히 후진국에서 나타났던 "룰을 완전히 무시하고 일방적으로 파기시키면서 힘으로 상대방을 억압함으로써 정치적 대립과 갈등을 노골적인 폭력에 의해 해결하는 방식"이었다. 나는 부산정치파동을 통해서 아무 견제나 제한도 받지 않은 권력정치의 극치를 엿볼 수 있었다.

과거에 한국의 정치학자들이 집권자나 집권층과 관계를 맺거나 자문하는 일을 했을지 모르나 그럴 때 그가 아는 정치학 지식은 아무 쓸모가 없었을 것이라 본다. 한국에서 벌어진 현실정치는 정치학적 지식이나 주장과는 단절된 별세계에서 벌어졌으니 말이다. 특히 1960년대 군사정권이 들어온 후부터 얼마 전까지도 한국정치는 정치학적 지식을 필요로 하지 않은 채 진행되어 왔다고 해도 과언이 아니다. "이 많은 정치학자들을 어디에 쓰나"라는 박 대통령의 대답은 그만의 대답이 아니라 그 전후 여러 대통령들이 되풀이했던, 충분히 납득할 수 있는 대답이었다.

한국에서 정치와 정치학 사이의 관계에 있어 상호 간의 연계 혹은 대화가 되지 않았던 이유는 많다. 정치적 자유와 자유로운 정치적 경쟁이 제약을 받던 박 정권 때나 그 후의 군사 정권기간 동안 권력층을 구성했던 집권세력은 정치학이라는 학문의 용도에 대해서 대체로

부정적이었다. 통치를 하는 데 정치학이라는 사회과학적 지식의 필요성을 인정하지 않았던 것이다. 정치학자들이 공개적으로 정권을 비판하는 일을 허용할 수 없었던 것이다. 단지 정권을 지지하는 데 필요한 사람을 쓰다가 용도가 끝나면 적당한 대우를 하거나 다른 직으로 보내는 것이 고작이었다.

그런 속에서 정치학은 별로 기여할 여지가 없었다. 소수의 정치학자를 제외하고는 군사정권이 추구하려는 정책이나 방향에 대해 정권에 도움을 줄 조언이나 자문을 해 줄 수 있는 정치학자는 없었다. 그런 정권의 특성을 갈파해서 그런지 모르나 몇몇 정치학자는 일찍이 대학 강단을 버리고 아예 현실 정치에 투신하기도 했다. 그러나 다수의 학자는 침묵을 지키게 되었고 소수의 학자가 정치학적 지식과는 별 관계없이 정권의 정당성이나 도덕성을 정당화하거나 반대로 정권을 비판한 결과 구속되는 상황이 전개되었던 것이다.

군사정권하에서 정권을 장악한 실세의 입장에서 본다면 정치학자들의 이론이나 주장은 자기들의 생각이나 욕구를 충족시키는 데 쓸모 있는 것은 아니었다. 군사정권시절의 한국의 정치학은 서양의 정치사상, 강대국 중심의 국제정치이론, 그리고 후진국에 대한 정치발전과 비교정치연구가 주류를 이루고 있었다. 극히 드물게 한국정치사상을 연구하는 학자도 있었으나 그는 곧 정권을 옹호하는 공식적인 이념 조성에 동원되었다가 후에 한 차례 비례대표로 국회의원직을 보상받은 사례도 있다.

국제정치학을 전공했다는 몇 명의 정치학자 역시 비례대표로 국회에 진출한 적이 있었다. 그들도 정치권에서 소외된 채 생존하지 못하고 도중에 탈락하여 은퇴하였다. 극히 소수의 예이지만 이것이 군사정권하에서 볼 수 있었던 정치와 정치학의 관계를 보여주는 예들이다. 넓은 의미에서 정권의 책임도 있지만 동시에 정치학자들이 현실 정치에 기여할 능력이나 지식을 갖추지 못하고 있었다는 것으로 볼 수 있다. 정권만을 탓하기보다 정치학자들이 '적실성' 있는 지식과 이론과 경험을 얼마나 가졌느냐가 문제인 것이다.

민주정치는 정치학의 자연적 실험실

다행스럽게도 21세기에 들어선 오늘의 한국의 정치체제는 그런 과거의 정치적 유산을 많이 청산하기 시작했다. 많은 사람의 희생 위에 이루어졌지만 민주화를 달성함으로써 유권자(대중)가 정치의 방향에 영향을 미칠 수 있는 정치체제로 점차 변해가고 있다. 그러나 우리의 민주정치는 아직도 먼 길을 가야 하는, 매우 초보적인 단계에 있는 민주정치이다. 달(R. Dahl)이라는 학자는 민주정치는 엄밀히 따지면 다두(多頭)지배(polyarchy)라고 보았다. 민주정치는 소수가 정권을 독점하지 않고 여러 집단이나 세력이 번 갈아가며 집권하도록 길을 열어 놓았다는 점이 권위주의정권과 다르다는 것이다. 그래서 다두지배체제라고 부른 것이다.

다두지배체제에서는 정치엘리트들 사이에서 합의를 보아 결정한 룰(헌법이나 선거법 등)에 따라 두 개 이상의 정치세력들이 정권을 장악하기 위한 경쟁을 벌이고 있다. 그런 정권이 가진 이점은 소수의 집권세력이지만 정당성을 얻고 있다는 점이다. 권위주의정권처럼 장기집권에 따르는 저항이나 반대가 없기 때문이다. 그러나 정치엘리트가 국민이 요구하는 개혁을 적극적으로 추진하지 못할 때는 정당성문제가 제기될 수 있다. 우리의 경우 역시 대중의 정치참여와 집권층에 대한 통제는 형식적인 차원에 머물러 있다. 소수의 소위 "선량(選良)"이라고 말하는 엘리트가 국가의 운영을 독점하며 좌지우지하고 있는 엘리트 중심의 민주정치이다.

그런데 군사정권시대가 끝난 오늘날에도 한국사회에 "이 많은 정치학자들을 무엇에 쓰나"라고 정치학의 역할에 대해 부정적이고 냉소적인 태도가 팽배하고 있다면 정치학의 장래는 매우 비관적이라 하지 않을 수 없다. 아직 민주적인 정치질서가 공고화된 것은 아니지만 실제로 한국의 정치학이 어떻게 정치에 기여할 수 있는지는 명확하게 나타나지 않고 있다. 다만 확실한 것은 이제는 정치학과 정치가 건설적이고 창의적인 관계를 새롭게 형성해 나가야 할 시대가 왔다는 사실이다.

오늘의 한국사회는 민주정치체제가 유지되려면 어떤 조건과 기능이 필요한지를 연구하고 찾아내기 위한 '자연적인 실험실'이 되고 있다. 민주화가 가져온 중대한 변화라고 생각한다. 시간이 갈수록 '시민들의 선택'이 한국정치의 방향을 결정하는 정치가 더욱 비중을 갖게 될 것은 확실하다. 그리고 정치가는 그런 시민들(즉 유권자)의 동향과 성향을 진지하게 고려해야 하고 능력만 아니라 도덕적으로 신뢰와 지지를 받지 않고는 살아남기 어려운 시대가 되어가고 있는 것이다. 민주정치란 결국 지지자의 "수"의 정치인 것이다.

이제는 과거처럼 "이 많은 정치학자를 어디에 쓰지"라고 간단하게 일축하던 시대는 아니다. 정치하는 사람들과 정치학자 사이에 새로운 관계를 수립하는 문제를 진지하게 논의할 필요가 있다. 그리고 그런 관계를 논의하는 데 있어서 전제가 되는 것은 양자의 역할은 서로 다르다는 것을 인정하는 일이다. 과거처럼 정치학이 정치를 외면만 하는 관계나 또 반대로 정치가 정치학을 "교과서 따위"로 무시하거나 정치학자를 권력유지의 장식품 정도로 인식하는 관계는 지양되어야 한다.

민주정권은 '자유선거'라는 방식으로 권위를 가지고 가치를 분배한다. 아무리 자유롭고 공정한 선거를 통해서 집권했다 하더라도 민주정권이 얼마나 국민의 동의와 자율적인 지지를 바탕으로 하고 있는가에 따라 정권의 권위나 정당성에 차이가 있다. 왜냐하면 권위는 권력과 정당성(legitimacy)을 합친 개념이기 때문이다. 그리고 정당성은 단순히 법적인 합법성의 차원을 넘어 정치권력에 대한 '도덕성' 판단을 포함하는 개념이다. 권력의 좋은 면과 악한 면을 따지지 않을 수 없다.

모든 나라가 정치지도자나 정치가의 윤리적 행위에 관심을 갖고 있는 것도 그 때문이다. 지배자가 얼마나 피지배자의 도덕적 판단을 존중하고 그것에 의존하려 하느냐가 그 나라의 지배의 성격과 내용을 가늠하는 결정적 요소가 된다. 지배자가 강권에만 의존해서 지배하는 체제는 권위는 있으나 그것은 피지배층에게 '강요한 권위', '폭력이나 노골적인 권력에 의존한 권위'이지 피지배층의 동조나 지지를 바탕으로 한 권위는 아니다. 그리고 지배자의 권위에 반대하거나 비판하는 세력을 권력과 폭력으로 억압할 경우 그 정권은 「권위주의적 정권」이 된다. 권위는 있지만 정당성은 없거나 취약한 정권이라는 뜻이기도 하다. 소수가 폭력에 의존해서 다스리는 정권이라는 의미도 있다.

정치의 두 가지 차원인 「조작적(操作的)」 차원과 「사색적(思索的)」 차원 가운데 조작적 차원에 뛰어난 사람들이 판을 치고 올바른 정치를 위해서 어떻게 해야 되느냐를 사색하고 고민하는 정치가나 정치학자가 제 구실을 할 수 없는 사회라면 정치는 사라진 것이고 오직 폭력이 지배하는 사회이다. 그런 곳에는 정치학이 설 자리는 없다. 노골적인 폭력에 의존하는 강권정치로서 얼마든지 통치가 가능한 정치라면 그곳에 정치학이 필요 없다. 있다면 그런 정치를 옹호하고 집권자에게 아부하고 국민을 오도하는 혹세무민(惑世誣民)하는 선동가는 있을 수 있다. 그러나 진정으로 미래를 내다보며 사색하고 현재의 문제들을 솔직 담백하게 논의할 수 있는 학문으로서의 정치학은 존재할 수 없다.

앞으로 한국사회는 "시민사회" "대중사회"로 변모하면서 "시민의식" "시민문화"의 본질과 그 성향이 정치의 구조나 과정과 불가분의 관계를 갖게 될 것이다. 시민의식이 건전한 민주정치의 창달(暢達)에 어떤 도움이 될 수 있을지 깊이 있게 논해야 할 시점이다. 그것이 오늘날 한국 정치학의 중요한 과제의 하나라고 생각한다. 이것은 특히 한국정치를 전공하는 학자들이 깊은 관심을 가져야 할 매우 동적이고 의미심장한 변화 양상에 대한 연구과제이다.

그런 시민의식, 시민문화를 사회과학적으로, 그것도 한 번이 아니라 지속적으로 탐구하고 분석하는 정치학적 연구가 요구된다. 시민들의 투표성향, 시민들의 정치의식의 내용과 변동과정을 정확하게 파악하여 정당정치를 통한 정책수립으로 환원할 수 있는 정치학 연구도 필요하다. 이 모든 것이 세련된 정치학적 관찰과 이론과 방법에 의존해야 가능한 것이다. 정치에 정치학적 지식이 필요한 시대에 우리는 돌입하고 있는 것이다.

민주화된 오늘날 한국에서 가장 심각하고 중요한 문제는 민주정치를 담당할 정치가가 지녀야 할 지도자적 · 윤리적 자질과 덕목이라

할 수 있다. 국민들이 정치가들의 자질과 능력에 대해 신뢰나 존경심을 가질 수 있어야 한다. 동시에 민주정치체제하에서 정치학을 가르치는 정치학자의 학자적 성실성과 자세도 특별한 의미를 지닌다. 정치학자들은 권력을 벌거벗기는 일을 통해서 권력의 남용과 집권자의 활동을 감시 비판하는 역할을 겸해야 한다. 정치학자들이 저널리스트가 하는 일 이상으로 정부 감시의 기능을 수행할 수 있어야 한다. 그런 의미에서 오래된 것이지만 베버(Weber)가 다룬 '정치학과 정치의 관계'로부터 오늘날 우리 사회에서 나타난 양자의 관계를 생각하는 데 도움이 될 수 있는 통찰력을 얻을 수 있다.

베버(Weber)가 꿰뚫어 본 정치가와 학자의 자질

하이델베르크대학 교수취임 강연인 "직업으로서의 정치"에서 베버는 정치하는 사람들을 향해 다음과 같은 권고 비슷한 말을 하고 있다. 정치가들이 가져야 할 덕목은 정열(passion), 책임감(responsibility), 그리고 평형감(sense of proportion)이다. 정열은 그의 소신과 관련이 있다. 베버는 "자기가 믿는 것에 대해 확고한 입장을 취하는 일, 어떤 대의(cause)와 쟁점에 대해 자신의 소신을 명확하게 피력하는 일, 그리고 그것을 '정열'을 가지고 주장할 수 있는 자질, 이것이 곧 위대한 리더의 자질이고 요소"라고 말했다(H.H. Gerth and C. Wright Mills(eds.), *From Max Weber*, New York: A Galaxy Book, 1958, p.95).

그런데 신념이나 대의나 쟁점에 대해 정열적으로 자신의 입장을 밝히는 것만 아니라 정치가는 그런 입장을 취한 데 대해 '책임'을 질 줄 알아야 한다. 설명책임(accountability)을 지닌다. 그것이 그의 정치가로서의 행동을 유도하는 밝은 별(guiding star)이어야 하는 것이다. 그럴 때 필요한 것이 평형감이다. 이것이야말로 정치가에게 꼭 필요한 심리학적 자질이다. 즉 내적 집중력과 침착성을 가지고 현실을 보고 활동하는 능력이다. 따라서 멀리해야 할 일이 있으면 사람들과 거리를 유지할 수 있어야 한다. 그런 거리유지를 할 줄 모르는 정치가는 최악의 죄를 범하게 되는 것이다(앞의 책, p.116).

베버는 정치는 머리를 가지고 하는 일이지만 그러나 머리만으로 되는 것은 아니라고 말하면서 '궁극적 목적의 윤리(Ethic of Ultimate End)'를 정치와 관련시킨다. 그것을 베버는 절대적 윤리라고 말하면서 일반적인 의미의 책임성 윤리와 구별한다. 가령 성경에 나오는 예수의 산상수훈(山上垂訓)의 내용은 모두 절대적 윤리 내용을 담고 있다. 정치가 그런 절대적 윤리를 현실세계에서 실천하라는 것은 아니다. 그것은 종교의 영역이라 할 수 있다. 모세의 십계명도 그런 절대적 윤리의 성격을 띤 것이라 할 수 있다.

가령 도덕적으로 도저히 용납될 수 없는 상황에 처했는데도 세상은 모두 악하고 더럽지만 나는 아니라고 하면서 그 책임을 다른 이에게 전가하는 정치가가 많다. 반면 진정한 마음과 영혼으로 자신이 행한 행동과 그에 따른 결과에 대해 책임을 지려고 한다면 그 사람은 바로 책임성의 윤리를 따라 행동하는 정치가이다. 베버는 그런 사람을 '성숙된 사람'이라 부른다. 그 사람이 어느 시점에 가서 '이것은 나의 책임이다. 나는 인간으로서 더 이상 어쩔 수 없다'라고 한다면 이 사람은 참으로 인간답고 사람을 감동시킬 수 있는 정치가이다.

그렇게 볼 때 절대적 윤리와 책임성윤리는 서로 갈등적이거나 대조적인 것이 아니라 오히려 서로를 보완해주는 것이다. 이런 사람이 진정으로 '직업으로서의 정치'에 종사할 자격이 있는 '소명' 받은 정치가인 것이다. 베버가 말하는 궁극적 목적의 윤리의 의미는 종교적 맥락에서 이해할 수 있고 또 어떤 이념이나 대의(cause)로도 이해할 수 있다(앞의 책, p.127). 또 "지도자가 자기 자신의 권력 중독증에 걸려 자신이 추구하려는 어떤 대의(大義)가 없다면 그의 권력추구 자체는 아무 의미가 없다"고 했다. 그런 경우 그 정치가는 이미 객관성의 결여와 무책임성이라는 "두 개의 커다란 죄"를 범하고 있다는 것이다.

베버가 강조하는 것 같은 정치가, 열정과 책임감, 균형감각, 그리고 권력을 위한 권력의 정치가가 아니라, 권력을 추구하되 소신과 대의라는 기본적 가치를 아울러 균형 있게 추구할 줄 아는 평형감을 가진 정치가들이 등장할 때 한국에서 민주정치를 확고하게 정착시킬 수도 있다. 그런 정치가는 정치학자와의 창의적인 대화를 가장 필요로 하게 될 것이다.

학문으로서의 정치학에 종사하는 사람들에게도 베버는 여러 가지 충고를 하고 있다. "훌륭한 학자나 교사가 될 자질은 실제 생활에서나 특히 정치에서 방향을 제시해주는 지도자로서의 자질"은 아니라고 예리한 지적을 하고 있다. 학자들의 본분과 한계를 알고 있으라는 것이다. 그의 글 『직업으로서의 과학(학문)』에서 과학(학문)의 목적을 세 가지로 말하고 있다. 첫째, 인간의 삶에 기여하는 기술을 개발하는 것(특히 자연계, 공학, 의학계의 경우), 둘째, 사고방법, 사색을 위한 수단이나 훈련을 시키는 일, 그리고 세 번째로, 다루려는 현상에 대해 명료성(clarity)을 가지고 논하는 일이다. 개념을 사용할 때나 어떤 가정을 내세울 때나 명료해야 한다는 것이다.

그는 학자가 자기 개인적인 가치판단을 연구에 개입시키는 순간 '사실(facts)'에 대한 '충분한 이해'는 사라지는 것이라고 했다. 그리고 과학이나 학문은 사실에 충실할 뿐 그것이 인간의 궁극적인 목적이나 가치에 대한 해답을 주는 것은 아니기 때문에 늘 스스로 자신의 한계를 알고 있어야 한다고 말한다. 톨스토이(Tolstoi)의 말을 인용하면서 베버는 "과학이 인간에게 어떤 일을 해야 하며 어떻게 '살아야 하는가'라는 가장 중요한 질문에 대한 해답을 주지 못한다"고 하면서 가치판단에 대해 학자는 신중을 기해야 한다고 했다.

여기서 베버가 말하는 명료성이란 경험적 자료에 바탕을 둔 것, 사실과 가치를 혼동하지 않는 것으로 집약할 수 있다. 그것이 베버가 가졌던 평생의 문제의식이었다고 볼 수 있다. 그래서 베버는 이 글에서 '예언자(Prophet)'라는 용어와 '선동가(Demagogue)'라는 말을 가지고 진정한 학자는 그들과 달라야 한다는 것을 역설했다. 대학 강단에서 자신의 세계관(Weltanschauung)을 만고의 진리인양 주장하는 사람은 예언자이거나 선동가이지 학자는 아니라는 것이다. 황홀한 유토피아를 그리면서 그것을 청중이나 제자들에게 믿으라고 학자는 '예언자' 노릇을 하고 있지만 학자는 아니라는 것이다. 마찬가지로 특정 정당의 정책이나 주장을 무비판적으로 선전하며 그것을 과학적인 진리를 담은 것처럼 강단에서 떠드는 학자는 '선동가'라는 것이다.

베버가 그처럼 정치하는 사람들과 학문하는 사람들의 할 일의 차이를 강조한 것은, 자신의 경험도 있었지만 그가 살던 당시의 독일의 정치적 상황도 반영한 것이라 본다. 그가 살던 당시의 독일은 카이젤 황제체제하에 있었고, 어느 면에서는 권위주의정권시대의 한국과 유사한 면도 지니고 있었다. 학자들이 강단에서 정부를 옹호하거나 대변하는 식의 강의를 하는 것이 당연시되던 시기였다. 베버는 그것을 비판한 것이다. 그리고 학문과 정치의 구별을 강조하려 한 것이다. 대학교수(넓게는 지식인)들 가운데 강단에서 자신의 가치관이나 정치에 대한 선호나 편견을 마치 입증된 사실을 설명하듯 위장하여 학생들에게 강의하고 있는 현상을 목격하면서 일부 교수나 지식인이 정책을 옹호하거나 정치질서를 무비판적으로 정당화하는 일을 하고 있는 것을 개탄(慨歎)한 것이다. 그가 강조한 소위 가치중립성 개념은 그런 배경에서 나온 것이지만 그의 의도와는 달리 많이 오도되어 온 개념이다.

그러나 베버 자신은 정치와 학문으로서의 정치학이 상호 불가분의 관계에 있다는 것을 누구보다 잘 알던 사람이었다. 실제로 베버는 젊었을 때 사회당을 조직하여 스스로 국회에 출마하여 낙선당한 경험도 있다. 그리고 베버는 젊었을 때만 아니라 학자로서도 정치에 깊은 관심을 가졌고 특히 독일 시민들의 정치교육에 지대한 관심을 가졌던 사람이었다. 교수가 된 후 일부 학생들이 극우쪽으로 기우는 것을 보면서 학생들에게 이성을 잃지 말고 경험적으로 확인된 사실과 지식을 가지고 공공정책문제의 정당성을 논할 것을 권고한 바 있다. 베버는 정열과 이성, 정치와 학문 사이의 '균형'을 역설했던 사람이었다(Reinhard Bendix and Guenther Roth, *Scholarship and Partisanship: Essays On Max Weber,* University of California Press, 1971, pp.6-30. 이 책의 첫 장에서 저자들이 다룬 베버의 청년기와 성숙과정을 다룬 논문 참조).

또 베버는 나치가 등장하기 전부터 나치를 지지하는 극우세력의 등장을 경계할 것을 역설하기도 했고 바이마르 공화국하에서 의회

민주주의를 지키기 위해 선거운동을 했으며 한때 극우학생들이 그의 집 앞에서 데모를 한 일도 있었다. 베버는 그런 배경 속에서 하이델베르크대학 교수로 취임하면서 두 개의 강연, 즉 직업으로서의 정치와 직업으로서의 과학(학문)에 대한 논문을 발표했다. 그리고 얼마 후 베버는 1920년 6월 14일 세상을 떠났다. 베버는 스스로 정치의 냉혹함과 자신의 정치가로서의 자질에 한계를 절감한 적이 있었고 정치가는 단기적이고 직접 당면한 정치적 과제를 해결하는 데 치중하는 반면, 학자는 보다 장기적이고 원리적인 문제를 다루는 데 관심을 두어야 하는 양자의 차이를 말하면서 그런 점에서 양자는 서로 다른 성향과 목적을 갖고 있어서 역할 교체(role substitutability)가 없고 또 바람직하지도 않다는 결론을 내리고 있다.

베버는 당시 독일의 상황에서 그처럼 양자를 구별했지만 그렇다고 정치와 정치학이 꼭 완전히 단절된 관계이어야 한다고 말할 수는 없다. 베버 스스로도 그런 생각에서 양자의 구별을 말하려 한 것은 아니다. 서로가 다른 역할과 목적을 가졌다 해도 서로 사이에 창의적이고 뜻 있는 대화가 지속되는 정치가 있다면 그것은 바람직한 일이며 그럴수록 제대로 된 정치도 할 수 있고 현실개혁이나 분석에 도움이 될 보다 적실성(Relevant) 있는 정치학도 될 수 있다고 보기 때문이다. 그런 일이 실제로 성숙된 선진 민주국가인 영국이나 미국 그리고 유럽의 여러 나라에서 나타나고 있다. 그것은 베버가 살던 시절의 제정 독일에서는 어려웠다. 그러나 영국이나 미국에서는 정치와 정치학의 관계가 '순기능적'이고 양자 간에 비교적 창의적인 대화가 이루어지고 있다. 실제로 많은 정치학자들이 쓸모 있는 역할을 하고 있다.

앞으로 정치학이 할일이 많다

한국의 장래는 경제에 달려 있다는 말을 흔히 듣는다. 물론 경제가 한국의 장래에 지금과 같이 아니면 더 중요하게 영향을 미칠 것이라는 점은 부인할 수 없다. 그리고 경제정책의 수립과정과 그 결과에 대한 논의를 위한 정치경제학적인 연구도 보다 활발하게 이루어질 것이다. 경제의 역할만큼은 아니더라도 한국의 정치학자가 할 일은 많아질 것으로 본다. 21세기의 아시아는 '정치의 세기'가 될 수도 있기 때문이다.

우리가 앞으로 빠른 시일 내에 확고하게 민주정권을 수립하는 일도 중요하지만 한국을 둘러싼 국제정치적 환경을 생각해도 정치가 매우 중요하다. 우리의 주변 국가들에 대한 유능하고 실속 있는 외교전략을 펴나가려면 유능하고 상대국가의 모든 면에 대해 해박하며 고도의 협상능력을 갖춘 인재들의 배출이 시급하다. 무엇보다 우리 민족의 염원인 남북통일문제 같은 일대 격변이 예상되는 엄청난 과제를 연착륙(soft-landing)시키는 데 절대로 필요한 인적 자원의 확보도 필요하다. 역사적 통찰력을 지니고 시대 전환적인 외교능력을 발휘할만한 인물이 배출되어야 한다. 그런 인물을 길러내는 전문화된 정치학교육이 절실하다.

국제정치 분야의 인재도 필요하지만 세계의 다른 지역의 정치에 대해 깊이 파고들어 그 지역의 문화부터 시작해서 경제, 사회, 정치는 물론 언어도 통달한 비교정치 분야의 전문가 양성도 중요하다. 중동, 아프리카, 중남미, 인도, 동남아 지역연구에 많은 자원과 인력을 투입해서 광범한 비교연구들을 통해 우리나라의 발전을 위해 정합성과 정실성이 있는 정책을 창안해서 추진할 수 있어야 한다. 비교정치 분야에서 활발한 인력충원과 자질향상을 위한 노력이 필요하다.

민주정치에서 정당은 자동차로 말하면 '엔진'과 같은 것이다. 대통령제이든 내각책임제이든 그것을 제대로 지탱하고 운영하려면 '제도화된 정당체제'가 있어야 한다. 하버드대학의 헌팅턴 교수는 정당의 발달단계를 파벌단계, 준제도화단계, 그리고 제도화단계로 나눈 적이 있다. 나는 한국은 아직 파벌단계와 준(semi)제도화단계 사이에 있다고 본다. 21세기에 들어선 지금도 한국의 정당체제가 아직은 보다 높은 단계로 진전할 가능성이 보이지 않는다. 그럴수록 시민들의 정당불신과 정당무용론은 더욱 힘을 얻을 것이고 민주정치체제를 위협할 수 있는 매우 심각한 정치적 불안과 예기치 못할 불행한 사태로 나타날 수도 있는 것이다.

한 나라의 정치가 안정되려면 그것이 사람 중심이 아니라 제도 중심이어야 한다. 서구의 민주국가가 안정성을 유지하고 있는 이유는 정치제도가 안정되었기 때문이다. 입법부와 사법부는 물론 선거와 정당제도가 확립되어 있어서 정당이 내거는 정강이나 정책에 대해 동조하는 사람들이 그런 정당과 일체감을 갖고 정규적으로 실시되는 선거에서 지지하는 정당후보에게 투표하는 행태가 습관화될 수록 그 정치체제는 안정된 것이다. 우리처럼 선거 때마다 정당 이름이 바뀌고 정강정책 내용도 아무 매력을 주지 못하는 상황에서는 유권자는 혼란에 빠져 후보 이름만 보고 투표하는 결과를 낳을 뿐이다. 한국에서 정당정치의 발달을 위한 조직적인 연구가 필요하며 아울러 정당의 발달을 촉진하는 내용의 선거제도에 대한 정치학적 연구도 필요하다.

결국 발달된 정치학이 필요하다는 것이다. 베버가 말한 학문의 목적 세 가지를 우리의 상황에 대입해서 생각한다면 첫째로, 정치학은 인간생활을 보다 윤택하게 만드는 기술을 제공할 수 있어야 한다. 그런 과제 가운데 한 가지는, 당면한 정치적 과제로 안정되고 영구적으로 준수될 수 있는 헌법과 정부형태를 갖추는 일이다. 현재와 같은 5년 단임 대통령제를 영구적인 것으로 보는 사람은 거의 없다. 그 대안이 무엇인가를 연구하는 과제가 있다.

베버가 지적한 학문의 둘째 목적은, 사고방법이나 사색을 위한 철저한 훈련이다. 오늘날 한국의 대학에서 배우는 정치학도들이 받고 있는 정치학적 훈련이 얼마나 우리 사회의 정치적 문제 해결에 기여할 수 있는 교육인가를 깊이 성찰할 필요가 있다. 특히 우리나라 대학에서 베버가 괴탄(怪歎)했던 '선지자적 역할'을 하는 학자, '선동가적 역할'을 하는 교수들이 판을 치고 있다면 대학공동체 자체에 의해 자정(自淨)이 이루어져야 한다.

세 번째 목적은, 너무나 자명적인 것이어서 부언이 필요없지만 베버가 말한 명료성(clarity)이라는 말은 사회과학보다 자연과학의 경우가 보다 이해하기 쉽다. 사회과학자로서 베버가 강조하려 한 것은 경험적 사실을 중시하고 사실과 가치를 구별하라는 것으로 해석할 수도 있다. 우리나라에는 그런 구별에 대해 좀 무감각하거나 무시하려는 경향이 있다. 경험적 사실과 당위적인 것을 혼돈하는 경우가 너무나 많다.

결국 한국에 또다시 단순한 강권에만 의존하려는 정치세력이 등장하여 과거보다 강성의 체제를 형성하게 되지 않는 한, 한국은 앞으로 정치학을 많이 필요로 할 것이다. 이와 함께 더 많은 정치학자도 필요하지만 좋은 그리고 존경받을 수 있는 정치학자를 길러내야 한다. 나라의 장래와 운명에 영향을 줄 수 있는 유능한 인재를 길러내는 정치학, 정치인들에게 미래에 대한 설득력 있는 방향 제시와 문제해결의 길을 제시하여 줄 통찰력을 지닌 정치학자가 필요하다.

경제가 중요하고 훌륭한 CEO들이 필요한 것처럼 앞으로 21세기의 대내외 정치환경의 변화에 대응해서 국가와 정부를 맡아 일할 인재만 아니라 정부와 민간의 두뇌집단인 다양한 연구소에서 보다 질이 좋고 내실이 있는 연구가 나오려면 좋은 정치학이 필요하다. 훌륭한 정치인들이 필요한 만큼 좋은 정치학도 필요하다는 것이다. 쓸모 있는 정치학이 필요한 시대이다.

한국에서 얻은 귀중한 지적 경험

나는 라스웰이 구분했던 정치의 두 가지 측면인 「조작」과 「사색」 중 후자인 「사색」에 해당하는 일을 해 온 사람이다. 오래전이지만 부산에서 같이 일하던 조한용이라는 여운형의 측근이 한 말, "정치를 하는 사람과 정치를 좋아하는 사람" 중 후자에 속한다. 얼떨결에 연희대학교 정치외교학과에 들어가게 되었고 후에 미국에서 정치학을 공부하다 보니 흥미가 생겼고 결국 정치학 교수까지 되었다. 나는 정치를 '해' 본적이 없다. 그러나 정치학을 강의하면서 나는 현실정치의 참여-관찰자라는 입장에서 가능한 한 객관적으로 보고 이해하려고 노력해 왔다. 말하자면 「정치학자로서 정치적 현상과 대화」를 갖고자 했다. 그리고 나름대로 정치에 대한 나의 이해와 견해를 갖게 되었고 그런 것들을 책으로 써냈다.

내가 정치학을 강의하고 책을 내던 시대는 "이 많은 정치학자를 어디에 쓰지"라는 말이 그대로 사실이었던 1960~90년대였다. 외국에서 장시간 정치사상, 비교정치, 국제정치에 대해 공부하고 돌아온 나였지만 한국의 현실은 그런 지식을 현실에 활용할 수 있는 정치적 · 사회적 환경은 전혀 아니었다. 정치와 정치학 사이에 자유롭고, 의미 있는, 그리고 창의적인 대화가 통할 수 없는 시대였다. 그래도 제자나 후학을 육성하기 위해 현대정치학에 대한 교과서와 연구서를 출판할 수 있었던 것을 다행스럽게 생각한다.

그런 점에서 민주화된 한국정치를 대상으로 비교적 자유롭게 연구할 수 있는 오늘날 정치학자들은 축복받은 사람들이다. 풍부한 연구과제가 그들 앞에 놓여 있기 때문이다. 정치학이 민주정치체제가 우리사회에 확고하게 뿌리내리도록 하는 방법을 연구하고 한국이라는 정치체제가 아시아에서 정치적으로도 다른 후진아시아국가가 모방의 대상으로 삼을 수 있을 정도로 발전시키는 역할을 정치학자들도 수행할 수 있어야 한다. 이것은 정치가들만의 힘으로 이루어질 수 없는 어려운 과제이기 때문이다.

이 책의 1편과 2편은 나의 성장과 성숙기에 해당하는 중학생 시절에 겪었던 해방과 그 후 일어난 정치적 혼란기에서 학생들의 이념적 대립, 한국전쟁 그리고 휴전 후 미국유학의 기회를 얻어 대학과 대학원에서 정치학을 전공하면서 배운 것들을 적어놓았다.

일제 식민지배하에 태어난 후부터 한국은 평생 나의 삶과 일의 터전이었다. 한국은 나의 연구대상이었고 한국의 정치적 현실 속에서 관찰하고 이해하는 노력을 하도록 해준 곳이다. 일제 때 다니던 국민학교(지금은 초등학교)시절의 '조센진(그 당시 일본인이 한국인을 이르던 말)'으로 겪었던 일, 그리고 미일전쟁이 한창이던 중학교 2학년 때 해방을 맞았고 해방 정국에서 학우들이 좌우로 날카롭게 갈라서서 대결을 하던 시절의 기억들, 대한민국이 수립되기 전의 해방정국의 정치적 혼란상, 그리고 무엇보다 임시수도 부산에서 있었던 '부산정치파동,' 그리고 내가 미국대학에서 비교정치를 전공하면서 얻은 이론적인 지식을 한국의 현실에서 어떻게 활용할 것인가, 그리고 그런 이론들의 적실성을 어디에서 찾아낼 것인가를 가지고 고민했던 시절의 나의 삶을 1, 2편에 담았다.

고려대학교 교수시절과 그 후 세종연구소장과 유한재단 이사장으로 있는 동안 모두 10권의 책을 냈다. 이 책들의 주제와 내용은 나의 정치적 관심을 일관되게 보여주고 있다고 생각한다. 그것은 비교정치학을 전공한 내가 다른 정치체제들에 대한 이해와 비교연구를 바탕으로 한국정치의 본질을 이해하고 설명해 보려는 노력이었다.

이 책의 3편은, 저서내용을 간략히 소개하면서 30년 가까운 기간 동안에 대학에서 정치학 교수로 보고 겪은 것들을 적은 것이다. 인생의 대부분을 한국에서 살아온 나는 그것 때문에 지역 귀속성에서 벗어날 수는 없다. 나의 개성 형성에 영향을 주었을 나 자신의 특유한 가치관도 나의 학문적인 정향에 영향을 주었다고 생각한다. 어릴 적부터 기독교 가정을 통해 얻은 특유의 가치관이나 후에 나에게 많은 영향을 주신 분들을 통해 성장하면서 갖게 된 자유주의나 민주주의 사상도 나의 지적 정향을 결정하는 데 큰 영향을 주었을 뿐 아니라 어느 면에서는 제약요인이 되었을 가능성도 없지 않다.

솔직히 가치문제에서 완전히 자유로운 사회과학자는 있을 수 없다. 단지 그것을 의식하면서 자신의 편견을 금욕적으로 자제해 나가는 길만이 있을 뿐이다. 그리고 어떤 의미이든 자신의 '욕심'을 가치와 혼돈하거나 정당화하지 않으려고 경계해야 한다. 일본제국주의

시대에 식민지 교육을 받아 일어를 구사할 줄 알게 된 것도 결과적으로 나에게 도움을 주었다. 일본정치를 이해하고 연구하는 데 많은 도움이 되었다. 무엇보다 식민지조선에서 일본의 통치를 경험한 나로서는 이해하기 어려운 독특한 경험을 한 셈이다. 이것도 한국에 태어났기 때문에 가능했던 일이다. 한국정치와 일본정치를 비교하여 한국만이 지니는 요소들과 일본의 특유한 요소들을 찾아내는 노력을 하려고 했다.

그동안 한국에서 정치학을 연구하는 데 따르는 제약은 많았다. 그것이 나의 정치학자로서의 한계가 될 수도 있었다. 그러나 다르게 보면 한국처럼 매우 역동적이면서 유동적인 정치변화를 겪어온 나라도 세계에서 드문 편이다. 그런 나라에서 정치학을 전공하고 연구했다는 것이 하나의 행운일 수도 있다. 정치권력의 적나라(赤裸裸)한 모습을 볼 수 있는 좋은 기회를 얻었기 때문이다. 그러나 동시에 권력의 참 모습을 가리려는 노력이 너무 강했기 때문에 정치학 연구의 제약으로 작용하기도 했다. 오랜 군부의 지배기간을 통해서 외국 정치학자로서는 감히 상상할 수도 직접 경험할 수도 없는 한국 특유의 권력정치의 동태적 측면을 관찰할 수 있었다는 것은 한국 정치학자로서의 큰 행운이요 소득이었다.

그런 의미에서 비유를 든다면 나의 삶과 나의 정치학의 결실은 선진국과 후진국 정치를 비교하면서 얻은 비교정치이론의 이론적 시각을 「날줄」로 삼고, 1952년 국회에서 「부산정치파동」의 시작과 종말을 직접 목격하였고 그 후 계속해서 한국의 정치현실을 관찰하면서 얻은 나의 통찰을 「씨줄」로 삼아서 짜낸 하나의 벽걸이 직물이라고 표현해 볼 수도 있을 것이다.

성장과 성숙

제1장

 어릴 때와 중학생 시절

* * *

나는 신미년(辛未年, 양띠) 1931년생으로 음력으로 10월 20일(양력으로는 11월 중순) 서울의 삼청동(三淸洞) 112번지 골짜기에 있는 작은 한옥 집에서 5남매 중 차남으로 태어났다. 양력 11월 말이니까 한참 추운 때였다. 어머니가 "네가 태어날 때의 겨울이 왜 그리 추웠던지 동네 개울에서 기저귀 빨래하는 일이 큰 고생"이었다고 말씀하신 것이 기억난다. 내 형제는 누님과 형님, 나와 남동생과 여동생의 5남매이다. 누님과 여동생은 일찍 세상을 떠났고 지금은 남자 형제들 셋만 남았다. 우리 가족은 평범한, 그리고 안정된 서민가정이었다. 나의 아버지와 어머니는 모두 정식교육을 받지 못했다. 나의 형제자매 가운데 대학에 간 사람은 나 한 사람뿐이다. 나는 형제와 자매들 중

아무도 누리지 못한 것들을 모두 독차지한 셈이 되었다. 고인이 된 나의 아내는 가끔 "당신이 당신 가족 중 모든 좋은 것을 독차지했어"라고 한 말이 생각난다. 나의 능력으로 볼 수도 있지만 그래도 한편으로는 미안한 마음도 든다.

나의 부친 성함은 한만섭(韓萬燮)이고 모친 성함은 김탄실(金彈實, 후에 김덕섭(金德燮)으로 개명했다)이다. 아버지는 1897년 평남 중화군 풍동면 내동리에서 출생하셨다. 북한이 공산화된 후 중화군은 평양시로 편입되었다고 들었다. 이제는 아버지의 고향은 흔적조차 찾기 어려울 것같은 생각이 든다. 할아버지에 대해서는 아버지로부터 들은 바가 별로 없고 다만 젊어서 돌아가셨던 것으로만 알고 있다. 할아버지가 일찍 돌아가시자 장남이었던 아버지는 홀로된 어머니와 세 명의 동생을 거느려야 했다.

나의 어머니는 1902년생으로 황해도 황주군 흑교면 흑교리 출생이다. 아버지가 20세, 어머니는 16세 나이에 결혼하셨다. 평남과 황해도는 서로 다른 도이지만 부모가 살던 동네는 바로 양 도의 경계선 가까운 거리에 있었다. 그런 연유로 양친의 혼사가 이루어졌다고 들었다. 아버지는 1955년에 58세의 나이로 세상을 떠났다. 내가 미국에 유학하고 있던 때였다. 돌아가신 몇 달 후에 어머니가 편지로 아버지의 부음을 알려 주셨다. 편지를 받고 대학의 기숙사에서 혼자 많이 울었던 기억이 되살아난다. 어머니는 1972년에 만 70세로 세상을 떠나셨다. 고혈압을 앓으셨고 종래는 폐렴으로 돌아가셨다. 16세의 어린 나이에 시집 온 어머니는 과부가 되신 시어머니를 모시며 많은 고생을 하신 것으로 알고 있다. 그러면서 나를 포함해서 아들 셋과 딸 둘의 5남매를 낳아 기르셨다.

아버지는 농사를 짓기 싫어서 고향을 떠나 장사를 시작했다고 한다. 여러 지역을 다니면서 행상도 했고 여러 도시에서 잡화상을 운영하기도 했다. 내 누님과 형님이 강원도 철원에서 태어난 것은 그 때문이었다. 그러다가 1920년대 말경에 나의 작은 아버지가 종로 5가 큰길가에 모자점을 차리게 되면서 작은 아버지의 연줄로 내 부모님도 서울 삼청동에 자리를 잡게 되었다.

우리 형제자매는 독실한 기독교인이었던 어머니의 영향으로 모두 교회생활에 충실했다. 그래서 기독교적 가치와 세계관(?)에 젖은 것 같은 분위기에서 자랐다. 나는 어린 아기일 때 남대문교회에서 유아세례를 받았다. 어머니의 외할아버지가 평양에 사셨는데 한말(韓末)에 미국 선교사가 조선에서 선교를 시작하던 당시에 기독교인이 됨으로써 평양에서 널리 알려졌던 분이었다. 평양시내의 어떤 교회 장로로 계셨다. 내가 초등학교 1, 2학년 때 어머니를 따라 평양에 두 번 갔는데 한 번은 그 할아버지 댁에서 하루를 묵고 평양에서 '똑딱선(똑딱똑딱 소리를 낸다고 그렇게 불렀다)'을 타고 한 시간이 걸리는 평양 남쪽 대동군 남관면에 계시는 외할머니댁에 간 적이 있다. 그때 외증조부님을 뵈었는데 이미 70~80세였으나 건장하셨고 머리숱이 거의 없었던 모습이 기억난다.

나의 외조모님은 일찍 과부가 되어 내 어머니와 한 명의 딸과 살았는데 초대교회 장로셨던 아버지와 달리 비신자였다. 그리고 성격이 고약한 분이셨던 것같다. 어머니에게서 들은 얘기지만 어린 시절 어머니가 언문(한글)을 배우려고 책을 사서 보다가 외할머니에게 들키면 계집애가 책을 읽어 무엇하느냐면서 책을 아궁이에 처넣었다고 했다. 그러나 어머니는 다시 책을 구해 언문을 읽곤 했다고 한다. 그렇게 얻은 언문실력으로 어머니는 후에 기독교 신자가 되면서 한글로 된 성경을 읽을 능력을 갖게 된 것이다.

그러나 그토록 어머니의 한글공부를 방해했고 비신자였던 외할머니가 후일 독실한 신자가 되었고, 평양시에서 대동강을 따라 남쪽으로 수십 리 떨어진 평안남도 대동군 남관면(南串面) 석호리(石湖里)라는 매우 조용하고 아름다운 동네에 집을 짓고 혼자 사셨다. 대동강 강가에 작은 정자가 하나 있어서 동네사람들은 그곳을 석호정(石湖亭)이라고 불렀다. 나의 회갑연을 준비하면서 제자들이 나의 아호(雅號)를 물어왔을 때 나는 외할머니를 떠올리면서 석호(石湖)로 정했다. 석호리는 김일성이 초등학교를 다녔다는 만경대(滿景臺)와 그리 멀지 않은 곳이다. 나는 어머니를 따라 그곳에서 소학교 때 여름방학을 두 번 지낸 기억이 난다.

외할머니 집 앞채에는 잡화를 파는 작은 마루공간과 외할머니가 주무시던 방이 있었고 집 뒤채에 따로 작은 방이 하나 있었다. 그 위에 종각이 달려 있었다. 일요일 밤(주일 밤)에 종이 울리면 그 근방의 교인들이 모여 할머니의 인도하에 저녁예배를 보았다. 그 근방 20여 리 되는 곳에 '깨낌리'교회라는 농촌교회가 하나 있었는데 동네 신자들은 주일 낮에는 그곳에 가서 예배를 보지만, 밤에는 갈 수 없어서 외할머니의 친척들이 그 집에서 저녁예배를 보았다. 어린 나였지만 외할머니가 기도하는 모습을 보면서 천사가 바로 이런 분이구나 하고 숙연한 마음으로 같이 기도를 드린 기억이 난다.

내가 유치원에 들어갈 무렵 우리 집은 지금의 후암동(그 당시는 삼판동이라 부름)에 있었다. 거기서 나는 지금 대우빌딩이 있는 곳에 있었던 남대문교회가 직영하던 유치원에 2년 동안 다녔다. 기독교신자셨던 어머니는 남대문교회의 교인이 되었고 우리 형제들도 그 교회 주일학교에 나가게 되었다. 술, 담배를 즐기시던 아버지만 교회에 나가지 않았다.

그 당시의 남대문교회는 커다란 한옥건물로 수백 명의 교인이 예배를 볼 수 있을 정도의 규모였다. 그 옆에는 세브란스병원 병동이 있었고 그 위쪽에 붉은 벽돌집으로 선교사들이 사는 단독주택들이 여러 개 있었다. 유치원은 교회 옆에 있었던 것으로 기억한다. 그 유치원을 국민학교(지금의 초등학교)에 입학하기 전까지 2년 동안 다녔다. 그 당시 찍은 사진들이 몇 개 남아 있는데 유치원생들과 교사들이 같이 찍은 사진들과 남대문교회에서 크리스마스 때 아이들이 연극을 했는데 내가 동방박사 세 사람 중 한 사람으로 연기를 하고 연극이 끝난 후 다같이 찍은 사진이 남아 있다. 그 당시의 기억이 아직도 아련히 남아 있다.

나의 부모님은 정식교육은 받지 못했지만 어디서 배웠는지 아버지는 한문이 섞인 신문을 읽을 수준이었다. 어머니는 어릴 적에 언문을 혼자 배웠고 기독교인이 되면서 늘 성경을 읽으셨다. 그리고 교육열도 강했다. 나의 3형제는 모두 효창국민학교(초등학교)를 다녔다. 형(배근)이 3년 위였고, 동생(배권)은 나보다 3년 아래였다. 맨 위로 누님이 있었는데 일찍 결혼하여 신공덕동에서 살고 있었다. 맨 아래로 여동생(순자)이 있었다.

내가 효창국민학교에 들어가 3학년인가 4학년인가 되던 때 누님이 살고 있던 마포구 신공덕동의 누님 집 옆으로 이사가게 되었다. 출가한 누님의 남편이 신공덕동에서 일본인이 경영하는 목공소의 공장장으로 있어서 우리가 누님네 옆집 한옥을 사서 이사를 하게 되었다. 집장사가 지은 여러 채의 새로 지은 한옥집들이 나란히 서 있는 동네였다. 매형이 다니던 목공소의 일본인 주인은 그 공장 옆에 주물공장도 가지고 있었다.

아버지는 지금의 숙명여자대학교로 가는 큰 길 입구 근처에서 어떤 한국 사람과 같이 동업으로 소규모의 주물(鑄物)공장을 운영하고 있었다. 우리가 후암동에 살고 있었을 때 나는 학교에서 집으로 가는 길에 그 공장에 가끔 들렀는데 공장에는 작은 바퀴(車輪)가 널려 있었던 것이 기억난다. 나중에 안 일이지만 아버지는 광산에서 광부가 석탄을 캐어 실어 나를 때 쓰는 차량의 바퀴를 생산하는 주물공장을 가지고 있었다. 공장에 들르면 아버지는 나를 근처의 빵집으로 데리고 가서 우유와 빵을 사주셨다. 지금도 우유를 마실 때면 가끔 그때 마셨던 우유의 맛을 그리워하게 된다. 그렇지만 이제는 그 맛은 아니다. 생각해보면 아버지는 생활력이 강했던 분이었다. 정식교육은 받지 않았지만 두뇌 회전이 빨랐고 특히 위기상황에 대처하는 능력이 비상했던 분이라는 생각이 든다. 아버지와 관련된 일화가 많은데 후에 언급하기로 한다.

1944년 중앙중학교(中央中學校)에 입학

해방되기 1년 전인 1944년 내 나이 14살에 나는 효창국민학교(얼마 전 숙명여대가 매수하여 폐교됨)를 졸업하고 그 당시 4년제 중앙중학교(中央中學校)에 입학하게 되었다. 해방 후 학제가 변경되어 6년제가 되었다. 당시 서울의 변두리였던 청파동의 효창국민학교 시절 나는 성적이 좋은 편에 속했다. 국민학교를 졸업하고 중학교에 진학하게 되었을 때 전기시험을 보던 경기중학이냐 경복중학이냐를 놓고 망설이다가 경기중학을 지원했다. 중앙중학교는 후기로 지원하였다.

나와 동기생 셋이 함께 경기중학에 지원했다가 모두 낙방했다. 그 해에 하필 경기중학이 처음으로 주판으로 산술시험을 보았는데, 우리는 시험장에 주판도 가지고 가지 않았다. 우리 담임교사도 몰랐던 것 같았다. 학교에서도 주판공부를 해본 적이 없었다. 오늘과 달라서 그 당시의 교사는 입시정보에 매우 어두웠던 것 같다. 우리 반 세 사람은 시험에 보기 좋게 낙방했다. 나는 후기로 지원한 중앙중학교에 들어갔다.

당시엔 중앙중학교가 어디에 있는지도 몰랐는데 내가 다니던 교회에 나보다 한 살 위의 친구가 중앙중학에 다니고 있어서 그를 따라 얼떨결에 입학원서를 내게 되었다. 입학한 것이 일제의 소위 '대동아전쟁(미일전쟁)'이 끝나기 일 년 전인 1944년 봄이어서 학교에 가도 공부하는 것이 아니라 매일 근로봉사에 동원되어 허물어진 집들이 많은 곳에 가서 깨진 기와와 벽돌을 주워 나르는 일로 시간을 보냈다.

대동아 전쟁이 끝나가던 1945년 봄에는 학교수업 도중에 가끔 공습경보가 울려 학업을 중단해야 했다. 그러면 책상 밑으로 들어가야 하는 것이 규칙이었지만 다들 그냥 앉아 경보가 해제되기를 기다렸다. 학교 뒷산 꼭대기에 있었던 고사포부대에서 쏘는 대포 소리가 나면 우리들은 들창 밖으로 하늘을 유유히 날아가는 B-29 폭격기를 보고 "야, 멋있다!"고 탄성을 올렸다.

은빛 날개가 번쩍거리는 가운데 하늘 높이 날아가는 B-29에 쏘아대는 일본군의 고사포는 비행기가 하늘을 나는 고도의 반도 못 미치는 곳에서 폭발하고는 했다. 우리가 보기에도 한심한 고사포의 사정거리였다. 그 사실만 보아도 일본군의 열세를 짐작할 수 있었다. 그러다가 내가 2학년이었던 1945년 8월 15일에 우리는 마침내 해방을 맞이하게 되었다. 8월이니까 중학교 2학년생이 되고 한 학기가 지난, 내 기억에는 아주 무더운 여름날이었다.

감격의 8 · 15 해방

8월이라 학교는 여름방학 중이었다. 그해는 유난히 무더위가 계속되었던 것이 기억난다. 8월 15일 라디오를 통해 일본 천황의 떨리는 듯한 목소리가 들리다가 조금 후 우리 동네는 갑자기 큰 소란으로 변했다. 일본이 패망했다는 것을 알게 된 것이다. 8 · 15 해방이었다. 동네 친구들과 함께 태극기를 흔들며 마포 종점에서 서대문까지 전차가 다니는 길가에 나가서 '대한독립 만세'를 외쳤다. 거리마다 나온 군중들 모두가 흥분상태에 있었다. 이제 전쟁이 끝났으니 살았구나 하는 안도감도 컸겠지만 해방이라는 전혀 예상 못한 극적 사건을 겪고 이제 나라를 찾았구나 하는 생각이 모두를 들뜨게 했다. 모르는 사람끼리도 서로 악수하고 기뻐하며 인사를 하기도 했다. 모두가 흥분상태에 빠져 있었다.

해방이 되자 나의 매형이 공장장으로 있던 목재공장의 일본인 주인이 떠나면서 그 공장을 매형에게 무상으로 주었다. 그동안 충실히 일했던 매형을 좋게 보았기 때문이었다. 그 공장 옆에 철공장이 있었는데 농기구를 만들던 공장이었다. 매형이 그 방면의 기술이 없어서 아버지가 그 공장의 운영을 맡게 되었다. 그런데 해방의 감격과 흥분이 가라앉기도 전에 북한이 남한에 보내던 전기송전을 끊었다. 전깃불이 없어서 카바이트를 넣은 통을 등잔불로 대신했다. 가장 큰 타격을 받은 것은 산업시설이었다. 공장이 갑자기 조업을 중단해야 할 정도였다. 아버지가 운영하던 공장 역시 같은 실정이었다. 한참 작업을 하는 도중에 전기가 나가면 용광로에 있는 쇳물은 모두 파기해야만 했다. 그런 일이 빈번하게 일어나면서 아버지는 큰 손해를 보게 되었다.

1947년경으로 기억되는 어느 날 어떤 사람이 아버지 공장을 찾아와 물건을 만들어 달라고 주문을 했다. 둥근형태의 물건을 만들어 달라고 해서 만들어 주었다. 알고 보니 수류탄을 만드는 데 쓰려고 했던 것이었다. 좌익세력이 테러나 파괴행위를 위해 쓰려고 만들어 달라고 한 것이었다. 경찰이 그 사람을 체포하게 되고 수류탄 껍데기의 출처를 알아내어 아버지를 구속하였다. 아버지의 배경조사를 했으나 좌익세력과 무관하다는 것이 밝혀졌다. 운 좋게도 마포경찰서의 주임으로 있는 분이 우리 집 앞집에 사는 분이어서 신원보증을 해주어 아버지는 무사히 풀려날 수 있었다. 아주 어수선하던 해방 직후의 시절이었다. 좌와 우 간의 투쟁이 극도에 달하고 있었던 시기였다.

나팔 불던 소년

남들처럼 중학교 1, 2학년 때까지 나는 철없이 놀기 좋아하던 철부지 사내아이였다. 그러다가 해방 후 1년이 지나 3학년이 되던 해 나는 우리 동네에 살던 나와 같은 초등학교 동창생으로 같이 중앙중학에 들어온 친구의 권유로 학교 밴드부에 가입하게 되었다. 그는 성악으로 말하면 베이스에 속하는 악기를 불고 있었다. 그 악기가 하나 더 있어서 그를 따라 그 악기를 배워 같이 불었다. 그러던 어느날 학교 밴드 연습실에 가보니 소동이 벌어지고 있었다. 밤새 악기들을 도난당한 것이다. 경찰이 수사를 한 결과 나를 밴드부에 가입하도록 한 초등학교 동창의 소행임이 밝혀져 그는 퇴학을 당했다. 너무 충격적인 일이었다. 그 친구는 가난한 집의 아들이 아니었다. 지방의 부유한 지주의 아들이었고 그의 형은 일본에서 제국대학을 다니고 있었다. 그런데 그와 같은 행위를 한 그를 이해할 수 없었다. 지금 생각해보면 도벽이 있었던 것이 아니었나 생각해 본다. 그 많은 악기를 어떻게 운반해서 가져갔는지 모르겠다. 도둑질치고는 대담한 도둑질이었다.

어릴 적부터 교회에서 자란 탓에 나는 음악을 좋아했다. 밴드부에 들어가 그 친구와 함께 작은 베이스 악기를 불면서 서울운동장에서 학교 대항 축구시합이 있을 때 학교 응원단과 함께 교가와 응원가를 연주하면서 운동선수들을 응원했다. 그 얼마 후 나는 베이스를 그만두고 플루트를 불게 되었다. 그것을 불던 선배가 졸업해서 결원이 생기는 바람에 내가 플루트를 불게 되었던 것이다. 그러다가 4학년 말에는 밴드부를 그만 두었다.

그 무렵을 전후해서 나도 흔히 사춘기 소년들이 갖는 이성에 대한 관심을 갖게 되었다. 사춘기 소년들이 한 번씩 겪는 소위 '첫사랑'이라고 할만한 에피소드가 있다. 같은 교회에 다니던 배재고등학교 학생이 있었는데 나보다 한 학년 위였다. 조숙했는지 유명한 집안의 딸을 좋아해서 따라다니고 있었다. 이화여고를 다니던 예쁘게 생긴 여학생이었는데 그녀는 별로 적극적으로 반응을 하지 않았다. 그녀 집에서도 기미를 차리고 그녀를 단단히 혼냈다고 했다. 그런 그녀의 주선으로 나 역시 같은 교회에 다니던 이화여고 학생과 알게 되어 자주 편지를 교환하는 사이가 되었다.

주일날 밤, 예배가 끝난 어두운 곳에서 서로 편지를 주고받았다. 마치 스파이들이 어떤 비밀문서라도 바꿔치기하는 것처럼. 내용도 주로 소설이나 문학책에서 읽은 것을 재인용하면서 인생이 어떠니, 사랑이 어떠니 하는 것들이 대부분이었던 것으로 기억한다. 당시에는 책을 많이 읽을 때라 어려운 내용들을 적어 보내곤 하였다. 그렇게 1년 정도 편지를 교환하다가 그것도 점점 시들해지면서 편지교환은 자연히 중단되었다.

아버지에게 탄로 나서 꾸중을 들은 것도 이유였으나 공부에 전념해야겠다는 생각도 들었다. 지금 생각해보니 여학생의 손목 한 번 잡아보지 못한 순결한 첫사랑이었다. 그만큼 우리 세대는 순진했던 것 같다. 또 우리가 맺어지게 된 배경에 교회가 있었다는 것도 은연중 작용하였을 것으로 본다. 그렇게 나의 짧았던 '첫사랑'의 꿈은 끝났다. 시간이 한참 지난 후 내가 미국유학을 하면서 들은 말이지만 그런 류의 사랑을 미국 사람들은 '어릴적 풋사랑(puppy love)'이라 부른다고 하였다.

성장하면서 사춘기가 되면 단순히 생리적으로 몸이 달라지는 것이 아니라 그와 함께 심리적으로나 정신적으로 유년기에서 벗어나 소년으로 변한다. 사람마다 다르지만 연령적으로는 15~16세 때에 해당된다. 그때는 이성에 대한 관심도 생기고 또한 인생에 대한 궁금증도 생긴다. 내가 살아가려는 삶은 어떤 것이어야 하는가? 나는 어떤 목적을 위해 살아가야 하나? 나는 왜 태어났으며 무엇을 할 것이며 죽은 후에는 어디로 가는가? 이런 거창한 물음을 하기 시작하는 때이기도 하다.

이때 나 역시도 많은 고민을 하고 방황도 하였다. 내가 어떤 인생을 살아야 하는가라는 물음을 놓고 많은 고민을 하였다. 그때 내가 다니던 교회에서 최윤관(崔允寬)이라는 고매한 인격을 지녔던 목사님으로부터 세례를 받았다. 내 나이 열다섯 살이었던 것으로 기억한다. 나는 모태신앙으로 남대문교회에서 유아 세례를 받았으나 다시 세례를 받기로 결심하였다. 최 목사님의 영향이 컸다. 그분에 대해서는 할 말이 너무 많다. 그분은 일찍이 1930년대에 미국유학을 했고 프린스턴 신학교를 졸업한 후 목사가 되었다. 그 후 일제하에 있던 조선에 귀국하여 세브란스병원의 교목으로 계시다가 2차 대전 말기인 1943년 우리 가족이 다니던 공덕장로교회의 목사로 오셨던 분이다. 해방이 되자 조선신학교(지금의 한신대)의 영어교수도 겸하게 되었다.

최 목사님은 6 · 25 전쟁 때는 부산으로 피난하셨는데, 그 당시 보사부 장관이었던 허정(許政) 씨와 친구였던 관계로 상이군인들을 수용한 요양시설의 소장 직을 맡게 되었다. 정부에 대한 상이군인들의 불만이 극에 달하던 때여서 이들은 문젯거리를 만들어 요양소 직원을 때리기 일쑤였다. 그곳에서 해를 입지 않은 분은 유일하게 최 목사님뿐이었다는 말을 후에 들은 적이 있다. 그분은 그 후 우리 교회에서 은퇴하여 조카딸이 살던 LA로 이민을 가서 그곳에서 생을 마치셨다.

한때 나는 목사가 될까 생각한 적도 있었다. 나의 어머니는 내가 그러기를 바라시는 것 같았다. 교회에 열심히 다니는 아들을 대견하게 보신 어머니는 "나는 네가 목사가 되었으면 한다"는 말씀을 하셨다. 나는 목사가 되더라도 먼저 대학에서 철학을 공부한 후 신학공부를 하는 것이 제대로 목사가 되는 길이라는 생각을 한 적도 있었다. 종교철학에 대해 관심을 갖게 된 것도 그 무렵이었다. 그러다 내 생각이 바뀌었다. 법학공부를 해볼까 하는 생각이 들었다. 좋은 법관이 되어 어렵고 불쌍한 사람들 편에서 법을 집행하는 것도 나의 신앙과 일치되는 것 같았다. 그래서 한때 법대를 지망할 생각을 갖기도 하였다.

어느 기회에 강연을 듣던 중 독일의 슈바이처(Albert Schweizer) 박사의 이야기를 듣게 되었다. 예수가 33세에 십자가에 못 박히어 죽었으니 자기도 33세까지 의학공부를 마치면 아프리카에 가서 선교사로 일하기로 결심했던 슈바이처 박사는 파이프 오르간의 명연주자이기도 했던 분이다. 친구 하나가 그분이 쓴 영어책을 갖다 주어서 읽게 되었는데 큰 감명을 받았던 것이 기억난다.

그러면서 나도 의사가 되어 외국이 아니더라도 국내의 오지에서 슈바이처 박사와 같이 의료 선교활동을 하는 생을 살고 싶다는 생각도 하게 되었다. 그러기 위해서는 의과대학을 가야겠다는 생각을 하기도 했다. 그렇게 나의 생의 진로를 놓고 이런 저런 생각에 잠기면서 중학교 3, 4학년을 보내게 되었다. 4학년 말(지금의 고1)이 되기까지도 나는 전공분야에 대해 확실한 생각을 갖지 못하고 있었다. 다만 나의 소질이 이공계보다는 문과 쪽에 있다는 생각으로 의대를 지망하겠다는 생각은 일단 접을 수 있었으나, 신학과 철학을 공부하겠다는 생각은 계속 나의 머릿속에 맴돌고 있었다.

▮ 치열했던 좌우익 학생싸움

일제 때 내가 중앙중학에 들어갔을 때는 4년제였던 중학교가 해방 후 미 군정청(美軍政廳)의 지시에 의해 학제가 바뀌면서 6년제가 되었다. 3~4학년이 되었을 때인 1947~8년경 학교가 시끄러워졌다. 좌우 학생들이 교내에서 외부의 조종을 받아가면서 이념투쟁을 벌이고 있었다. 하루는 등교시간에 교문에 들어섰더니 선배학생들이 책상을 놓고 앉아서, 들어오는 학생마다 혈서를 쓰라고 하고 있었다. 나는 내용도 모르는 채 분위기에 눌려 면도칼로 왼쪽 새끼손가락을 조금 째서 나오는 피로 지장을 찍었다. 그때 그 흔적은 아직까지도 남아 있다. 혈서에 지장을 찍고 나서 친구들에게 물어보니 동맹휴학을 위한 혈판장이었다. 좌익학생들이 주동한 것이었다.

비교적 순진하다고 하는 학생 사이에서도 그런 치열한 이념투쟁이 벌어졌으니 정치세력이나 노동단체 사이의 투쟁이 어떠했을까는 짐작할 수 있을 것이다. 사생결단하는 치열한 싸움이 전개되었을 것이다. 특히 공산당조직인 남조선노동당(남로당)은 남조선에서 공산주의혁명을 달성하려고 무장투쟁도 불사하던 당시였다. 남로당에 비밀당원으로 가입한 학생들도 있었고, 반대로 우익청년단체(서북청년단) 역시 공산당조직에 폭력으로 맞서 싸우는 상황이었다. 그런 투쟁에 학생조직들이 동원되어 역시 서로 대립하는 상황이 벌어지고 있었던 것이다.

1948년 8월 남한에 단독정부가 수립되기 한두 해 전부터 한국의 정치상황은 날로 심각한 혼란에 빠져들고 있었고 단독정부 수립을 추진하는 우익세력과 이를 반대하는 좌익 진영 사이의 대립이 날로 첨예해졌고 서로 간의 대립상태는 사생결단을 할 정도에 달했다. 아침에 학교에 가면 조회시간 전에 학교 운동장에는 좌우익 학생들이 삼삼오오 따로 모여 무엇인가 수군거리고 있었다.

어제까지 서로 친하게 놀던 친구가 어느 날 갑자기 나에게 냉정하고 이상한 태도를 보이는 경우도 있었다. 알고 보면 그는 이미 마르크스주의 사상에 물들어 공산주의 학생운동에 깊이 빠져들고 있었다. 한편 주로 북한(그때는 이북(以北)이라 불렀다)에서 남한으로 피난해 온 학생들도 학생단체를 조직하고 좌익학생들과 서로 테러를 가하면서 격렬한 반공투쟁을 벌이고 있었다. 그들 가운데도 나와 친한 친구들이 포함되어 있었다. 우익학생들이 속한 단체는 전국학생연맹(전학련)이었고, 좌익학생들의 조직은 민주학생연맹(민학련)이라 했다.

나는 좌우 어느 학생조직에도 가담하지 않았다. 정치에 무관심했다. 오히려 문학이나 철학과 종교에 더 관심을 갖고 있었다. 또 기독교신자로서 유물론과 공산주의를 받아들일 수 없었다. 우익학생단체에 가담할 정도로 정치에 관심을 갖지도 않았다. 우익학생들의 테러행위에 대한 이야기를 간접적으로 들으면서 그 단체에 대해 약간의 혐오감도 갖고 있었다. 그러나 이북에서 월남한 우익학생들처럼 북한에서 많은 고통을 겪었고 남한에서 다시 공산주의의 위협을 받게 된 사람들의 입장을 나로서는 알 리가 없었다. 그러다 보니 나는 좌익은 물론 적극적인 우익학생의 입장도 취할 수 없었다. 정치적 무관심이라 할 수도 있지만 어느 면에서는 관망적 또는 중립적인 태도라고 할 수도 있었다.

내가 평소 가깝게 지내던 동기생인 김익순이라는 친구의 아버지는 연희대 교수로 해방 전에는 연희전문 부근인 신촌에 살고 있었다. 해방 후 북아현동으로 이사를 갔는데, 좌익학생이 내 친구의 동생을 도끼로 이마를 때려서 큰 상처를 입혔다. 그러던 와중에 병중이셨던 그의 어머니마저 세상을 떠나셨다. 그는 너무나 큰 충격과 심적 상처를 받았다. 그것으로 큰 트라우마(trauma, 심적 상처)를 겪었던 것으로 보였다. 그 얼마 후 김은 좌익학생운동에 가담하여 후에 남로당 당원까지 되었다가, 6 · 25 때 서울대 학생으로 의용군이 되어 월북하였다. 그는 당시 서울대 물리학과 1학년 학생이었다.

또 다른 동기생인 엄기윤은 중학교 1학년 때 우리 집에서 멀지 않은 곳에 살던 학생으로 학기가 시작되고 얼마 후 장질부사(장티푸스)를 앓아 학교에 장기 결석하자 담임선생님이 나보고 그의 집을 찾아가 사정을 알아보라고 해서 주소를 받아 찾아간 적이 있었다. 그 당시 흔히 쓰던 방제약인 '디디티'를 뿌렸는지 그 친구는 머리가 하얗게 되어 어두운 방 한구석에 자리를 펴고 누워 있다가 나를 보고 일어나 학교소식을 물었다. 그의 부모는 냄새 나는 개천물이 옆에 흐르는 곳에서 솜틀집을 하고 있었다. 그야말로 산동네 판자촌이었다. 그는 서울대 법대에 입학하였고 그 역시 서울대에서 앞장서서 학생들을 강제로 의용군으로 끌고 간 남로당 당원이었다.

또 동기생 중 충청도 출신의 점잖고 얌전한 친구가 있었는데 여름방학 동안 어머니와 사별하였다. 새 학기에 학교에서 만난 그는 우울하고 말없는 학생이 되어 있었다. 후에 알고 보니 그도 좌익학생운동에 가담하였다. 그러다가 6 · 25 때 월북하지 않고 남았고, 후에 정부 관리가 되었다.

이들과 반대로 우익학생의 행동대장으로 활약하던 친구들은 북한에서 월남한 학생들이 많았다. 김이라는 친구는 월남 후 중앙중학교로 전학온 학생이었다. 그는 서북청년회의 유력한 학생간부였고 학도호국단이 결성되자 대대장으로 아침마다 조회 때 교장선생님께 경례 구호를 외쳤다. 그는 6 · 25가 나자 학도의용군에 들어가 활동하였고, 9 · 28 서울 수복 후 제일 먼저 중앙중학을 찾아와 좌익선생으로 지목되거나 의심받던 선생들을 잡아간 것으로 알려졌다.

해방정국의 혼란기에서 좌 · 우익학생단체에 가담하거나 심지어 남로당같은 공산주의 혁명을 목적으로 한 지하조직에 가담한 동기생들이 그 당시 얼마나 공산주의사상을 잘 이해했는지는 의문이다. 그들이 좌익사상이나 운동에 몰입하게 된 이유를 자세하게 알지 못하지만 좌익사상을 이론적으로 충분히 공부하고 내린 결단이었는지, 또는 개인적 사정이나 나름대로의 심상(trauma)을 겪으면서 좌절감이나 자본주의하의 사회 부조리와 모순에 대한 민감한 반응으로 감정적으로 좌익운동에 몰입하게 되었는지는 알 길이 없다. 그리고 반대로 우익단체에 가담한 월남학생들의 경우도 이와 비슷하게 좌절감이나 공산치하의 북한에서 겪은 체험이 작용했었을 수도 있다.

옳건 그르건 좌 · 우익학생들은 나름대로 신념이 있거나 사적인 이유가 있어서 싸우는 처지였지만 아무 단체에도 가입하지 않았고 종교와 문학 그리고 음악 외에 별 관심이 없었던 나의 경우는 어느 면 '회색적'이라고 할 수 있었다. 그런 가운데서 나도 내가 취할 길은 무엇인가를 고민하기 시작했다. 그러나 나는 어디까지나 내가 기독교신자라는 입장을 의식하면서 내가 가야 할 길이 무엇인가를 고민하고 있었다.

지금 그때를 되돌아 생각해보면 좌익학생이나 우익학생이나 사춘기를 지나면서 주체성 위기(identity crisis)를 겪고 있었다는 생각이 든다. 15~16세 때였으니까 "나는 누구인가? 어디에서 왔으며 어디로 가는가?"라는 질문에 대해 자기 나름대로의 해답을 찾고 있었던 시기였다고 할 수 있다.

하버드대학의 정신분석학자인 에릭슨(Erikson)은 아메리칸 인디안(Indian)들이 바로 그런 식으로 자기들의 정체성을 찾고 있었다고 했다. 에릭슨 교수는 8단계 인생론으로 널리 알려진 학자이다. 인생이 여덟 단계를 거치는 동안, 단계마다 정체성문제를 겪는다고 보았다. 그리고 여덟 단계마다 정체성 위기를 겪는데 그것을 긍정적으로 겪고 극복하는 것과, 반대로 부정적인 경험을 갖고 정체성을 정립하지 못하는 양면성이 있다고 보았다.

갓난아이 때 어머니와의 관계를 통해서 아이는 기본적 신뢰감을 갖게 되거나 반대로 불신감을 갖게 된다고 했다. 유아기(2~3세)에는 자율성이라는 주체성을 갖게 되거나 반대로 치욕 또는 의심이라는 부정적인 방향으로 갈 수 있다. 그리고 4~5세 때 소위 오이디푸스 콤플렉스를 겪으면서 적극성이 아니면 죄의식(shame) 같은 부정적인 주체성 경험을 하게 된다고 했다. 그리고 사춘기에 들어서면서 본격적으로 자기를 찾는 주체성 위기를 겪는 과정에서 긍정적으로 주체성의식을 확립하거나 반대로 자기부정(self-denial)이라는 성장과정을 겪을 때 최악의 경우 범죄자가 되기도 한다는 것이다.

중학교 3~5학년 시절은 우리가 주체성을 찾으며 고민했던 시기였다. 중학생 시절인 1944~1950년의 6년 기간은 전 세계는 물론 우리가 살던 한반도가 전쟁과 가난과 억압과 고통을 겪다 해방을 겪으면서 이념적 대립이라는 또 다른 사회정치적인 갈등과 혼란에 빠졌던 시절이었다고 할 수 있다. 그런 격동기 상황에서 자신에 대한 물음이나 사회에 대해 아무런 생각을 갖지 않은 학생이 있었다면 그런 학생은 그야말로 철부지에 속했다고 보아야 한다. 그리고 인생의 황금기에 들어가는 시기에 나는 어떻게 살아가야 할 것인가를 진지하게 물었다면 그때가 바로 주체성 위기를 겪는 경우라고 할 수 있다.

가장 극단적인 방법으로 주체성 위기나 문제를 해결하는 방식의 예로 중국의 문화혁명 당시의 홍위병(紅衛兵) 행동을 들 수 있다. 홍위병 대원들은 모택동 사상을 절대화하고 그것에 도취되었던 사춘기 전후의 소년들이었다. 그들이야말로 모택동 사상에 의해 철저하게 세뇌된 세대였다. 그러다가 그들은 모택동의 지시를 따라 기존질서를 부정하고 심지어 부모와 선생과 지도층의 사람을 모두 처단하거나 하방(下放)이라는 이름하에 산간벽지로 몰아내는 가혹한 일을 저질렀다. 어떤 면에서 그들 나름대로의 과격한 주체성위기 해결방식이기도 했다.

사정은 다르지만 일제 말기 태평양전쟁에서 패색이 짙어가던 시기 일본군은 14~15세의 소년들로 소년항공대를 조직하여 공격하러 가는 데 필요한 연료만을 넣은 전투기를 몰고 미국 항공모함에 자폭하게 하였다. 소위 "가미가제" 비행사로 불린 그들의 다수가 14~15세 정도의 어린 소년들이었다. 어린 소년들을 일본천황에 대한 광신적인 절대복종사상으로 철저하게 무장시킨 후 자폭하도록 만든 것이다. 이것은 소년기일수록 강력한 이데올로기에 쉽게 끌리고 그것에 심취해 버리기 쉽다는 것을 말해준다.

기억에 남는 훌륭한 스승들

지금 되돌아보니 내가 해방 전 중앙중학에 들어갔을 때 우리를 가르치던 선생님 가운데 참으로 본받을 만한 훌륭한 스승들이 많았다. 그 당시 교장은 현상윤(玄相允) 선생님이었다. 그분은 해방되자 곧 고려대 총장에 취임하셨다가 6 · 25 때 북으로 납치당하셨다. 지금도 기억나는 그분의 모습은 말 그대로 위엄을 갖춘 학자의 모습이었다. 현 교장선생님은 그 당시 이미 한국유학사를 집필하신 저명한 역사학자였다. 그의 저서는 아직도 유학연구에 있어서 고전적인 것으로 평가되고 있다.

그때는 일제 말기여서 모두가 머리를 짧게 깎았고 국민복을 입었다. 현 교장도 국민복을 입고 조회 때 강단에 올라서서 우리들의 아침 경례를 받았다. 그분은 그럴 때 훈시라도 할 것 같은데 아무 말 없이 내려갔다. 훈시를 하려면 일본어를 써야 했기 때문이었다. 현 교장은 일본 유학생이었다. 일본어를 하기 싫어서였던 것이다. 1944년부터 1945년 해방되던 해까지 2년 동안 학교에 다니는 동안 현 교장이 일본말 쓰는 것을 듣지 못했다. 묵묵히 은은한 가운데 제자들에게 민족정신을 불어넣었던 분이라고 생각한다. 현 교장은 일제가 조선인들의 이름을 일본식으로 바꾸게 한 창씨개명도 거부한 채 현상윤으로 남았다.

그런 현상윤 교장을 친일파 명단에 올려놓고 규탄의 대상으로 만든 좌경세력은 그분을 직접 대해본 적이 없는 분들일 것이다. 어려웠던 일제 시대에 강제로 일제에 협력할 수밖에 없었던 그 당시의 실정을 모르는 사람들의 처사라고 생각된다. 현 교장은 일본 유학 당시

재일유학생들을 모아 3·1 운동에 대비하여 독립운동선언서를 발표하기도 했다. 또 3·1 운동 전에 귀국하여 지도자들을 만나 일본 유학생들의 움직임을 알린 분이기도 하다. 그리고 3·1 운동을 위한 모임을 중앙학교 숙직실에서 가졌을 때 현 교장도 학생신분으로 그 모임에 참석한 것으로 안다. 그 숙직실은 지금도 중앙고등학교 마당에 '독립운동 기념물'로 보존되고 있다.

해방 전후 중앙중학을 나온 사람치고 "무턱시"라는 별명으로 불린 유경상(劉敬相) 선생님을 모르는 사람은 없을 것이다. 유 선생도 일본식으로 개명하기를 거부했던 분이다. 그리고 그분에게서 종아리 매를 맞아 보지 않은 사람도 거의 없을 것이다. 1학년 영어만을 담당하셨는데 영어를 기초부터 단단히 가르치려는 의도였을 것이다. 우리는 한 반 학생이 다 같이 큰 목소리로 "I am, I was, I shall be"라고 외치곤 했다.

그러다가 한 사람씩 일어나 외우도록 하다가 틀리기라도 하면 틀린 학생이 앉은 줄 모두가 단체기합으로 매를 맞았다. 그런데 이상하게도 그 매가 아프지 않은 것이다. 그리고 그 선생님을 원망하지도 않은 것이다. 모두가 어떤 마술에 걸린 것처럼, 그리고 매를 맞고 다리를 만지면서도 킥킥 웃기도 하는 묘한 분위가 연출되곤 했다. 나는 아직도 그 당시를 회상하면 턱이 없는 유 선생님의 얼굴이 떠오른다. 그분의 일본어는 가장 초보적인 엉터리 일본어였다. 그리고 가능하면 쓰지 않으려고 하였다. 그분 역시 강한 반일의식의 소유자였다.

아직도 기억에 남는 또 한 분의 선생님은 안재준(安在駿) 선생님이다. 생물과 화학을 가르치셨다. 안 선생님은 해방 후에도 여러 해 가르치시다가 서울대 농대(수원 농대) 교수가 되어 중앙을 떠나셨다. 해방 직후 미 군정청의 민정장관을 지내신 안재홍(安在鴻) 선생의 동생 되시는 분이다. 안재준 선생님은 학교 교정 한구석에서 양봉도 하고 계셨다.

안 선생님이 망사가 달린 모자를 쓰고 양봉하시는 모습을 가끔 볼 수 있었다. 나는 안 선생의 생물학 강의시간을 아주 좋아했다. 그분의 강의를 들으면서 생물의 신비를 새삼 느낄 때가 많았다. 그래서 한때 생물학을 공부할까 생각했을 정도로 선생님의 강의에 매혹되었다. 동물이든 식물이든 생명을 경외하는 아주 진지하고 깊이가 있는 내용이었다. 그분의 자세를 보면서 나는 학문 세계에 몰두하는 과학자의 참모습을 보는 것 같았다. 과학자가 아니라 철학자 같은 모습을 풍기던 분이었다.

참으로 훌륭한 스승들을 많이 모셨다는 것은 우리의 큰 행운이었다. 자랑하고 싶은 것은 중앙학교가 풍겼던 민족정신이었다. 당시 스승들의 대부분이 후에 대학교수로 전직하셨는데 그분들은 일제하에서 미래의 조선의 인재들을 기르면서 뚜렷한 목적의식을 가졌던 것으로 생각한다. 민족정신을 불어넣으려 했던 것이다. 그것이 중앙의 건학정신이기도 했다.

나는 좀 늦은 편인지 모르지만 중학교 3학년 말경 사춘기에 접어든 후 여러 가지 경험을 하게 되었다. 몸도 성장했지만 마음도 착잡해졌다. 교회는 나갔지만 매일 새벽기도를 갈 정도로 광신적이거나 신앙심이 두텁지 않았던 나는 그 나이 때의 소년들처럼 인생의 의미를 생각하고 죽음을 생각하고 영생은 있는가를 묻는 형이상학적인 추상적인 질문들을 놓고 혼자 고민도 했고 비슷한 성향과 문제의식을 지녔던 동네의 가장 가까웠던 한 친구와 저녁 때마다 만나 해답도 없는 문제들을 가지고 이야기를 끝없이 했다. 그리고 독서를 좋아해서 돈만 있으면 책을 사서 보았다.

그 당시 시중에 나와 있던 책은 모두 일본어로 된 것이었다. 세계문학전집도 일본어로 읽었다. 돈만 생기면 서점에 들러 문학서적과 철학분야의 책을 사서 읽었다. 솔직히 말해서 그런 내용의 책을 3, 4학년 중학생이 제대로 이해할 수는 없었겠지만 그래도 열심히 읽었던 기억은 난다. 그런 류의 책들을 읽은 덕택으로 나는 산문보다는 논문식의 글을 좋아하게 되었는지도 모른다. 그리고 논리적인 사고를 갖게 하는 데도 도움이 되었을 것으로 생각한다.

김형석 선생님의 각별하신 지도

김형석(金亨錫) 연세대 명예교수님은 중학시절 나를 지도해 준 은사이시고 또한 나를 지적인 기독교인으로 인도해주신 신앙적인 면에서의 멘토(mentor)이시다. 자칫 방황할 수 있는 사춘기의 나에게 건전하게 사색하도록 이끌어 주신 스승님이다. 김 선생님을 통해 나는 종교의 세계, 사상과 철학의 세계에 눈을 뜨기 시작했다. 그래서 한때 종교철학이나 철학을 공부할까 생각하게 된 것도 김 선생님의 영향 때문이었다. 그리고 내가 훗날 교수가 될 수 있는 지적 사고능력의 초석을 닦아주셨던 분이기도 하다. 그분의 지도가 있었기에 오늘도 나는 정치학분야 책만큼이나 철학책이나 신학서적을 즐겨 읽는다.

4학년(1947년) 초 때쯤인데 내가 다니던 공덕동 장로교회에 평양에서 금방 월남한 분이 한 분 오셨다. 목사님이 그분을 소개했는데 내가 다니는 중앙중학교 교사로 오시게 된 분이라고 했다. 바로 김형석 선생님(후에 연세대 철학과 명예교수)이셨다. 중앙중학교에서 철학과 윤리학을 가르치셨다. 부인과 아들 하나만을 데리고 월남하셨고 어머님과 딸은 이북에 두고 오셨다고 했다. 우리 교회 교인이 김 선생님과 동향이어서 그분의 소개로 우리 교회에 나오시게 되었고 우리 교회는 교회가 소유했던 작은 주택에서 김 선생님 가족이 거주하시도록 했다. 나와 김형석 선생님과의 인연은 그렇게 시작되었다.

김 선생님이 우리 동네에 사셨기 때문에 나는 아침마다 골목에서 기다렸다가 선생님을 만나 공덕동에서 계동 골목까지 같이 도보로 등교했다. 물론 선생님의 일방적인 말씀을 듣는 것이었지만 그렇게 걸어가면서 나눈 이야기는 주로 종교와 철학 그리고 문학 등에 대한 것으로 기억한다. 정치나 사회문제는 별로 논한 적이 없었다. 그것이 김 선생님이나 나의 주관심사는 아니었던 것 같다. 선생님은 덴마크의 철학자 키에르케고르(Kierkegard)를 좋아하셨다. 실존주의철학을 이야기하셨고 프랑스의 삶의 철학자라는 앙리 베르그송에 대해 관심이 많으셨던 것으로 기억난다. 가끔 '이성주의철학의 시대는 갔다'고 하시면서 실존주의철학에 대해 깊은 관심을 보였다.

종교에 대해서도 이야기를 하면서 독일의 종교철학자 슈라이레마하에 대해서도 많이 이야기해 주었다. 일본유학을 하신 김 선생님은 일본인 철학자로 니시다 기다로(西田 幾太郞)의 『선의 연구』라는 책을 높이 평가하였다. 일본문학에 대한 지식도 대단하셨다. 아리시마 다께오(有島 武雄)의 소설을 나에게 소개하시기도 했다. 선생님은 문학에 대해 광범한 독서를 하셨기 때문에 선생님의 이야기 소재는 무궁무진했다.

아침마다 등교하면서 선생님으로부터 들은 여러 서양 철학자들의 이름과 주장들은 나의 지적 호기심을 크게 자극하고도 남을 정도였다. 물론 들은 내용을 내가 제대로 이해하고 있었다고는 할 수 없지만 김 선생님과의 대화를 통해 받은 지적인 자극과 호기심은 내가 후에 대학에서 공부할 때나 그 후 대학에서 강의할 때에도 알게 모르게 나의 학문탐구를 보다 깊고 폭넓게 만드는 데 큰 밑거름이 되었다고 생각한다. 그 당시 나의 중학교 동기생들이나 내 나이 또래 학생들은 상상조차 할 수 없는 지적인 경험과 자극을 받은 셈이다.

지금 생각하면 나는 여러모로 행운을 타고 났다. 한참 방황하기 쉬운 사춘기시절에 김형석 선생님이 월남해서 우리 교회에 오시게 된 것도 큰 행운이었다. 그리고 김 선생님은 나를 철학과 사상의 세계로 인도해 주셨다. 김 선생님은 가끔 주일 밤에 우리 교회에서 예배 시간에 설교도 해주셨다. 워낙 말씀을 잘하시는 분이었지만 설교내용도 나를 감동시키는 것들이었다. 교인들 모두 김 선생님의 설교에 감동을 받고 있었다. 그러다 김 선생님은 우리 동네에서 신촌으로 집을 구해 이사하게 되었다. 2년 동안 같이 학교를 가면서 나누었던 즐거운 대화시간도 그것으로 끝이 났다.

6학년(1949년) 초인지 잘 기억나지 않지만 김형석 성생님이 학생호국단 지도선생이 되시면서 나에게 문예부장직을 맡으라고 했다. 학교에서 발간하던 교지 『계우(桂友)』지의 편집부장을 겸하는 것이었다. 그전에는 어떤 친구가 스스로 문예부를 만들어 부장노릇을 하면서 여학교를 찾아가 여학생들의 원고를 얻어오기도 하는 일을 해서 그가 여학생들을 사귀려는 방법이라고 놀리기도 했다. 내가 문예부장이 되면서 그는 나에게 노골적인 반감을 나타냈지만 내가 맡은 것이 공식적인 직책이라 그도 어쩔 수 없어 결국 자칭 문예부장의 권한을 포기했다.

1950년 2월 졸업식 전에 교지를 출판하기로 계획하고 추진하여 졸업 전에 출간을 볼 수 있었다. 그런데 1950년 한국전쟁 도중 중앙중학교 도서관에 쌓였던 교지와 다른 서적들이 분실되는 바람에 지금도 그 해의 『계우』지를 찾아볼 수 없는 것이 매우 유감스럽다. 내가 소유하고 있던 『계우』지도 전쟁통에 분실했다. 내가 권두논문을 쓴 것으로 기억나는데 무엇을 썼었는지 궁금하다. 읽어보려고 사방에 부탁했지만 결국 찾지 못했다.

5학년부터 6학년까지 방과 후에 가끔 들렀던 곳은 중앙중학교 근방에 있던 나의 친구 김대열(金大悅)의 커다란 양옥집이었다. 그의 아버지는 연희전문학교 학생 때 별명이 오토바이라는 축구선수로 날렸던 분으로 회사를 경영하고 있었다. 매우 부유한 집이었다. 아버지는 김대열을 상과에 보내 자기 가업을 계승시키려고 마음먹고 있었던 것 같다. 그러나 김대열은 나처럼 문학과 철학에 심취했고 나보고 아버지가 자기를 아주 못마땅하게 여긴다고 했다. 상과에 가라고 하는데 철학을 하겠다고 하니 부친이 크게 실망했을 것이다. 나와 그는 만나면 서로 읽은 책들에 대해 이야기하고 또 음악을 좋아해서 자기 집에서 같이 음악을 듣기도 했다.

그의 방에는 대형 축음기가 있었고 고전음악 레코드를 많이 수집하고 있었다. 그의 방에서 같이 몇 시간씩 음악을 듣다가 집으로 돌아가곤 했다. 그처럼 친하게 지냈고 성향도 비슷해서 대학 입학을 앞두고 서로 의논한 끝에 같이 서울대 문리대 철학과에 응시하기로 했다. 우리들이 그렇게 되기에는 학교에서 철학과 윤리를 가르치던 김형석 선생님의 강의내용에서 받은 영향이 컸었다. 그러나 나의 경우는 특별했다. 나는 근 2년간을 김 선생님과 등교를 같이 했던 것이다. 그러면서 혼자서 철학이나 종교학 쪽으로 전공을 택해 볼까 하고 생각하던 중이었다.

해방 후 2~3년이 지나면서 격화되기 시작한 학원 내의 좌우익 학생들의 이념적 싸움을 옆에서 지켜보았지만 나는 어느 쪽에도 가담하지 않았다. 우선 나는 마르크스주의에 동조하지 않았다. 내가 기독교신자라는 사실도 이유가 되었다. 그들의 생각에 반감을 갖게 되었다. 그러나 때로 "어느 쪽에도 속하지 않는 나는 누구냐" 하는 의문도 가졌다.

그리고 '내가 사는 한국은 어떤 나라이고, 어떤 사회가 되어야 하는가' 하는 생각도 가져보았다. 북한이 그런 사회냐, 아니라면 내가 믿는 기독교적 신앙이나 가치에 부합될 수 있는 사회란 있을 수 있는가 하는 의문들을 갖게 되었다. 그리고 기독교신자로서 이 역사적 시기에 우리가 할 일은 무엇이냐는 질문을 갖기도 했다. 나는 그때 어렴풋하게나마 공산주의정권을 반대하지만 극우의 독재체제도 배격한다는 양비론적인 입장을 가졌다고 할 수 있다. 「반공주의」적인 입장에 대해 이해는 하면서도 공산주의를 반대하는 것은 단지 부정적인 입장을 취하는 것이라고 생각했다. 오히려 공산주의를 이길 수 있는 긍정적인 체제를 만드는 것이 더욱 적극적이고 바람직하다고 생각했다. 공산주의사회보다 더 좋은 사회를 만드는 것이 진정으로 '반공'하는 길이라고도 생각했다.

1949년 봄이라고 기억한다. 내가 공산주의에 대한 비판과 그 대안에 대해 의문과 고민에 빠져 있었던 시절이었다. 아침 등교시간마다 만나는 경기중학교 학생이 있었다. 그의 이름은 이상설(李相卨)이라고 했다. 당시는 교모를 쓰고 있었고 교복 목 칼라에 학년 표시까지 하던 시절이어서 그가 나보다 한 살 위인 학생임을 알았다. 거의 매일 만나게 되면서 자연히 인사를 나누게 되었다. 그런데 하루는 그의 손에 책이 한 권 들려 있었다. 제목을 보니 『새時代의 建設者』로 되어 있었다. 제목부터가 매우 매혹적이었다.

저자는 강원룡(姜元龍)이라는 분이었다. 장충단에 있는 일본식 건물을 쓰고 있는 어느 교회의 전도사로 있는 목사로 젊은 청년 학생층 사이에 널리 알려진 분이라고 소개하면서 나더러 만날 의사가 있느냐고 물었다. 그리하여 나는 어느 주일날 오후 이상설을 따라 가서 경동교회에서 강원룡 목사(그 당시 전도사)를 만나게 되었다. 그리고 그 자리에서 그 해 여름 수원 서울대 농과대학 기숙사에서 개최할 여름수양회에 참석하라는 권유를 받았다.

그 여름수양회는 여러 가지 의미에서 나를 바꾸는 전환점이 되기도 했다. 그동안 고민하던 나는 무엇을 해야 하는가라는 의문에 대한 해답의 실마리를 찾는 데 그 수양회는 큰 도움을 주었던 것이다. 그리고 지금까지 내가 알고 지내온 친구들이나 교회에서 만난 사람들과 다른 친구와 사람들을 만나는 계기가 되었다. 조동빈, 양우석, 이상설, 임관하 등이 그곳에서 만나 그 후 오랫동안 사귄 친구들이다.

수양회에 다녀온 후부터 주일이면 경동교회에 나가 김재준 목사님의 난해하지만 깊이 있는 신학적 성찰이 담긴 설교내용을 애써 이해하려고 했다. 공산주의에 대한 김재준 목사님의 비판과 기독교가 할 일에 대한 설교와 강의를 들으면서 내가 취할 사상적, 종교적 입장이 무엇인가를 알 것 같은 생각이 들었다. 한 주일은 나의 모 교회에서 예배를, 다른 한 주는 경동교회에서 김 목사님의 설교를 듣고 예배 후 다른 학생들과 한국에서 기독학생 운동을 어떻게 전개해갈 것인지에 대해 토론을 하기도 했다. 나 같은 기독교신자는 좌우익학생들과 달리 기독학생 운동이라는 조직체를 중심으로 한국사회를 변화시켜 나가는 것이 우리들에게 주어진 역사적 사명이라는 것을 확신하면서 내가 앞으로 할 일을 모색하기도 했다.

기독교의 진수로 인도해 준 김재준 목사님

모태(母胎)신앙 교인으로 유아세례도 받았고 좀 커서 15살 나이에 다시 정식으로 학습과 세례를 받았다. 철이 들면서는 이것저것 책을 읽다가 내가 믿는 기독교에 대한 회의가 생길 때도 많았다. 어릴 적부터 배워온 성서내용을 그대로 믿기에는 나는 더 지적이고 탐구적이었다. 더구나 과학적인 지식과 종교와의 괴리를 의식할 때마다 나는 기독교에 대해 보다 확신을 갖기를 원했다.

그럴 때 나에게 여러모로 인생에 있어서 귀중한 역할모델이 되어주신 분이 나의 중학교 은사이신 김형석 연세대 명예교수와 장공(長空) 김재준(金在俊) 목사님, 그리고 그의 제자인 강원룡 목사였다. 나는 김 목사님과 강 목사님을 통해서 그 이전에 내가 알지 못했던 기독교와 사회문제를 결합해서 보는 시각을 갖게 되었다. 특별히 김재준 목사님을 통해서 내가 모르던 기독교의 새로운 신학적 사고나 의미를 터득할 수 있는 기회를 얻었다. 김재준 목사님은 나에게 미국의 신학자요 기독교윤리학자이자 기독교와 정치문제에 대한 예리하고 심오한 통찰력을 보여주었던 라인홀드 니버(Reinhold Niebuhr)를 소개해 주었다. 김재준 목사님은 니버의 신학사상을 많이 따랐던 니버 추종자였다.

또 김재준 목사님의 설교와 예배 후의 성서강의를 통해서 나는 영국의 역사학자 토인비(Toynbee)의 역사관에 대해서도 알게 되었다. 김 목사님은 토인비 사관을 소개하면서 도전과 대응의 역사전개를 설명하는 개념들을 설명해 주었고 "창조적 소수"에 의해서 역사는 새롭게 이루어지는 것이라는 것을 역설하였다. 토인비의 역사관은 유물사관에 대한 반론이기도 했다. 역사과정을 계급투쟁으로 보는 마르크스의 사관을 비판한 것이기도 했다. 김재준 목사님을 통해 나는 마르크스의 유물사관 외에도 다른 사관이 있는 것을 알게 되었고 마르크스적 유물사관을 극복할 수 있는 역사에 대한 극히 초보적인 이해를 갖게 되었다고 할 수 있다.

마포 공덕동 한구석에서 자란 나였고 최윤관 목사님이 시무하시던 공덕동 장로교회의 매우 가정적이고 정(情)적인 분위기에 젖어서 자라난 나는 김재준 목사님과의 만남의 결과로 그의 이른바 신정통주의(Neo-orthodox) 또는 변증법적 신학의 시각에서 보는 성서해석과 특히 기독교의 사회적 책임과 참여를 강조하시는 설교를 통해 그동안 내가 믿고 살아온 기독교의 진리와 의미를 새로운 차원에서, 그리고 교회와 사회관계를 결합해서 이해할 줄 아는 가르침을 받았다.

한국 교회의 일부 극단적인 보수주의자들은 김재준 목사님을 "이단"이다, "신 신학"이다라고 매도하고 중세기식 종교재판을 벌인 적이 있으나 나에게는 그분의 신학사상이 매우 진지하고 참신한 것으로 다가왔다. 그분의 신학은 당시 유럽과 미국교회의 '리버럴(Liberal)' 한 신학자들의 주장을 수용한 것으로 '근본주의자'들의 주장을 비판하는 동시에 기독교를 과학적인 합리성을 가지고 입증 또는 설명하려는 신학적인 입장도 비판하는, 변증법적인 비판적 신학이었다. 기독교를 도그마(dogma)적인 교리로만 믿는 보수적인 신앙이 아니라 하나님의 초월성과 인간의 죄(Sin)를 바탕으로 하는 참신한 신학적 사고였다.

김형석 선생님과 한빛회 조직

경기중학교에는 일찍부터 「성화회(聖火會)」라는 기독학생 서클(circle)이 형성되어 있었고 강원룡 목사가 외부에서 그들을 지도하고 있었다. 경기여중에도 그와 유사한 기독학생 조직이 결성되었다고 들었다. 그리고 서울 시내 여러 중학교(당시는 6년제)에 기독학생들의 조직이 형성되고 있었다. 강원룡 목사의 활동이 가져 온 결과였다.

나는 중앙중학교에도 기독학생들이 꽤 많이 있다고 보고 조직을 결성하기로 했다. 김형석 선생님과 의논했더니 「한빛회」라는 이름을 지어주셨다. 학교 교장을 만나 방과 후 학교 교실에서 예배를 보게 해 달라고 청했다가 보기 좋게 거절당했다. 중앙중학교는 유교계통이라 그럴 수 없다고 했다. 김형석 선생과 의논하여 선생님의 지도하에 매주 일요일 오후 광화문에 있었던 덕수(德壽)교회에서 예배를 보았다.

한빛회는 1949년 봄부터 모이기 시작하면서 설교는 주로 김 선생님이 맡았고 가끔 선생님의 친구로 이화여중에서 철학을 가르치던 분을 설교자로 초빙하기도 했다. 여러 차례 예배를 보고 나니까 소문이 퍼졌는지 이화여중 학생들이 여러 명 예배에 같이 참석하기 시작했다. 참석자의 수가 늘어나 3~40명 정도 되었을 때 6 · 25가 나서 학

▶ 중앙중학교 기독학생회(한빛회) 야유회(김형석 교수, 조중권, 이곤 등과 함께)
뒷줄에 모자 벗은 이가 지은이(뒷편 오른쪽에서 네 번째, 1950.4.9)

생들이 뿔뿔이 헤어지면서 한빛회도 자연히 해산하게 되었다.

그 당시 회원으로는 대한항공을 크게 성장시키는 데 기여했던 조중건 KAL 부회장이 열심히 참여했다. 음성이 좋고 노래를 잘해 음악부장을 맡았다. 박영진, 김태봉(당시 5학년)이 재정을 맡았고 오충선(당시 5학년)이 섭외를 맡았다. 4학년생이었던 오재식(전 선명회 회장)이 총무직을 맡았다.

중학교 생활의 마지막 해인 1949년을 나는 이처럼 바쁘게 보냈다. 한빛회를 조직하여 회장직을 맡았고 전국기독학생회 모임에서 중앙중학교를 대표하기도 했다. 그러면서 다른 한편 경동교회에도 꾸준히 다니면서 좋은 설교를 듣는 나날을 보냈다. 그리고 틈틈이 다가오는 대학입시를 위한 준비를 서둘렀다. 학교 공부는 좀 소홀히 하는 편이었지만 입시에 필요한 영어, 국어와 수학은 나름대로 혼자서 꾸준히 준비했다.

중앙중학교에서는 5학년부터 학생들이 희망하는 전공에 따라 이과와 문과로 나누고 문과반을 불어반과 독일어반으로 나누었다. 나는 문과에 속하였고 또 독일어반으로 편입되었다. 이과는 한 반뿐이었고 문과는 두 반으로 구성되었다. 그때까지도 철학에 대한 관심이 많아서 철학을 공부하려면 독일철학 쪽을 공부해야겠다고 생각하고 있었던 것이다.

4학년 말 겨울방학 동안 나는 친구의 말에서 힌트를 얻어 일본어로 된 독일어 입문서를 구입해 문법부터 공부하기 시작했다. 일본에서도 유명했던 세끼구치 다까시(關口 孝)가 쓴 세 권으로 된 교재였다. 덕분에 5학년 신학기부터 독일어 기초과목을 들을 때 나는 동급생보다 앞설 수 있었다. 시험 때마다 좋은 성적이 나왔다. 나는 수학에는 소질이 없다고 생각했지만 영어는 관심을 갖고 공부했다.

그러던 중 충정로에 미국에서 온 선교사들이 사는 집에서 영어회화를 가르친다는 것을 후배를 통해 알게 되었다. 그는 이미 그곳에서 영어회화를 공부하고 있었다. 열아홉이나 스무 살 정도 될까 하는 노랑머리의 어여쁜 서양아가씨가 있었는데 후배인 박영준과 함께 일주일에 몇 번씩 그녀와 회화시간을 갖기도 했다. 영어공부도 좋았지만 노랑머리의 미국아가씨와 서투른 영어로 나눈 어설픈 대화가 우리들을 매우 흥분시킨 것도 사실이다. 그러면서 적어도 영어에 대한 공포심은 어느 정도 털어버리게 되었다. 아마 그것이 한국전쟁이 일어난 후 내가 서투른 영어를 가지고도 미군부대에 통역으로 갈 만용(蠻勇)을 갖게 한 요인이 되었는지 모르겠다.

1949년 겨울방학 동안 다음 해 3월에 있을 대학입시준비에 몰두하면서 전공을 선택하는 문제로 고민에 빠지게 되었다. 그동안 철학이나 종교에 심취해온 나였지만 친구 김대열이 가려는 철학과에 같이 지망할 자신이 없었다. 그리고 또 한 가지는 경동교회에서 김재준 목사와 강원룡 목사의 설교를 들으면서 나는 사회문제에 관심을 갖기 시작하면서 종국에는 사회사업을 해보기로 마음을 먹었다. 마침내 서울대 사회학과를 지망하기로 결정했다. 그 당시 사회학과를 설치한 대학은 서울대뿐이었던 것이다.

2개월로 끝난 연희대학교 학생

그래서 1950년 2월 중학교 졸업 직후 서울대 문리대에 입학원서를 제출하게 되었을 때는 서울대 사회학과를 제1지망으로 했고 철학과를 2지망으로 적어 지원서를 냈다. 그런데 몇 년 전부터 연희대학교가 서울대보다 2주 정도 앞서 입학시험을 치르고 있었다. 나의 동기생들이 시험배짱을 기른다고 저마다 연대에 입학원서를 내는 바람에 나도 그들을 따라 지원서를 내기로 했다. 그런 이유도 있어서 연희대학교의 정원 대 지원자 비율이 20대 1이라는 소문이 돌았다.

▶ 연희대 입시(중6) 첨부 사진(구제 6년제 중학 졸업 직후, 1950)

남들 따라 연희대학교(후에 세브란스의대와 합쳐 연세대학교로 개명)에 지원서를 내면서 연희대에 사회학과가 없어서 그에 근사하다고 하는 정치외교학과를 원서에 써 넣었다. 지금도 기억나는 영작문의 시험문제에 "보스톤 하늘 위에 태극기가 휘날렸다"라는 한 구절이 있었다. 보스톤 마라톤대회에서 우리나라 서윤복 선수가 우승하면서 태극기가 게양된 것을 묘사한 문장이었다. 영어로 휘날렸다를 어떻게 번역했는지 기억이 나지 않지만 아마 'hoist'라는 어려운 단어를 쓰지는 못했을 것이다. fly high라고 한 것 같기도 하다.

여하튼 시험에 합격했는데 문제는 일주일 후에 있을 서울대의 입시가 시작되는 같은 날에 연희대에 입학등록금을 납부해야 한다는 것이었다. 연희대는 일부러 좋은 학생을 뽑는다고 서울대보다 먼저 시험을 치르면서 그런 방법을 쓴 것이다. 서울대에서 시험을 칠 것인가 그냥 연희대에 남을 것인가 고민에 빠졌다. 그런데 나의 어머니는 나더러 기독교가 운영하는 미션스쿨이 좋지 않겠느냐고 하면서 나의 결단을 도와주셨다. 독실한 신자이신 어머니의 의견을 따르게 되었다. 물론 서울대에 입학이 보장된 것이 아니라는 점도 작용했다.

기독교가정에서 자랐고 미션스쿨인 연희대학교에 대한 왠지 모를 호감과 호기심도 있어서 연대 정치외교학과에 입학하게 되었다. 정치학을 공부하려고 한 것이 아니었다. 연대에 사회학과가 없어서 그것과 가까운 정치외교학과에 원서를 넣었을 뿐이었다. 그러나 연희대학교의 입학이 4월 초였으니까 입학한 지 2개월 반 만에 학생으로서의 나와 연희대학교의 인연은 한국전쟁의 발발로 끝나고 말았다. 다시 복교하지 않고 1954년 미국대학으로 유학을 가게 되었다.

제2장

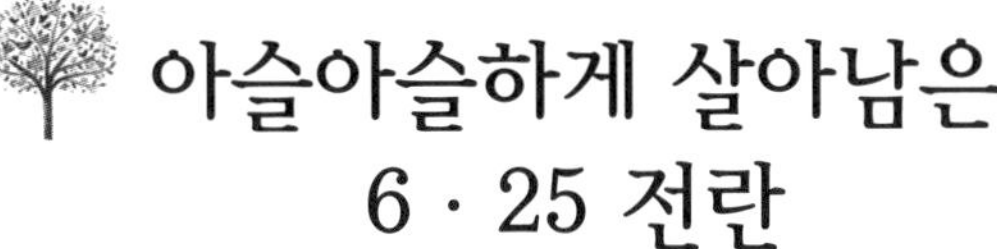

아슬아슬하게 살아남은 6 · 25 전란

* * *

6 · 25 전쟁이 발발하던 날

한국전쟁 중 겪었던 일들을 되돌아 생각하면 참으로 아슬아슬하게 살아남을 수 있었구나 하는 느낌이 든다. 살아남은 것이 정말 기적이었다는 생각이 든다. 6 · 25가 터지던 날은 일요일이었다. 전날 밤부터 비가 내렸고 다음 날 6월 25일 새벽부터 천둥소리 같은 큰 소리가 계속 들려왔다. 그것이 인민군의 대포 소리라고는 상상도 하지 못했다. 오전이 되어서야 전쟁이 났다는 호외(號外)가 돌고 라디오는 국군들은 곧 귀대하라는 방송을 되풀이하고 있었다. 서울 시내는 어수선했지만 나는 아침에 교회에서 예배를 보고 나서 오후에 내가 회장으로 있던 한빛회에서 예배를 보기 위해 광화문에 있던 덕수교회로 갔다.

김형석 선생님이 설교를 하셨다. 그리고 서로들 조심하자고 다짐하면서 예배를 마치고 귀가했다. 전쟁이 났다고 하지만 실정을 잘 모르던 나는 우리 군대가 그렇게 약하고 북한 인민군이 2~3일 내에 서울을 점령하리라고는 상상조차 하지 못했다. 한동안 38선 근처에서 전투가 있을 것으로만 예상했다. 집으로 돌아오는데 길거리에 한국군이 탄 트럭이 질주하고 있었다. 또 전투를 하다 후퇴해 오는 장병들이 줄을 서서 오고 있었다. 그들을 보고 길거리에서 어떤 사람이 "너희들 이게 무슨 꼴이야, 그놈들한테 진거냐" 하며 고함을 지르는 이도 있었다. 사실 그 병사들의 모습은 비참했다. 군복은 찢어지고 총도 없이 걸어가는 병사도 있었다. 서부전선에서 오는 국군병사들이었다. 이미 인민군은 임진강을 넘어 서울로 향하고 있었던 때였다.

그 다음 날 월요일 연희대학교에 가서 아침 첫 강의를 끝내고 의무적으로 출석해야 하는 채플시간에 참석했다. 그날 강사는 함석헌(咸錫憲) 선생이었다. 강연을 하는 동안 하늘에 북한 공군의 야크 비행기가 어딘가를 폭격하는 소리가 들려왔다. 그날 용산의 가스공장이 폭격을 당했다. 그 폭음이었다. 그 폭격으로 가스공장의 기술자이며 우리교회의 성가대 대장이었고 유명한 목사님의 장남이었던 김 선생이 목숨을 잃었다. 신혼생활을 시작한 지 몇 개월도 되지 않은 꽃다운 젊은 목숨을 잃은 것이다. 내가 1950년 6월 26일(월요일) 수업을 끝내고 돌아온 것이 연희대학교 학생으로서는 마지막 날이 되었다.

6월 28일 이른 아침 나는 대포소리에 놀라 깨어났다. 우리 집은 마포 형무소(지금의 마포 경찰서의 건너편에 있었다)에서 그리 멀지 않은 곳이었다. 어느새 인민군 탱크부대가 서울에 들어와 철문으로 된 형무소 정문을 향해 탱크포를 쏘았다. 그러자 조금 있다가 큰 함성이 들려왔다. 죄수들이 풀려나오면서 '조선 인민공화국 만세'를 외치고 있었다. 죄수 중에는 정치범이 있었겠지만 대다수는 형사범이었다고 들었다. 그렇게 서울은 전쟁이 발발한 지 3일 만에 북한 공산군에 의해 함락되었다.

탱크가 형무소를 부수는 소리를 듣고 나의 아버지는 형과 나에게 남쪽으로 피난을 가라고 했다. 얼마 안 되는 돈을 아버지로부터 받고 나와 형은 간단히 보따리를 싸들고 마포강 쪽으로 걸어가는데 도중에 많은 사람들이 되돌아오고 있었다. 물어보니 한강다리가 폭파되어 도강할 길이 없다는 것이었다. 하는 수없이 우리는 다시 집으로 돌아와 다락 안에 숨어 며칠을 지냈다. 그동안 우리 아버지는 자전거를 타고 문산 근처로 다니면서 쌀을 구해오셨다. 남대문 시장에서 베로 짠 옷을 사서 시골로 가서 쌀과 바꿔온 것이다.

문산읍 마정리에 피난

집 다락방에 숨어 며칠을 지낸 후 나는 혼자서 아버지가 마련해준 파주의 작은 마을로 피난했다. 며칠 더 집에 있었다면 나의 운명은 어찌 되었을지 모르겠다. 후에 어머니에게 들었는데 내가 파주로 떠난 며칠 후 어깨에 인민군 장총(총소리가 따꿍해서 따꿍 총이라고 불렀다)을 맨 사람 셋이 우리 집에 나타나 그중 한 사람이 나를 찾더라는 것이다. "여기가 한배호의 집"이냐고 물으면서 중앙중학교 동창이라고 말하고 없다니까 돌아갔다고 했다. 중학교 시절 특별히 정치적인 성격의 학생운동을 한 적도 없고 기독학생운동에만 관여했던 나를 찾아온 사람들이 누구였는지 전혀 짐작이 가지 않았다. 인민보안대의 완장을 차고 있었다고 하니까 중앙중학 시절의 좌익학생일 가능성이 컸다. 그때 내가 거기 있었다면 나는 잡혀갔거나 그들이 나를 죽였을 것이라는 생각이 들었다. 참으로 아슬아슬하게 화를 피한 것이다.

아버지는 식구들의 먹을거리를 찾아 시골로 다니면서 쌀을 구해오던 어느 날, 파주 어느 작은 마을 농가에 방을 하나 얻어 놓고 서울로 돌아와 우리 형제들을 그곳으로 가라고 했다. 아버지의 말씀이 그곳은 농토가 비옥하여 쌀도 풍부했고 인심이 좋아 그곳을 택했다고 했다. 넓은 논과 밭으로 둘러싸인 작은 마을인데 아버지가 보니 동네 사람들이 순박한 사람들이어서 자식들을 숨기기에 적합한 마을이라 생각해서 그곳에 방을 얻었다고 했다.

그 마을의 이름이 파주군 마정리(馬井里)이다. 우리 3형제가 그곳으로 피난을 가게 되었고 후에 어머님이 우리를 따라 그곳으로 오셨다. 우리가 살게 된 집은 초가집으로 방이 세 개 있었다. 그중 하나를 빌린 것이다. 그 집주인은 동네 이 씨 문중 웃어른이었고 인심 좋은 아내와 두 아들을 두고 있었다. 우리를 자기 아들처럼 보살펴주면서 무슨 일이 있으면 나와 동갑이었던 그집 큰아들과 함께 우리를 집 뒤뜰에 있는 방공호로 피신하도록 했다. 낮에는 참외 밭에 있는 원두막에 가서 지내고 밤에만 집으로 돌아와 있다가 인기척이 나면 방공호로 달려가 숨는 생활이었다. 근 4개월 동안 그런 피난생활을 하였다. 그러면서 한여름은 지나가고 시간은 어느덧 9월로 접어들고 있었다.

간발의 차로 면한 폭격참사

9월 초순 어느 날 임진강 나루터에 나가서 참외를 사 먹고 있었다. 밀짚모자를 눌러쓰고 팔에 붉은 천의 완장을 두르고 있으면 공산당 인민위원회에 나가는 청년으로 볼 수 있었다. 참외를 먹고 있던 어떤 청년이 나에게 이야기를 걸어 왔다. 서울대 정치학과에 다니는 학생이라며 김 아무개라고 했다. 개성에서 쌀을 사 자전거에 싣고 서울로 가는 길이었다. 나도 연대 학생이라고 하니까 반가워하면서 자기가 단파라디오를 듣고 있는데 유엔군이 참전하였으니 얼마 지나지 않아 전쟁은 끝날 것이라고 했다.

유엔군의 참전은 전쟁 초부터 시작되었지만 우리는 그것을 전혀 모르고 있었던 것이다. 신문도 없었고 라디오도 없는 시골에 있으니 세상이 어떻게 돌아가는지 어둡기만 했다. 그 학생은 단파를 듣고 있으니까 아마 미국에서 하는 「미국의 소리(Voice of America)」 방송을 들었던 것 같았다. 다음에 다시 들를 때 전쟁소식을 더 자세히 알려주겠다고 했다. 나는 고맙다고 인사한 후 그곳을 떠나 참외밭에 있는 원두막으로 돌아왔다.

돌아온 지 1분 정도나 되었을까. 커다란 폭음소리와 함께 꺼먼 연기가 솟아올랐다. 지금도 그때 왜 그 자리를 뜨고 싶었는지 생각이 나지 않는다. 그냥 일어난 것이다. 그리고 내가 있던 바로 그 자리에 미군전투폭격기가 폭탄을 투하한 것이다. 그때는 인민군이 폭격을 피해 흰 옷으로 변장하고 다니고 있어서 미군은 흰 옷 입은 사람들이 모인 곳에 자주 폭격을 가해 많은 희생자가 생겼다. 어머니와 나의 형이 나루터에서 사람이 죽었다는 말과 내가 거기 갔다는 말을 듣고 사색이 되어 그곳으로 뛰어 달려 나왔는데 나는 없었다고 했다. 형의 말로는 서울대 학생은 한 쪽 다리 전체가 잘려 피를 흘리다가 숨을 거두면서 자기의 죽음을 전라남도 순천에 있는 누님에게 알려달라고 말하고 숨졌다고 했다.

나도 그곳에 한동안 머물다가 원두막으로 돌아왔는데, 만일 조금만 더 있었더라면 그와 똑같이 목숨을 잃었을 것이다. 지금도 그때 생각을 하면 아찔해진다. 내가 교조주의적인 신앙을 가진 사람이었다면 그것을 하나님이 나를 살리신 것이라고 하겠지만 그런 신앙심은 갖지 못하고 있다. 나의 중학교 동창생인 정진석(鄭鎭奭) 추기경처럼 한국전쟁 때 장교로서 죽어가는 부하들을 보면서 죽음에 대해 새삼 여러 가지를 느끼고 신부가 된 분도 있다. 나의 신앙심은 그 정도 확고한 것은 아니었다. 다만 하나님께 감사하는 마음은 늘 가지고 살았다. 그리고 때로는 나의 외조모의 기도를 생각하기도 했다. 나의 외조모님은 나를 극진히 사랑하셨다. 그리고 아침 가정예배 때마다 우리 이름을 불러가며 기도하셨다. 내가 미국으로 유학 간 후에도 항상 나를 위해 기도하셨다고 들었다. 인자하고 조용하며 참으로 감동적인 기도를 하시던 외할머니를 잊을 수 없다.

9월 중순이 지나면서 서쪽에서 천둥소리 같은 소리가 계속 들려왔다. 대포소리 같았다. 그것이 인천상륙작전의 함포사격소리인줄은 후에 알았다. 미군 전투기도 자주 우리가 있는 마을 하늘을 지나갔다. 유엔군과 한국군에 의한 인천상륙작전이 시작되었던 것이다. 그러던 어느 날 물건을 사러 서울에 갔다가 돌아오던 나의 형과 동생(그 당시 17세)이 동네 근처에서 보안서원(북한의 경찰)에게 붙잡혔다. 형이 잡힌 것을 본 내 동생은 그 자리에서 뛰어서 내가 머물던 집으로 와서 나에게 숨으라고 알려주었다. 나는 그집 큰아들과 함께 뒤에 파 놓은 방공호로 들어가 숨었다. 잠시 후 그 보안서원과 형이 집으로 오더니 다른 사람은 없느냐고 물었다. 우리는 숨을 죽이고 있다가 형과 보안서원이 나간 후 다시 방으로 돌아왔다. 세 번째로 아슬아슬하게 어려운 고비를 넘긴 것이다.

그동안 무사히 숨어 있다가 잡혀간 형 때문에 어머니는 안절부절 못하셨다. 어머니로서는 아들 걱정도 있지만 서울에 외할머니와 함께 집을 지키고 계시던 아버지를 의식하고 더욱 마음을 졸였을 것이다. 그런데 며칠이 지난 밤 형이 나타났다. 시커먼 얼굴에 옷은 찢어져 있었다. 알고 보니 의정부까지 가다가 미군 전투기가 가는 길을 향해 폭탄을 투하해 대열이 무너지는 틈을 타서 두 사람이 산 쪽으로 도망을 갔다가 산등선을 타고 걸어서 마정리로 돌아온 것이다. 어머니는 울면서 반가워했다. 나와 내 동생도 사지에 갔다 돌아온 형을 반갑게 맞았다. 참으로 구사일생이란 그런 것을 말하는 것일 것이다. 듣고 보니 마정리 국민학교에 끌려 갔을때 청년 수십 명이 잡혀와 있었다. 여러 명의 보안서원이 그들을 감시하면서 이동하다가 미 공군의 폭격을 당한 것이다. 형은 후에 한국군 장교로 오랫동안 근무해 참전용사가 되었다.

우리가 마정리에서 피난하고 있을 때 중년부인과 아들 그리고 나와 비슷한 나이의 젊은 사람 세 식구가 우리처럼 서울에서 피난 와 살고 있었다. 말씨가 완전히 함경도 사투리였다. 나는 젊은 친구와 가끔 지나치다 이야기를 해 보니 해방 후 북한에서 이남으로 온 사람이었다. 공산체제를 떠나 온 사람이니 공산당원은 아니라고 보아 말을 건네기 시작했다. 자기도 한 씨라고 하면서 종씨라고 반가워했다. 그러면서 귓속말로 나 보고 자기 형이 국방군 대위라고 했다. 아마 어느 곳에서인가 싸우고 있을 것이라고 하면서 "빨갱이"들이 알게 되면 우리들은 몰살될 것이라고 했다. 나도 피난 온 사람이라고 하고 공산당원이나 보안서원에게 잡히지 않게 서로 조심하자고 했다.

9월 말이 가까워오던 날 마정리에 미군 육군부대가 진격해왔다. 마정리 옆이 임진강이어서 동네에서 마주 보는 곳에 인민군이 후퇴하면서 진을 치고 있었던 모양이었다. 마정리 앞에 진을 친 미군은 무반동총을 쏘기 시작했다. 그 소리가 얼마나 컸던지 옆에서 들으면 귀가 멍멍할 정도였다. 다행히 강 너머에서 인민군이 반격을 하지 않아서 마정리는 무사했지만 그들이 총을 쏘았더라면 마정리는 쑥대밭이 될 수도 있는 아슬아슬한 상황이었다.

수일이 지나 주변이 조용해졌고 아주 앳된 미군사병이 마정리로 들어왔다. 철모를 들고 있었다. 그리고 호기심을 갖고 그를 둘러싼 동네 어른과 아이들에게 손짓 발짓으로 무엇인가를 달라는 시늉을 하고 있었다. 내가 서투른 영어로 "May I help you" 했더니 반가워하면서 "I want some eggs"라고 말했다. 그 말을 알아 듣고 나는 동네 사람들에게서 달걀을 모아 철모에 그득히 담아 주었다. 그 병사는 기뻐하면서 나보고 "너 영어 잘하는데 우리와 같이 가자"고 했다.

그 말을 듣고 그동안 숨어 살며 겪은 고생으로 울분이 쌓여 있어서 한번 생각해 보자고 하고 집으로 와서 어머니에게 그 말을 했더니 펄쩍 뛰면서 아버지의 허락도 없이 어딜 가느냐고 소리를 지르셨다. 그 부대는 최전방에서 북한을 향해 진격하던 미군 기갑사단인 제1사단이었다. 그 부대는 압록강을 향해 가다가 중공군의 기습을 받고 전투에서 크게 패배한 사단이었다. 내가 그들과 통역으로 따라갔다면 어떻게 되었을까 생각해본다.

미군과 한국군이 개성을 향해 진격하고 있던 때 임진강 철교 밑에 미군 공병대 1개 중대가 천막 막사를 짓고 임진강에 가교를 대신할 통나무다리를 놓기 시작했다. 일본에서 들여온 것 같은데 길이가 10미터가 넘는 나무들이었다. 기중기로 그것을 강물 속으로 박고 트럭과 전차가 지나갈 정도의 단단한 나무다리를 건설하고 있었다. 그때 마침 서울에서 아버지가 마정리에 오셔서 같이 구경을 했는데 물속으로 통나무를 박고 나머지를 톱으로 잘라버리는데 그 길이가 족히 2~3미터는 되었다.

그것을 보던 아버지가 너무 아깝다고 하면서 미군에게 말해서 그것들을 수거하면 좋겠다고 했다. 마침 우리 교회 최윤관 목사님은 1930년대에 프린스턴 신학교를 나오신 분으로 한국 신학교(지금 한신대)의 영어교수를 겸하고 계셨다. 아마 그 당시 한국에서 그분처럼 유창한 영어를 하시던 분은 극소수였을 것이다. 아버지는 서울로 가서 그 목사님을 모시고 와서 미군 공병대 중대장(그의 이름은 '절인 오이'라는 의미의 Pickle이었다)을 만났다.

유창하게 영어를 하시는 최 목사께서 그 대위에게 잘려나간 통나무를 우리에게 주면 요긴하게 쓰겠다고 해서 허락을 받아냈다. 지금 생각해 보아도 머리를 잘 쓰시던 아버지였다. 아버지는 그것들을 큰 배에 싣고 서울로 수송하여 목재소에서 재목으로 만들어 일부를 팔고 일부는 총탄으로 부서진 우리 교회건물의 수리비용으로 쓰기도 했다. 그 당시 수복된 서울에는 포탄으로 파괴된 가옥이 많았다. 그런 집들을 수리하려면 목재가 필요했고 그것을 구하기도 어려웠다. 그야말로 부르는 게 값이었다. 그때 번 돈으로 우리 가족은 후에 1·4 후퇴 때 조치원으로 내려가 비교적 편안하게 지냈다고 들었다.

우리 가족은 10월 초가 되어 서울에 가도 될 것 같아 교통편을 찾아보았으나 방법이 없었다. 도보로 어머니와 수백 리를 걸어가는 것이 엄두가 나지 않았다. 그런데 10월 초 어느 날 한국군의 트럭 한 대가 마정리 뜰에 들어와 주차했다. 운전석에 있던 시커멓게 수염이 난 한국군 육군대위가 내렸다. 그러자 그의 가족이 달려가 그를 끌어안고 울고 야단이었다. 그동안 숨어살았던 한 씨 가족이었다. 그리고 며칠 후 우리 가족은 한 씨 가족과 함께 한 대위가 가져온 군용트럭에 올라타 오랜 피난생활을 접고 무사히 서울로 돌아왔다.

서울 집으로 돌아와 보니 우리 앞집에 살던 마포 경찰서 주임이었던 분과 나의 친구였던 그분의 큰아들이 보안서원(북 측의 경찰에 해당)에게 끌려갔다고 했다. 양복점을 하던 동네 아저씨도 인민군에게 총살당했다고 했다. 그리고 서울에서 시가전이 벌어졌을 때 유탄에 맞아 죽은 사람의 수도 적지 않았다. 전쟁의 비극적인 흔적이 여기저기에 비참하게 드러나고 있었다.

실종되거나 총탄으로 쓰러진 동네사람들의 이야기를 들을수록 우리들은 마정리에 피난 갔던 일이 잘된 일이라고 느꼈다. 아버지가 그곳을 잘 찾아낸 덕으로 우리들은 무사히 공산군 치하의 서울을 떠나 피난할 수 있었다. 그리하여 우리 가족에게 마정리는 더욱 잊을 수 없는 곳이 되었다. 그곳 사람들은 나를 무사히 살아남도록 도와준 은인들이다. 그래서 6 · 25 전쟁을 생각하면 늘 저절로 떠오르는 곳이 바로 마정리이다. 삶과 죽음이 엇갈리던 전쟁 도중에 나를 살아남게 한 곳이라는 생각이 들어서이다.

유학에서 돌아온 후 아내와 아들을 데리고 마정리에 갔다. 전쟁 후 십여 년이 지난 후였다. 그동안 1 · 4 후퇴를 겪었고 피난생활과 유학생활로 찾아보지 못한 그 동네 사람들과 특히 우리를 숨겨준 집의 부부와 아들들을 보기 위해 용달차를 빌려 큰 통에 막걸리를 싣고 가서 동네 한가운데에서 돼지고기와 김치로 막걸리파티를 열었다. 우리가 숨어 있었던 집의 부부는 이미 세상을 떠났고 큰 아들도 병으로 사망했다. 동네 어른들 여럿이 생존해 계셔서 그들에게 깊은 감사의 인사를 드리고 돌아왔다.

미군 공병부대와 평양으로

수개월의 피난생활을 끝내고 마정리에서 서울로 돌아온 후 가깝게 지내던 조동빈(서울대 정치학과 1학년생)과 함께 통역장교시험에 응시하기 위해 배재중학교 운동장에 갔다. 그때는 1950년 10월 초순경으로 한국군이 평양을 점령한 후 압록강을 향해 진격 중이었다. 모두가 머지않아 북한을 점령하고 나면 한반도가 통일될 것이라는 기대를 갖고 있었다. 배재중학교 운동장은 검은 색 학생복을 입은 대학생과 고등학생들로 꽉 차 있었다. 나와 친구 조동빈은 그것을 보고 응시를 포기하기로 했다. 응시자가 너무 많아서 우리 차례가 올 것 같지 않았던 것이다. 그러다가 생각난 것이 파주 마정리에서 본 미군공병대였다.

조동빈에게 그곳 이야기를 하면서 그 부대에 통역으로 가자고 했더니 좋다고 했다. 우리 교회 최 목사님을 찾아가 소개장을 받고 피클(Pickle) 대위를 찾아갔더니 편지를 읽고 통역으로 채용하겠다고 하면서 내일 평양(平壤)으로 이동한다고 했다. 평양으로 간다니까 더욱 흥분하였다. 어릴 적 부모를 따라 여러 번 갔다 온 적이 있는 평양이었다. 어릴 적에 대동강을 따라 남쪽으로 내려가는 배를 타고 외할머니 집에 갔던 생각도 났다. 평양에서 멀지 않은 곳인 강서군에는 이모가 살고 있었다. 나는 가서 이모를 만나 서울로 오도록 해야겠다고 생각했다. 미군 공병대는 대동강에 커다란 통나무로 임시 가교를 짓는 명령을 받고 떠날 준비를 하고 있었다. 나와 친구는 다음날 새벽 미군트럭에 몸을 싣고 평양을 향해 출발했다.

어두운 밤이 되어서야 겨우 평양에 도착했다. 날씨가 매우 추웠다. 10월 하순에 가까운데 북쪽이라 그런지 밤이면 매우 추웠다. 어디가 어딘지 분간할 수 없는 가운데 어떤 커다란 시멘트 건물 안에 야전용 침대를 펴고 오리털로 된 침낭(寢囊, sleepingbag)을 배급받아 그날 밤 잠을 잤다. 마정리에 피난간 때를 빼고 집을 떠나 타지에서 혼자 본 것은 그날이 처음이었다. 만으로 치면 내 나이 19살이었다. 다음 날 아침에 나가 보니 우리가 잔 곳은 바로 대동강 옆에 있는 전 인민군 막사였다. 다음 날부터 가교 설치공사가 시작되어 미공병대에 배속된 한국군 공병대 1개 소대 대원들 여럿이 통나무를 어깨에 짊어지고 나르기 시작했다. 한국군은 건설현장에서 인부처럼 주로 나무를 나르는 일을 맡아 일했고 건설용 중기들은 미군이 맡아 운전하고 있었다.

공병대가 일하고 있는 대동강(大同江) 강변 둑 위에는 늦은 가을인데도 하얀 여름옷을 입은 남자들이 모여 미군이 다리 건설하는 것을 신기한 듯 구경하고 있었다. 나는 평양으로 떠날 때부터 나의 이모가 강서군 강선면 강선리(降仙里)에 사는 것을 알고 있었다. 파주를 떠나면서 평양에 가게 되면 기회만 닿으면 어떻게든지 연락을 해서 남으로 가도록 권할 생각이었다. 하루는 그들에게 강선면 강선리에서 온 분이 있느냐고 물었더니 한 사람이 손을 번쩍 드는 게 아닌가. 김덕렬(金德烈)이라는 분을 아느냐고 물었더니 안다고 했다. 너무나 기적 같은 우연의 일치였다. 그분에게 서울에서 조카가 왔다고 알려달라고 하고 후에 시간을 봐서 지프차를 얻어 타고 강서(江西)군의 강선면(降仙面)으로 가보겠다고 마음을 먹고 있었다.

그런데 얼마 지나지 않아서 의외의 일이 벌어졌다. 어느 날 공사장에서 한국군의 김 소위 소대장과 미군 상사가 다투고 있었다. 한국군 소위인데 나더러 "지금 이 무거운 통나무를 한국 병사가 짊어지다가 죽기라도 하면 네가 책임지겠느냐"고 말해달라는 것이었다. 순진하기도 했지만 같은 한국 사람으로서의 감정도 있어서 그의 말 그대로 통역을 했더니 미국 상사가 대노하면서 너는 어느 편 사람이냐고 하면서 나를 막 욕하는 것이 아닌가. 그리고 얼마 후 나는 중대장에게 불려갔다. 그 상사가 가서 그 일을 고자질했을 뿐 아니라 내가 강둑에 있던 사람들과 말을 건넸다고 나를 공산당으로 몰아버린 것이다. 나는 해명을 하고 변명을 했지만 결국 해고를 당했다.

참으로 어이없고 기가 막힐 일이었다. 평양 한복판 어디인지 방향감각도 없이 거리에 나앉게 될 판이었다. 그렇다고 평양 바로 위 북방에서 한참 전투가 벌어지고 있는 전쟁 중이었는데 교통수단도 없이 혼자서 서울로 걸어서 돌아갈 수도 없는 일이었다. 강서군의 이모님을 찾아 나설 길도 없었다. 강변 둑에서 만났던 사람으로부터도 이모님에 대한 아무 소식이 없었다. 정말 난감한 상황에 부딪치게 된 것이다.

평양에서 찾은 박석동 공군대령

너무 갑자기 당한 일이라 참으로 당황했다. 망연자실이라는 말의 뜻이 아마 그런 때 드는 느낌일 것이다. 그런데 그때 머릿속에 떠오르는 한 사람이 있었다. 박석동이라는 한국 공군대령이었다. 박 대령은 나의 매부와 동향사람으로 일제 때 일본육군항공대의 정비병으로 있다가 해방이 되자 귀국하여 잠시 매형이 경영하던 목공소의 직공으로 일했다. 그 후 한국공군이 창설되자 입대하여 공군장교가 되었다. 6 · 25가 터졌을 때는 공군 대령으로 진급해 있었다. 9 · 28 서울탈환 후 누님 댁으로 찾아갔을 때 매형이 사망한 것을 알았고, 누님에게 평양 공군 비행장으로 가게 되었다고 인사하고 돌아간 일이 생각났다. 그때 누님으로부터 박 대령이 미림리(美林里)라는 곳의 공군비행장으로 갔다는 말을 들었던 것이 기억났다.

나의 보따리를 공병부대 막사에 남겨둔 채 박 대령이 있을 미림리 비행장을 찾아 걸어갔다. 가다가 만나는 사람마다 미림리 비행장이 어디냐고 물으며 갔다. 아마 몇 리(里)는 되었을 것이다. 시간이 얼마 걸렸는지 기억이 나지 않는다. 그리하여 미림리에 있는 한국공군부대로 가서 혹시 여기에 박석동 대령이라는 분이 계시냐고 물었더니 계시다는 것이었다. 박석동 대령을 만나니 얼마나 반갑던지 눈물이 다 났다. 그는 미림리 공군기지의 정비단장으로 있었다. 나를 본 박 대령은 깜짝 놀라면서 어떻게 된 일이냐고 물었다. 내가 자초지종을 이야기했더니 우선 여기에 나와 같이 있자고 하였다. 그때 아마 박 대령은 나를 서울로 가는 비행기 편으로 태워 보낼 생각을 했을지도 모르겠다.

나는 박 대령에게 그곳에 있는 미공군부대로 나를 데려다 달라고 했다. 마침 한국 공군부대 건너편에 미 공군부대가 있었다. 박 대령이 운전한 스리쿼터 트럭을 타고 간 곳은 미 제5공군 정찰비행중대였다. 이 부대는 프로펠러가 달린 비행기 수십 대만으로 구성되어 일선 최전방지대를 비행하면서 적진을 촬영하는 공군정찰부대였다. 그런 비행기를 경비하기 위해 미 공군헌병대가 배치되어 있었고 한국 공군 헌병대 1개 분대가 배속되어 있었다. 다행히도 그 미 공군 수색중대에는 한국인 통역장교가 없었다. 어떻게 한국군과 미국 공군헌병대가 의사소통을 해왔는지가 의문이었다. 내가 박 대령과 함께 미 공군헌병 대장을 만나 통역관으로 있고 싶다고 하니까 박 대령에게 나와 관련해 몇 마디 묻더니 쾌히 승낙하였다.

한국군 공군헌병대 분대장은 안(安)이라는 공군 상사였다. 영어가 전혀 되지 않는 병사였다. 나보다 한 살 아래였고 지방 고등학교 3학년 때 전쟁이 나자 공군에 입대하여 헌병대로 배치되었다고 했다. 나를 자기 형처럼 친절히 대해 주어 매우 편하였다. 어느 날 그의 지프차를 타고 내가 있던 미 공병대 막사에 내 사물을 찾으러 갔다. 정문에 서 있던 보초가 나를 보더니 편지를 건네 주었다. 열어 보니 평남 강서군 강선면(降仙面)에 사시던 이모의 편지였다. 대동강 강둑에서 미군의 작업을 구경하던 강선면에서 온 사람이 내가 부탁한 대로 이모에게 나의 소식을 알려주었던 것이다.

박복한 미모의 이모님

이모는 어렵게 나를 찾아와 보니 다른 데로 갔다고 하니까 실망을 많이 했던 것 같다. 편지를 써놓고 다시 오면 전해달라고 하고 돌아간 것이다. 이모는 "내가 참으로 운이 없구나"라고 한탄조로 그 편지를 썼다. 편지를 받아 보면서 나는 속으로 조금 있으면 전쟁이 끝나고 남북통일이 될 것이니까 적당한 때 시간을 내서 강선면으로 이모를 찾아가리라 마음먹고 돌아왔다. 박 대령에게 부탁하면 지프차를 내줄 수 있을 거라 생각했다. 그때 한국군은 이미 평양을 지나 압록강을 향해 진군 중이었고 10월 중순경 이승만 대통령이 평양에 와서 시청 앞에 모인 평양시민들에게 곧 통일의 날이 올 것이라고 약속하고 돌아간 지 얼마 후였다.

그런데 내가 미림리(美林里)에서 미 공군헌병대 통역으로 근무한 지 몇 주가 지난 어느 날 갑자기 철수령이 내려졌다. 항공기가 중공군의 포격을 받을 것을 우려해서인지 다른 부대보다 철수를 서둘렀던 것 같기도 하다. 공군부대는 평양에서 철수하게 되었고 내가 따르고 좋아했던 이모와 재회할 수 있는 절호의 기회를 놓치고 말았다. 후에 이모가 1·4 후퇴 때 해주(海州) 근방까지 왔다가 길이 막혀 다시 돌아갔다는 소문을 전해 들었다. 그 소식을 들은 어머님은 내색은 하지 않았지만 낙담하시는 것 같았다. 그도 그럴 것이 이모는 어머님의 유일한 동생이었으니까.

나의 이모는 지금 생각해도 미모의 여자였다. 어머니가 하신 말인데 이모가 처녀 시절 길을 나가면 동네 남자들이 휘파람을 불고 난리였다고 했다. 날씬한 키에 가는 허리, 그리고 얼굴도 고운 여자였다.

일본유학을 한 남자와 만나 결혼하여 만주로 갔다가 남편이 사망하자 과부로 아이도 없이 서울에 와서 우리 집에 살면서 나이가 들었으나 적십자병원의 간호학교에 들어가 공부하다가 시력을 잃게 되었다. 이모는 공부를 중단하고 할머니가 계시던 대동군 남관면(南串面) 석호리(石湖里)에 있다가 얼마 후 황해도 장연군에 사시는 분의 재취가 되었다. 해방 후에도 이모네 가족은 북한에 머물렀고 강서군으로 이사를 갔다. 내가 평양에 가서 찾으려고 했던 곳이었다. 결국 이모와 우리는 생이별을 하고 말았다. 우리도 안타까웠는데 동생을 그리워하던 어머니의 마음은 어떠했을까 가히 상상할 만하다.

1950년 11월 말경 미 공군부대가 평양에서 철수하였을 때 나는 공군부대의 수송기에 올랐다. 내 평생 처음 타 본 비행기였다. 밤에 떠났는데 평양의 하늘을 나를 때 창문으로 아래를 내다보니 평양시 전체가 빨갛게 불타고 있었다. 그야말로 불바다를 이루고 있었다. 평양에 주둔했던 미군부대들이 중공군이 들어오기 전에 자기들의 군수물자를 모두 불태우고 나오는 것이었다. 비행기 위에서 우리나라의 통일의 꿈이 중공군의 개입으로 완전히 무산되고 있다는 생각을 하고 있는 동안 한 시간 정도 비행 후 서울 여의도의 비행장에 착륙했다.

미 공군정찰 중대는 지금 63빌딩이 있는 곳 근방에 텐트로 막사를 지어 기지를 만들었다. 여의도에 오자마자 정찰기들은 수시로 북쪽을 향해 날아갔다 돌아왔다. 중공군이 사방에서 유엔군을 공격해옴에 따라 전투상황이 급박하게 돌아가고 있을 때였다. 비행기의 폭음이 하루 종일 끊이지 않았다. 그 당시가 바로 1·4 후퇴에 가까웠던 때여서 영등포에서 기차를 타려는 피난민들의 줄이 하루 종일 이어졌다. 그때 평양의 철교 위를 아슬아슬하게 걸어 남한으로 피난해오는 사람들을 찍은 사진을 보면서 나는 평양에서 서울까지 단 한 시간

만에 돌아올 수 있었던 것을 큰 행운으로 생각했다.

서울 여의도 비행장에 공군부대가 기지를 설치한 후 나는 매일 저녁 집으로 가서 가족과 지냈고 교인은 얼마 되지 않았지만 우리 교회에 나가 예배를 볼 때 서투른 솜씨로 피아노 반주를 했다. 음대를 나온 피아니스트가 전쟁이 터지면서 교회에 나오지 않았고 그 후 소식이 끊긴 것이다. 우리 교인들은 전쟁으로 세상을 떠난 교인들을 생각하면서 1950년의 크리스마스를 슬픔과 기쁨이 뒤범벅이 된 복잡한 심정으로 보냈다. 그러다 1 · 4 후퇴가 시작되면서 교인들이 다시 뿔뿔이 흩어지기 시작했다. 12월 말을 전후해서 우리 집에 평양에서 살던 어머니 외사촌 식구 십여 명이 들이닥쳤다. 38선으로 갈라져 오랫동안 왕래가 없었는데 어떻게 우리 집 주소를 알고 찾아왔는지 신기할 정도였다. 우리 집에서 며칠 머문 후 그들 역시 서울의 피난민들을 따라 남쪽으로 피난갔다.

그 당시 피난할 수 있는 교통수단은 트럭이나 열차뿐이었다. 6 · 25 전쟁이 일어난 직후 한국군이 한강 다리와 기차가 다니던 철교를 폭파하였기 때문에 피난민을 위한 기차는 영등포에서 출발하였다. 트럭을 타고 가기는 하늘의 별 따기였고 기차의 객차에 타기도 마찬가지였다. 화물차 칸에 올라탄다면 큰 복이었다. 많은 사람들이 화물차 지붕 위에 올라가 앉아서 피난 가는 형편이었다. 영등포역 앞에는 자기 차례를 기다리는 피난민들이 끝없이 줄을 지어 서 있었고 순서대로 화물차 꼭대기에 올라타기도 쉽지 않았다. 나는 한국군 공군헌병대의 분대장 안 상사에게 부탁해 평양에서 온 어머니의 친척들을 모두 화물차 위에 올라 탈 수 있게 했다. 그분들은 그런 고생을 하면서 아무 연고도 없는 대구에 내려가 피난민생활을 했다. 후에 서울에 올라와 나를 만날 때마다 그때 이야기를 하면서 나에게 고마워하던 일이 생각난다.

대구에서 만난 옛 여자친구

내가 근무하던 미 공군정찰중대도 1월 중순경 서울 여의도 비행장을 떠나 대구로 이동하였다. 이번에도 나는 미공군 수송기를 타고 편안하게 대구로 피난했다. 아마 민간인으로 나처럼 평양에서 서울로, 그리고 서울에서 대구로 편하게 그것도 항공기를 타고 피난 간 사람은 많지 않았을 것이다. 전쟁 중인데도 행운이 따랐다고 할 수 있다. 미 공군부대가 기지를 잡은 곳은 대구 압산 비행장이었다. 대구시내에서 좀 떨어져 있었고 그곳에서 미 공군헌병대와 한국 공군헌병대 사이에서 통역관으로 근무하고 있었다.

그러던 어느 날 한국인 공군 대위가 나를 찾아왔다. 전혀 모르는 사람이었다. 나를 보더니 한 통역이냐고 물었다. 그러면서 아무개를 아느냐고 물었다. 바로 중학생 때 같은 교회에 다니면서 밤에 편지를 주고받던 그 여학생이었다. 그 여학생과 한국군 공군 대위의 처는 여고 동창생이며 그의 처를 통해 나의 이야기를 들었다고 하면서 그 여학생이 지금 대구시내에서 나를 기다린다고 했다. 나는 별로 내키지는 않으면서도 한편 전쟁에 어떻게 살아남았는지 궁금하기도 해서 그 대위가 몰고 온 지프차에 올라타 대구시내로 갔다. 여학생의 부모는 대구에 피난하여 대중식당을 운영하고 있었다. 그곳에 도착하여 방으로 안내되어 가보니 그 여학생이 반갑게 나를 맞아 주었다. 그녀의 부모도 들어와 나는 정중히 인사를 나누었다. 그리고 저녁식사를 잘 대접받았다.

중학교 4학년 말이나 5학년 초부터 편지교환을 끝냈지만, 만일 그 후 내가 그녀에 대해 어떤 미련을 갖고 있었다면 나와 그녀는 새로운 인연이 되었을지도 모른다. 나나 그녀나 이미 고등학생수준을 벗어나 20대에 들어선 성인들이었고 앞날을 예측할 수 없는 불안한 전쟁 중이었고 나는 대구 미 공군부대에서 혼자 살고 있는 몸이었다. 그녀를 깊이 사랑한 적은 없었지만 외동딸인 그녀의 부모와 인사까지 하고 나자 나는 더욱 부담을 느꼈다.

저녁을 먹은 후 교회친구들의 행방을 묻는 등 이야기를 나누다가 작별인사를 하고 나오는데 그녀가 따라 나왔다. 같이 밤거리를 걸으며 나는 그녀에게 만나서 반가웠다고 말하면서 앞으로 자주 만나기 어려울 것이라고 말했다. 이유는 말하지 않았지만 그녀도 나의 말뜻을 눈치챈 것 같았다. 그것이 그녀와의 전쟁 이후의 재회였고 그 후 그녀는 한국군 장교와 결혼했다는 소식을 교회친구들을 통해 들었다.

3개월간 근무한 경찰 통역관

대구 압산 비행장에서 근무하고 있던 1951년 2월 매우 추운 어느 날 신문을 보는데 경찰 통역관을 모집한다는 공고가 있었다. 경위계급을 준다고 했다. 전쟁 중 늘 나의 머릿속에는 전쟁이 끝나면 다시

대학으로 돌아가 공부를 계속하겠다는 생각뿐이었다. 대구에서 통역 장교를 모집한다는 것을 알았지만 군에 들어가면 언제 제대해서 대학으로 돌아갈 수 있을지가 불확실했다. 그러나 경찰의 경우 사퇴하고 대학으로 돌아갈 수 있었다. 그래서 나는 그 시험에 응시하기로 했다.

시험은 그 당시 대구시내에 있던 내무부에서 실시되었고 무난히 시험을 통과하였다. 그리고 내가 배치된 곳은 강원도 원주 경찰서였다. 경위계급을 준다더니 경사계급을 주었다. 아마 경위계급을 주기에는 우리들이 너무 어렸을 것이다. 합격자들이 모두 20세 정도의 대학생이었다. 발령장과 계급장을 달아주면서 무궁화 셋을 단 경찰간부가 "잘하면 앞으로 경위로 진급된다"고 했다. 원주시는 아직도 전투지역으로 원주 경찰서는 안동 부근에서 육군과 함께 빨치산을 소탕하는 군사작전을 전개하고 있었다.

나와 강원도 경찰국 소속으로 발령을 받은 전익환(田益煥) 경사(그분은 전쟁이 시작되었을 때 용산고 6학년이었다. 후에 서울시경 외사과장을 거쳐 경무감이 되었다)는 함께 대구를 떠나 안동으로 가서 거기에 주둔하고 있는 강원도 경찰국에 신고를 했다. 강원 경찰국의 경무과장에게 신고를 했는데 우리를 보고 다짜고짜로 "배가 살살 아프다를 영어로 해봐"라고 물었다. 너무 당황한 채 우리 둘은 묵묵부답이었다. 전혀 생각이 나지 않았던 것이다. 나중에 알았지만 그는 고대 재학 중에 경찰에 온 사람으로 유명한 유도선수였다. 생김새가 씨름꾼에 심술궂은 불독을 연상시키는 인상이었다.

나와 전익환 경사는 다른 경찰관들과 함께 트럭을 타고 원주로 향해 갔다. 원주에 가까워지면서 길거리 양쪽에 시체들이 널려 있는 것을 보았다. 혹인병사들도 있었고 백인군인들의 시체도 있었다. 그것은 미군 해병대가 맡은 전투지역이라 한국 군인 시체는 없었다. 태어나서 처음 보는 참혹한 광경이었다. 원주에 도착하여 나는 원주 경찰서장의 경찰 통역관으로 배치를 받았고 같이 간 전 경사는 강원도 경찰국장의 통역으로 배치되었다.

당시 미 해병대와 중공군은 원주에서 좀 떨어진 지역에서 일진일퇴의 전투를 거듭하고 있었다. 경찰의 주 임무는 일선을 뚫고 넘어오는 게릴라부대나 간첩들을 체포하는 것이었다. 공비 토벌대의 역할이었다. 미군과 관련되어 일어나는 사건들이 있을 때마다 나는 원주 경찰서장의 지프차 뒷좌석에 타고 서장을 따라 다니며 서장의 통역을 했다. 이미 전쟁이 일어난 지 근 8개월이 지나는 동안 미군 병사들과 지내면서 영어를 구사해 온 탓으로 나의 영어 실력은 많이 향상되어 있었다. 원주 경찰 서장의 특별한 호의로 그의 집에서 머물면서 저녁이면 원주 서장에게 영어회화를 가르쳤다. 그런 나를 경찰서의 간부나 경관들은 매우 부러워하는 눈치였다. 사실 서장으로부터 직업경관으로가 아니라 대학생으로 특별한 대우를 받은 셈이었다.

그렇게 3개월이 지나던 봄날, 나는 경찰 통역관을 그만두기로 했다. 경찰관은 사직서만 내면 그만이었다. 경찰서의 분위기를 직접 체험하면서 어린 나에게 그곳이 오래 있을 곳은 아니라는 생각이 들었다. 그때 부산에서는 정부방침에 따라 전시연합대학이 수립되어 소속대학을 가리지 않고 모두 등록시켜 학업을 계속시킨다는 소문을 들어 알고 있었다. 나도 부산에 내려가 연희대학교에 등록하여 학업을 계속하기로 마음먹고 원주 경찰 서장에게 사직할 것을 허락해 달라고 했더니, 이해심 많던 원주 서장은 나의 청을 흔쾌히 들어 주었다. 경사계급을 달고 근무한 3개월간의 경찰 통역관 생활을 마치고 나는 조치원에 피난 가서 살고 있던 가족을 찾아갔다. 조치원은 부산에서 육군종합학교를 거쳐 장교로 임관되어 일선에 가 있던 형님 아내의 고향이었다. 우리 가족은 사돈댁의 주선으로 집을 얻어 피난 생활을 하고 있었다.

조치원에 내려갔으나 당장 부산으로 가려면 여비도 필요했고 그때는 1951년 초봄이라 대학의 학기가 시작된 후여서 등록하는 시기도 맞지 않았다. 그래서 여름이 지나고 가을 학기에 맞추어 부산으로 내려가기로 하고 그동안 조치원에 머물러 있기로 했다. 그러던 날 하루는 낮에 시내 주변을 산책하다가 맞은편에서 걸어오는 한 여학생을 만났다. 여고생 교복에 숙명여고의 배지를 달고 있었다. 시골에서 서울의 여학생을 만나니 반가워 어떻게 조치원에 피난 왔으며 어디에 사느냐고 물었더니 둑에서 보이는 작은 야산으로 둘러싸인 아늑한 초가집 마을에 그녀의 가족이 방을 얻어 산다고 했다.

나는 서울에서 온 연희대 학생이라고 소개하고 원주에 있다가 지금 부모가 피난와 있는 곳에 잠깐 들렀다고 했다. 그때가 1951년 5월 초경이었으니 1·4 후퇴로 내려온 지 4개월쯤 되던 때였다. 원주 일선지대에서 3개월을 보내고 내려온 탓인지 여고생복을 입은 여자를 보니까 전쟁 이전 대학에 다니던 때가 생각나서 반갑게 느껴졌던 것 같다. 여학생에게 반갑다고 인사를 하고 헤어진 후 산책을 계속했다.

미군 헌병대의 통역관

1951년 봄, 경찰 통역관을 사직하고 조치원에 있는 가족들과 무료한 시간을 보내고 있을 때인데 조치원읍 변두리에 있는 창고에 미군 헌병대가 주둔하고 있었다. 서울과 조치원 사이의 국도(그 당시 가장 넓은 차도)를 경계하는 헌병 부대였다. 미군 헌병(MP) 2명이 지프차를 타고 조치원에서 서울시내까지 가면서 도로상에서 미군이 관련된 사고가 일어나면 즉각 헌병부대가 출동하게 되어 있었다. 나는 부산으로 가기 위해 여비와 돈도 벌 겸 그곳을 찾아가 혹시 통역관을 채용할 의사가 있느냐고 물었더니 헌병대장이 아주 반가워하면서 당장 나더러 근무하라고 했다. 그 헌병대는 한국인 통역없이 임무를 수행하고 있었던 것이다. 전쟁 중이라 영어를 아는 한국 사람의 수가 매우 제한되어 있었다. 중학교 때 기초를 잘 배운 덕으로 미군 공병대를 따라 평양에 갔고 평양에서 미 공군부대에 통역으로 있으면서 영어회화는 불편이 없을 정도가 되어 있었다.

내가 그 헌병부대에 관심을 가진 또 다른 이유는 그 부대 헌병들은 한강을 건너서 서울을 드나들 수 있다는 것이었다. 서울에는 1·4 후퇴 때 잔류한 인구가 상당히 있었다. 주로 노약자들이나 어린 아이들이었다. 곧 다시 서울을 탈환하여 돌아올 것으로 기대했기 때문에 서울에 그대로 머문 것이다. 그러나 전세(戰勢)는 우리에게도 불리하게 전개되어 강원도와 서부전선 북쪽에서는 유엔군과 중공군이 격렬한 전투를 벌인 끝에 양쪽 군대가 교착상태에 빠져 있었다. 피난 간 사람들의 서울 복귀가 늦어질 수밖에 없었다.

1·4 후퇴 때 서울에 남아 있기를 원하신 외할머니의 안부가 궁금

했다. 그 헌병대에 들어가 외할머니를 만날 수 있는 기회를 갖기로 했다. 그 당시 서울은 복귀 이전이어서 부산에서 서울로 가려면 부산의 유엔민사처 본부가 발행하는 도강증이 필요했다. 반대로 서울에서 남쪽으로 가려면 서울시내 옛 반도호텔에 자리 잡고 있었던 유엔민사처(UNCACK-Civil Assistance Command in Korea) 서울지부에서 도강증을 받아야 했다. 한국전쟁 동안 유엔민사처는 군정청과 같은 권한을 가진 유엔군 기구였다. 부산에 그 본부가 있었고 각 도청소재지에 지부를 두었다. 나는 헌병대 사병 2명과 지프차를 타고 조치원과 서울 사이를 매일 순찰하다 어느 날 한강을 넘어 우리 집에 가서 건강한 모습으로 계신 외할머니를 반갑게 만났다.

유엔민사처 서울지부 근무

1951년 봄, 미군 헌병대의 통역으로 서울을 자주 드나들면서 우연한 기회에 서울 반도호텔에 자리 잡고 있던 유엔민사처(UNCACK) 서울지부에 가게 되었다. 그러다가 그곳의 정치행정과의 책임자인 미군 대위와 알게 되었다. 그가 나에게 그곳에 올 생각이 있느냐고 물어와 나는 그 자리에서 서울에 오겠다고 답했다. 조치원에 내려가 헌병대장에게 사정을 이야기하고 그의 양해를 받아 헌병대의 차편으로 서울로 올라왔다. 나와 유엔민사처와의 인연이 시작된 것이다. 그 후 나는 부산에 있던 유엔민사처 본부로 자리를 옮겨 2년간 근무하다가 후에 미국유학의 길에 오르게 된다.

유엔민사처 서울지부에서 나는 행정과에서 경제과로 소속을 바꾸고 주로 한국은행 직원들을 상대로 자료를 모아 번역도 하고 직원들이 오면 통역하는 일을 맡았다. 나의 상사는 미국에서 은행원이었다는 미군 장교였다. 유엔민사처는 서울시 주민들을 위한 민생물자 수급을 도와주는 일을 수행하고 있었다. 그리고 전시 중이지만 한국의 경제상황에 대한 자료를 수집하는 일도 했다. 한국은행의 일부 직원이 서울에 들어와 일하고 있어서 그들로부터 자료를 얻었다.

세월은 흘러 1952년 봄이 되었다. 나는 또다시 대학에 복학하는 문제를 곰곰이 생각하게 되었다. 유엔민사처의 직원 일을 그만두고 1952년 3월 중순 대학에 등록하기 위해 부산 영도에 가교사를 지어 수업을 하고 있었던 연희대학교의 교무처를 찾아가 복학신청서를 냈다. 나의 신청서를 받은 직원이 이미 새 학기가 시작된 지 한 달이 지나서 등록을 받을 수 없다고 했다. 나는 교무처장과의 면회를 신청하여 그를 만났다. 교무처장은 박 모 목사로 전쟁 바로 전 연대에서 필수 과목인 성경을 가르칠 때 강의를 들은 적이 있다. 그에게 복학시켜주도록 간청하였으나 그는 냉담한 어조로 다음 학기에 오라고 했다.

아직도 그때의 일을 기억하면 매우 화가 치미는 일이었다. 그 당시 서울대나 고려대에서는 학기 도중에도 복교하려는 학생들은 받아준 것으로 알고 있다. 그 교무처장의 재량인지 또는 대학의 방침이었는지 모르나 유독 연희대만이 복학 일자에 대해 까다로웠던 이유를 알 수 없었다. 객지인 부산에 떨어져서 공부를 하려던 나는 다음 학기인 9월까지 5개월을 기다린다는 것이 너무 부담스러웠다. 홧김이었지만 연희대학에 다시 복학하지 않을 거라고 속으로 다짐하면서 처장실을 나왔다. 그때 나는 미군이 준 군용 텐트 안의 빵떡의자에 앉아 공부하는 학생들을 보면서 속으로 차라리 미국이나 가서 공부하는 것이 좋겠다는 생각이 들었다.

지금도 가끔 그때 나를 복학시켜주지 않았기 때문에 내가 미국에 유학할 생각을 품게 된 것이 아닐까 하는 생각을 해본다. 만일 그때 복학해서 공부를 계속하고 연대를 졸업했다면 아마도 한국에서 직장을 얻어 살면서 내가 걸어온 것과 전혀 다른 인생을 살았을 가능성이 크다. 그런 일이 있은 후부터 나는 연대에 복교하는 일을 포기했고 수영에 있던 유엔민사처 본부에서 일을 하다가 그 후 미국유학의 길을 떠나게 되었다.

대학등록을 거절당하고 난 얼마 후 부산시내를 걸어가고 있었는데 아는 사람이 걸어오고 있었다. 중학교 1년 선배인 오재근 형이었다. 그의 부친은 장면(張勉) 정부시절 무임소장관을 지낸 오희영 씨로 부산 피난 당시에는 국회의원이었다. 여당에 속했지만 이승만에 반대하고 장면 씨를 대통령으로 추대하는 일을 주도하던 국회의원 가운데 한 분이었다. 오형은 나를 보더니 반가워하면서 지금 무얼 하고 있는지 물었다. 내가 복학이 안 되어 곤란하게 되었다고 하니까 나더러 자기가 있는 곳에서 일할 생각이 없느냐고 물었다. 알고 보니 오형은 내가 서울지부에서 일했던 유엔민사처의 본부에서 통역 겸 번역관으로 일하고 있었다.

다음날 오 형을 따라 부산시에서 좀 떨어진 수영(水營)에 있는 해양대학 건물을 차지하고 있는 유엔민사처 본부로 갔다. 그는 나를 행정과로 데려가 니부락(Niblock)이라는 젊은 육군중위에게 소개했다. 그는 콜롬비아대학에서 정치학 석사를 받고 장교로 한국에 와서 유엔민사처 본부장에게 한국정치에 대한 정보를 제공하며 장군의 자문을 하고 있었다. 내가 연희대 정치학과 학생이었다고 하니까 니부락 중위는 나를 국회의 회의내용을 보고하는 보도관(reporter)으로 일하도록 했다. 1952년 4월 초부터 일을 하기 시작했던 것으로 기억한다.

그때 국회는 경남도청 내의 무도관(武道館)이라는 유도장을 개조해서 회의장으로 쓰고 있었다. 한국인 신문기자들 틈에 끼어 국회본회의에서 주요 토의내용과 결의된 안건들을 열심히 노트하여 법무부 내에 임시로 꾸며놓은 유엔민사처 임시연락사무소에 가서 영문으로 타자를 쳐 보고서를 작성해놓으면 오후 늦게 니부락 중위가 와서 가지고 수영으로 돌아갔다. 그 덕택으로 나의 영어 작문실력이 많이 늘었다. 특히 정치적 용어들을 영문으로 번역하다 보니 그 분야의 단어 실력도 늘게 되었다.

이승만의 대통령 임기가 1952년 8월에 끝나기 때문에 전시 수도였지만 부산은 다음 대통령선거를 앞두고 어딘가 긴장이 감도는 것 같았다. 국회의 분위기도 그랬다. 간선제로 되어 있는 차기 대통령으로 야당은 장면 전 주미대사를 추대하기로 되어 있었고 친 이승만계 국회의원들은 이승만의 재선을 추진하면서 여야가 팽팽하게 대립하고 있는 것 같았다. 그 당시 국회에는 친이계보다 반이계가 수적으로 다수를 차지하고 있었다. 이승만에 대한 불신감과 특히 이 대통령이 전쟁이 시작했을 때 서울을 사수한다고 해놓고 자기만 빠져 나왔다는 것을 비난하는 야당의원들이 많았다. 이승만의 담화만 믿고 서울에 머물러 있던 다수의 국회의원들이 북으로 납치된 것도 야당 의원들이 이 대통령을 반대하는 이유의 하나였다.

현장에서 목격한 부산정치파동(釜山政治波動)(1952)

난생 처음으로 정치의 현장인 국회에서 의원들이 고성으로 서로를 공박하는 광경을 목격하는 나날을 보내고 있던 중, 어느 날 아침 사무실에 출근하려고 도청 청사(중앙청사) 정문을 들어섰을 때 나는 깜짝 놀랐다. 하얀 철 헬멧을 쓴 원용덕 헌병 사령관이 권총을 차고 정문을 쳐다 보고 서 있었고 헌병들이 청사 앞마당을 점령한 가운데 한 대의 버스가 작은 크레인에 의해 공중에 매달려 있었다. 끌어 올린 버스 안에는 수십 명의 국회의원들이 거북스러운 자세로 앉아 있었다. 헌병들이 의원들에게 버스에서 내릴 것을 요구했으나 거부하니까 크레인으로 버스를 들어 올린 것이다. 국회의원들은 버스에서 내리면 곧 체포될 것을 알고 있었던 것이다. 내가 4월 초 부산에 내려간 후 약 두 달 만인 1952년 5월 26일에 일어나 몇 달 동안 계속된 이른바 1952년의 「부산정치파동」은 그렇게 시작되었다.

부산정치파동은 해방 후 한국정치사에서 하나의 중요한 획을 그은 정치적 사건이다. 나는 나이가 어려서 그 당시는 이승만과 그의 추종세력이 하는 짓이 미워 이승만을 욕하기도 했지만 나중에 내가 정치학을 가르치는 교수가 되고 그 당시나 그 후의 한국정치의 본질에 대해 관심을 갖게 되면서 나는 항상 부산정치파동을 해방 후 우리나라에 도입된 의회민주주의라는 형식적인 정치제도를 둘러싸고 나타나게 된 내용과 형식, 이상과 현실, 권력과 법 사이의 괴리를 극적으로 나타낸 하나의 정치적 패러다임(Paradigm)이라고 이해하고 논해 왔다.

4년제 임기로 1948년에 대통령에 당선되어 1952년 7월에 임기가 만료되는 이승만은 국회가 선출하는 간선제로는 재선 가능성이 희박한 것으로 판단하고 헌법을 개정하여 대통령 선출방식을 간선제에서 직선제로 개정하려고 했다. 그런 이승만에 대항하여 반대세력은 간선제를 유지하고 주미대사를 지낸 장면을 대통령으로 선출하려는 움직임을 보였다. 이승만 지지세력과 장면 지지세력이 국회 내에서 치열한 싸움을 벌이게 된 것이다.

그러다 열세로 몰린 이승만의 지지세력은 결국 강권과 금권과 압력을 동원하여 반대세력을 제압하였다. 1952년 3월 초부터 백골단(白骨團)이니 민족자결단(民族自決團)이니 하는 깡패 우익 테러조직이 중앙청과 국회가 있는 경남도청을 둘러싸고 시위를 계속하였다. 날이 갈수록 관제데모부대의 수는 늘어나 부산시내에는 개헌을 요구하며 전국에서 모여든 데모대로 공공질서가 마비되었다. 그들이 직선 개헌이 민의라고 외치자 야당 성격을 지녔던 신문들은 그들을 가리켜 민의(民意)가 아니라 동원된 마의(馬意)요 우의(牛意)라고 비꼬았다. 시위대가 말과 소가 끄는 달구지를 끌고 오기도 했기 때문이다.

전국이 심각한 정치적 불안에 휩싸이고 있을 때도 부산에서 북쪽으로 차로 4시간 거리에서는 유엔군이 중공군의 인해전술에 맞서 치열한 전투를 벌이고 있었다. 후에 부산정치파동과 관련해 드러난 중요한 사실들이 많지만 한 가지 사실은 이승만은 1952년 5월 25일 계엄령을 선포하고 이종찬 육군참모총장에게 군대를 부산에 투입할 것을 명령하였으나 이 장군은 군을 전투에서 빼낼 수 없다고 거부하였다. 이승만은 대통령으로 재선된 지 얼마 후 이종찬(李鐘贊) 참모총장을 육군대학 학장으로 전직시켰다. 어떤 장성의 말에 의하면 이승만이 대구비행장에 내렸을 때 이승만은 마중 나온 이종찬 참모총장을 보고 악수도 안 하고 냉담한 태도를 보였다고 한다. 과거에 참모총장을 육군대학 학장으로 보낸 예가 없었다. 부산정치파동 당시 협조를 거부했던 이 장군에 대한 이승만의 보복이었다.

그때 유엔군사령관 겸 미군 8군사령관은 벤프리트(Vanfleet) 대장이었다.

그 역시 이승만으로부터 협조요구를 받았으나 거절하였다고 한다. 그리고 한국에 주재하던 외국대사들 모두가 이승만의 헌정파괴행위에 대해 비판적이었으나 전시(戰時)일 뿐 아니라 형식적으로 한국의 국회가 통과시킨 개헌결정에 대해 개입할 수 없는 일이었다. 5월 26일 중앙청 마당의 버스 안에 있던 국회의원 50여 명을 강제 연행하고 다른 반대의원들을 체포하여 형무소와 호텔에 감금시켰다. 그리고 7월 4일 밤 모두를 국회에 강제로 출석시켜 기립형식으로 개헌안을 통과시켰다. 출석의원 166명 중, 찬성 163, 기권 3으로 이른바 발췌개헌안을 통과시킨 것이다. 이승만의 직선을 허용함과 아울러 야당이 요구한 양원제(兩院制)를 채택한다는 타협안이어서 그렇게 불렀다. 그러나 사실은 이승만을 재선시키기 위해 반대세력을 강권과 폭력으로 굴복시킨 것이었다.

부산정치파동이 준 영향

내가 젊었던 시절에 겪은 일이었지만 부산정치파동은 후에 내가 미국에서 정치학을 전공했을 때 나의 뇌리에서 늘 떠나지 않았다. 그 당시 어린 마음에 나는 이승만을 욕하기도 하고 그때를 이야기할 때마다 격분하기도 했다. 그러나 후에 미국에 유학하여 정치학 공부를 하면서 나의 생각이 좀 변했다. 단순히 폭력과 강권과 대중조작을 동원한 독재적인 정치가에 의한 하나의 정치적 사건으로만 치부하기에는 너무나 많은 의미가 함축되어 있다고 보았기 때문이었다. 어떤 면에서 그것은 정치적 현실주의와 이상주의의 극적인 격돌 현상이기도 했다. 또 윤리와 정치 사이의 갈등문제이기도 했다.

부산정치파동을 목격하면서 나는 우리나라 정치의 무상함과 험악한 권력의 본질을 보는 듯했다. 권력정치(power politics)라는 말이 있다. 권력 자체가 목적이고 그것을 달성하는 데 수단을 가리지 않는 정권을 말한다. 부산정치파동은 그것을 실감나는 형태로 보여주었던 것이다. 어떤 사람들은 그 당시는 전시인 만큼 그런 사태가 불가피했다고 변명할지 모르나 부산정치파동은 기존에 만들어 놓은 법에 따라 행동하는 것이 아니라 법이 목적을 달성하는 데 장애가 되니 강권으로 법을 고쳐 이승만을 다시 대통령으로 당선시킨 정치적 파행이었다. 그리고 그 후 수십 년간의 한국정치사는 다소 차이는 있지만 그와 유사한 파행의 연속으로 점철(點綴)되어 왔다고 해도 과언이 아니다. 부산정치파동은 법과 정치의 괴리, 현실과 이상의 부정합성이 노골적으로 표출된 경우라고 하겠다.

부산정치파동이 역사상 매우 중요한 정치적 사건이고 또 내가 그 사건을 가장 가까운 거리에서 직접 목격한 사람 가운데 하나였다는 사실도 있지만 나는 여러 가지 면에서 누구보다 부산정치파동이 지닌 함축적인 의미를 강조하는 사람이다. 내가 미국에서 정치학을 공부하고 돌아와 대학에서 강의와 연구를 하는 동안에도 한국에서 정치권력의 쟁취나 이행을 둘러싼 헌정파괴와 격렬한 대결이 있을 때마다 부산 정치파동이 나의 머리를 스쳐가곤 했다. 너무나 유사한 정치적 행동 양식이 되풀이되고 있다고 보았기 때문이다.

그런 의미에서도 나는 부산정치파동이 한국정치의 근본적인 구조적 테두리에서 나온 것이어서 그 사건을 그 후에 반복되어 나타난 여러 개의 폭력적인 사태를 수반하는 정치적 행동들의 원형(prototype)으로 간주하고 있다. 그 후에 한국에서 나타난 중요한 정치적 사건들도 자세히 살펴보면 심각한 정치적 갈등이 교착상태에 빠질 때마다 그것을 힘으로 푸는 과정에서 나타나는 한국적인 해결방법이자 행동양식이 나타났던 것이다.

부산정치파동을 겪고 난 후 얼마의 시간이 지난 어느 날 신문에서 외무부가 미국유학생을 위한 시험을 실시한다는 기사를 보았다. 곧 응시하여 영어와 국어시험을 보았는데 합격하였다. 그 당시 미국 대학들은 한국학생들에게 장학금을 준다는 공식통고를 외무부에 통고해 왔다. 외무부에 갔더니 노스다코다주 주립대학에서 등록금을 면제하는 장학금을 준다니 그것을 받을 의사가 있느냐고 물었다. 나는 그것만으로는 부족하고 좀 더 조건이 좋은 것을 달라고 했으나 그것은 이미 다른 사람에게 넘어간 상태였다. 거기에도 뒷거래가 있었던 것 같았다.

그러던 어느 날 미국으로부터 편지 한 통을 받았다. 중앙중학 1년 후배로 나를 따르던 박영진에게서 온 것이었다. 자기가 지금 다니는 학교를 졸업하고 다른 데로 전학을 가는데, 그 대학 학장에게 내 이야기를 했더니 나에게 전액(full) 장학금을 주겠다고 약속받았다는 내용이었다. 그러면서 중학교 졸업증명서를 자기에게 보내달라고 했다. 그 얼마 후 나는 테네시 주 녹스빌에서 30마일 남쪽에 위치한 작은 규모의 감리교가 운영하는 하이와씨라는 단과대학으로부터 입학

통지서를 받았다. 단기(檀紀) 4286(1953)년 10월 22일부로 된 대한민국 여권 번호 3123번을 발급받았다. 나의 처가 나보다 1년 앞서 단기 4285(1952)년 7월 15일부로 받은 여권 번호가 1270번이었으니까 1년 사이 겨우 2,000명이 유학 또는 사업상 해외여행을 한 셈이다. 해외여행을 옆집 가듯 하는 오늘날과는 너무나 격세지감을 느끼게 하는 일이 아닐 수 없다.

포부를 안고 건너간 태평양

제3장

 늦게 시작한 미국 대학생활

* * *

20일 만에 도착한 샌프란시스코

내가 모은 돈과 아버지가 보태주신 돈으로 여비를 만들어 나는 1954년 3월 24일 부산을 떠나는 미국 화물선에 승선했다. 내 나이 23세(만 21세)였다. 나 외에 5명의 한국 학생들이 같은 배에 동승하였다. 1954년 3월이면 나와 같이 연희대학교 정치외교학과에 입학한 사람은 이미 졸업했던 때였다. 나는 그들보다 4년이나 뒤늦게 미국에서 대학생활을 시작하게 된 것이다. 태평양 바다 위에서 20일을 보내고 1954년 4월 14일 샌프란시스코에 도착하여 YMCA호텔에서 하룻밤을 자고 다음 날 버스를 타고 미국대륙을 반 정도 횡단하여 테네시주 녹스빌에서 좀 떨어진 작은 도시에 있는 하이와씨대학을 찾아갔다. 도착하자마자 학장을 찾아가 인사하고 1주일에 4시간씩 작업하는 곳으로 안내를 받아 일에 대한 설명을 들었다.

4학기제(4Quarter)의 대학이었다. 그때는 봄 쿼터(quarter)가 시작된 지 얼마가 지난 후였으나 곧 강의를 듣기 시작하였다. 주로 교양과목들이었다. 영어는 이미 익숙해서 강의를 듣는 데 불편은 없었다. 그것이 나에게는 큰 이점이었다. 사실 낯선 곳에 와 있다는 느낌은 별로 없었다. 한국에서도 전쟁 중 미군들과 함께 지냈고 영어도 자유롭게 구사할 정도의 수준에다 유엔민사처에 있을 때 늘 보고서를 영문으로 작성한 나로서는 미국 대학생활이 큰 부담은 아니었다.

한 학기를 마치고 1954년 여름방학이 시작되자 나는 시카고로 향했다. 그해 여름 시카고의 교외도시인 에번스턴(Evanston)에서 제2차 세계교회협의회(WCC) 총회가 열리고 있었다. 그 모임은 세계에서 개신교의 유명한 신학자와 교회 지도자 수천 명이 모이는 역사적인 대회였다. 대회 제목은 "Christ Is the Hope of The World"였다. 나와 미국에서 공부하던 경동교회 때부터의 친구들이 강원룡 목사가 오신다는 소식을 듣고 시카고에 모였다.

세계교회협의회(WCC) 총회 구경도 하고 여름방학 동안 아르바이트도 할 생각으로 시카고에 갔다. 시카고에는 오클라호마에서 양준철이, 캘리포니아에서 박정수가, 오리건에서는 전영철이 역시 아르바이트를 위해 왔다. 나를 포함하여 네 사람이 큰 아파트를 얻어 함께 자취를 하게 되었다. 때마침 캐나다 마니토바대학에서 공부를 마친 강원룡 목사가 가을부터 뉴욕의 유니온 신학교에서 석사과정을 위한 공부를 시작하기 전 WCC 회의를 참관할 겸 시카고에 왔다. 강

▶ 세계교회협의회 총회에 참석한 강원룡 목사와 함께(에번스턴, 1954)

목사는 시카고 근교에 머물면서 대회를 참관하였다.

가까이에서 본 이승만 대통령

시카고에서 아르바이트를 하고 있던 어느 날 신문에 한국의 이승만 대통령이 시카고에 온다는 기사가 나왔다. 이 대통령이 미국 정부의 국빈으로 워싱턴에 가는 길에 시카고에서 일박하고 간다는 내용이었다. 그러는 중 시카고 주재 한국 영사관으로부터 한인교회를 통해 시카고에 있는 한국인 학생들에게 드레이크 호텔에서 열리는 환영파티에 참석하라는 연락을 받았다. 나와 같이 자취하던 친구들은 그날 저녁 미시간가에 있는 일류호텔인 드레이크 호텔의 그랜드 홀에 갔다. 식사를 하기 위해 테이블이 많이 놓여 있었고 한국 학생 수십 명이 백여 명의 미국인들과 함께 자리에 앉았다.

저녁식사가 끝날 즈음해서 이승만 대통령이 단상에 나타나 의자에 앉았다. 백발의 노인이었지만 칠십 대의 나이임에도 정정하게 보였다. 우리들은 연단에서 조금 떨어진 데에 자리를 잡고 있어서 그의 얼굴을 잘 볼 수 있었다. 시카고 시장의 환영사가 있었고 이어서 이 대통령이 영어로 답사를 했다. 시카고 시장에게 환영해주어서 감사하다는 인사말로 시작해서 한국의 근황을 간단히 말하면서 미국에 오게 된 이유를 간단히 말했다. 아이젠하워 대통령의 초청으로 왔다고 하면서 미국 의회의 합동회의에서 연설할 것과 특히 한국전쟁을 도와준 미국 시민에게 감사하는 메시지를 전달하러 왔다고 했다. 영

▶ 저자(오른편에서 3번째)가 시카고에서 이승만 대통령 환영 만찬 후 박정수(오른편에서 2번째), 김정준 목사(왼편에 2번째)와 함께(1954)

어 발음은 좀 투박하다는 느낌이었다. 그러나 영어는 매우 세련되고 스타일도 매우 위엄이 있었다. 지금도 기억나는 한 마디는 "자기는 한국에서 젊은 학생들에게 'give it a trial'이라는 말을 늘 한다고 하면서 유학생들에게 새로운 시도를 하는 것을 주저하지 말고 공부하라고 권고했다.

나는 1952년 부산에서 정치파동을 현장인 국회에서 직접 목격했기 때문인지 이승만 대통령에 대해 그다지 좋은 감정은 갖고 있지 않았다. 사실 내심 '독재자'라는 생각이 들어 그를 보는 내 눈은 곱지 않았다. 그러나 외국에 와서 한국의 대통령을 보니 한편 자랑스러운 느낌도 들었다. 미국이 그를 환대하는 것을 보면서 이승만이라는 인물이 역시 대단한 인물이구나 하는 생각을 했다. 흔히 말하듯이 외국에 나가면 다 애국자가 된다고 하는데 이 대통령을 보니 한국 사람으로서의 자긍심을 느낄 수 있었다.

여름방학이 끝나갈 무렵인 8월 말의 어느 일요일, 우리는 그전처럼 시카고 한인교회에서 예배도 보고 교회에서 주는 한국음식도 먹을 겸 아파트를 나섰다. 교회 앞에 왔을 때 한국 여대생 두 명이 우리 쪽으로 걸어 왔다. 박정수가 그중 한 여대생을 알아보고 "누구 누나 아니냐"고 물으면서 그녀를 우리에게 소개시켰다. 한 여학생은 국회의원과 후에 서울시장을 지낸 김상돈 씨의 딸 김은영이었고 다른 여학생은 후에 내 아내가 된 박동숙(朴東淑)이었다.

박동숙은 우리 모두가 잘 아는 후배인 박승증의 누나였다. 승증(承增)을 잘 알던 나는 동숙을 보면서 동생과 닮았구나 생각했다. 동숙은 우리를 보고 눈웃음으로 인사를 했는데 그때 그녀의 웃는 얼굴이 나에게 너무나 강한 인상을 남겨놓았다. 그리고 그녀의 둥근 얼굴이 나의 어머니의 얼굴을 상기시키는 면이 있었다. 그것이 후에 나의 아내가 된 박동숙과의 첫 만남이었다.

대학으로 돌아가 가을학기부터 다시 바쁜 나날을 보냈다. 여러 개의 과목을 들으면서 미국대학생활에 적응하기 시작하고 있는데 편지를 받았다. 박동숙에게서 온 것이었다. 읽어 보니 한국에 있는 자기 동생 박승증의 부탁인데 혹시 박 모라는 한국 여대생이 미국 어느 대학에 다니고 있는지 알고 있는냐는 것이었다. 박이라는 여대생은 한국에서 나와 같은 교회를 다닌 미모의 여학생으로 박승증이 아마 혼자 짝사랑했던 여학생인 것 같았다. 그러나 나도 그녀가 다니는 대학은 알지 못했다.

박동숙의 편지에 내가 답장을 써서 보낸 것으로 서로의 교신도 끝났다. 더 이상 쓸 만한 용건도 없었던 것이다. 그리고 가을학기가 끝나면서 크리스마스 방학이 다가왔다. 미국 학생들이 집으로 돌아가면 기숙사는 텅 비게 되며 식사도 스스로 해결해야 할 판이었다. 외롭게 타국에서 첫 번째 크리스마스를 지내야 할 처지였다. 그런데 한 미국 학생이 나더러 자기와 함께 크리스마스를 지내자고 했다. 버지니아 주의 어느 시골인데 그의 아버지는 목사였다. 나는 그를 따라 버지니아로 가서 3일간을 보냈다. 그러나 개강까지는 아직도 며칠이 남아 있었다. 시골구석이라 답답한데 마땅히 갈 곳도 없었다. 그때 박동숙이 있는 대학이 생각났다. 그리고 한 번 만나고 싶다는 생각도 들었다. 전화번호는 그녀가 보낸 편지에 적혀 있었다. 만일 박 모 학생에 대해 알게 되면 전화해달라고 보낸 번호를 수첩에 적어 놓았었다.

전화를 거니 박동숙이 받았다. 내 사정을 얘기하고 놀러갈 수 있겠느냐고 물었더니 주저 없이 자기와 자기 오빠가 크리스마스 방학 동안 그곳에 머물 것이니 찾아오라고 했다. 나는 버지니아에서 켄터키

▶ 애즈베리대학 재학 시의 저자의 아내(제일 왼쪽, 1954)

중부지방에 있는 렉싱턴행 버스를 타고 그들의 대학이 있는 윌모어를 찾아갔다. 대학이름은 애즈베리대학이었다. 4년제 단과대학과 3년제 신학교가 있는 아름다운 캠퍼스를 가진 대학이었다. 감리교 계통이지만 정통 감리교가 아닌 자유감리교가 지원하는 대학이었다.

내가 윌모어에 도착한 다음날 그녀의 오빠 박상증(그때 애즈베리 신학교 학생)의 서울대 예과시절 동창생이 여대생을 동반하여 그곳에 도착했다. 그 동창생이 데려온 여학생은 부산정치파동 때 계엄사령관을 지낸 원용덕 장군의 딸이었다. 그녀를 보면서 부산정치파동 때 헌병사령관으로 있으면서 도청 정문에서 권총을 차고 서서 야당 국회의원들이 탄 버스를 지키고 서 있었던 원 장군의 모습이 떠올랐다. 그의 딸 원 양은 화려하게 차려입은 별로 호감이 가지 않는 여학생이었다. 박상증의 친구는 그 여자를 박상증에게 소개하고 자기는 박동숙과 크리스마스를 지내려는 계획이었던 것 같았으나 뜻밖에 내

▶ 애즈베리대학교와 동대학 신학교 재학 시의 아내와 처남
(전 아름다운 재단 이사장인 처남 박상증, 1954)

가 복병으로 나타남으로써 그의 계획이 모두 허탕이 되었다.

박동숙의 오빠 박상증(그 후 목사가 되어 세계교회협의회 간사와 아시아교회협의회 총무를 지냈고 지금은 아름다운 재단 이사장)은 경기중학을 나와 해방 후 일제 때 설립한 경성제대가 서울대학으로 개명된 후 예과에 들어갔다가 1949년 미국으로 유학 온 사람이었다. 서울 서대문구 충정로에 살았고 나도 중학교 다닐 때 아현동 언덕을 넘어 다녔기 때문에 그 지역을 잘 알고 있었다. 뿐만 아니라 그 오빠는 내가 서울과 부산에서 교회와 학생활동을 같이 했던 양우석과 경기중학 동창으로 각별한 사이였다. 서로 아는 사람들에 대한 얘기를 하다 보니 박동숙과 그의 오빠와 나는 금방 가까워졌다. 내가 피아노를 치고 오빠의 친구와 그와 같이 온 카니 원이라는 아가씨는 크리스마스송을 부르고 저녁식사도 하고 대학에서 30킬로미터 떨어진 렉싱턴 시에 가서 영화도 보았다.

그러면서 나와 박동숙은 상대가 서로 좋은 감정을 갖고 있음을 확인할 수 있었다. 박동숙은 오빠의 동창생에 대해 전혀 관심을 보이지도 않았지만 그가 데려온 화려한 옷차림에다 매너 없이 구는 그 여학생에 대해서 호감을 보이는 것 같지 않았다. 그러나 나에 대해서는 매우 정중하고도 호의적인 태도를 보여주었다. 그녀가 제일 사랑하던 남동생인 박승증이 서울에서 보낸 편지를 받아 보고 내가 어떤 사람인가 궁금했던 것 같았고 직접 나를 만나보고 호감을 갖게 된 것도 같았다. 1954년 나는 미국에 도착한 지 8개월 만에 맞이한 첫 번째 크리스마스를 나를 따뜻하게 맞이해준 박동숙과 그의 오빠 박상증 덕분에 매우 즐겁고 재미있게 지낼 수 있었다. 나는 대학으로 돌아가기 전 박동숙에게 앞으로 편지를 해도 좋으냐고 물었고 박동숙은 고개를 숙여 긍정적 표시를 했다.

우리는 편지를 주고받기 시작하면서 서로의 관심사와 대학에서 일어나는 일, 과목에 관한 일 등 일상적인 내용을 담은 편지들이 오고 갔다. 그러다 4개월이 지나 부활절이 왔다. 대학도 일주일간 부활절 방학에 들어갔다. 나는 방학이 시작되자마자 버스로 4시간 거리인 박동숙이 있는 대학으로 갔다. 그때 오빠 박상증은 다른 주에서 열리는 모임에 참석하느라 그곳에 없었다. 박동숙은 자기 대학의 기숙사에 머물고 있었다. 그리고 나더러 오빠의 방을 쓰라고 했다. 박상증의 기숙사는 신학교 구내에 있었다. 그리고 점심식사는 사먹고 저녁은 박동숙이 신학교 기숙사 내의 취사장을 빌려 밥을 지어 먹었다. 때는 화창한 봄이고 대학 주변은 아름다운 꽃들과 숲으로 둘러싸여 있었다. 우리는 시골길을 같이 걸으면서 수없이 많은 이야기를 나누었다. 그리고 서로의 사랑을 직접 확인할 수 있었다.

우리 둘 사이에는 공통점이 많았다. 박동숙은 내가 음악을 좋아하고 피아노를 치면서 노래부르는 것을 좋아했고, 그녀도 피아노 레슨을 받을 정도로 음악을 좋아했다. 박동숙은 농담하기를 좋아했고 아주 재치(wit)가 있었다. 그녀도 내가 역시 재치 있다(witty)고 했다. 그러나 무엇보다 중요했던 것은 우리가 기독교 신자라는 공통된 종교와 가치관을 가졌다는 사실이었다. 둘 다 교회 분위기 속에서 자라서 서로 아는 사람들도 많았다. 그래서인지 우리들 사이에는 화젯거리가 많았다.

1955년 부활절 방학 때 박동숙을 찾아갔을 때 그녀는 이미 여름에 하기학기에서 모자라는 학점을 획득하고 가을학기부터 테네시주 내슈빌에 있는 피바디(Peabody)교육대학원에서 교육심리와 상담심리학을 전공하기로 되어 있었다. 나는 대학 1학년을 마치기 얼마 전이었다. 나의 나이는 한국 나이로 25세였고 박동숙은 24세였다. 나의 경우 6 · 25 전쟁으로 4년 늦게 시작한 공부라는 것을 알고 있던 그녀는 내 대학 공부가 늦어진 것에 대해 별로 의식하는 것 같지 않았다. 어차피 그녀도 대학원에 가면 석사학위를 받기까지 몇 년을 더 지내야 할 처지였다.

잊을 수 없는 분, 미스 메리 마일스(Miss Mary Miles)

처음 갔던 하이와씨대학에서 1년간 공부한 나는 다른 대학으로 전학하기로 했다. 같은 테네시주 녹스빌에서 남쪽으로 30마일 떨어진 곳에 있는 장로교 교단이 운영하는 4년제 단과대학인 메리빌대학(Maryville College)으로 전학하였다. 6월 초 전학수속을 마친 후 1955년 여름을 다시 시카고에서 보냈다. 이번에는 혼자 아파트를 얻어 자취하면서 여름방학 2개월 반 동안 윌슨 운동구회사의 창고에서 골프채를 박스에 넣어 운송하는 아르바이트를 했다. 여름이 되면 미국의 회사나 공장은 휴가를 떠나는 정규 직원들의 자리를 채우기 위해 아르바이트생들을 채용했다. 나도 그런 자리를 얻어 여름을 지냈다. 미시간대학에서 공부하는 일본 2세와 많은 대화를 나누면서 더운 여름을 보냈다. 그 창고는 어둡고 바닥에 먼지가 쌓여 있어서 걸어가면 마치 양탄자를 걷는 것 같았다. 그해 여름 먼지에서 생기는 심한 알레르기 병에 걸렸다. 그것이 평생 지속되었다.

1955년 8월 말 새로 시작한 메리빌대학에 도착하여 만난 사람은 메리 마일스(Miss Mary Miles)라는 일본에서 일하다 돌아온 60대의 여자 선교사 출신이었다. 그분은 학생지원 처장을 맡고 있었다. 나는 그분을 찾아가 내가 미국에 오게 된 경위와 그 대학으로 전학하게 된 이유와 과정을 말해주었다. 그분은 나를 아주 반갑게 맞아주면서 학자금에 대한 걱정은 하지 말라고 했다. 1주일에 몇 시간만 일하면 용돈을 얻는 작업장학금을 알선해 주었다.

그 외에도 아르바이트로 용돈을 벌었다. 대학이 있는 작은 도시의 신문사에서 오후에 윤전기에서 나오는 신문들을 접어 쌓는 일을 했다. 메리 마일스 여사는 내가 메리빌대학을 졸업할 때까지 나를 친어머니처럼 보살펴 주셨다. 참으로 고맙고 훌륭하신 분이었다. 돌아가시기 전에 한 번 만났으면 했지만 다시 뵐 기회가 없었다.

1990년 9월 메리빌대학에서 명예 법학박사를 받게 되어 근 40년 만에 모교를 찾았다. 그곳 지방신문기자가 나에게 감상을 물어와 '센티멘탈 저니(Sentimental Journey)'라고 대답했더니 신문 전면에 그렇게 크게 썼다. 참으로 감격스러운 방문이었다. 학기 초여서 학생들이 강당에 많이 모였다. 명예 박사학위를 수여한 후 인사를 하면서 과거 이야기를 했고 특히 마일스 여사의 이야기를 했다. 이야기를 하면서 눈물이 저절로 흐르는 것을 느꼈다. 마일스 여사는 이미 세상을 떠나셨다. 나를 어머니 같이 사랑했던 마일스 여사는 세상을 떠나 플로리다의 어느 묘지에 묻혀 있다고 했다. 생전에 와서 뵙지 못한 것을 후회했다.

한국에 있었더라면 졸업할 나이에 늦게 대학공부를 시작한 나로서는 빨리 대학을 나와 대학원에 가야겠다는 조급한 심정이었다. 그러나 비록 대학공부는 좀 늦었지만 6 · 25 전쟁 동안 내가 겪은 경험은 어떤 것보다 값진 것이라는 생각도 있었다. 평양에서 겪은 일, 잠시나마 경찰이라는 조직 속에서 겪은 것들, 그리고 무엇보다 부산에서 겪은 부산정치파동 등 누구나 쉽게 겪을 수 없는 경험을 나는 짧은 기간에 모두 경험한 것이다.

한국에서 같은 시기에 나의 중학이나 대학 동기생들이 겪어보지 못한 일들을 나는 겪었다는 점에서 오히려 전화위복(轉禍爲福)이라는 말을 할 수도 있다. 이제는 대학을 졸업한 그들을 생각할 때 가능하면 학점을 많이 따서 대학을 졸업한 후 대학원에 가서 본격적인 공부를 하겠다고 매학기 많은 과목을 택하다 보니 모든 과목에서 좋은 성적을 얻을 수 없었다. 그래도 매학기 B학점 이상의 수준을 유지했고 한두 학기는 학기마다 우수한 성적을 낸 학생의 명단을 올려 공개하는 교무처장 명부(Dean's List)에 포함되기도 했다.

늦게 받은 아버지의 부음

1956년 봄 학기 어느 날 어머니의 편지를 받았다. 그 당시 사용하던 항공편지로 한 장으로 된 것인데 네 번 접게 되어 있었다. 뜯어 보니 아버지가 작년 겨울 세상을 떠나셨다는 소식이었다. 내가 한국으로 돌아오려고 할까봐 일부러 전하지 않고 있다가 이제 전해준다고 하셨다. 그때 나는 대학의 체육관 내에 방이 여러 개 있었는데 그중 하나를 받아 독방을 차지하고 있었다. 다른 미국 학생 둘이 옆방에 있었다. 편지를 받고 얼마나 울었는지 모른다. 깜짝 놀란 옆방의 미국 학생들이 달려와 나를 위로해 주었다. 한동안 슬픔에 잠겨 지내면서 아버지의 모습을 떠올렸다.

공부를 끝내고 귀국하면 부모에게 잘해야겠다고 마음먹고 있었는데 돌아가셨다니 슬픔이 크게 다가왔다. 동숙에게 전화로 그 사실을 알리면서도 눈물이 끊이지 않았다. 동숙은 전화에서 나를 위로하려고 애썼다. 자기는 본 적이 없는 시아버지 될 사람이었지만 내가 마음 아파하는 것을 보고 납치당한 아버지를 생각하며 슬퍼했을 지도 모른다. 그 얼마 후 어느 교회에서 한국에 대한 이야기를 듣고 싶다고 해서 그 교회 저녁예배 시간에 참석했다.

나는 간단히 한국 교회의 역사와 현재 상황 등을 이야기해 주었고 우리 가족이 기독교인이 된 배경을 말해주었다. 그러면서 아버지의 이야기를 하기 시작했다. 부음을 듣고 한 주일이 지난 때였다. 아버지 이야기를 시작하니까 갑자기 눈물이 쏟아져 나오는 것이다. 도저히 억제할 수가 없었다. 교회에 초청받아가서 눈물을 흘리니 나의 말을 듣던 교인들이 어쩔 줄 모르는 눈치였다. 겨우 눈물을 닦고 참아가면서 이야기를 끝냈다.

내가 기억하는 아버지는 유머가 있고 판단이 빠른 분이었다. 어릴 적에 들은 이야기 중에는 3 · 1 운동 이야기를 하시면서 자기도 장터에 나가서 여러 사람과 독립만세를 외치다 일경에게 붙잡혀 매를 많이 맞았다는 이야기를 해주었고, 만주에는 김일성이라는 장군이 독립운동을 하면서 일본군과 싸우고 있다는 이야기도 해주었던 것이 기억난다. 후에 아버지의 친구분들에게서 들은 것이지만 아버지는 젊었을 때 친구들과 술을 마시면 평안도 수심가를 자주 부르셨다고 했다. 일정시대에 고향인 평안남도 중화군을 떠나 한국의 여러 도시에서 사업을 하시다 서울에 정착하여 우리 5남매를 키우셨다. 아마 고향이 그리울 때 수심가를 부르면서 한을 달래셨는지 모른다.

아버지는 원래 교인이 아니었는데 해방되던 해 "한국이 해방된 것은 하나님의 뜻"이라고 하면서 하루아침에 갑자기 좋아하던 술 담배를 끊으셨다. 그리고 교회에 나가신 것이다. 일제 말기 공출한다면서 집집에서 쇠나 양철을 공출해가던 시절, 우리 가족이 다니던 교회 종각도 공출당해 없어졌다. 종각에 종이 없었다. 아버지는 과거 주물공장을 운영했던 경험이 있어서 교회를 위해 종을 만들어 기증하기로 하고 직접 나서서 큰 종을 만들어 달았다. 그런데 종소리가 제대로 나오지 않고 둔한 소리만 났다. 그때 나는 너무 창피해 숨고 싶을 정도였다. 아버지는 여러 번 시도하시다 결국 종을 사다가 달았다.

후에 미국에서 돌아와 가족들에게서 들은 것이지만 아버지는 내가 미국에 도착한 지 얼마 후에 독사진을 찍어서 집에 보낸 것을 가지고 동네 사람들에게 보여 주면서 자랑했다고 한다. 운명하실 때도 그 사진을 가슴에 안고 계셨다고 했다. 겉으로 나타내지는 않으셨지만 아버지는 나를 자랑스럽게 생각하고 계셨다. 내가 형제 중에서도 좋은 중학과 대학에 진학한 일이나 그 당시 "하늘의 별따기보다 어렵다"고 말하던 미국 유학의 길을 간 것 등을 자랑스럽게 생각하셨다. 한국전쟁이 휴전된 지 1년 후였지만 내가 미국으로 가게 될 것이 확정되자 아버지는 "너라도 혼지 살아야 한다"라고 하셨다. 전쟁이 할퀴고 간 서울의 폐허 속에 살면서 아버지는 아직도 전쟁의 재발을 걱정하고 있었던 것이다.

즐거웠던 대학생활

메리빌대학에 다니는 2년 반 동안 나는 참으로 행복했다. 2학년 때부터 전공을 정치학으로 정했다. 비록 단과대학이었지만 그 대학의 교수진은 쫄쫄했다. 상당수가 시카고대학과 예일대학 등에서 수학한 사람들이었고 무엇보다 자유주의적 교육을 실시하는 대학이었다. 장로교 계통의 학교였지만 결코 교조주의적은 아니었다. 매우 자유로운 학구적 분위기가 감도는 대학이었다. 정치학 과목 외에 사회학, 심리학, 역사 등 다양한 인문사회분야의 과목들을 수강했다. 경제학

▶ 미국 대학 시절 일본 유학생들과 함께한 저자(가장 오른쪽, 1954.9)

은 「정부와 기업」이라는 과목을 공부한 기억이 난다. 중학생 때에도 철학에 관심이 있었기 때문인지 정치사상에 특히 관심이 많았다. 고전이라 불리는 책들을 읽고 이해하려고 했다. 그러면서 전공을 비교정치학으로 정했다. 많은 나라에 대해 아는 것이 우리나라를 아는 데도 도움이 된다는 생각이었다. 서구정치체제는 물론 중국, 일본, 인도 등 아시아 정치에 대해서도 관심을 갖고 공부했다.

음악과 노래를 좋아하던 나는 합창단이 크리스마스를 앞두고 12월 중순에 갖는 헨델의 메시아 합창공연에 참가했다. 한국에서 나는 중학생 때부터 대학에 가기까지 모교회인 공덕교회 성가대에서 테너를 맡아 불렀다. 메시아에서 독창을 할 사람들을 뽑는다는 이야기를 듣고 오디션에 신청하여 합격했다. 메시아 합창곡의 첫째 테너 솔로곡인 "Comfort Ye, Oh my People"이라는 곡을 부르게 되었다. 동양인인 내가 맨 먼저 나와서 그 곡을 부르니까 청중들이 웅성거리는 것 같은 느낌이 들었다. 나는 침착하게 끝까지 잘 불렀다. 내가 박동숙과 함께 지냈던 1954년에 이어 또 하나의 기억에 남는 1955년의 크리스마스였다.

한국에서 중학교 5학년 때부터 경동교회에 가서 김재준 목사님의 설교와 강의를 들었을 때 김 목사님이 소개한 신학자가 니버(Niebuhr: 1892~1971)였다. 나는 중학생 시절 한동안 북한공산주의와 반공주의를 놓고 좌우 극단적인 해결책을 배격하면서 그와 다른 새로운 정치를 바람직한 것으로 지양(Aufheben)해야 한다는 생각을 갖고 있었는데 김재준 목사님은 니버의 사상을 소개하면서 그를 변증법적인 신학자로 민주정치를 공산주의의 대안으로 주장하는 학자라고 소개했던 것이 기억났다. 미국에서 공부하는 동안 니버의 책을 많이 읽으면서 민주정치에 대한 나의 생각은 더욱 확고해졌다.

한국에 있었을 때는 명확하게 민주정치가 그런 것이라는 확신을 가졌던 것은 아니었지만 메리빌대학에서 공부하면서 니버의 책을 읽게 되고 기독교와 민주주의 사이의 친화성을 논한 글을 읽게 되면서 내가 왜 그때 그런 생각을 했는지를 이해할 수 있었다. 니버는 『기독교현실주의와 정치문제』(1953)에 수록된 글, 「기독교, 세속주의, 그리고 민주주의」에서 기독교와 민주주의와의 관계를 논하면서 "민주주의와 기독교 사이에 친화성이 있다면 기독교의 인간관에 근거를 두고 있다"고 했다.

니버는 기독교는 인간을 죄(sin)를 지닌(악인이라는 뜻은 아니다) 존재로 본다고 지적한다. 기독교에서 말하는 원죄설이다. 그런 인간이 권력을 가질 때 그것을 선하게 사용한다는 보장은 없다. 그렇다고 권력자의 선심이나 자비심이나 인격을 믿고 그에게 권력을 주는 것도 위험한 일이다. 그 위험성을 오직 제도로서 방지하는 길이 있을 뿐이다. 그런 정치적 제도를 민주정치는 만들어가고 있다. 사법제도가 그렇고 행정부에 대한 국회의 견제나 감시가 그런 것이다.

기본적으로 정규적인 선거를 통해 부정한 선거직 공무원을 갈아치우는 일이 가장 효율적으로 민주정치를 보존하는 길이라고 말한다. 기독교인이 민주주의를 지지한다면 민주주의가 서구 문명의 소산이기 때문도 아니요 선교사들의 나라들이 그런 제도를 가져서가 아니다. 기독교적 교리로 보더라도 민주정치가 인간의 본성을 정확하게 파악한 정치사상이자 인간이 범하기 쉬운 과오를 막는 데 효과적인 장치를 지니고 있다고 니버 교수는 서술했다.

이런 니버의 주장을 받아들이면서 그 후 나의 일생을 통해서 대학과 대학원에서의 정치학 연구의 방향을 생각할 때나 그 후 한국에 돌아와서 나의 정치적 선호나 행동을 결정하는 데 그의 민주정치관은 나에게 중요한 지침노릇을 해주었다. 그리고 이런 나의 정치적인 성향과 소신은 나의 평생을 통해서 변하지 않았다. 내가 군사정권에 일관하게 반대한 것도 군사정권이 북한체제에 대한 하나의 안티테제라고는 볼 수 있으나 그것도 언젠가 '지양'될 체제라고 보았기 때문이다.

메리빌대학에 다니는 동안 나는 니버가 주필로 있었던 『Christianity and Crisis』라는 계간지를 구독하면서 니버의 국제문제에 대한 해박하고 깊이 있는 통찰에 늘 감탄하였다. 그의 저서와 그의 사상에 대한 해설논문들을 도서관에서 찾아 읽으면서 나는 완전한 니버맨(Niebuhrian)이 되었다.

니버 교수의 신학사상이나 주장을 자세히 알고 있는 것은 아니었지만 나는 니버의 교회와 미국사회에 대한 날카로운 비판이 마음에 들었다. 그를 비판적 신학자 또는 변증법적 신학자라고 부르는데 그의 주장은 보수주의적인 교회와 신학에 대한 비판과 동시에 다른 한편으로 기독교 교리 중 받아들이기 어려운 사건들(가령 동정녀 마리아)을 과학적으로 설명하면서 지식인들에게 접근하려는 입장에 대해서도 비판하였다.

그러면서 기독교의 원리를 그리스도의 십자가에서 찾고 인간의 죄를 대신하여 십자가에 매달리신 예수의 역사적 및 종말론적 의미를 강조했다. 정치적으로는 한때 마르크스주의에 관심을 가졌고 미시간주 디트로이트에서 교회 목회를 할 때 자동차 회사의 노동자들의 실상을 보고 자본주의를 신랄하게 비판하기도 했던 사람이었다. 니버는 공산주의자로서가 아니라 사회정의에 민감했던 목사였다.

그러나 미국 내의 감상적인 평화주의자를 비판해온 니버는 소련의 스탈린과 공산주의에 대해서 신랄하게 공격을 가하였고 미국의 대소반공정책을 공적으로 지지하기도 했다. 2차 대전 때에도 미국이 유럽에 참전하는 것을 지지하였다. 히틀러와 나치 정권을 최대의 '악마'라고 호칭하였고 1950년 한국전쟁이 발발했을 때 북한의 침략을 규탄하면서 미국의 참전을 주장했던 사람이다. 또 1930년대 미국이 경제공황으로 위기에 처했을 때 루스벨트의 대통령 출마를 지원하는 등 미국정치에도 지대한 영향을 미친 신학자였다. 그를 기독교 현실주의(realism)의 신학자라고 부르기도 한다. 미국의 지미 카터 대통령이 가장 존경하는 신학자이기도 했다. 이와 같이 비판과 아울러 현실적이고 균형 잡힌 주장을 한 니버가 나는 너무나 존경스러웠다.

한편 정치학도 그렇지만 사회과학분야의 책들을 읽으면서 나는 막스 베버(Max Weber: 1864-1920)의 사상과 이론에 큰 공감을 갖게 되었다. 그의 자유주의적이면서 개방적인 입장에 동조하게 되었다. 니버의 기독교적 현실주의라는 신학사상이 나에게 기독교인의 삶이 어떤 것이며 왜 그 신앙을 가져야 하는가를 가장 설득력 있게 가르쳐 준 것이었다면, 베버의 사회과학에 대한 관점과 그의 자유주의적 사상은 나에게 사회과학을 공부하는 데 있어서 열린 눈과 사실과 가치의 문제를 진지하게 다루면서 객관적인 자세로 사회현상을 분석하도록 이끌어준 다른 위대한 밝은 빛(Guiding light) 노릇을 해준 셈이다. 자료를 찾아보지는 않았지만 만일 니버와 베버가 서로의 종교관이나 사회관에 대해 토론을 했다면 서로는 많은 공통점을 발견했을 것이라는 상상을 해 보았다.

내가 니버의 글들을 좋아하는 것을 알던 박동숙은 1957년 봄 내슈빌의 피바디대학원에서 공부하고 있던 중 1956년에 출판된 책을 한 권 보내주었다. 이 책은 니버의 60세를 맞이하여 그의 제자들과 세계의 유명한 신학자와 다른 분야의 석학들이 니버의 사상에 대한 평을 실은 책이다. 그의 사상을 여러 측면에서 평가하고 비판한 것이고 마지막 장에 니버가 비평에 대한 답변을 실었다. 책의 제목은 Charles W. Kegley and Robert W. Bretall(eds.), *Reinhold Niebuhr: His Religious, Social, and Political Thought* (New York: MacMillan Company, 1956)이다. 지금은 책이 낡아 책의 커버는 떨어져나갔고 지면도 누렇게 되었지만 나는 54년이 지난 오늘까지 아직도 그 책을 소중하게 간직하고 있다. 때때로 그 책을 다시 펴서 읽을 때마다 니버의 깊고 예리한 통찰이 나를 더욱 심취(心醉)하게 만든다.

제4장

 대학원을 마치고 귀국길에

* * *

1954년 크리스마스 직전에 처음 만난 지 1년 후인 1955년 12월 중순(정확한 날짜는 기억 못하지만) 크리스마스 방학 동안 나는 동숙의 손가락에 작은 다이아몬드가 박힌 약혼반지를 끼워 주었다. 우리 둘만이 가진 진솔하고 조촐한 결혼 약속이었다. 그리고 함께 세계기독학생대회가 모이는 오하이오주 애선스(Athens)에 있는 사립대학인 오하이오대학에서 개최된 모임에 갔다.

미국장로교 총회의 선교부 책임자였던 플로리(Margaret Flory) 박사가 1955년 9월 메리빌대학의 채플시간에 연사로 왔다가 나와 잠깐 이야기하고 돌아간 적이 있었다. 플로리 박사는 6척이 넘는 큰 키에 얼굴도 남자처럼 생긴 여장부였다. 한국에 대해 관심이 많았다. 그 얼마 후 나에게 편지를 보내 나보고 12월에 열릴 세계기독학생 선교대회에서 한국 학생을 대표해서 기도해 달라고 했다.

그 대회는 미국을 비롯해서 세계 여러 나라에서 온 외국 유학생들로 하여금 자기 나라를 위해 짧게 기도하는 순서를 마련했다. 나는 짧은 기도문을 준비하여 한국전쟁이 휴전된 지 2년이 된 당시의 시점에서 한반도에 안정된 평화가 이룩되기를 기도하고 교회가 한국사회에서 개혁과 민주화의 역할을 다해 주도록 기도했다. 그리고 한국의 교회들이 전후 새로운 한국사회를 건설하는 데 적극적이고 건설적인 역할을 하기를 기도하였다.

그 대회에는 수십 명의 한국 유학생들이 참석했는데 기독교신자보다 비신자들이 더 많았다. 그런 모임이 있는 것을 알게 된 한국 학생들이 서로 연락하여 그 대회가 이들에게 만남의 광장이 된 것이다. 그 회의 도중 박정수와 이범준이 강원룡 목사의 주례로 약혼식을 올렸다. 한국에서 두 사람과 친했던 학생들이 다수 참석했고 나와 동숙도 참석했다.

나와 동숙은 회의를 마치고 동숙이 다니던 애즈베리대학(Asbury College)으로 돌아갔다. 돌아가는 도중 켄터키 내에 있는 명소에 들렀다. 지금도 그 노래를 들을 때마다 가끔 떠오르는 것은 "켄터키의 옛집"을 작곡한 존 포스터(John Foster)의 생가를 방문한 일이다. 작고 초라한 벽돌집이었다. 또 한 곳은 미국에서 유명하다고 하는 긴 동굴이었다. 두 군데 명소 앞에서 두꺼운 코트(coat)를 입고 찍은 사진들이 여러 장 있다.

처음 만난 후부터 2년간 우리는 따뜻하고 편안하며 그리고 열렬하게 사랑했다. 학교가 달라 서로 떨어져 있었지만 늘 서로를 그리워하고 장거리 전화를 하거나 처음에는 켄터키주와 테네시주 사이를, 후에 동숙이가 내슈빌로 간 후에는 테네시주 내의 내슈빌과 메리빌 사이를 장거리버스로 여행했다. 고향을 떠나 이국땅에서 겪는 외로움과 유학생으로서의 정신적 부담을 서로 달래 주면서 따뜻한 사랑을 나눌 수 있었다. 나나 동숙에게 그 2년은 우리 인생에 있어서 영원한 추억으로 남을 2년이었다.

박동숙과 결혼하다

1956년 12월 22일 크리스마스를 며칠 앞두고 약혼한 지 1년 만에 우리는 결혼했다. 결혼할 당시 내 나이 한국 나이로 27세였고 아내는 26세였다. 동숙은 피바디교육대학원에서 석사학위를 받기 한 학기 전이었다. 나는 대학을 졸업하기 1년 전이었다. 메리빌대학의 작은 채플에서 결혼식을 올렸다. 결혼식은 조촐하게 했다. 결혼식 후 내가 다니던 교회의 부인들이 케이크와 음료수를 준비해 주었다. 주례는 내가 성가대 대원으로 있었고 나를 아껴주던 마일스 여사가 다니던 장로교회의 목사인 엘우드 박사가 맡았다. 그는 스코틀랜드의 애든버러대학에서 신학박사학위를 받은 매우 지적인 목사였다. 메리빌에 있는 동안 그의 설교가 좋아서 그의 교회의 충실한 교인이 되었고 성가대 대원으로 있었다. 가끔 예배시간에 독창을 하기도 했다.

결혼식에는 프린스턴 신학교에서 신학석사 과정을 밟고 있던 처남 박상증이 멀리 뉴저지주에서 와 주었다. 또 멀리 오클라호마주에서 양준철과 그의 약혼녀가 찾아와 나의 베스트 맨으로 섰고 또 내 미

▶ 피바디교육대학원 재학 당시 저자의 아내(1956)

국인 룸메이트였던 존 민츠라는 아주 잘생기고 성격 좋은 친구도 베스트 맨으로 서주었다. 그는 졸업 후 시카고대학 법학대학원을 마치고 변호사가 되었다. 내가 1980년 가을부터 1년간 워싱턴 D.C.에 있는 우드로 윌슨 국제연구소에 가 있는 동안 한 번 만났는데 그는 FBI 요원으로 있었다. 그래서인지 매우 부자유스럽게 보였다.

신혼여행으로 간 곳은 대학에서 그리 멀지 않은 테네시의 명산 스모키산 중턱이었다. 그곳의 작은 통나무집들로 구성된 호텔에서 하룻밤을 지내고 다음날 돌아왔다. 신혼여행을 마치고 동숙은 나머지 한 학기를 끝내기 위해 다시 내슈빌로 떠났고 나도 다시 대학 기숙사로 돌아갔다. 동숙은 1957년 6월 초 대학원에서 교육심리학으로 석사학위를 받고 내가 있는 메리빌대학 근처에 우리의 신혼살림을 차리게 되었다. 그리고 대학의 기금 모금을 담당한 분 밑에서 비서로 일하게 되었다. 모든 것이 마일스(Miles) 여사의 따뜻한 배려에 의해 이루어졌다.

나의 아내가 된 박동숙은 1932년 10월 28일생으로 일제 마지막 해인 1945년 2월 아현동에 있는 국민학교를 졸업하고 경기고녀(그때는 그렇게 호칭했다)에 입학한 재원이다. 아현초등학교 졸업생 중 박동숙의 반에서만 세 명이 경기여고에 지원하여 합격하였고 다른 반에서는 지원생도 없었다고 들었다. 그리고 입학 후 반년이 지나 해방이 되었다.

박동숙과 그의 오빠 박상증은 일본 도쿄에서 태어났다. 아버지 박현명(朴炫明)은 함경북도 북청 출신으로 일제 때 서울에 와서 신학교를 졸업한 후 목사가 되었다. 그리고 서울성결학교(지금의 서울신학대학교)의 교수가 된 후 조선에서 파견하는 선교사가 되어 일본에 가서 한인들을 모아 교회를 세워 목회 활동을 했다. 상증과 동숙은 그때 태어난 것이다. 동숙은 동경에서 태어났다 해서 이름을 동숙(Eastern Lady)이라 불렀다고 했다.

내가 만나 뵙지는 못했지만 장인이신 박현명(朴鉉明) 목사님은 일제시대 서울신학교의 교수와 성결교교단 소속교회의 목사로 집무하다 신사참배를 거부한 이유로 서대문형무소에서 1년 이상 감옥살이를 했다. 그때 그가 속했던 성결교회 교단도 신사참배를 거부한 죄로 폐쇄되었다. 교회들이 문을 닫았다. 감옥에서 나온 후 박 목사는 고향친구가 경영하던 대동상업학교에서 서무일과 공민을 가르치다가 해방을 맞이했다. 성결교 교단에서 이미 지도적 위치에 있었던 박 목사는 미 군정청의 도움을 받아 그동안 폐쇄되었던 성결교 신학교를 되찾았고 성결교 교단의 총회장으로 선출되기도 했다. 1948년 박 목사는 교단을 위한 모금운동을 위해 미국에 갔다. 1950년 4월 귀국한 지 두 달 후에 6 · 25 전쟁이 일어나 박 목사님은 북한 공산당에 의해 납북되었다.

박동숙과 그의 오빠 박상증이 다닌 애즈베리대학이 있는 윌모어라는 곳은 박현명 목사님이 모금활동을 하실 때 교회에서 설교하신 곳이고 그곳에 크래리(Crary)라는 성을 가진 노부부가 살고 있었다. 남편이 벌목을 해서 많은 돈을 벌었고 부인은 독실한 신자였다. 박현명 목사가 북한공산군에게 납치된 것을 알게 된 이 부부는 이미 1949년부터 애즈베리대학에서 공부하고 있었던 박 목사의 장남 박상증을 도와줄 뿐 아니라 그의 여동생을 미국에 데려왔으면 하는 상증의 부탁을 들어주었다. 그리하여 박동숙은 휴전이 되기 전인 1952년 10월 일본 요코하마에서 크래리 부부가 주선한 화물선을 타고 필리핀을 거쳐 그 부부가 살고 있는 도시에 있는 애스배리대학에서 공부하게 되었다. 내가 동숙을 찾아갈 때마다 나도 그 노부부를 찾아 인사를 했고 여러 번 그 집에서 식사 대접을 받기도 했다.

한국전쟁으로 연희대학에 입학했으나 학업을 중단한 채 미군 공병대와 공군과 유엔민사처(UNCACK)에서 일하다 1954년 미국유학을 온 나는 대학 동기생들이 대학을 졸업했을 때 중단한 대학공부를 다시 시작했다. 그들보다 4년 뒤진 것이다. 빨리 대학을 마치고 대학원에 진학할 생각에 가득 차 있었다. 욕심을 부려 메리빌대학에서 학기마다 근 20시간의 강의를 들었다. 과목으로 6개 과목이었다. 너무 많이 등록하다 보니 모든 과목을 잘하기 어려웠다. 나는 1957년 12월에 대학을 졸업하기 위해 위스콘신주 밀워키에 있는 마켓대학(Marquette University)에서 여름 학기에 등록해서 두 과목을 이수하여 그해 12월에 졸업하는 데 모자라는 학점수를 채웠다.

대학에서는 4학년 마지막 학기에 졸업논문을 제출하도록 되어 있었다. 나는 4학년 첫째 학기부터 준비하여 「모택동의 등장과 중국」이라는 제목의 졸업논문을 제출하여 좋은 학점을 받았다. 1957년 12월 초, 대학 강당에서 여러 명의 후기 졸업자와 함께 간단한 의식 후 총장으로부터 졸업장을 받았다. 여름에 있는 정식 졸업식에 대신해서 치르는 중간 졸업식이었다. 1954년 봄에 시작하여 1957년 12월에 마쳤으니 3년 반 만에 대학을 졸업했다. 동숙과 나는 메리빌에서 마지막 크리스마스를 보내고 시카고로 향했다.

노스웨스턴(Northwestern) 대학원 입학

시카고에는 프린스턴 신학교 대학원을 졸업한 처남인 박상증이 아내 이선애와 함께 한국으로 귀국하기 전 일을 하고 있었다. 마침 그가 살던 아파트 근처에 빈 아파트가 있어서 미리 연락하여 시카고에 도착하자 곧 들어갈 수 있었다. 나는 9월에 대학원에 가기까지 8개월여의 시간적 여유가 생겨 그때까지 일하기로 하고 지원할 대상으로 우선 근처에 있는 대학원으로 시카고대학과 노스웨스턴(Northwestern)대학을 생각하고 있었다. 시카고대학에 입학과 대학원 장학금(Fellowship)을 신청했는데 장학금을 줄 수 없다면서 동시에 입학도 거절당했다. 당황스러웠지만 곧 노스웨스턴에 입학신청을 해서 1958년 9월부터 노스웨스턴대학원에서 공부하게 되었다.

9월까지 시간이 있어서 일자리를 얻기로 했다. 아는 사람의 도움으로 시카고에 있는 유명한 과학도서관인 크리아 도서관(John Crear Library)에서 일하게 되었다. 대학원에 다니는 동안 근 2년간, 그리고 1961년 2월 한국에 돌아오기까지 그 도서관에서 파트타임으로 일을 계속했다. 동숙은 역시 같은 분의 도움으로 미국 백과사전과 관련된 직장에서 전업으로 일을 했다. 둘이 버는 돈으로 비교적 편하게 살

수 있었다.

우리가 1957년 12월 말 메리빌을 떠날 때 동숙은 임신 중이었다. 그리고 1958년 3월 8일 나의 첫째 아들 한시훈(韓始薰)이 시카고의 이리노이대학병원에서 태어났다. 이주일 후 박상증의 아들 박수현이 같은 병원에서 태어났다. 나와 박상증은 두 주 사이로 두 아들의 아버지가 되었다. 미국에서 태어난 둘은 후에 다 의사가 되었다. 수현은 심장내과 의사가 되었고, 시훈이는 시애틀의 워싱턴 주립대의 소아과와 유전의학교수로 있다.

박상증과 우리가 시카고에서 살고 있을 때 서울에서 동숙의 여동생 한숙이 시카고에 왔다. 내가 시카고 근교에 있는 단과대학에 가서 학장을 만나 입학 허가서를 얻어 한국으로 보내 수속을 마치도록 했다. 한숙은 대학에 들어갔으나 디자인을 하고 싶어 했다. 그리고 서울에서부터 승증의 친구로 한숙과 알고 지내던 설상수라는 젊은이가 캐나다에 왔다가 시카고대학으로 전학해와 한숙과 가까이 지내다 둘은 얼마 후 결혼하였다. 시카고 한인교회에서 이 목사의 주례로 우리 내외와 설상수와 한숙의 친구들이 참석한 가운데 조촐하게 결혼식을 올렸다.

나는 1958년 9월부터 노스웨스턴대학원에서 강의를 듣기 시작했다. 내가 나온 메리빌대학은 단과대학이고 정치학 교수도 둘뿐이었다. 가르치는 과목도 매우 제한되었다. 그리고 주로 정치사상과 비교정부론을 가르쳤다. 어느 면에서는 교양과목에 속한다고 할 수준의 것이었다. 그것이 단과대학에서 가르치는 정치학의 주된 내용이었다. 정치학을 전공한 학생은 대학원으로 진학하여 교수가 되거나 법과대학원에 들어가 변호사나 판사가 되는 코스를 밟았다. 정치학전공 학생을 pre-law라고 분류했다. 의과대학에 갈 학생은 pre-med라고 불렀다.

대학졸업 전 법학대학원에 갈까 생각해본 적도 있었으나 미국에서 법학을 공부하고 한국에 돌아갈 때 별 도움이 되지 못할 것 같아 포기하고 정치학이나 신문대학원 쪽으로 갈 생각을 갖고 있었다. 노스웨스턴대학교에는 미국에서 손꼽히는 신문대학원이 있었고 유명한 영화배우들을 많이 배출한 연극영화대학원도 있었다. 입학한 후 알게 되었지만 그 대학원 정치학과는 프린스턴대학의 교수로 있던 저명한 국제정치학자 스나이더(Richard C. Snyder) 교수를 데려와 당시 미국정치학계에 불기 시작한 새로운 사회과학방법론인 행태주의적(Behavioral) 정치학 연구에 있어서 선두적인 역할을 할 학과를 만들려는 의욕에 넘쳐 있었다. 내가 입학했을 때는 어떤 재단인지는 기억나지 않지만 거액의 외부지원을 받아 과거의 방법을 답습하던 오래된 교수들을 퇴진시키고 미국의 여러 대학에서 신진 교수들을 모아 특색 있는 학과를 만드는 노력이 한참이었다.

내가 대학 학부시절 배운 정치학이란 말하자면 기초적이고 전통적이라 할 수 있는 것이었다. 사실 1950년대 초까지 미국의 정치학은 법학과 구별하기 어려울 정도로 법적, 제도적 지향이 대세였다. 유럽대륙의 학문적 영향을 받아서 헌법연구를 바탕으로 하면서 비교정부론의 경우 영국식인 내각책임제와 미국식 대통령제의 정부형태를 비교하는 것과 전체주의체제로서 소련의 공산체제를 다루는 정도에 불과했다. 정치사상이라고 하는 것도 사실은 철학과 구별하기 어려운 것으로 중세 이후 근대의 철학자들의 정치에 대한 견해나 주장을 해석하는 일이 고작이었다.

1950년대 후반부터 미국의 사회과학계에 행태주의적 접근이라는 새로운 학문적 추세가 등장했다. 그런 운동이 일어나게 된 배경을 논하려면 상당한 지면이 필요하다. 한 가지만 든다면 2차 대전 중 미국의 사회과학계 교수들이 대거 전쟁과 관련된 작업에 동원되었는데 주로 유럽 및 일본에 대한 전략적인 연구와 심리작전에 대한 것이었다. 그것이 OSS라는 조직이었고 후에 CIA로 발전하였다. 그 과정에서 단일 사회과학학문으로는 다룰 수 없는 과제들이 수없이 등장했다. 여러 분야가 합쳐 공동작업을 해야 해결될 수 있는 것들이 많았다. 범(汎)사회과학적 연구(Interdisciplinary approach)라는 경향이 자연히 형성된 것이다. 문제해결을 강조하다 보니 법이나 제도적인 접근은 근본적인 한계가 있었다.

오랫동안 법적-제도적 지향이 주류를 이루었던 정치학에도 새로운 추세를 따라 사회학과 심리학 그리고 통계학과 근접한 정치학으로 전환시키려는 움직임이 나타났다. 노스웨스턴대학원 정치학과 교수들은 그런 시도에 앞장섰던 학자들로 구성되어 있었다. 겟츠코(Gustzkow)라는 교수는 미시간대학에서 정치학, 사회학, 심리학으로 세 개의 박사학위를 받은 사람이었다. 그리고 수학에도 조예가 깊어서 게임이론을 국제정치이론에 응용한 사람이었다.

정치행태(政治行態) 연구의 중심대학 노스웨스턴

노스웨스턴대학 대학원에 들어가서 첫 학기에 택한 것이 겟츠코(Guetzkow) 교수의 정치학개론이었는데 정치행태론이었다. 그의 강의내용을 따라가느라 많이 힘들었다. 강의진도표(Syllabus)에 그가 읽으라고 제시한 참고서적과 논문들은 내가 학부에서 들어보지도 못한 것들이 대부분이었다. 악착같이 노력한 끝에 그 과목에서 나는 A 학점를 받았다. 내가 제출한 term paper가 좋았다고 했다. 그 후 점차로 정치행태론에 대한 이해가 생기기 시작했다. 그러면서도 마음 한 구석에는 이런 방법이 한국과 같은 후진국에도 적용성을 가질 수 있는 보편적인 방법인가라는 의문이 늘 남아 있었다. 그런 의문 때문에 나는 석사학위를 마치고 귀국하기 전 스나이더 교수를 찾아갔다. 그의 과장사무실을 찾아가 나는 귀국인사도 할 겸 그 질문을 제기했다. 그의 대답은 아주 간단 명료했다. "인간의 본성(human nature)은 어느 곳에서나 같다는 가정"을 할 수 있다는 것이었다. 한국에 돌아와서도 나는 그 교수의 말을 가끔 생각하면서 한국정치를 정관(靜觀)하는 노력을 한 셈이다.

대학에서 매우 전통적인 정치학을 공부해 온 나로서 노스웨스턴대학원 정치학과에서 공부해야 할 과목들은 매우 생소하고 어려운 것들이었다. 첫 학기를 어렵게 끝내고 나서야 비로소 행태주의 정치학의 내용과 방법을 어렴풋이 이해할 수 있었다. 특히 택했던 과목 중 스나이더(Snyder) 교수가 가르친 세미나코스는 아직도 기억할 정도로 나에게 큰 자극을 주었다. 40여 명 되는 대학원생들을 6개의 그룹으로 나누어 그룹대로 따로 모여 주어진 과제를 토의하고 그 결과를 세미나에서 발표하도록 하는 교수방법이 매우 인상적이었다.

내가 속했던 그룹에서도 과제마다 그룹리더를 선발해서 토론내용을 요약하여 세미나에서 대표로 발표하게 되어 있었다. 내가 맡은 과제는 이익(interest)이라는 개념이었고 그것을 준비하기 위해 얼마나 많은 참고문헌을 읽었는지 모른다. 그래서인지 그 세미나가 아직도 늘 기억에 남는다. 그 스나이더 교수는 후에 내가 프린스턴대학 박사과정에 들어가기 위해 두 명의 추천자가 필요했을 때 겟츠코 교수와 함께 추천서를 써 주었다.

대학원에 진학할 때부터 국제정치가 아니라 비교정치학에 관심이 있었다. 그 당시 국제정치는 인기 있는 분야였다. 그 분야에는 장학금도 많았고 교수로 진출할 수 있는 기회도 많았다. 나는 미국에 갔을 때 처음부터 미국에서 살겠다는 생각을 해본 적이 없었다. 나이 들어 한국인으로서의 자의식이 강했던 것도 사실이지만 중학생 때부터 내가 주입받은 가치관은 한국사회를 위해 유용한 사람이 되어 한국에서 일한다는 것이었다. 그 점은 나의 아내도 마찬가지였다. 아내는 교육에 관심이 많아서 한국으로 돌아가면 교육분야에서 일할 생각을 갖고 있었다.

노스웨스턴대학원의 비교정치분야는 상대적으로 빈약한 편이었다. 남미정치를 전공하는 저명한 학자와 유럽정치를 전공하는 교수를 합쳐 두 명이 있을 뿐이었다. 학과의 주요 관심이 국제정치와 정치행태분야에 쏠려 있었다. 수학을 잘하는 학생이라면 게임이론을 국제관계에 적용하려는 게츠코 교수의 지도를 받을 수 있었고 그 경우 쉽게 연구비를 얻을 가능성이 컸다. 그러나 나는 한국정치를 알기 위해서도 비교정치를 연구하여 다른 나라들의 정치가 어떤 것인가를 비교해 한국이 지닌 문제들을 알아내는 것에 관심을 갖고 있었다. 그리고 수학은 미술과 함께 내가 중학교 다닐 때 제일 싫어하던 과목이었다.

1958년 가을부터 시작해서 1959년 12월까지 세 쿼터(Quarter) 동안 석사과정 수료를 위한 36학점을 이수하고 1959년 말부터 석사논문을 쓰기 시작하여 4월 초에 제출했다. 내가 이수한 과목 중에서 특히 흥미를 끈 것 하나가 정치인류학(Political anthropology)이라는 분야였다. 인류학과 정치학을 접목한 것으로 르바인(Levine)이라는 하버드대 출신의 소장 교수가 주로 아프리카 정치를 가르쳤다. 나는 아프리카정치와 한국정치를 비교하면서 참으로 비슷한 면이 많다는 것을 느낀 적이 한두 번이 아니었다. 아프리카의 정치체제를 비교하는 것으로 그 과목을 공부하면서 애프터(Apter)라는 비교정치학자가 다룬 아프리카 가나의 정치체제에 대한 책에서 나는 내 논문을 쓰기 위한 힌트를 받았다.

애프터의 연구는 베버의 주장을 가나(Ghana)에 적용해 그것을 뒷받침한 것이었다. 요지는 카리스마적인 독재적 지도자가 지배하고 있는 체제하에서는 정치제도와 관료제가 발달할 수 없을 뿐 아니라 그에 대한 개인적 지지와 정통성 기반이 약화될 때 체제에 큰 변동이 올 수 있다는 것이었다. 나는 나의 석사논문에서 그 주장을 한국에 적용하고 이승만 정권의 미래를 전망하는 내용을 다루면서 한국에도 그런 심각한 정변이 일어날 가능성을 논증했다.

정치학 석사학위 수여

다음 해인 1960년 3월에 나의 논문 초고를 지도교수인 Levine 교수에게 제출하여 검토를 받았다. 석사논문의 제목을 『Charisma and Political Change in Korea: From Serfdom to Freedom』으로 잡았다. 6월에 석사학위를 받으려면 5월 말까지 논문을 통과시켜야 했다. 그러던 중 4·19 학생의거가 일어난 것이다. 5월 초 교수들의 심사가 끝나고 지도교수가 방에서 나와 웃으며 나의 손을 잡고 심사위원 모두 논문 내용을 좋아했다고 말했던 것이 기억난다. 1960년 여름 나는 정치학 석사(MA)학위를 받았다. 그리고 계속해서 박사학위 공부를 계속할까 고민했다. 공부를 계속한다면 비교정치를 전공할 수밖에 없었는데 그러기 위해서는 아시아정치나 지역정치에서 이름이 알려진 교수들이 있는 곳을 택해야 했다. 주로 서부지역에 그런 대학들이 많았다.

석사학위를 마치고 나서 공부를 계속할까 여부를 놓고 고심하다 새로운 정권도 수립되었고 변화를 겪고 있는 한국에서 일해 보면 어떨까 하는 생각도 있었고 7년 가까운 세월 동안 뵙지 못한 어머니와 가족생각도 났다. 아내는 아버지가 납치당한 후 혼자 계신 어머님에 대한 그리움이 간절하여 서로 의논 끝에 1960년 말 계속 공부하려는 생각을 접고 1961년 1월 초 아내와 아들을 데리고 귀국길에 올랐다.

좋은 친구 글렌 페이지(Glenn Paige) 교수

석사과정에 있을 때 박사과정을 끝내고 박사논문을 쓰고 있는 미국인 대학원 학생을 만났다. 나를 보고 한국어로 인사를 했다. 한국전쟁에 포병소위로 참전하였고 한국전쟁을 주제로 박사논문을 쓰고 있었다. 프린스턴대학에서 학부를 마치고 하버드대학에서 역사학으로 석사학위를 받은 후 노스웨스턴대학에 박사과정으로 들어온 사람이었다. 프린스턴대학에서의 은사인 스나이더 교수가 정치학과 과장으로 있는 노스웨스턴대학에 박사과정으로 왔으며 스나이더 교수의 이론인 「외교정책결정과정」이라는 이론적 접근을 가지고 박사논문을 쓰고 있었다. 그가 나의 평생의 친구가 된 페이지(Glenn Paige) 교수이다.

페이지 교수는 내가 노스웨스턴대학에 입학한 다음 해 박사학위를 받고 미국 국제원조처(AID)라는 기관이 미네소타대학을 통해 서울대행정대학원 발전프로그램을 지원하게 되어 미네소타대학 교수로 서울에 와서 2년을 보냈다. 페이지 교수가 서울에 있는 동안 4·19가 일어났고 그 다음 해 1961년 5·16 쿠데타가 일어났을 때 그는 뉴욕타임스의 독자기고란에 쿠데타를 비난하는 글을 기고했다. 민주주의를 표방하는 미국 정부가 군사정권을 지지하는 것이 부당하다는 논조였다. 그 글 때문에 페이지 교수는 김종필 당시 중정부장을 만났고 그로부터 출국명령을 받았다. 미국에 돌아간 페이지 교수는 프린스턴대학 정치학과에서 중국정치를 가르치면서 미국이 한국전쟁에 참전하게 되는 최고위층의 결정과정을 다룬 박사논문을 다듬

▶ 한국정치학회 모임 후 하와이대 명예교수 글렌 페이지 교수와 함께(2009)

어서 『Korean Decision』이라는 제목의 책을 출판했다. 나는 그 책을 한국판으로 『미국의 한국전 참전결정』으로 번역하여 출판하였다.

페이지 교수는 중국어, 러시아, 일본어, 그리고 한글을 읽을 정도로 외국어에 능통한 학자이다. 나는 그가 미국에서 한국 연구가로 이름을 날리기를 기대하였고 한국의 라이샤워가 되었으면 했다. 그러나 나의 기대와는 다르게 그는 리더십연구에 정력을 쏟더니 그 후 비폭력-비살생운동에 앞장서 그가 쓴 『비살생적 정치학』이라는 책은 남미, 아프리카, 인도, 아랍국가들의 20여 개어로 번역되어 출판된 바 있다.

페이지 교수는 한국에 올 때마다 나를 찾아주었고 지금도 나와 가장 가깝게 지내는 미국인 친구이다. 수년 전 한국에 왔다가 관상동맥경화로 졸도하여 하와이로 돌아가 수술을 받은 적이 있으나 아직 건재하다. 하와이 호놀룰루에 「비폭력연구 센터」를 설립하고 원장으로 있으면서 저서활동과 많은 학술회의를 주관하고 있는 매우 존경스럽고 양심적인 학자이다. 그 사람처럼 명석하고 창의적인 두뇌를 가진 학자도 만나 보기 어려울 것이다. 그야말로 석학이라는 표현이 맞는 학자이다.

정치학 교수로 보낸 30년:

저서를 통해 본 나의 학문 탐구의 궤적

- 제5장 5 · 16 쿠데타의 충격과 그 후: 첫 저서의 발간
- 제6장 70년대 고려대 교수 재임 시절: 열정적으로 펴낸 3권의 저서
- 제7장 두 번째 쿠데타와 80년대의 대학가: 『한국의 정치』 외 출간
- 제8장 학내 소요 와중에 맡은 보직: 『한국현대정치론』 외 출간
- 제9장 『한국정치변동론』의 출간
- 제10장 『한국정치문화와 민주정치』 출간
- 제11장 『자유를 향한 20세기 한국정치사』 출간

제5장

5 · 16 쿠데타의 충격과 그 후: 첫 저서의 발간

* * *

7년 만에 본 서울

1961년 2월 인천항을 거쳐 기차로 서울에 도착한 것은 밤이었다. 역에서부터 택시를 타고 광화문 거리를 지나 동숭동으로 오는 길은 어두웠다. 시가 전체가 어두운 느낌이었다. 인천에 오기 전 일본 요코하마에 들렀는데 환한 불빛이나 도쿄에 갔을 때 본 찬란한 가로등의 밤거리와는 너무나 대조적이었다. 거리에는 간혹 지프차에 뚜껑을 덮은 「새나라택시」가 보일 뿐 대체로 한적하였다. 그것이 1961년 2월의 서울의 중심지라 할 광화문 네거리의 어두운 모습이었다. 예상했었지만 오랫동안 미국에서 생활한 우리는 별천지에 온 것 같은 느낌이 들 정도였다. 세 살짜리 아들 시훈은 모든 것이 신기하다는 듯 사방을 둘러보느라 정신이 없었다.

우리 가족은 종로구 동숭동의 장모님 댁으로 갔다. 내 어머니와 형은 천호동에서 살고 계셨다. 우리 집은 한국전쟁 후 아버지기 돌아가시면서 가세가 기울어 여러 곳을 전전하다 천호동에 작은 집을 얻어 살고 있었다. 내가 가족을 데리고 들어가 살 곳이 못되었다. 우선 장모님과 함께 있기로 했다. 그동안 어머님을 모시고 살던 나의 처남 박 목사는 우리가 오니까 대환영이었다. 자기들이 전셋집을 얻어 나갈 계획을 세워 두었던 것이다.

한국에 돌아와 보니 앞으로 무엇을 할지 막막했다. 4 · 19 학생봉기를 겪은 후 한국은 정치적으로 불안한 상태였다. 매일 '위기설'이 나돌고 무언가 큰 일이 터질 것 같은 심상치 않은 상황이었다. 어느 날 민선시장이 된 김상돈 시장의 딸인 김은영이 나를 만나자고 해서 시청 근처 다방에서 만났다. 은영은 나의 처와 고등학교 단짝 친구로서 나도 미국에서 자주 만나 잘 알고 있었다. 장면 정권이 들어서서 아버지가 시장으로 당선되자 미국에 남편을 두고 한국에 나와 아버지 곁에서 사적인 비서역할을 하고 있었다. 은영이는 나를 보자 아버지를 도와달라고 하면서 의전비서직을 제의했다. 봉급은 시공무원이 받는 것 외에는 없다고 했다. 아버지가 그런 사람이라는 것이었다. 나는 그런 봉급으로 가정을 어떻게 꾸려 나갈 수 있을지 생각하다 거절했다. 은영은 매우 섭섭한 눈치였다.

나의 가까운 친구들은 나에게 당분간 대학에 시간강사로라도 나가 한국 사정을 관망하는 것이 좋겠다는 조언을 해주었다. 나도 그렇게 생각하고 있었다. 그런데 2월에 돌아왔으니 곧 시작할 3월 학기에 강의를 맡기에는 시기가 늦었다. 그런데 대전에 있는 미국장로교가 설립한 대전대학(지금의 한남대학교)의 학장인 텔미지(Talmage)라는 선교사가 나에게 편지를 보내 나와 내 아내를 대전대학의 교수로 초빙하겠다고 했다. 알고 보니 그분은 대전대학 학장으로 나의 모교인 메리빌대학 졸업생이며 장로교 목사로서 한국에 선교사로 나와 대전대학 학장직을 맡고 있었다.

내가 메리빌의 미스 메리 마일스(Miss Mary Miles)에게 귀국인사로 편지를 보냈더니 그녀가 그에게 편지를 보내 나를 소개한 것이다. 나와 동숙은 기차 편으로 대전으로 내려가 그 학장을 만났다. 나와 내 아내를 전임교수로 채용하겠다고 하면서 우리에게 주택도 제공하겠다고 했다. 상당히 매혹적인 조건이었지만 서울에 돌아와 아내와 의논한 끝에 나만 그곳에서 시간제로 가르치는 것으로 하고 일주일에 3일을 대전에서 보내기로 했다. 과목은 전임교수처럼 3개 과목으로 아홉 시간을 맡았다.

귀국한 후 2월 중순경 나는 연세대의 교무처장으로 있던 김동길 교수를 찾아갔다. 처남의 처인 이선애와 김 교수는 연세대 동기로 집안끼리도 가까웠다. 김동길교수는 3월 학기 바로 전이고 모든 과목 담당 교수는 이미 정해졌기 때문에 다음 학기까지 기다리라고 했다. 그러다가 며칠 후 나에게 연락을 해서 마침 언더우드 교수가 가르치던 과목을 맡을 사람을 찾고 있다면서 나보고 그것으로 시작하라고 권하였다. 그래서 1961년 3월부터 연세대 정치외교학과에서 현대영어라는 과목을 1년간 맡아 가르치기로 했다. 나의 전공과목은 아니었지만 내가 전쟁 전 두 달 정도 다녔던 대학에서 가르친다는 데에 보람과 긍지를 느낄 수 있는 시간이었다.

월요일부터 수요일 오후까지 대전대학에서 정치학과목을 가르치고, 수요일 저녁에 서울로 올라와 다음날인 목요일에 연세대에서 가르치는 바쁜 생활이 시작되었다. 아내는 친구들의 주선으로 서울대 구내에 있던 미국 국제원조처(AID)가 지원하는 영어교육원의 전임 강사로 취직했다. 그곳은 미국으로 연수하러 가는 한국 정부 관리들과 유학생들에게 영어를 가르치는 곳이었다. 서울고등학교 교장과 서울시 교육감을 역임한 김원규(金元奎) 선생이 원장으로 있었다. 경기고녀 선생을 지낸 김 원장은 동숙이 경기고녀를 졸업했다고 하니까 두말없이 그 자리에서 채용하더라는 것이었다.

대전대학과 연세대에서 강의를 하고 있는데 5월 어느 날 장면(張勉) 국무총리의 의전비서로 있던 전영철 박사가 만나자고 연락해 왔다. 만나 보니 자기가 이번에 비서직에서 외교관직으로 전직하게 되었다고 하면서 자기 후임으로 나를 장 총리에게 천거했다는 것이었다. 내가 좋다고 하면 장 총리와 인터뷰를 했으면 한다고 했다. 후에 인터뷰일자를 정해서 나에게 알려주기로 하고 헤어졌다. 그때 시간강사로 있던 나는 전영철의 후의에 고맙기도 했고 또 그런 자리에 대한 호기심도 있어서 인터뷰를 한번 해 보기로 동의하였다. 그렇지만 며칠 후 5 · 16 쿠데타가 일어나 장 총리와의 인터뷰는 무산되었다.

대전에서 들은 5 · 16 쿠데타 뉴스

5 · 16 쿠데타가 일어나던 날, 나는 대전에 있었다. 내가 고정적으로 머물던 여관 바로 옆에 공중목욕탕이 있어서 아침마다 목욕을 한

다음 아침을 먹기 위해 시내에 나가는 것이 나의 일정이었다. 아침 6시 전후해서 막 목욕탕에서 몸을 씻으려고 하는데 라디오에서 긴급 뉴스가 보도되고 있었다. 그날 새벽 '혁명군'이 정부를 장악하였다고 하고 6개 조항으로 된 '혁명공약'을 발표하는 중이었다. 내용은 반공(反共)을 국시로 하고 부정부패를 일소한 후 민간인으로 구성된 새로운 정부를 수립한 다음 군은 원대(原隊) 복귀한다는 내용이었다. 공약문은 장도영 계엄사령관이자 국가재건 최고회의 의장의 이름으로 되어 있었으나 이미 쿠데타의 실세는 그가 아니라 박정희 소장임을 아는 사람은 다 알고 있었다.

고려시대에 무신이 정권을 잡았다는 것은 알고 있었으나 그 후 일제때의 총독들 외에는 한국에서 군인이 정권을 잡은 것은 5 · 16이 처음이었다. 서울에 돌아와 보니 시내에는 사방에 탱크와 군인이 깔려 있었다. 그야말로 공포분위기였다. 장면 총리와 내각이 전원 사직한 가운데 박정희 장군을 의장으로 한 최고회의가 사실상 3권(행정, 사법, 입법)을 장악하고 있었다. 30여 명으로 구성된 최고의원이 내리는 결정이 곧 법이 되었고 현역 장성을 중심으로 구성한 행정부가 그 결정을 집행하였다. 항간에서는 '최고의원이 최고'라는 비아냥거리는 목소리도 들렸다. 누구도, 어떤 세력도 그들의 결정에 반기를 들거나 비판할 수 없었기 때문이었다. 그야말로 벌거벗은(naked) 강권이 지배하고 있는 상황이었다.

함석헌 선생의 "5 · 16을 어떻게 볼 것인가?"

쿠데타가 발생한 지 몇 주일이 되던 때 월간 잡지 「사상계」에 함석헌 선생의 "5 · 16을 어떻게 볼 것인가?"라는 글이 실렸다. 군대가 정권을 장악하고 계엄령을 펴고 탱크부대와 장병들이 서울 시내 곳곳에서 경비태세를 하고 있는 삼엄한 분위기가 감돌고 있던 때였다. 지금은 그 글의 내용을 기억하지 못하지만 글의 톤(tone)은 매우 비판적이었던 것으로 생각난다. 한마디로 남북한이 대치하고 있는 상황에서 군이 정치에 개입하는 것은 나라를 망치는 일이라는 것이 요점이었다고 생각된다.

나도 쿠데타가 발생했을 때 선뜻 그것을 바람직한 것으로 보지는 않았다. 그 당시의 사회혼란상에 대해 걱정은 되었지만 쿠데타가 해결책은 아니라고 생각했다. 군이 정치에 개입한 나라치고 잘된 나라가 있었는지 궁금했다. 중남미의 정치가 얼마나 불안정한가, 태국의 빈번했던 군부통치에 대해서도 알고 있었고, 함 선생의 말대로 남북한의 긴박한 대치상태에서 군이 직접 통치에 나서는 것이 국가방위능력을 해칠 수도 있다는 생각이 들었다. 그런데 혁명공약에서 "정치적 부패를 일소하고 구악을 청산한 후 군은 원대 복귀하겠다"고 했을 때 반신반의했지만 그렇다면 일단은 어떻게 하나 두고 보자는 입장을 취했다.

그 당시 군에 대한 국민의 불신은 컸다. 군 고위층을 둘러싼 부정부패상이 많이 알려져 있었고 6 · 25 전쟁 당시 군이 민간인에 대해 취한 조치들을 기억하는 사람들은 군이 공약한 것을 믿으려 하지 않았다. 쿠데타 발생 후 1, 2년 동안 일어난 일련의 부정사건은 그런 민간인들의 불신을 뒷받침해 주는 결과가 되었다. 그런 일련의 부정사건은 폭력으로 집권한 세력의 입지를 심각하게 위협할 수도 있었다. 박정희 최고회의 의장이 원대복귀와 민정참여에 대해 번의를 반복한 것은 그런 이유 때문이었다.

나는 군부가 민정이라는 요식행위를 거쳐 장기집권의 야욕을 나타내면서부터 군사정권에 대해 비판적인 입장을 계속 유지했다. 후술하겠지만 공화당정권 당시나 유신정치를 시작하기 전이나, 전두환 정권이 들어서기 전, 정권 측에 참여할 것을 종용받는 교섭을 받았으나 그때마다 확고하게 거절했다. 내가 정치를 할 의도가 있었더라면 기회가 없었던 것은 아니다. 그러나 5 · 16 쿠데타 이후 나는 확실하게 군사정권과는 담을 쌓기로 했던 것이다. 동시에 군사정권이 집권하게 되면서 나는 학계에서 연구하고 가르치며 평생을 지내기로 마음을 굳히게 되었다. 함 선생의 글 내용도 내가 그렇게 마음먹게 하는 데 좋은 길잡이가 되었다고 생각한다.

5 · 16 직후 최고회의는 공 · 사립 모든 기관에서 병역을 필하지 않은 자를 해고하도록 지시하였다. 대학교수 중 병역미필자는 해고되었다. 나는 유학 갈 당시 병역을 연기받은 경우였지만 '혁명적'인 상황에서 그런 이유는 통할 수 없었다. 대전대학과 연세대에서 강의하던 나도 6월 중순 강의실을 떠나야 했다. 그때부터 1963년 3월 중앙대학교 정치외교학과의 전임교수로 취직할 때까지 나는 사상계사(思想界社)에 있던 친구의 주선으로 사상문고로 나오는 책을 두 권 번역하였다.

경향신문 폐간 결정 사례연구

1963년 중앙대학교에 취직하기까지 근 2년간의 공백기를 나는 두 개의 연구프로젝트로 채웠다. 하나는 쿠데타 얼마 후 아시아재단의 연구비로 『한국정치 엘리뜨의 사회적 배경』이라는 논문을 작성한 것이다. 약 600명에게 질문서를 보내 대상자의 70% 이상으로부터 응답을 받았다. 주로 교육배경, 종교, 소득수준, 출신지역, 직업경험을 기입하도록 했다. 조사 결과를 분석해 보니 그 당시 한국정치 리더라는 집단은 보수적인 집단이라는 결론을 내렸다. 과격한 이념이나 혁명적인 사상을 지향하는 세력이 아니라는 것이었다. 우연한 기회에 버클리대학의 스칼라피노 교수를 학술회의에서 만나게 되어 나의 연구 결과를 말했더니 그 논문을 자기에게 보내달라고 해서 우편으로 보냈고, 그 후 버클리대학에서 출판하는 1963년 7월호 *Asian Survey*지에 실렸다.

훗날 재무차관과 경제기획원장을 지낸 이한빈(李漢彬) 박사가 주스위스대사로 있다가 한국에 돌아온 후 나를 만난 적이 있었다. 스위스주재 한국대사로 있을 때 *Asian Survey*에 실린 나의 논문을 읽었고 자기가 앞으로 하와이 동서문화센터에서 연구하려는 주제를 다루는데 매우 도움이 되겠다고 했다. 여러 가지 문제에 대해 긴 시간 이야기를 나누었다. 그 후 이한빈 박사가 쓴 책에는 내 논문이 자주 인용되었다.

또 하나의 연구프로젝트는 『경향신문 폐간(京鄕新聞 廢刊)』에 대한 연구였다. 그 신문을 폐간하기로 결정하게 된 과정과 경위를 당시 결정에 관련된 당사자들을 직접 인터뷰해서 쓴 논문이다. 당시 정부의 공보실장이었던 전성천 씨, 경향신문의 운영에 깊이 관여하고 있었고 전성천 실장과 협상을 한 가회동 천주교회 김철수 신부, 폐간 결정의 구실을 제공한 경향신문 칼럼 『여적(餘滴)』의 필자였던 주요한 선생, 그리고 몇몇 경향신문 출신 기자들을 만나 많은 의견과 자료를 얻었다.

나는 경향신문 폐간 결정을 한국정치에서 자주 나타난 전형적인 권위주의적 결정의 사례로 보았다. 집권세력은 정권을 위협하거나 도전하려는 어떤 세력도 허용하지 않으려하며, 그것이 권위주의정권의 본질이다. 권위주의정권은 심지어 반대세력의 존재조차도 인정하지 않으려고 한다. 그런 결정에 관련된 행동자들의 동기나 행태는, 최고 권력자의 지위를 위협하는 것이라면 어떤 장애물도 수단과 방법을 가리지 않고 제거하려 한다는 것이었다. 그리고 최고 권력자의 지위를 계속 유지시키려고 충성을 다하는 이유는 그것이 자기의 지위 보존과 직결되기 때문이다.

경향신문 폐간 결정과 유사한 결정패턴은 이미 1952년 부산 정치파동에서 나타났고 1956년에는 야당으로 당선된 장면 부통령에 대한 총격사건에 이어 1958년 장면 부통령을 공개적으로 지지하던 경향신문을 폐간하는 조치로 나타났다. 그 무렵이지만 간첩으로 몰려 4·19 얼마 전에 사형된 조봉암에 대한 사형결정에서도 나타났다고 할 수 있다. 민주적인 정권하에서는 상상조차 할 수 없는 결정행태였다. 가장 독단적이고 권위주의적인 결정의 예는 박정희의 유신체제하에서 국가전복죄로 몰린 인혁당(인민혁명당) 간부들을 아무 법적 절차 없이 사형시킨 것을 들 수 있을 것이다. 그 외에도 군사정권하에서 이루어진 결정들의 근본성격은 이와 대동소이한 것이었다고 본다.

중앙대 교수 취임

1963년 3월 중앙대학교에 조교수로 취임하게 되었다. 중앙대 정치외교학과의 교수로 있던 하경근 교수가 주선하여 임영신 총장을 만나고 3월부터 전임교수로 강의하게 되었다. 1961년 봄 미국에서 귀국하여 만 2년 만에 전임교수자리를 얻게 된 것이다. 5·16 쿠데타 후 연세대에서 시간강사를 하다 그만둔 후 2년 동안 나는 두 권의 영문 책을 국문으로 번역했고, 아시아재단의 지원으로 한국 정치지도자들의 사회배경에 대한 서베이 조사를 실시하여 논문을 작성하였다. 이후 이 논문이 미국의 학술지에 게재되기도 했다. 결코 허송세월을 한 것만은 아니었다. 나름대로 꾸준하게 번역과 연구조사를 하면서 업적을 축적하려고 노력하였다.

지금 생각해 보니 그때가 나의 인생에서 매우 중요한 갈림길이었다. 어느 선배가 "시작이 아주 중요해, 무엇을 할 것인가를 신중하게 생각하고 시작해라. 그것이 일생의 길을 좌우하니까" 하고 충고했던 것이 생각났다. 그의 충고를 따라 나는 교수직을 택하기로 한 것이다. 중앙대에 가기 2년 전 정부에 들어가거나 기업에 들어가거나 아니면 신문사나 언론기관에 취직했더라면 나의 경력(career)은 완전히 다른 것이 되었을 것이다.

중앙대학교에 전임교수가 되어 첫 월급을 받아 보니 8천 원이었다. 원래 8만 원이었던 것이 군사정권이 실시하다 실패한 화폐개혁으로 절하되어 8천 원이 된 것이다. 그것으로 가족을 먹여 살리려고 하니 한심한 생각이 들었다. 같은 정치외교학과에 선배교수가 한 분 계셨는데 그분은 정당론을 강의하였다. 정당론이라는 책도 쓰셨다.

그분은 교수 휴게실에서 만날 때마다 봉급이 적다는 이야기를 했다. 그분은 시내 여러 대학에 강사로 나가고 있었다. 그렇게 해야 가족을 부양할 수 있었던 것이다.

또 중앙대 신방학과에 임근수(林根洙) 교수가 계셨다. 행정학과에는 박문옥 교수가 계셨는데 매우 학구적인 분이었다. 정치외교학과에는 하경근 교수가 중대출신으로 자리잡고 있었고, 임영신 총장의 총애를 받는다고 했다. 하 교수는 동시에 교무처장직을 맡고 있었다. 중앙대에 있는 동안 가장 친하게 지낸 분은 임근수 교수였다. 일제 때 연희전문의 영문과를 나오신 분으로 외무부에도 계셨고 후에 서울신문사에서 임원직으로 있었던 분이었다. 그분은 신촌에 사셨고 나는 성북동에 전셋집을 얻어 살아서 학교버스로 퇴근할 때 시내에 들어와 종로 네거리에 있는 다방에서 함께 커피를 마시면서 세상 돌아가는 일을 이야기하다 귀가하곤 했다. 우리 둘은 박정희의 군사정권에 대해 비판적이었다. 그래서인지 서로 가깝게 지내게 되었다. 그때는 한일국교 정상화에 대해 찬반으로 갈라져 논란이 벌어지고 있었던 시기였다.

교수들의 한일국교 반대운동에 가담

1964년에 한일국교 정상화문제에 대해 국론이 크게 갈라져 정국도 심각한 혼란에 빠져 있었다. 한일국교 정상화에 반대하는 학생들의 데모가 계속되었고 야당과 일부 언론이 정부의 정상화외교에 대해 격렬하게 비판하고 있었다. 그 당시 나의 중학교 동창생으로 국회의원이면서 여당 내에서 중요한 자리를 차지하고 있었던 친구와 우연히 만나 이야기를 한 적이 있었다. 그 친구는 정권이 넘어갈 수도 있다고 하면서 크게 우려하고 있었다. 그 정도로 당시의 사태는 심각했다.

월간지인 『사상계(思想界)』에 여러 번 나의 글이 실린 적이 있었다. 한번은 한일정상화의 교섭과정에 대해 정부를 신랄하게 비판한 글을 투고하였다. 사실 그 당시 교수나 많은 지식인들 가운데 정부가 추진하는 대일외교에 대해 긍정적으로 보는 사람은 적었다. 그것을 "굴욕외교"라고까지 하는 기사들도 있었다. 군사정권이 들어선 지 3년이 지나도 별로 큰 성과를 내지 못하면서 초조한 나머지 일본자본을 들여오기 위해 지나치게 양보하고 있다는 것이 비판론의 초점이었다.

어느 날 연세대의 서석순(徐碩淳) 교수에게서 전화가 걸려왔다. 나에게 종로에 있는 어느 다방으로 나와 달라는 것이었다. 나가 보니 시내 대학의 저명한 교수들이 여러분 나와 계셨다. 고대의 조지훈(趙芝薰) 교수, 서울대 법대의 양호민(梁好民) 교수, 연세대의 이극찬(李克燦) 교수, 성균관대의 차기벽(車基壁) 교수, 고려대의 오병헌(吳炳憲) 교수가 있었다. 그중 나는 가장 젊은 측에 속하는 편이었다. 그 자리에서 한일국교정상화에 반대하는 대회를 열기로 하고 그때 낭독할 선언문을 조지훈 교수가 작성하기로 했다. 그리고 한일국교정상화반대와 정부의 대일외교를 규탄하는 교수들의 규탄대회를 서울대 의과대학 함춘관 앞에서 갖기로 하였다.

또한 각자가 속한 대학에 있는 동료들에게 연락해서 대회에 참가하도록 권하기로 하고 헤어졌다. 모든 일을 은밀하게 진행하기로 했다. 나는 그동안 가깝게 지냈고 한일국교정상화문제에 대해 같은 입장을 취해온 중앙대의 임근수 교수에게 전화를 걸어 규탄대회의 일자와 시간을 알렸더니 흔쾌히 참여하겠다고 승낙하셨다. 그리고 자기도 아는 사람에게 연락해서 참가하도록 하겠다고 했다.

규탄대회가 열리기 하루 전날 오후에 나는 오병헌 교수로부터 전화를 받았다. 약속 장소에 나가보니 양호민 교수와 연세대 신학대학의 문상희 교수가 나와 있었다. 알고 보니 문상희 교수는 나의 중앙중학교 선배였다. 내일 서울대 의과대학 함춘관 앞뜰에서 열릴 교수들의 한일국교정상화규탄대회에서 낭독할 선언문을 작성하기 위해 모인 것이었다. 선언문을 조지훈 교수에게 부탁했더니 너무 문학적인 표현이 많아서 조 교수 대신 오병헌 교수가 다시 쓰기로 했다는 것이었다. 오교수가 쓴 초안을 놓고 논의를 한 후 몇 곳을 수정한 다음 문상희 교수의 친구가 목사로 있는 북아현동에 있는 성서교회로 갔다.

그 교회 목사관에서 우리는 선언문을 가리방(유지 위에 쓴 것을 가지고 인쇄)으로 긁어 500매 정도의 유인물을 만들었다. 그리고 그곳에서 잠을 자고 아침 조반을 같이 먹은 후 우리들은 각자 선언문 100장씩을 옷 속에 넣은 후 한 사람씩 따로 나가 서울대 의대로 갔다. 나가 보고는 놀랐다. 약 500명에 가까운 교수들이 모인 것이다. 그렇게 많은 수가 참가하리라고는 생각하지 못했던 것이다. 기껏해야 2~3백명이 되지 않을까 했는데 너무나 예상 밖이었다. 그곳에서 선언문을 낭독하고 대학민국 만세를 삼창한 후 대회를 끝냈다.

예상대로 그 다음날 시내 주요 신문의 조간에는 전날에 있었던 교수들의 규탄대회기사가 1면을 장식하였다. 선언문도 박스기사로 그대로 실렸다. 후에 들은 이야기지만 정부 내에서는 그 일로 난리가 났다는 것이다. 문교부 장관이었던 윤천주(전 고대 교수) 장관이 박 대통령에게 불려가 혼이 났고, 윤 장관만 아니라 내무부 장관도 대통령에게 불려가 곤욕을 치렀다고 했다. 어떻게 해서 교수들이 경찰이나 정보부 직원들도 모르게 그런 규모의 대회를 가질 수 있었느냐고 박 대통령이 노발대발했다는 것이다.

규탄대회 후 해직당한 교수들

감쪽같이 모르게 앉아서 당한 격인 정부와 정보기관들은 곧 반격을 시작했다. 교수들 가운데 주모자들을 색출하여 대학에서 추출하려는 것이었다. 대회 다음 날 나에게 연세대 서석순 교수가 전화를 걸어와 "곧 한 교수도 중앙정보부에 가게 될 테니 불려가게 되면 가서 있는 그대로 말하면 된다"고 했다. 서 교수는 벌써 불려갔다 온 모양이었다. 아침에 학교에 나갔더니 정경대학 건물 앞에 검은 지프차 한 대가 나를 기다리고 있었다. 동대문운동장 앞에 있는 「고려상사」라는 간판이 붙어 있는 검은 벽돌집 안으로 끌려갔다. 어두컴컴한 방에서 혼자 기다리고 있는데 이 대위라고 자칭하는 젊은 군인이 들어왔다. 옆방에서는 큰소리로 아픔을 호소하는 사람의 목소리가 들려왔다. 학생을 불러다 때리고 있는 것 같았다. 나한테 겁을 주려는 것 같기도 했다.

오전에 가서 통금시간이 되기 얼마 전에야 풀려났다. 경위서를 쓰라고 해서 자세하게 아는 대로 적었다. 수십 번 다시 쓰라고 해서 시간을 보내다 보니 어느덧 밤이 되었다. 교수라고 해서 그런지 폭력은 쓰지 않았으나 욕은 많이 했다. 이 대위라는 장교는 너도 일제 때 공부했으니 친일파나 다름없는 자가 무슨 반대냐고 하는 식이었다. 나는 담담하게 왜 대일외교가 잘못되었는가를 말했다. 그리고 여기서 있었던 일을 절대로 발설하지 말라고 하면서 이 대위는 나더러 나가라고 했다. 아내는 걱정이 되어 여기저기 알아보다가 내가 돌아오니 안심이 되는 눈치였다.

규탄대회를 주도했다는 이유로 여러 명의 교수들이 해직되는 사태가 이어졌다. 연세대의 서석순 교수, 연세대의 이극찬 교수, 서울대 법대의 양호민 교수가 대학을 떠나야만 했다. 서 교수는 그 후 미국으로 가서 대학교수로 영주하였고, 양호민 교수는 조선일보 논설위원과 한림대 교수로 계시다 별세하셨다. 이극찬 교수는 그 얼마 후 다행히 연세대에 복직하였다가 정년퇴직하였다. 선언문을 작성했던 오병헌 교수는 무사했고 연세대 신학부의 문상희 교수와 나도 무사했다.

후에 중앙대 총장을 지낸 문모 교수에게 들은 것이지만 자기가 교무처장으로 있었는데 그때 겪은 이야기라며 나에게 들려준 이야기가 있다. 그 당시 나도 해직자 대상에 올랐다는 것이다. 문교부가 각 대학에 해직시키라고 보낸 명단에 내 이름이 들어 있었다는 것이다. 임영신 총장은 반일감정이 강했던 분이어서 "국교정상화에 반대했다는 이유로 교수를 자를 수는 없다"고 했다는 것이다. 그리고 "오히려 중앙대에도 그런 운동에 가담한 사람이 있어서 좋다"고 했다는 것이다. 그러나 문교부의 블랙리스트에 올라 수년간 문교부의 추천을 얻지 못해 외국에서 열리는 학술회의에 초청을 받고도 참석할 수 없었다.

나의 첫 저서 『이론정치학(理論政治學)』(1965)

중앙대에서 가르치면서 교과서가 필요했다. 특히 그 당시 아직 국내에 잘 소개가 되어 있지 않은 행태주의이론이 어떤 것인가를 알릴 필요를 느껴 1963년 겨울부터 집필하기 시작하여 1년 반 후 1965년 4월 『이론정치학: 정치행동의 요인분석(一潮閣, 1965)』을 출간했다. 그 책은 내가 노스웨스턴에서 정치학 석사학위를 받고 돌아온 후 처음 출간한 책이다. 정치행태론이라는 용어 자체가 매우 생소하게 들리던 시기였다. 한국에서 국가론과 제도 또는 법학적인 방법이 정치학방법이나 연구의 주류를 이루고 있었던 당시에 그 책 내용을 쉽게 수용하기 어려웠을 것이다. 하물며 그때 중앙대 정치외교학과의 학생 중 나의 강의내용을 잘 이해한 학생은 거의 없었을 것이다. 학구적인 분위기도 아니었고 내용도 어렵고 생소한 것이었기 때문이다.

그 당시 한국정치학계에서 지도적인 위치에서 활동하던 기성학자들의 다수가 국가론과 법적 방법에만 치중하던 때여서 나의 책은 별로 주목을 받지 못했다. 『이론정치학』 책은 내가 미국 대학원학생 시절에 배운 것과 귀국하여 읽은 논문과 책들을 동원하여 정치학을 사회과학의 일부로 다루도록 쉽게 설명한 것이었다.

이 책에서 법률 중심의 정치학에서 벗어난 정치학이 어떻게 정치현상을 이론적으로 설명하고 있는가를 정리해서 다루었다. 국가개념에 대한 비판적인 설명부터 시작해서 법률-제도적 접근에 대한 평가, 권력이론, 집단이론, 정치문화이론, 정치체계론 등 1960년대 미국정치학계를 풍비하던 이론적인 접근들에 대해 설명했다. 그리고 한국인들의 정치의식의 총체로서의 정치문화적인 접근이 한국정치를 연구하는 데 있어서 중요시해야 할 이론적 전망이자 연구 방법임을 강조하였다.

오랜만에 『이론정치학(理論政治學)』 책을 다시 읽어보면서 내가 1960년대 초 그런 내용의 책을 쓴 것에 대해 대견스럽게 느낀 적이 있다. 1960년대 초 한국정치학계는 국가론 하나만 가지고 명문대 교수들이 강의하던 시절이었다. 정치학과 법학의 구별조차 명확하게 내리지 못했던 시절이었다. 한국에서 제대로 정치행태론이 무엇인가를 다룬 책도 없었다. 나는 이 책에서 후학들에게 정치행태적인 접근 방식의 주요 내용을 간략히 설명하였다.

강원룡 목사의 아카데미하우스 건립을 도와

미국에서 돌아온 후 경동교회에 출석하게 되었고 강원룡 목사가 회장직을 맡고 있던 기독교사회문제연구회(기사연)라는 모임의 간사직을 맡았다. 기사연은 신학을 한 분들이 주가 되어 모인 것으로 평소 회의에 10명 정도 모이는 작은 조직이었다. 강목사가 아시아지역의 교회 지도자로 인정을 받게 되면서 태국에서 열린 아시아교회협의회(EACC) 모임에 참석할 때 나를 대동하여 그 조직의 국제관계위원장으로 선출되기도 했다. 그러던 중 일본에 있는 아카데미하우스에 갔다온 강 목사가 독일의 아카데미운동에 대한 이야기를 듣고 그 조직에 관심을 갖게 되었고 독일 아카데미의 초청으로 독일에 갔다 왔다.

독일에서 돌아온 강 목사는 많이 들떠 있었다. 독일의 Evangelische Akademie가 한국에서 독일에서처럼 '타궁(Tagung)'이라는 대화모임을 조직한다면 재정지원을 할 용의가 있다고 했다. 독일에서 기사연을 소개하면서 그것이 그런 운동의 모체가 될 수 있다고 해서 독일측의 관심을 사게 된 것이다. 강 목사가 독일에서 돌아온 후부터 근 2년간 나는 강 목사와 함께 아카데미를 한국에 유치하는 일을 도왔다. 강 목사의 이름으로 독일에 보내는 편지는 내가 영문으로 써 보냈다. 독일에서 편지가 강 목사에게 오면 강 목사는 나에게 전보를 보내 나를 곧 자기 집으로 오라고 했다. 나는 전화가 없었다. 어떤 때는 밤늦게 전보를 보내 자다가 깜짝 놀란 때도 많았다. 새벽에 전보를 보내 무슨 큰일이 난 줄 안 우리 가족이 모두 놀라 잠을 깨게 한 적도 한두 번이 아니었다.

목사로서 매우 정치적 감각이 뛰어났던 분이 강 목사이다. 해방 후 김규식 박사의 비서를 지냈고 한때 여운형을 존경하여 따르기도 했다고 말한 적이 있다. 그처럼 정치에 관심이 많았던 강 목사는 정치적 상황이 바뀔 때도 아카데미의 프로그램을 적절히 조절하면서 정권과 마찰 없이, 또 필요할 때 정부의 지원도 받아가면서 수유리 깊은 산 아래에 지은 아카데미하우스의 막대한 재산을 관리해 나갔다. 모임에도 반정부 인사만 아니라 친정부적인 교수들이나 인사들을 불러 프로그램을 맡게 하기도 했다. 막대한 자산이 된 아카데미하우스를 관리하려면 정부의 미움을 사는 일을 할 수 없었을 것이다.

나도 몇 번 아카데미하우스의 모임에 참석했으나 정권에 매우 가까운 교수들이 모임을 주도하는 것을 보고 좀 불쾌감을 느꼈다. 그 다음부터 모임에 초청을 받아도 나가지 않았다. 우리가 처음 그 운동을 시작할 때와는 달리 무언가 방향감각을 잃은 것 같았고 무엇을 위한 아카데미운동인지도 알 수 없었다. 게다가 들려오는 소문에 강 목사가 아카데미하우스를 개인 소유자산으로 만들었다는 말이 있었다. 그럴수록 강 목사에 대해 실망감을 느끼게 되었다. 독일의 아카데미운동이 한국에 돈을 주어 지원했을 때는 한국의 아카데미가 한 개인의 사유물이 아니라 한국기독교를 위한 공공기구로 발전하기를 원했을 것이다. 그러나 강 목사는 그런 방향으로 그 조직을 발전시키지 못했다.

독일 아카데미운동은 강 목사를 한국 기독교의 잠재적이고 장래 중책을 맡을 지도자로 여겨 그를 중심으로 한국 교회의 대화운동을 지원했을 것이다. 결국 한국의 아카데미운동은 강 목사가 연로해지고 활동력이 떨어지면서 시들해졌고 그의 사망을 전후해서 아카데미하우스와 그곳의 토지를 한국기독교장로회(기장) 총회가 매입하였다. 강 목사는 그렇게 매각한 대가로 빚을 갚고 남은 돈으로 재단을 설립하였다. 그리고 몇 년 후 세상을 떠났다. 젊었을 때 만난 강 목사님의 모습을 떠올릴 때마다 나는 강 목사는 김재준 목사와 여러 면에서 대조적이라는 느낌을 갖게 된다.

중학생 때 처음 만났을 때 내가 강원룡 목사로부터 받은 인상은 강렬한 것이었다. 한국 교회의 장래를 논하고 학생운동의 방향을 이야기하던 강 목사는 학생 때부터 웅변을 잘하는 학생이었다는 말 그대로 정열적이고 설득력도 있었다. 그가 김규식 박사의 비서를 지냈다는 것도 그런 언변 때문이었을 것으로 본다. 이제 와서 생각해 볼 때 강목사는 신학적으로 별로 의미 있는 공헌은 한 바 없다. 그러나 강 목사는 교회정치에 능했다. 사업적인 두뇌도 있었다. 부동산 투자나 심지어 아카데미하우스 옆에 중국식당을 열어 성공한 사실을 보아도 그가 이재(理財)에 밝았다고 할 수 있다.

한국기독교장로회(기장)는 대한예수교장로회(예장)에서 떨어져 나와 조직된 교단이다. 기장은 1950년대 중반 장로교 총회에서 김재준 목사를 "이단"처럼 단죄하자 그를 따르던 조선신학교 졸업생들이 중심이 되어 세운 교단이다. 일부 극단적이고 보수적인 목사들이 김재준 목사를 단죄하면서 일어난 교회분열이었다. 그 과정에서도 강 목사는 젊은 층을 대표하여 큰 역할을 한 것으로 알려졌다. 그리고 그 후에도 한국기독교장로회의 교회 정치에 있어서 김재준 목사의 제자로서, 그리고 경동교회라는 기장의 거점교회를 맡으면서 실질적으로 기장정치에 있어서 무시할 수 없는 거물로 부각되었던 것이다.

강 목사가 국내에서만 아니라 아시아교회 그리고 나아가서는 WCC라는 세계교회연합체에 진출하는 데 그를 도와준 많은 사람들이 있었다는 것도 지적할 수 있다. 그들은 강 목사가 아시아교회의 지역조직인 동아시아기독교회의에서 많이 알려지도록 했고, 또 그 후 세계교회협의회(WCC) 회의에 참석하여 한국을 대표하는 인물로 인정받도록 도와주었다. 강 목사의 날카롭고 통찰력 있는 주장들이 국제적인 조직이나 회의에서 좋은 반응을 얻었다. 기장은 물론 한국교회에서 존경받는 지도자로서 더 많은 일을 할 수 있었던 강 목사였는데 아깝다는 생각이 든다.

프린스턴대학에서 박사학위 수여

1966년 초 하와이대학 구내에 있는 미국 정부의 지원을 받는 동서문화센터라는 곳으로부터 편지를 받았다. 미국 대학에서 박사과정을 밟기 원하는 사람에게 펠로우십(fellowship)을 주겠다는 것이었다. 자기가 선택하는 아무 대학에나 갈 수 있으며 박사학위를 받을 때까지 계속 지원해준다는 매우 좋은 조건이었다. 미국의 대학원들의 박사과정을 위한 입학제한 나이는 35세이다. 그 당시 내가 바로 만으로 34세였다. 그 기회를 놓치면 제도적으로 미국대학원으로 가는 길은 영영 막혀버리는 것이다.

중앙대학교에서 부교수로 있었던 나는 좀 망설이긴 했지만 결심 끝에 학교로부터 휴직허가를 얻게 되어 1966년 8월 프린스턴대학원에 박사과정으로 입학하였다. 미국에서 1961년에 귀국한 지 5년 후 다시 미국으로 가게 된 것이다.

프린스턴대학에 가보니 비교정치분야의 대가인 알몬드(G. Almond) 교수는 스탠포드대학으로 떠났고 그의 자리를 또 다른 비교정치학자인 엑슈타인(H. Eckstein) 교수가 맡고 있었다. 그가 개설한 세미나에 들어가 강의를 들었다. 엑슈타인 교수는 중·남미 몇 개 국가를 대상으로 「정치사회화(political socialization)」를 비교연구하기 위한 작업반(workshop)을 운영하고 있었다. 나도 한국에서 그 연구를 해볼까 생각했다가 그것이 최소 2~3년은 족히 걸린다는 것을 알고 포기하였다. 한국에 가족을 두고 와 있던 나로서는 그렇게 시간이 걸리는 연구팀에 들어가기가 부담스러웠던 것이다.

그러다 소련정치와 공산정치분야의 대가인 터커(R. Tucker)의 여러 개의 세미나에 들어갔다. 그리고 정당정치분야에서 유명한 켈리(S. Kelley) 교수의 세미나에도 참가했다. 켈리 교수는 주로 이탈리아의 정당정치를 연구하는 전문가로 정당비교연구로 알려진 학자였다. 터커(Tucker) 교수는 공산주의체제를 비교하는 세미나에서 북한에 대해 많은 관심을 보였다. 나는 터커 교수의 세미나에서 북한에 대한 과제논문도 썼고 북한을 다룬 책들에 대해 서평을 쓰기도 했다. 터커 교수는 나의 글들에 대해 좋은 평을 해주었고 앞으로 박사논문을 쓴다면 북한에 대해 쓸 것을 권하기도 했다.

아마도 내 평생 그렇게 열심히 책을 많이 읽은 적은 없을 정도로 공부에 몰두했다. 다시 미국에 공부하러 와서 학위도 받지 못하고 돌아간다면 그런 낭패가 없다고 생각하니 책에 파묻혀 살 수밖에 없었다. 매학기 12학점을 수강하면서 3학기가 지났다. 프린스턴에서는 3학기 동안 36학점을 따면 종합시험에 응시할 자격을 준다. 여름방학에도 대학에 남아서 종합시험 준비를 했다.

시원한 도서관에서 특별히 대학원생을 위해 만든 작은 방을 얻어 책을 읽으며 시험준비를 했다. 그리고 1968년 늦가을 종합시험에 응시하여 통과하였다. 3일간 종합시험을 치는데 비교정치분야 문제로 하루, 정치이론분야로 하루, 정당정치이론에 관한 문제로 하루를 보냈다. 아침에 학과 사무실에 가서 여비서로부터 시험문제들을 받고 도서관에 마련한 작은 방(booth)에 들어가 혼자 답안을 작성하는 것이다. 참고서를 얼마든지 보아도 좋다는 것이다.

3일 후 결과를 보러 학과 사무실에 갔더니 비서가 웃으면서 "축하해요"라고 했다. 그 즉시 시간에 맞추어 서울에 있는 아내에게 전화를 걸어 통과했다고 알려주었다. 나의 전화를 받은 아내의 목소리는 평소와 달리 흥분된 목소리였다. "정말 축하해요"라고 말했다. 아마 남편이 시험에서 떨어져 돌아오면 어쩌나 마음을 졸였다가 소식을 듣고 마음이 놓였던 모양이었다. 아내는 그만큼 매우 침착하고 차분한 성격의 사람이었다.

박사논문을 작성하기로 하고 우선 터커 교수의 지도로 공산체제의 비교연구를 논문에서 다루기로 하고 워싱턴에 내려가 미국의회도서관의 K.P.양(양기백) 선생을 만났다. 그분은 도서관의 한국과 사서였다. 남북한에 대한 자료를 잘 알고 있는 분이었다. 그분과 의논 후 얻은 결론은 북한정치를 다룰 만한 자료를 얻기 어렵다는 것이었다. 역사분야로 공산주의운동사 같은 것을 공부하기에는 일제 때의 자료는 많이 있으나 나처럼 현재의 북한체제를 가지고 박사논문을 쓰기에는 자료가 너무 제한되어 있었다.

지도교수로 택했던 터커 교수는 스탈린이 죽었을 당시 소련주재 미국 대사관의 외교관으로 일했던 분이었다. 스탈린의 장례식을 자세히 관찰하던 그는 스탈린 생존 시 비밀경찰책임자였던 베리아가 보이지 않는 것을 보고 그가 정적들에 의해 숙청되었다고 판단하여 본국에 급히 알려 유명해졌다는 에피소드를 갖고 있는 분이다. 그리고 소련에서 만난 여자와 연애하다 청혼을 했으나 소련 정부가 그녀의 출국허가를 해주지 않아 결혼을 미루다, 수년간 양 정부가 개입한 끝에 미국으로 아내를 데려왔다. 그녀는 냉전시대에 처음으로 미국에 합법적으로 이민해 온 소련 여자였다.

터커 교수와 또 한 분의 논문지도교수인 일본의 정치경제연구의 대가인 락크우드(Lockwood) 교수와 의논한 끝에 한국으로 돌아가 한국정당정치를 다루는 것으로 의견일치를 보았다. 그리하여 두 교수와 의논한 끝에 나의 논문지도교수로 나에게 종합시험문제를 냈던 이탈리아 정당정치가 전문인 켈리(Kelly) 교수를 추가하기로 했다.

이탈리아처럼 다당제를 가진 나라에서 나타난 정당정치도 참고가 되지만 특히 이탈리아처럼 정당보다 파벌이 주요 정치세력이 되고 있다는 사실도 한국정치를 다루는 데 도움이 되겠다는 생각에서였다. 1968년 여름 논문준비를 위해 잠시 서울에 돌아왔다.

프린스턴대학교에는 동북아지역연구센터가 있다. 그 책임자는 유명한 일본역사전문가인 젠슨(Marius B. Jensen) 교수였다. 나는 그 연구센터의 모임에 가입하여 외부에서 저명한 아시아전문가들이 와서 하는 강연을 듣기 위해 자주 참석했다. 그러면서 나도 일본정치에 관심을 갖게 되어서 젠슨 교수와 가깝게 지내게 되었다. 내가 종합시험을 통과하고 한국으로 논문준비를 위해 귀국한다고 하니까 박사논문을 쓰는 사람에게 특별히 주는 연구보조비로 4,000달러를 주었다. 귀국여비로 일부를 쓰고 또 한국에서 조교를 써서 자료를 수집하는 데도 썼다. 나에게 큰 도움이 되었다.

한국에 돌아와 중앙대학교에서 다시 강의를 하면서 논문을 위한 자료를 준비하기 시작했다. 대학의 배려로 가르치는 과목수를 줄일 수 있었다. 그러면서 논문을 쓰기 시작했다. 내가 관심을 가진 것은 한국의 정당정치이지만 초점은 파벌에 대한 것이었다. 한국정치는 기본적으로 파벌정치의 틀을 벗어나지 못한다는 가정을 세웠다. 특히 해방 후 한국정치에서 나타난 파벌의 유형을 정리해서 유형을 형성하게 되는 요인들과 파벌이 정치에 미치는 영향을 분석하는 것이었다.

주요 신문의 정치부 기자출신으로 오랫동안 국회와 정당을 다루어 온 기자들을 여러 명 조용한 곳에서 장시간 면담하면서 어떤 국회위원이 어떤 국회의원과 자주 접하거나 이야기하는가를 알아내 가장 많은 표를 받은 의원을 여러 명 알아냈다. 그들을 파벌 리더나 하위

리더로 판단하고 그들의 정치적 활동을 분석했다. 그렇게 파악한 파벌들이 취한 결정과 행동을 중심으로 정당정치의 다이내믹스를 다루었다.

논문을 반 정도 써가던 때 펜실베이니아대학의 정치학과 교수로 있는 이정식 교수에게 1969년 가을부터 1970년 여름까지 자기의 안식년 동안 자기를 대신해 그 대학에서 강의를 해달라는 편지를 받았다. 나는 1969년 여름까지 논문초안을 완성한 후 1969년 가을학기부터 필라델피아에 있는 대학에서 아시아정치론을 학부에서, 그리고 대학원 과목으로 아시아 국제관계론을 1년간 가르치면서 서울에서 준비해온 박사논문의 초안을 다듬어 1970년 봄에 프린스턴대학의 정치학과에 제출하였다. 논문제목을 「Factional Dynamics in Competitive South Korean Politics」로 정했다.

논문심사는 통과하였으나 1970년 5월 말에 있었던 학위수여식과 때를 맞추지 못했고 내가 귀국한 후 한 학기 늦게 학위졸업장을 받았다. 한국 사람으로 프린스턴대학에서 경제학으로 박사학위를 받은 사람은 많았으나 정치학과에서 박사학위를 받은 사람은 이승만 초대 대통령에 이어 1940년대에 임창영 박사(林昌榮－장면 정부 때 유엔대사, 미국 맨해튼대학 교수)가 두 번째이며 내가 1970년 세 번째로 박사학위를 받게 되었다.

펜실베이니아대학에서 1년간 객원 전임강사(Visiting Lecturer)로 있는 동안 아내 동숙이 필라델피아에 와서 한 달을 지내고 돌아갔다. 큰 아들 시훈(始薰)은 초등학생이었고 둘째 승훈(承薰)은 유치원생이었다. 그 둘을 두고 오랫동안 나와 같이 있을 수 없었다. 동숙은 여동생 한숙(漢淑)이 살고 있는 시카고와 남동생 승증이 있는 뉴욕을 왕래하고 한국으로 돌아갔다. 나도 논문심사가 끝난 후 여름에 한국으로 돌아왔다.

서울에 돌아온 지 얼마 지나지 않아서 집으로 커다란 소철을 담은 화분이 배달되었다. 공화당 사무총장이 보낸 것이었다. 나는 영문을 몰랐다. 그러던 어느 날 전화로 저녁 퇴계로에 있는 대연각 호텔의 한 룸에서 만나자는 전갈이 왔다. 나가 보니 작은 회의실인데 칵테일 바가 있었고 6~7명이 나에게 다가와 인사를 나누었다. 사무총장하고 몇 마디 말을 나누었고 저녁을 한 뒤 옆에 앉아있던 사무총장이 공화당을 도와주었으면 한다는 말을 해왔다. 여러 가지 대화를 나누면서, 나는 정치할 생각이 없고 대학에 있을 생각임을 알리고 저녁을 먹은 후 귀가했다. 정치학으로 박사학위를 받았으니 내가 으레 정치를 할 것으로 생각했던 모양이었다. 그것도 미국 명문대학에서 학위를 받았다는 점이 관심거리였지 않았을까 한다. 아마도 나를 잘 모르는 사람이 나를 당의 사무총장에게 소개하려 한 것이었던 같았다.

여름에 서울로 돌아오면서 가을 학기부터 다시 중앙대에서 강의를 할 예정으로 있었다. 그런데 나와 중대에 같이 교수로 계시다가 서울대 신문대학원 교수로 자리를 옮기신 임근수(林根洙) 교수(서울대 임현진 교수 선친)가 나를 보자고 해서 만났더니 신문대학원에서 정치학을 가르칠 교수를 찾는다고 하면서 9월 학기를 목표로 교수직 취임 신청을 하라는 것이었다. 나도 서울대라는 이유만으로 흥미를 가졌었고 신청하려고 하였으나, 당시 이런저런 사정으로 여의치 못하였다.

그와 같은 때에 고려대의 정치학과 과장인 김하룡 교수가 전화해서 만나자고 했다. 나더러 고대에 올 생각이 없느냐고 했다. 이미 학과에서 의견을 모았던 것 같았다. 그래서 1970년 7월 말 고대 총장실에서 이종우(李鍾雨) 총장을 만났다. 알고 보니 그분은 중앙중학 선배였다. 나를 후배라고 반갑다고 하면서 9월 학기부터 전임 취임을 위해 수속을 밟도록 하라고 했다. 취임을 위한 신청서류들을 준비하여 9월 학기부터 고려대학에서 세 과목을 맡아 강의하기로 계획을 세우고 있는데, 그동안에 고려대 총장이 바뀌었다.

이종우 총장이 문교부 장관으로 취임하게 되었고 김상협 교수가 총장직을 맡게 되었다. 8월 초순에 김상협 총장이 취임한 후 바로 외국에 가는 바람에 나의 취임신청 서류는 보류되었다. 그리고 9월 학기를 중앙대와 고려대 양쪽에서 전임시간을 맡아 강의했다. 그리고는 한 학기 늦게 1971년 2월 고대 정치외교학과 정교수로 취임했다.

제6장

70년대 고려대 교수 재임 시절: 열정적으로 펴낸 3권의 저서

* * *

1971년 3월부터 23년에 걸친 고려대 교수생활이 시작되었다. 내가 갔을 때 고려대 정치외교학과에는 김영두 교수(동양정치사상), 김하룡 교수(중국정치), 한기식 교수(비교정치: 이후 이름을 한승조로 개명), 그리고 나와 같은 때 취임한 이호재 교수(외교사)와 나를 합해 5명의 교수가 있었다. 그 다음 학기에 미국에서 김경원 교수(국제정치)가 귀국하여 고려대에 왔다.

그 당시 고려대에는 아세아문제연구소(약칭으로 아연)가 있었다. 김준엽 교수가 소장으로 있었다. 내가 고려대에 가자 김 소장은 나를 불러 일본연구실장을 맡아달라고 했다. 나의 선임자였던 민병기 교수가 국회의원으로 출마하게 되어 그 자리는 공석이었다. 나는 한국

▶ 고려대 정외과 교수들과의 회식자리에서(1976)

사회연구실에 관심이 있었으나 이미 조기준 교수 겸 부소장이 실장으로 있어서 선택의 여지 없이 일본연구실을 맡기로 했다. 일본연구를 전문적으로 한 입장은 아니었지만 비교정치를 전공하면서 동양 3개국인 중국, 일본, 한국을 비교대상국으로 검토해 왔다. 프린스턴대학에서 동북아지역연구센터에 참여하면서 일본정치에 대한 세미나에 참가한 적이 많았다. 무엇보다 나는 초등학교와 중등학교 시절 8년을 일본어로 공부했고 해방 후에도 일어로 쓴 역사, 철학책을 많이 읽었기 때문에 자유롭게 일본어를 구사할 수 있는 세대에 속한 사람이었다. 일본연구실을 제대로 한번 발전시켜보겠다는 의욕이 생겨났다.

고대 교수로 취임한 지 반년 정도 후에 대통령선거가 시작되었다. 야당과 일부 국민의 반대를 무릅쓰고 통과시킨 3선 개헌으로 박정희 대통령은 1971년 10월에 개최될 대통령선거에 후보로 등록하였다. 그의 경쟁자는 김대중이었다. 40대의 김대중과 50대의 박정희의 대결이기도 했다. 김대중은 민주당의 대통령후보로 선출되자 학자출신으로 여러 명의 특별보좌관을 임명하였다. 그러자 박정희 역시 7, 8명의 대통령보좌관을 임명하였다. 나는 고대에 간 지 얼마 후부터 이한빈 박사가 조직한 미래학회에 가입하였다. 그때 연세대의 함병춘 교수도 회원으로 가입했다. 그리고 우리들은 한강로터리클럽에 동시에 가입했다. 내가 그를 추천한 것이다. 나의 중학 동기가 어떤 예비역장군과 함께 그 클럽을 조직하면서 우리를 끌어들였다.

청와대가 특별보좌관을 뽑으면서 여러 사람의 추천을 받는 과정에서 한강로터리클럽의 회장이었고 청와대와 연줄이 있던 박 장군이 함병춘 교수를 추천했다. 그리고 함 교수가 정치외교담당 특보로 임명되었다. 발표되던 날 함 교수는 내게 전화를 걸어와 '집안이 초상집 같다'고 말했다. 함 교수는 미국에서 1년간 좋은 조건으로 연구년을 보낼 계획을 세워놓았는데 그 계획이 무산되니까 아내와 아이들의 불만이 대단했던 것 같았다. 함 교수는 그것이 계기가 되어 후에 주미대사를 지냈고 1982년 전두환 정권하에서 청와대 비서실장직을 맡았다가 1983년 아웅산 폭파사건으로 세상을 떠났다. 참으로 우수한 학자요 좋은 친구였는데 아까운 인재를 잃었다.

저서 (2): 『비교정치론(比較政治論)』 (1972)

고대 교수로 취임하고 내가 맡은 과목은 비교정치론이었다. 비교정치에 대해 영문으로 된 교과서는 많았으나 국문으로 된 것은 드물었다. 나는 대학원생을 대상으로 책을 쓰기로 했다. 1965년에 쓴 『이론정치학』에서 이미 나는 현대정치학의 주요 이론적 접근방법으로 몇 가지를 간략하게 설명했다. 그 책은 정치이론을 주로 다룬 것이었다.

그 후 1960년대를 통해서 주로 미국을 중심으로 비교정치연구가 활발하게 전개되었다. 특히 「정치발전론」이 미국에서 비교정치연구의 주류를 이루기 시작했다. 프린스턴에서 읽은 많은 책의 대부분이 정치발전론과 비교정치이론에 대한 것들이었다. 나는 두 번째 저서로 『비교정치론』을 집필하여 1972년 말 초판을 법문사(法文社)에서 출간했다. 첫 저서인 『이론정치학』을 출간한 지 6년 후였다.

대학에서 시작해서 대학원시절에 이르기까지 나 자신을 비교정치 전공자로 여겨왔다. 그 당시에는 정치사상(이론), 비교정치, 국제정치로 전공분야를 나누는 것이 일반적인 경향이었다. 비교정치를 택한 이유는 여러 나라의 정치를 아는 것이 한국을 아는 데 도움이 된다는 소박한 생각에서였으나 후에 갈수록 그 분야가 흥미진진하게 생각되었다. 다방면의 지식을 얻을 수 있는 길이기도 했다. 방법론에 대해서도 알아야 하고 정치이론에 대한 지식도 필요했다. 정치사상은 철학의 일부분 같기도 했고 국제정치는 학문보다 외교 분야에 속하는 것으로 여겨져서 비교정치를 선호한 것 같다.

인세(印稅)로 아내에게 피아노를

『비교정치론』 초판을 찍고 인세를 받았다. 얼마였는지 기억이 나지 않지만 나는 그 돈을 받자 피아노를 한 대 사서 아내에게 선물하였다. 그때 좋아서 웃던 아내를 보면서 미국유학시절부터 귀국한 후에도 어려운 상황 속에서 집안 살림을 할 뿐 아니라 자신도 직장생활을 하면서 나를 도와준 그녀에게 진 많은 빚의 일부를 갚는다는 느낌을 가졌다. 피아노는 독일제의 부품들을 한국에서 조립한 것이었다. 성북동에 사는 동안 아내가 10여 년 고이 간직하였다가 아내가 사망한 후 미국에서 돌아온 큰 아들이 분당으로 가지고 갔다. 그리고 그가 다시 미국으로 갈 때 가지고 가 지금은 시애틀 시내의 아들집에 있다. 1973년경에 샀으니까 근 40년이 가까울 정도로 수명이 긴 피아노가 되었다. 이제는 피아노라고 하기보다 일종의 기념품이자 소장품이 되었다.

『비교정치론』에서 나는 1965년에 출판된 나의 『이론정치학』에서 다루었던 내용을 포함시키면서도 그 후 나온 이론들을 많이 추가하여 좀 더 내용을 충실하게 만드는 데 역점을 두었다. 그동안 주로 영국과 미국이나 독일의 정부기구와 제도만을 대상으로 다룬 비교정부론이 아니라 「정치체제」를 기본 단위로 하면서 비교하는 이론과 방법을 다루었다. 그리고 사회과학 분야에서 사용되는 여러 가지 다양한 이론들을 정치학연구에 적용하려는 현대 비교정치학의 이론들을 체계적으로 다루는 데 역점을 두었다.

법률-제도적인 접근에서 시작해서 권력-엘리트, 정치문화, 체계이론 등을 하나씩 설명하고 정치학연구가 공식적인 기구로서의 정부구조나 기구를 다루던 과거의 비교정부론의 한계를 극복하려고 했다. 그리고 한국정치를 분석하는 데 있어서 '권력-엘리트론'과 '집단이론'이라는 접근을 중심으로 하되 아울러 '정치문화적' 접근을 혼합한 일종의 절충적 또는 종합적인 접근방법을 사용할 것을 제의하기도 했다.

1965년에 간행한 『이론정치학』을 출판하였을 때는 한국 정치학계에서 별로 큰 반응을 보이지 않았다. 그 책은 당시 한국 정치학계에는 좀 생소한 정치행태론을 소개할 겸 현대정치학의 대표적 이론들을 간략하게 소개한 것이었다. 그러나 1973년 『비교정치론』이 나왔을 때는 국내에서 이미 비교정치에 대한 관심이 높았을 때여서 각 대학에서 교과서로 널리 사용되었다. 그 책은 내가 고려대학교를 떠나기 전까지 수정판을 포함해 5판을 찍었고 내가 세종연구소장으로 간 후 1997년 한자를 모두 한글로 바꾸어 교정판으로 다시 출판하였다.

어머님의 별세

고대 교수로 취임한 지 1년이 된 1972년 봄 고혈압으로 고생하시던 어머님이 세상을 떠났다. 나의 어머니는 전형적인 한국인의 어머니였다. 그 당시의 어머니들이 그런 것처럼 고생만 많이 하시다 돌아가셨다. 나에게 남은 어머니의 영상(image)은 우선 독실한 기독교신자였다는 것이다. 나의 외조모가 그랬다. 외할머니는 평남 남간면이라고 평양시에서 대동강을 따라 배로 몇 시간이 족히 걸리는 남쪽 작은 마을에서 살고 계셨다. 외할머니의 아버지는 평양 신양리 교회를 세우신 분으로 평양에서 미국 선교사들이 선교를 시작했을 때 교인이 되었던 분이다. 나의 외할머니가 2세대이고 어머니는 3세대 기독교신자인 셈이다.

어머니는 외조모를 정성으로 모시고 따랐다. 같이 신앙생활을 하는 탓도 있었겠지만 모녀간의 정이 매우 두터웠다는 것을 기억하고 있다. 나는 한 번도 어머니와 외할머니가 목소리를 높여가며 말다툼

하는 것을 본 적이 없었다. 두 분은 늘 조용한 말로 이야기하곤 했다. 어머니가 외조모를 극진히 위한 것으로 기억한다. 또 아버지 역시 장모를 대하면서 늘 존중하는 태도를 보였던 것으로 기억한다.

1948년 외조모는 자기 조카를 데리고 38선을 넘어 서울 우리 집에서 같이 사시게 되었다. 집에서는 일주일에 여러 번 가정예배를 보았는데 비신자였던 아버지는 일하러 나가 빠졌고 우리 아이들만이 참석했다. 외할머니가 기도하실 때 그 기도내용도 좋았지만 작은 몸매에 깡마른 외할머니의 체구에서 나오는 기도소리가 우렁차고 감동적이었던 것을 아직도 어렴풋이 기억한다. 외할머니가 80세가 넘어서 찍은 사진들이 있는데 그 모습은 마치 성자의 모습 그대로였다. 늘 웃는 얼굴로 기도만 하시던 외할머니셨다.

나의 어머니에 대한 또 하나의 기억은 어머니가 우리들을 기독교인으로 만들기 위해 애썼다는 것이다. 어머니는 학교교육을 받지 못한 분이었다. 그러나 혼자 한글을 배워 성경책을 읽었다. 그리고 외할머니를 따라 항상 기도를 드리고 교회에 나가는 것을 유일한 낙으로 삼으셨다. 교회에서도 부인회를 책임지고 교회운영에 활발하게 참여했다. 그리고 후에 아버지를 기독교신자로 만들어 온 가족이 교회를 중심으로 사는 신앙생활을 하도록 만드셨다.

나는 일제 때 남대문에 있던 세브란스병원 구내 안에 있던 한옥 건물의 남대문 장로교회에서 유아세례를 받았고 그 후 그 교회가 운영하던 유치원에 2년간 다녔다. 어머니가 그 교회 김 목사님이라는 평양 출신의 목사를 아버지처럼 따랐기 때문이다. 그 교회에서 크리스마스에 아동들이 연극을 하는데 유치원생이었던 나는 동방박사의 한 사람으로 연극을 하게 된 적이 있었다. 그때 기뻐하시던 어머니의 모습이 생각난다.

중학생이 된 후 통학시간에 늦지 않기 위해 새벽에 밥을 지어주시면 부엌에 들어가 어머니가 차려주시는 밥을 순식간에 먹어치우고 달려 나가는 것이 일과였다. 어머니는 그렇게 허겁지겁 먹는 나를 웃음띤 얼굴로 보시면서 천천히 먹으라고 하시던 것이 기억난다. 하기는 마포구 공덕동에서 계동까지 걸어가려면 한 시간이 걸렸는데 전차가 있었으나 정류장에 나가면 학생들이 길게 줄을 서 있어서 큰 길에 나가자마자 걷기 시작하였다. 가다가 친구들을 만나면 같이 이야기하며 걷는 것도 재미있었다. 그렇게 도보로 계동에 있는 학교까지 6년간을 통학했다. 요즘 학교근처에서 학교버스를 타고 가는 학생들을 보면서 '참 좋은 세월이구나' 하고 생각한다.

내가 미국으로 유학을 떠나고 그 후 아버님이 세상을 떠나시게 되면서 어머니는 나의 형제들과 고생을 많이 하셨다. 내가 1961년 귀국하자 그 다음해 어머니의 회갑을 맞이하게 되어 서울시청 앞 「아서원」 중국식당에서 회갑연을 해드렸다. 교회를 통해 사귀어온 어머니의 친구들과 친척들이 참석한 가운데 최윤관 목사님이 예배를 인도하여 주셨다. 그때 어머님의 기뻐하시던 표정이 아직 눈에 선하다. 최윤관 목사님은 어머님이 세상을 떠나셨을 때 장례예배를 비롯해서 모든 절차를 주관하여 주신 고마운 분이다.

고혈압을 앓으시던 어머니가 1972년 초 쓰러지셨다. 고대병원에 입원하여 치료를 받던 중 병이 더욱 악화되면서 폐렴으로 번지게 되었다. 담당의사의 말로는 그 당시 보기 드문 유형의 폐렴이었고 그것을 치료할 약을 한국에서 구하기 어렵다는 것이었다. 그러나 그 의사는 자기가 백방으로 알아보고 있으며 약을 구하면 치료가 가능하다고 했다. 그러다가 한 달이 지난 후 그 의사는 한국에서 약을 구할 수 없다고 하면서 치료를 포기하는 상태에 이르렀다. 그러면서 나에게 퇴원하여 집에서 편히 모시도록 하라고 권했다. 그리고 집으로 퇴원하신 다음날 어머님은 71세로 생을 마감하셨다.

돌아가시기 전날 밤 의사가 수면제를 놓아 드려서 어머니는 주무시면서 편안하게 숨을 거두셨다. 장례식은 최윤관 목사님이 주관하여 주셨고 파주 기독교묘지에 안장하였다. 어려웠던 일정시기에 살면서 어려운 살림을 꾸리기에 고생이 많았을 것이고 요즘과는 달리 남편으로부터 따뜻한 사랑을 받지도 못한 채 오직 자식들이 잘 되기만을 위해 자기 자신을 희생하는 것을 당연한 것으로 알던 우리 사회의 부도(婦道)를 그대로 따랐다고 할 수 있다. 여러 가지 일로 겪어야 했던 어려운 문제들을 오직 신앙생활로 극복하려 했던 것이 어머니의 일생이었다는 생각이 든다.

상투적인 것으로 들리지만 어머니를 생각하면 나는 결코 '효자'소리는 듣지 못할 아들이다. 어머니에게 따뜻하게 해드리는 아들이 아니었다. 가끔 드리는 용돈만으로 내 할 일을 다하는 것으로 생각하는 경우도 있었다고 생각된다. 큰 형이 어머니를 모시고 있었고 나는 같은 서울에 살면서도 자주 찾아가 뵙지를 못했다. 무슨 날이면 가서 같이 식사도 하고 했지만 교수로서 연구와 수업 그리고 여러 가지 과외 일에 쫓겨서 바쁜 생활을 하다 보니 어머니를 극진히 모시지 못했다.

역시 "부모의 사랑은 내리사랑"이라는 옛말이 진리인 것 같다. 나도 20세에 미국으로 유학 가서 30세가 되어 귀국하였지만 자리를 잡기까지 상당한 시간이 걸렸고 내가 고대 교수로 자리 잡을 즈음 어머니의 건강은 나빠지고 있었다. 그래도 어머님이 일찍 돌아가신 아버지보다 더 오래 사셔서 내가 프린스턴대학교에서 정치학 박사학위를 받고 돌아와 고려대 교수가 된 것을 보시고 친구들에게 자랑하며 기뻐하셨다고 들었다. 형제 중 유일하게 대학에 갔고 미국 유학을 했고 대학 교수까지 되었으니 자랑하고 싶었던 어머님의 마음을 이해할 것 같다.

▌유신헌법이 공표되기 전날 밤

고려대 교수로 취임한 지 1년 후인 1972년 10월 나는 고대에 상주하는 중앙정보부직원의 방문을 받았다. 그날 저녁 명동 3가에 있는 어느 일식식당에서 중앙정보부 5국장이 나를 만나기를 원한다는 것이었다. 왜 나를 만나자고 하는지 전혀 알 수 없이 나가 보았더니 식당 2층 방에 서울대 법대의 한태연 교수, 중앙대의 갈봉근 교수, 서울대 박봉식 교수, 그리고 낯선 분 한 분이 앉아 있었고 조금 있다 중앙정보부 5국장이라는 분이 왔다. 방에 들어와 앉자마자 "내일 유신헌법이 공표되는데 여러분을 홍보위원으로 위촉한다"는 것이었다. 유신헌법에 대해서는 일체 반대의견이나 논란을 허용하지 않는다고 했다. 나더러 방송국에 나가 박정희의 영구집권을 정당화하는 들러리를 서 달라는 것이나 마찬가지였다.

그러면서 그 국장은 앞으로 이 모임을 계속 갖기 위해 간사를 한 사람 뽑아 달라고 했다. 그러자 다들 내가 가장 젊으니 나더러 그 일을 맡으라고 했다. 내가 거절하는 바람에 박봉식 교수가 간사 직을 맡기로 했다. 집에 돌아와 아내에게 일어난 일을 말하고 다음날부터 피신하기로 했다. 다음날 동숭동 장모님 댁에 가서 여러 날 머물렀다. 내가 없는 동안 방송국에서 수없이 전화가 걸려왔고 아내는 나에게 연락이 없는 이유를 적당히 둘러댔다. 처갓집 TV에서는 한태연과 갈봉근 교수가 나와 대담하면서 유신헌법의 필요성을 역설하는 장면이 연속 방영되고 있었다.

그날은 한국에서 민주주의가 완전히 사라진 날이다. 선거라는 요식행위, 그것도 조직적으로 부정선거를 자행하면서 집권해온 박 정권에게 남아 있었던 겉만의 민주제도로서의 선거가 사형선고를 받은 날이었다. 그러면서 박정희는 후에 알려진 대로 "나의 무덤에 침을 뱉으라"는 식의 표현을 써가면서 해방 후 어느 때보다 강성의 독재정치를 국민에게 공포 분위기 속에서 강요하기 시작하였다. 그래도 1971년까지는 선거라는 형식을 거쳐 집권했던 박 정권이 이제는 정치에 완전히 모라토리엄(moratorium, 일시적 정지와 유예)을 선포한 것이다. 정치 없는 통치의 시대가 시작되었다.

후에 알았지만 그날 그 자리에 있었던 한태연 교수와 갈봉근 교수는 유신협법 초안을 작성한 교수들이었다. 그들은 유신체제하에 만들어진 유정회(維政會)라는 대통령이 임명하는 국회의원의 일원이 되어 유신체제가 종말을 보기까지 활동했다. 내가 왜 그 자리에 불려갔는지 궁금했는데 갈봉근 교수는 내가 중앙대에 있을 때 법과교수로 있었고 서로 아는 사이였다. 짐작이지만 그가 나를 포함시키도록 한 것 같았다. 만일 그들을 따라 같이 행동했다면 크게 망신당할 뻔했다. 물론 나는 처음부터 군사정권을 반대했고 더구나 유신체제같은 철저한 독재체제를 지지할 의도는 조금도 없었다.

1972년 가을부터 시작된 유신체제하의 대학에서는 유신체제를 반대하는 학생들의 데모가 끊이지 않았다. 지금 되돌아보면 내가 고대에 교수로 간 이후 근 10년간 학생데모가 끊이지 않았던 것 같다. 때로는 대규모 데모로 학교가 일시 휴교조치를 당하기도 했고 소규모의 데모가 일어나도 교내는 경찰이 뿜어대는 최루탄연기로 숨을 쉬기 어려울 정도였다. 강의를 휴강하는 경우가 빈번했다. 학기가 시작한 후 순조롭게 한 학기 강의를 마친 일이 없었다. 사실상 그런 상태가 70년대와 그 후 80년대를 통해서 지속되었다 해도 과언이 아니다.

그 당시의 한국대학에서, 특히 정치학을 가르치는 교수들이 학문을 자유롭게 연구한다는 것은 꿈과 같은 이야기였다. 그런데 같은 사회과학분야이지만 경제학의 경우는 좀 달랐던 것 같다. 내가 아는 경제학 교수들은 유신체제에 내심 호의적이며 정부 내의 자문기구에 들어가려고 애쓰는 모습을 볼 수 있었다. 자신들을 일종의 테크니션(technician)처럼 여기는 경향이 있는 것 같았다. 내가 볼 때 정치적 의식이 매우 유치한 경제학 교수들이 많이 있었다.

고대 아연(亞硏) 일본연구

고대 교수로 취임한 후 고대 아세아문제연구소(亞硏)의 일본연구실장(1971~1984)을 겸임하면서 나는 일본에 대한 연구서를 쓰기로 했다. 또 일단 맡았으니 제대로 된 연구실로 만들고 싶었다. 1970년대는 일본과 미국 학계가 일본의 근대화문제를 크게 다루고 있던 시기였다. 특히 미국학자 가운데 일본근대화가 다른 후진 국가를 위한 모델이 될 수 있다는 주장을 한 사람도 있었다. 전후 일본의 경제개발을 높이 평가하는 서적들이 나왔고 그중 일본의 개발주의국가를 개념화한 찰머스 존슨 교수의 『일본통산성: 일본기적』이라는 책은 박 정권이 추진했던 개발주의국가의 성격을 이해하는 데 도움이 되는 것이었다.

고대에 갔을 때 나는 아연의 한국사회연구실에 관심이 있었다. 미국에서 배운 정치학 방법론을 이용해서 한국정치에 대한 경험적 자료를 수집하는 일을 해 보고 싶었다. 그런데 아연의 부소장인 분이 이미 그 연구실을 맡고 있어서 대신 일본연구실장을 맡게 된 것이다. 비교정치를 전공하면서 특히 아시아의 중요국가인 중국과 일본정치에 관심을 두었던 나는 일본정치와 역사를 다룬 책을 많이 읽어 왔다. 일제시대에 6년과 중학교에서 2년 동안 배운 일본어와 해방 후 내가 주로 일본어로 쓴 책을 많이 읽었기 때문에 일본연구는 그다지 부담스러운 일은 아니었다. 그러나 아연의 일본연구실의 연구방향을 어떻게 잡을 것인가를 생각하면서 나는 한국에서 일본역사나 정치자체를 연구하기보다 한국과 일본의 전후 이후의 관계를 다루는 것이 필요하다고 보았다. 전후의 변한 일본을 제대로 아는 일과 아울러 한일 양국관계의 중요 문제들을 다루면서 미래의 방향을 제시하기로 했다.

나는 프린스턴대학에서 공부할 때부터 관심을 가졌던 일본 근대화의 본질을 규명하고 싶었다. 아연 일본연구실을 맡으면서 제일 먼저 생각한 것은 오늘의 일본을 알려면 일본의 근대화과정에 대한 이해와 평가를 해야겠다는 것이었다. 일본의 근대화가 우리에게 미친 영향이 컸기 때문이기도 하다. 사실 조선이 식민지화된 이유의 하나도 일본이 근대화를 통해 강한 군사력으로 조선을 강점할 수 있었기 때문이었다. 일본은 다른 아시아국가보다 먼저 근대화를 달성한 이점을 가지고 후진상태에 있었던 아시아국가들을 침략하고 식민지로 만들었다. 근대일본의 기본성격을 형성하는 데 일본이 겪은 근대화(modernization)의 본질이 무엇인가를 규명하고 싶었다.

저서 (3): 『일본근대화연구(日本近代化研究)』(1975)

그래서 쓴 것이 나의 세 번째 저서 『일본근대화연구(日本近代化研究)』(고대출판부, 1975)이다. 그때는 박 정권이 일본의 근대화를 경제개발의 모델로 여기고 있었던 시절이었다. 미국의 일부 학자들이 일본의 근대화를, 2차 대전 후 아시아 후진국들이 본보기로 삼을 가치가 있는 것 같이 과찬하던 때이기도 했다. 그런데 나는 일본의 근대화에 대해 그다지 긍정적인 평가를 하지 않았다. 그것은 단순히 일본이 우리나라를 식민지화했고 조선민족을 억압했다는 감정적인 사실 때문만은 아니었다. 사실 일본의 근대화는 일부 유럽 선진국의 제도를 모방하여 부국강병의 목적은 달성했지만 '근대성(modernity)'이라는 요소가 결여된 굴절된 근대화였다고 보았다.

일본사회 연구에 정통한 마리온 리비(Marion Levy)라는 프린스턴 대학 사회학과 교수는 사석에서 나에게 "근대화가 궐석한 근대화(modernization by default)"라는 표현을 써서 일본사회를 평한 적이 있다. 1960년대 후반에 만난 그는 "20세기 후반인 오늘의 일본사회 곳곳에서 아직도 봉건적인 잔재들을 찾아볼 수 있다"고 혹평했다. 이와 비슷한 맥락에서 정치역사학자 배링턴 무어(Barrington Moore)도 그의 책 『독재와 민주정치의 사회적 기원』(Beacon Press, 1966)에서 다음과 같이 일본형의 파쇼주의가 등장하게 된 원인을 역사적으로 설명했다.

> 일본은 본질적으로 해결할 수 없는 하나의 문제를 풀려고 하였고, 사회구조를 변화시키지 않고 근대화하려 했다. 이 딜레마에서 빠져 나오기 위한 유일한 길은 상류계급을 단결시켜준 군국주의(militarism)뿐이었다(중략)… 땅을 갈던 자들이나 산업분야에서 일하던 자들을 탄압하지 않고도 소득 있는 상업적인 농업으로 전환하는 구조적 개혁, 단적으로 말해서 근대적인 기술을 인간복지를 위해 합리적으로 사용한다는 것은 집권층의 정치적 비전에는 없었다(p. 442).

배링턴 무어의 이 예리한 통찰은 내가 『일본근대화론』을 집필하기 시작했을 때부터 줄곧 나의 연구방향을 지배한 문제의식이 되었다. 합리성이 결여된 근대화, 봉건적인 사회구조를 '밑으로부터의 혁신'을 가지고 변질시키지 못한 근대화가 결국은 군국주의로 이어졌고 궁극적으로 일본을 패방의 길로 인도한 것이라는 생각이 들었다.

근대화라는 개념처럼 정의(定義)하기 어려운 개념도 드물다. 근대화라는 현상이 너무 광범위하고 방대한 것이어서 사람마다 그것에 대한 이해나 해석도 다를 수 있다. 더구나 그것을 이념적인 정향과 결부시켜 논할 경우 그 의미는 더욱 모호해질 수 있다. 마르크스주의는 경제발전 단계론적 시각에서 근대화를 보며 근대화의 의미도 사회주의 이전 단계의 경제구조로 보며 사회주의혁명의 전망에 대한 견해와 결부되어 논의한다. 전전(戰前) 일본에서 있었던 강좌(講座)파와 노농(勞農)파의 논쟁은 다른 이념적 입장에서 유래된 것이다.

이 책에서 나는 근대화 개념을 「한 사회가 지닌 내적 · 외적 모순과 부조리를 해결하고 극복할 수 있는 능력」으로 규정했다. 모순과 부조리는 어느 사회에나 다양한 내용과 성격으로 존재하기 마련이다. 그리고 근대화의 양상이나 원천도 여러 가지 형태를 지닐 수 있다. 크게 나누어 전통성의 모순 때문에 생기는 근대화와 전통과 근대사이의 모순에 의해 생기는 근대화, 그리고 현대성의 모순에 의해 생기는 것으로 나눌 수 있다.

이 책을 쓰면서 근대화개념을 변증법적 접근으로 사용했다. 헤겔의 철학적인 변증법을 말하는 것이 아니라 갈등 관계를 어떻게 해소하느냐 하는 「방법으로서의 변증법적 방식」을 활용했다. 근대화는 광범위하고 포괄적인 현상이며 모순과 갈등을 해결하고 기존의 질서를 새로운 것으로 변질할 수 있는 능력을 의미한다고 규정했다. 근대화는 기존의 것과 그것을 부정하는 다른 것 사이의 갈등 속에서 갈등을 억압, 지양 또는 상호 변질하는 방법을 통해서 새로운 것을 만드는 변증법적인 과정으로 볼 수 있다는 것이다. 서구의 예를 보면 그런 변증법적인 변질은 여러 형태의 「혁명적」 변화로 나타난 경우가 많았다.

그래서 한 사회 내에 존재하는 갈등구조와 그것을 구성하는 세력을 중심으로 보려는 것이다. 그 세력을 극점(極点, polarity)이라고 부르기로 했다. 그리고 그런 세력(즉, 극)들이 명치시대 이후 일본사회와 정치가 처한 문제나 갈등을 해소하기 위해 어떤 방식을 취하였는가를 역사적으로 검토해 본 것이다. 극점과 극점 사이의 연계형태는 사회마다 다르다. 그것을 (1)비(非)연계형; (2)사이비연계형; (3)완전연계형이라는 세 개의 기본유형으로 설정했다.

첫째 '비연계형'의 사회에서 나타나는 극점 사이의 관계의 특징은 무질서의 극대화이다. 그리고 구조적 변화를 할 역량이 없다. 이런 사회에서의 극점관계는 동조 아니면 파멸의 양자택일이다. 둘째로 '사이비형'의 경우에 나타나는 극관계의 특징은 단일집단이나 개인의 권력독점이다. 극단적인 예로 황제와 신민의 관계처럼 황제에 대한 무조건적인 복종만이 생존을 보장한다. 마지막으로 '완전연계형'의 사회에서 나타나는 특징은 갈등의 관리와 유지로 변질이 가능하며 때로 극점 사이에 완충지대를 형성하여 대결을 회피할 수도 있다. 반면 극 사이에 심각한 대립이 있을 때 고도의 긴장상태와 심지어 '혁명'으로까지 발전할 가능성도 있다.

이런 개념도식(圖式)을 가지고 일본의 근대화과정에 있어서 나타난 연계형의 유형을 기본적으로 비연계형과 사이비연계형으로 규정했다. 봉건주체제하의 전국시대(戰國時代)를 거처 전국을 통일한 도쿠가와 바쿠후(德川幕府)시대의 연계형은 비연계형으로 보았다. 그리고 봉건주의적 질서를 크게 변화시키지 않고 촌락구조를 바탕으로 한 사회구조를 가지고 일본을 천황과 신민 간의 철저한 복종관계로 연계시킨 가부장형의 '사이비연계형'의 유형으로 변화시킨 것이 메이지유신의 주도세력이 의도했고 그들이 달성한 일본 근대화의 기본성격이라고 규정했다. 배링턴 무어가 말한 "기본적으로 해결할 수 없는 문제인 기존의 사회구조를 변화시키지 않고 근대화를 하겠다는 딜레마"의 의미도 그것을 말하는 것이라고 생각했다.

미국이나 유럽의 일본 연구가들은 일본이 명치시대에 들어와 산업화(공업화)에 성공했고 일찍이 서양의 근대적인 제도들을 도입하여 정착시킨 예들을 들어 긍정적인 평가를 해왔다. 그리고 일본 근대화에 있어서 결정적인 역할을 담당했던 인물들이 어떤 목적을 가지고 어떤 제도들을 도입하였는가를 연구의 대상으로 많은 책을 썼다. 그리고 일본 근대화과정에서 명치국가를 장악했던 소수 지도자들의 사고방식과 그들이 추구한 국내외 정책의 내용을 다루는 연구를 많이 해 왔다.

일본 근대화의 내용을 살펴볼 때 가장 급속하게 성장한 거대한 근대적인 조직이 두 개 있었다. 하나는 군대조직이고, 또 하나는 관료조직이었다. 그것이 명치유신 지도자들이 상정(想定)했던 일본 근대화의 구체적인 목표요 또 그들이 매우 빠르게 이룩한 뚜렷한 업적이었다. 봉건시대부터 무가(武家-부께로 발음)사회였던 나라여서 근대적인 군대조직으로의 개편과정은 비교적 용이하였다. 또 17세기부터 도쿠가와 바쿠후가 천하통일을 이룩한 후부터 근 250년간 영주 사이에 전쟁이 없는 동안 과거 영주를 받들던 무사들이 전쟁터에 나가는 대신 영주의 재산을 관리하는 일종의 관료로 변신하였기 때문에 그들을 중심으로 관료체제도 빠른 시간 내에 형성할 수 있었다.

그 전통을 이어받은 일본은 서구의 관료제를 형식만으로 받아들이면서 내용은 사실상 관료들로 하여금 과거 영주에 대해 충성했듯이 천황에게 충성하게 하는 가신형 근대적관료제로 탈바꿈하여 빠르게 정착시켰다. 그리고 관료의 충성만 아니라 질도 높이기 위해 고등문관제를 실시하여 우수한 인력을 확보하려고 했다. 그것으로 관료조직의 합리적 능률성을 확보하려고 한 것이다. 그러나 어떻든 명치유신 후의 일본관료들은 공적으로 사적으로나 천황의 충직한 신하라는 신분에서 벗어날 수 없었다.

일본은 서구를 본 따서 관료제도와 함께 군대조직도 근대화시켰다고 할 수 있다. 국가라는 유일합법적인 조직을 뒷받침할 양대 조직을 형성한 것이다. 그러나 그것만으로 일본을 근대화시킬 수는 없었다. 무엇보다 군대조직을 강화하고 무장할 필요가 있었고 이를 위한 군수산업 중심의 국가주도적인 산업화가 추진되었다. 외국으로부터 고도의 기술도입을 추진하였고 국내고등교육기관을 통해 기술자 양성이 추진되기도 했다. 그러는 동안 일본사회에 고도의 중앙집권적인 국가조직이 형성되고 그것이 광범위한 강권력을 행사하면서 국가조직이 사회에 대해 완전한 통제력을 갖게 되었다. 그런 점에서 명치유신 후 장기간 일본에 국가와 사회의 구별조차 명확하지 않은 고도의 전제(專制)적인 정치체제가 자리 잡게 되었다.

일본근대화에서 빠진 것: 세속화, 합리주의, 개인주의

이런 내용을 지닌 일본의 근대화과정에서 찾아볼 수 없는 몇 가지 요소가 있다. 유럽사회의 근대화과정에서 불가결의 정신적 요소, 또는 보편적 가치로 그 과정에 결정적인 영향을 미쳤던 요소인 '세속화', '합리성,' 그리고 '개인화' 현상을 일본에서 찾아볼 수 없다는 것이다. 서구의 근대화과정을 잣대로 일본의 경우를 논하는 것이 부당하다는 주장을 하는 이도 있겠지만 '세속화'라는 현상은 역사적으로 볼 때 근대화과정을 규정하는 데 있어서 보편적인 필요조건이라 할 정도로 중요한 가치이다. 세속화의 반대는 신비주의라고 할 수 있다. 신비주의가 지배하는 사회에서 근대화라는 대대적이고 근본적인 질적 변화는 나타나기 어렵다.

서구의 경우를 보면 절대주의시대에 왕들이 자신의 정당성 기반으로 이용했던 「왕권신수(王權神授)」 사상이 붕괴하면서 왕권의 절대적 권력이 상실되었다. 그동안 동일한 것으로 여겨온 신성한 것

(sacred)과 세속적인 것(secular)의 구별과 분리가 이루어지면서 서구 국가들은 산업, 문화, 예술, 학문분야에 있어서 '세속화'를 겪었다. 그리고 종교에 예속되어온 왕과 정치세력이 종교와 정치의 분리를 추진하게 되었다. 그런 변화 위에서 문예부흥과 종교개혁 그리고 과학, 기술과 산업화라는 사회, 경제, 종교, 과학, 기술적 변화가 가능했고 종국에는 입헌군주제에서 의회민주주의로의 정치체제의 이행이 이루어졌다. 변질형의 극점연대형이 그와 같은 대대적인 변화와 근대화를 가져오는 데 작용하였다.

그런 과정에서 서구사회들은 계급과 계급, 정치적 조직과 정치적 조직, 직업집단과 직업집단, 이익집단과 이익집단들 사이에 무상(無常)한 갈등과 알력을 겪었고 이익과 권력과 이념 간의 갈등을 극복하면서 새로운 질서를 창출하는 능력을 갖추게 되었다. 경우에 따라서 혁명이라는 극단적인 수단이 수반되기도 했지만 다수의 서구국가는 개혁이라는 진화적 수단에 의존한 근대화과정을 겪었다. 나는 이런 내용의 서구의 근대화과정은 완전연계형의 극점(계급이나 집단)들 사이에 대립할 때도 있었고 서로 협상을 통하여 완충지대를 형성하기도 하면서 상호 변질하는 역사적 과정을 겪어 이루어진 것이라 본다.

'합리주의'는 원칙주의이기도 하다. 그리고 합리성의 반대는 의리주의나 정의(情誼)주의가 될 수 있다. 원칙보다 의리 또는 정의를 중요시하는 사회에서는 합리성이나 합리주의가 발달할 수 없다. 서구사회의 경우 사회가 다원화되면서 국가가 사회 내의 여러 세력 사이의 갈등과 알력과 투쟁을 관리 조정하는 중개자 역할을 맡게 되면서 관료조직 역시 고도의 합리성을 발휘해야 했다. 사유화된 조직이 아니라 공조직으로서의 역할을 담당해야 했다. 어떤 경우에는 갈등관계에 있는 조직, 단체는 물론 개인 간의 중재자의 역할도 맡아야 했다. 그런데 일본이 근대화를 통해 도입한 관료체제의 구성원은 이름만 관료지 사실상 천황의 가신이었다. 그 관료조직은 합리성 이전에 천황에 대한 충성을 강조하는 조직이었다. 천황에 대한 무조건 복종이 그의 신분을 보장해 줄 수 있었다.

'개인주의'의 반대는 '집단주의(collectivism)'이다. 집단의 이익도 중요하지만 개인의 권리나 이익을 보호하는 것도 중요하다는 생각은 일찍부터 서구사회사상에서 찾아볼 수 있는 주장이요 가치관이다. 특히 개인들의 분쟁을 해결하는 과정에서 개인의 인권이라는 가치를 인정하지 않을 수 없었고 그것을 법으로 규정하여 보호하게 되었다. 그것은 개인화 또는 개인주의의 발달로 이어졌다. 그처럼 세속화현상과 함께 관료조직이 합리성과 객관성에 바탕을 둔 조직으로 발전하면서 정치체제도 개방적이 되었고 개인(시민)의 권리를 인정하면서 궁극적으로 의회민주주의체제로의 변질이 가능했다. 이런 대규모의 변화를 우리는 근대화라는 용어로 표현한다. 이런 의미의 시민(市民)의식은 전전의 일본에서는 찾아보기 어려웠다. 모두가 천황의 적자(赤子)요 아들 딸이고 신민(臣民)이었던 것이다. 거기에 개인주의는 자리 잡을 수 없다.

이 세 가지 요소들은 국가마다 차이는 있었으나 서구의 여러 사회를 통해 나타난 보편성을 지닌 요소였다고 할 수 있다. 그런 의미에서 "근대 요소"라고 말할 수 있다. 그러나 일본의 근대화에서는 그런 의미의 "근대 요소"가 결여되어 있거나 그것과 상반된 요소들이 더 많았다. 일본사회는 엄밀히 따져서 서구사회가 겪은 것 같은 세속화(secularization)과정을 겪은 바 없었다. 명치유신 후 일본은 천황제를 정당화(legitimize)하기 위한 수단으로 신도(神道)사상을 국민에게 주입하는 데 주력했다. 권력의 세속화가 아니라 신성화가 일어난 것이다. 천황을 현인신(現人神)으로까지 신비화하면서 집권층의 권력을 절대화하려고 했다. 그런 사회에서 세속화라는 근대화에 있어서 필수불가결한 요소가 형성될 수 없었다.

세속화가 이루어지지 않는 사회는 신비주의에서 벗어나기 어려우며 따라서 합리주의나 합리성의 확립도 어렵다. 봉건시대부터 일본의 사무라이(무사)들은 영주에 대한 충성과 무사들 사이의 의리를 생명처럼 여겼다. 충성과 의리라는 가치는 합리성이나 공정성이라는 가치보다 우위를 차지하는 것이었다. 그런 가치관이 지배하는 한 어떤 조직에서든 합리성에 의존한 결정보다는 의리나 충성심에 의한 결정과정이 드러날 가능성이 크다. 그런 점은 일본 관료조직 내에서도 크게 작용하였다.

서구에서 신장하여 사회에 지대한 창의적 변화를 가져오게 한 개인주의를 일본은 오히려 반사회적인 것으로 배척하면서 어떤 경우에는 개인의 희생을 바탕으로 한 집단복종주의를 국민에게 강요하기도 했다. 이처럼 세속화, 합리성 그리고 개인주의라는 요소가 서구의 근대화과정에서 개방적이고 의회민주적인 국가와 사회를 구축하는 데 중요한 역할을 담당했던 것과는 달리 일본의 근대화과정에서는 그런 요소가 결여되었다. 그러면서 서구의 제도나 조직형태를 모방하면서 근대적인 군대와 천황제관료제를 발전시키는 데 성공하였다. 종교와 정치의 분리도 애매했지만 인권사상이나 인본주의사상도 지배층 사이에서는 큰 영향을 미칠 수 없었다.

이 책이 나왔을 때 한국에서는 박정희 정권이 60년대 말부터 "조국의 근대화"라는 구호를 내세워 산업화를 추진하고 있었던 때였다. '근대화=공업화'라는 단순한 등식이 통용되고 있었다. 일본 근대화를 연구하면서 나는 우리나라가 일본이 밟았던 전철을 피하면서 서구의 "근대적 요소"를 참고로 삼고 근대화를 추진하는 것이 바람직 하다고 생각했으나 내가 생각했던 근대화 개념과 박 정권의 소위 "조국의 근대화"라는 구호와 개발정책은 그런 방향과는 아무 상관없는 방향으로 진행되었다. 한국에서도 일본이 결여했던 '합리성'과 '세속화'와 '개인주의'라는 근대적 요소는 뚜렷한 성장이나 발전을 보지 못했다. 과거 일본이 추구한 것처럼 군대조직의 근대화와 관료제 그리고 산업화라는 등식에 따른 근대화를 추구하였다. 일본처럼 「부국강병(富國强兵)」을 근대화와 동일시하는 추세였다.

그 이유가 일본이나 한국이 서구문화권과 다른 문화권에 속해서인가 하는 의문과 궁금증도 생긴다. 동양 문화권이라고 해서 세속화나 합리성 그리고 개인화라는 가치나 개념이 생소하고 상용성이 없는 가치라고 생각할 수는 없다. 오늘의 일본도 이제는 과거와는 달리 개인주의, 세속화, 그리고 합리화라는 가치를 존중하는 사회로 변해가고 있다고 보기 때문이다. 그런 의미에서 나는 일본은 태평양전쟁에서 패배하면서 잘못된 근대화의 폐단이라는 과거의 굴레에서 벗어나 참다운 의미의 근대화과정을 밟게 된 것으로 볼 수 있지 않을 까 하는 생각을 해 본다. 명치시대의 근대화과정이 전통과 근대성의 모순에서 온 근대화였다면 2차 대전에서 패배를 맛본 후 오늘의 일본은 현대성의 모순에서 비롯된 '현대화과정'을 겪고 있다고 볼 수도 있다.

일본연구실을 맡은 후 일본연구 총서(叢書)를 낼 계획을 세웠다. 그래서 연구비를 외부에서 조달해야 했다. 잘 아는 아시아재단 단장을 만나 도와줄 것을 부탁했다. 또 포드(Ford) 재단의 일본 사무소장이 서울에 왔을 때 만나 지원을 부탁했다. 서울에 있는 일본 홍보원장을 만나 일본국제교류재단으로부터 얻을 수 있는 지원을 알아보았다. 몇 차례의 만남 후에 일본재단으로부터 연 5만 달러 상당의 일본 서적을 받게 되었다. 일본에서 보내오는 출판 자료를 읽고 선정한 책명을 써 보내면 일본재단에서 구입하여 우리에게 송부하도록 하였다. 그런 지원을 5년간 약속받았다. 그렇게 얻은 일본서적의 수는 수백 권에 달했다. 지금 아연 도서관에 있는 일본서적의 대부분이 그 당시 내가 확보했던 것들이다. 그리고 미국 아시아재단에서 얻은 지원으로 일본과 미국의 저명한 일본 전문가들을 초빙하여 국제회의를 개최하기도 했다.

일본연구실장으로 있으면서 일본에 갈 일이 많았다. 일본에서 열리는 학회에 초빙되기도 했지만 내가 아연에서 주최하는 회의에 일본인 학자들을 초청하는 교섭을 맡아 도쿄에 가는 일이 많았다. 도쿄에는 나와 사상계 편집위원을 같이 했던 지명관 교수가 있었다. 그리고 나의 중학 후배로 아시아도시선교회 총무인 오재식과 YMCA 아시아 총무인 강문규가 있었다. 모두 나와 기독교 학생운동을 통해 알게 된 오래된 친구들이었다. 내가 도쿄에 가면 셋을 불러내 신주쿠(新宿)의 값싼 술집에서 술을 마시면서 한국의 국내사정에 대해 이야기했다. 유신정치가 한창이던 때였다.

그들은 모두 국내의 기독교계의 민주화운동세력과 연계되어 있었고 국내에서 벌어지는 정치적 상황을 논하면서 이야기를 나누었다. 일본에서 발간되던 『세까이(世界)』라는 진보 또는 좌익적인 월간잡지에 매달 게재되는 "한국통신: 한국으로부터의 편지"라는 칼럼은 일본에서 많은 독자층을 갖고 있었다. 매호마다 박 정권의 유신정치를 비판하는 내용이 주여서 박 정권이 필자를 확인하기 위해 혈안이 되어 있었으나 끝내 성공하지 못하였다. 후에 밝혀진 바로는 지명관 교수가 그 집필자로 알려졌다. 그는 내가 도쿄에 갈 때마다 만나 장시간 그 당시 유신정권하의 한국정치에 대해 이야기를 나눈 분이었다.

오재식과 강문규는 일본에서 간접적으로 국내의 민주화운동을 지원하고 있었다. 그들은 외국과 유대를 갖고 있었기 때문에 외국에 한국의 실정을 알리면서 민주화운동을 지원하는 일을 했다. 내가 일본에 간 어느 날 두 사람이 나에게 아세아문제연구소의 내 연구실에 일본인 대학원생을 연구조교로 데리고 있을 수 있느냐고 물었다. 나는 좋다고 승낙하였고 얼마 후 일본인 여자가 서울에 왔다. 대학원생이라고 했다. 나는 육감으로 그 여학생이 한국 내의 민주화운동세력과 연관이 있음을 짐작했으나 약속한 대로 그녀를 나의 연구조교로 썼다.

그 후 도쿄에서 선교사업을 하던 하비(Harvey)라는 목사가 나를 찾아왔다. 그 역시 오재식과 강문규와 연계되어 한국의 민주화운동을 돕고 있는 사람이었다. 그가 서울에 머무는 동안 일본인 조교와 그는 국내에서 여러 사람과 접촉하고 있었다. 그리고 일본인 조교가 거의 매달 일본으로 귀국했는데 그때마다 그녀는 수집한 자료를 가지고 간 것으로 짐작되었다. 그러다 어느 날 중앙정보부직원이 찾아왔다. 그녀가 입국하다가 잡힌 것이다. 작은 인쇄기 같은 것을 가지고 들어오다 잡혔다. 그리고 얼마 후 추방되었다. 중정은 그녀의 그동안의 동향을 나보다 세세히 잘 알고 있었다. 그러면서 감시하고 있었던 것이다. 나와 이들과의 관련도 잘 알고 있었을 것으로 보지만 나를 소환하거나 문제로 삼지는 않았다.

일본교류재단 연구교수

1977년 봄, 일본국제교류재단이 한 학기를 일본에서 보내는 방문교수비를 주겠다고 제안했다. 그래서 1977년 9월 가을학기를 일본 동경대학에서 방문교수로 보내게 되었다. 평소 알던 사이토 마고도(齋藤 眞) 교수가 일본재단의 절차상 이유로 나의 호스트(host) 역할을 했다. 마침 동경대 교수 한 분이 연구년을 보내게 되어 그분의 연구실이 비어 있어서 그것을 사용할 수 있었다. 큰 특혜였다. 그때는 박 정권의 유신체제가 국내외로 최악의 저항에 직면하고 있었던 때로 부부의 해외여행이 금지되고 있었다. 그러나 친 정부적 성향의 학자들은 해외학술회의에 부부동반으로 나갈 수 있었다. 나는 일본에서 재단 명의로 아내에게 일시 방문을 위한 초청장을 보냈으나 결국 여권을 받지 못했다. 내 아내는 아버지가 일본에서 신학교에 유학하던 당시에 태어났다. 아내는 나와 함께 전후 일본의 변한 모습을 자세히 볼 수 있기를 기대했으나 성사시키지 못한 것이 매우 안타까웠다.

3개월간 일본에 체류하는 동안 메이지대학에서 강연을 해달라고 해서 한국정당과 일본정당을 비교해서 논한 적이 있다. 특히 파벌의 특징들을 대조해서 다루었다. 유창한 일본어는 아니었지만 영어도 가끔 섞어가면서 강의한 후 질문을 받았다. 좋은 경험이었다.

또 일본사람으로 일본에서 제일 유명한 동시 번역가로 구니모도라는 분을 서울에서 만난 적이 있는데 그분의 소개로 미키 부키치(三木武吉) 전 일본 수상을 그의 저택에서 만난 적이 있다. 고색이 풍기는 전통적 일본가옥이었다. 들어가 앉아 있었더니 일본 옷을 입은 미키

전 수상이 미소를 지으면서 들어와 나와 인사를 나누었다. "미스터 클린(Mr. Clean)"이라는 별명이 있었던 정치인이다. 인상부터가 근엄하면서도 부드러운 모습이었다.

일본정치에 대해 이야기를 좀 나누었다. 그리고 차를 한 잔 대접받고 자리를 떴다. 그분 외에도 여러 명의 정치인들을 소개받아 면담을 할 수 있었다. 중의원 의회 사무실을 찾아가 자민당 의원과 사회당 의원 여럿을 만나 일본의 파벌정치의 원인을 물어보기도 했다. 중간에서 사이토 마고도(齊藤 眞) 동경대 교수가 주선해 주어서 여러 명의 도쿄대 출신 국회의원들을 의원사무실에서 만났다. 그중 한 분이 지금 일본 중의원 의장을 하고 있는 홋카이도 출신의 요꼬미치 의장이다. 당시 사회당 의원이었는데 아버지가 홋카이도 지사를 지냈다. 그를 통해 사회당 내의 파벌내용에 대해 들을 수 있었다.

긴급조치령을 무시한 고대생의 집단 데이트

일본에서 귀국하여 새 학기부터 강의를 시작하였으나 학내소요는 끝나지 않았다. 거의 매일 학생들의 데모로 어수선한 날을 보냈다. 대학구내는 경찰이 쏘는 최루탄에서 나오는 연기 때문에 눈을 뜰 수 없을 정도였고, 심한 알레르기를 앓고 있던 나는 얼굴이 온통 콧물과 눈물범벅이었다. 지금 기억해도 수년간 강의를 하면서 한 학기동안만이라도 정상적으로 끝낸 일이 별로 없었다. 학기 도중에도 무슨 일이 일어나 강의가 중단되는 경우가 많았다. 그런 대학의 환경 속에서 차분히 연구 활동을 하기가 매우 어려웠다.

유신정치가 시작된 지 몇 년 후였다. 그때 나는 정치외교학과의 과장을 맡고 있었다. 집에서 글을 쓰고 있는데 이윤영 학생처장이 전화를 했다. "큰일났으니 곧 학교로 오라"는 것이었다. 처장실에 들어가니까 이 처장 말이 지금 정외과 학생 십여 명이 연세대 앞에서 버스를 세워놓고 연세대 가정학과 여학생들을 태우려고 기다리다 중앙정보부 요원에게 발각되어 모두 잡혀가게 생겼다는 것이었다. 나보고 학교차를 보내줄 테니 빨리 가서 수습하라는 것이었다.

그때는 소위 '긴급조치령'이 내려 허가 없이 두 사람 이상이 모이면 구속되던 때였다. 그런데 무모하게도 십여 명이 버스를 대절하고 연세대 여학생들과 집단 데이트를 하겠다고 했으니 보통 문제가 아니었다. 경찰에 끌려가면 일이 크게 벌어질 가능성이 있었다.

연세대 교문 앞으로 가보니 버스는 없었고 경찰과 정보원이 있어서 물어 보니까 연세대 학교 측에서 여학생들이 나가려는 것을 막자 항의하던 우리 학생들이 데이트를 포기하고 버스를 몰고 수원의 어떤 능으로 갔다는 것이었다. 다시 차를 몰아 수원으로 내려가 보니 학생들이 능의 잔디밭에서 술판을 벌이고 있었다. 나는 어이가 없어서 말이 나오지 않았다. 서서 보다가 "자 그만 하고 다 집으로 가자" 하고 서울로 가도록 했다. 다행히 아무 일 없이 사태는 수습되었다. 학교에 돌아와 보니 총장까지도 걱정이 되어서 기다리고 있었다. 보고를 드리고 집으로 갔다. 후에 들은 것이지만 그 일이 문교부에까지 보고가 올라갔다고 했다. 살벌했던 유신체제의 억압적인 분위기 속에서 얼마나 답답했으면 구속될 수도 있는 그런 위험한 일을 했을까 하고 제자들을 동정하고 싶은 마음이었다. 그것을 주동한 학생 중 하나가 현인택이었다. 그는 후에 고대 교수가 되었고, 이후 통일원 장관을 지냈다.

유신체제 아래 긴급조치로 많은 학생들이 구금되던 때 고대 정외과 학생들이 데모하다가 경찰에 잡혀가는 일이 자주 있었다. 학교에 가까운 성북경찰서 유치장에 들어가 있는 제자들을 찾아가 형사들을 만나 선처해주기를 간곡히 부탁하는 일을 했다. 그러면 때로는 형사들이 "교수님이 잘 좀 지도하라"고 큰 소리로 나무라고 난 후 학생들을 석방하는 경우도 있었다. 한번은 불온문서를 가지고 있었던 운동권 대학원 학생이 사상범으로 체포되어 검찰청에 넘어간 일이 있었는데 교수들의 진정서를 만들어 지방검찰청에 갔다. 검사가 취조하는 방에 들어가 잡혀간 제자를 보고 검사에게 선처해줄 것을 부탁한 일도 있다. 그 제자는 그 후 나의 지도를 받은 후 석사와 박사학위를 받고 언론과 정치계에서 활약하고 있다.

나는 강의가 없는 날에는 집에서 책을 썼다. 아침부터 늦은 오후까지 원고를 썼다. 그 당시는 한글 타이프라이터도 없었고 더구나 오늘 같은 워드프로세서도 없던 시절이어서 원고지 한 장씩을 만년필로 써 나가는 작업이었다. 원고지를 2,000장 정도 쓰면 한 권의 책이 되는 것이다.

1975년 나온 『현대각국정치론(現代各國政治論)』(법문사, 1975)은 그 당시 시내 주요대학에서 비교정치학을 강의하던 중진 교수들과 함께 펴낸 것으로 비교정치론의 대표적인 교재가 되었다. 내가 서론을 썼고 이용필(영국-서울대), 구영록(미국-서울대), 윤형섭(유럽대륙-연세대), 최상용(고대-일본), 최창윤(소련-육사) 민준기(동구권-경희대), 조재관(중공- 건국대), 오기평(동남아-서강대), 민만식(중남미-외대), 하경근(아프리카-중앙대) 그리고 마지막 장은 내가 결론을 썼다. 내가 서론에서 제시한 대로 정치문화, 정치체제, 정치적 투입

요인과 산출요인, 정치과정의 본질, 정책결정 구조 등을 공통의 개념으로 삼아 주어진 국가의 체제를 분석한 유일한 책이기도 하다. 한국의 정치학계에서 처음 시도해 본 것으로 많은 집필진이 참여한 비교정치 분야의 교과서였다.

1976년 여름에 나는 독일 정부의 초청을 받아 여러 독일대학을 방문했다. 보쿰(Bochum)대학과 본(Bonn)대학 등 여러 독일대학에서 하는 일본연구의 동향도 알아볼 수 있었다. 본에 들렀을 때 아데나워재단사무실을 찾아갔다. 제네바에 있던 나의 처남 박상증 목사로부터 한 독일 여자직원을 소개받았는데 아시아문제를 다루는 박사학위를 소지한 분이었다. 내가 일본연구와 아울러 한일관계에 중점을 둔 연구를 하고 싶다고 했더니 관심을 보이면서 어떤 도움이 필요하냐고 물었다. 나는 한국과 일본의 학자나 지식인들이 정규적으로 한국과 일본을 왕래하면서 양국의 관계개선을 위한 논의를 할 필요가 있다고 했다. 그 비용을 지원해줄 것을 부탁했다.

그분은 나의 제의에 관심을 보이면서 그 대신 한국에 아데나워재단 지부를 설치할 필요가 있다고 했고 나는 고대 아세아문제연구소에 그 사무소를 둘 수 있다고 했다. 그렇게 해서 나는 고대 아연의 일본연구실장으로서 「Korea-Japan Intellectual Exchange Program」을 시작하게 되었는데 일본의 지식인들로 하여금 한국의 실정을 알게 하고 특히 한국의 민주화를 위해 일본에서 간접적으로 지원해 줄 수 있는 지식인들을 규합하자는 것이 나의 숨은 의도였다. 그 프로그램을 위해 독일의 아데나워재단이 일본에서 개최하는 회의 경비를 대주고 한국에서 개최하는 회의에 올 일본 참가자의 비용을 대는 내용으로 합의하였다.

당시 아연 소장은 내심 그 재원이 모두 연구소운영에 쓰이는 것을 바랐던 것 같았다. 일본에 가서 회의를 하고 비용을 쓰면 연구소로서는 별로 도움이 되지 못한다고 본 것이다. 그래서 나의 회의 계획을 그다지 반기는 것 같지 않았다. 나와 미묘한 의견 차이가 있었지만 나는 1977년 여름 일본에서 첫 번째 회의를 가졌고 그 결과를 일본의 국제교류센터의 소장으로 있던 야마모도 다다시와 공편한 영문책자로 출판했다. 『Korea and Japan』(아세아문제연구소, 1978)이 그것이다.

1978년에 출판사 한길사가 일본에 대한 책을 내고 싶다고 해서 최상용 교수와 함께 낸 책이 『현대일본의 해부(現代日本의 解剖)』(한길사, 1978)였다. '오늘의 사상신서'라는 시리즈의 하나였다. 홍승면, 박현채, 최상용, 김소운, 전해종, 차기벽, 송건호, 김종희와 공동집필했다. 박현채는 경제, 김소운은 일본문화, 송건호는 일본인의 한국관이라는 글을 실었다. 언론인인 손건호는 동아일보 편집장을 하다가 해직된 분으로 후에 한겨레신문을 창간한 우리나라의 가장 존경받던 언론인의 한 분이다.

전해종 교수(서강대 명예교수) 역시 중국역사의 대가로 고결한 학자이다. 차기벽(성균관대) 교수도 한국정치학계의 대표적인 학자이시다. 집필자 모두가 한국의 지성계와 학계를 대표하는 분이었다. 나는 그 책의 첫 장을 맡아 "현대일본의 성립과 와해"라는 제목으로 일본정치의 본질을 포괄적으로 다루는 글을 실었다. 흥미로운 것은 이 책의 총 페이지수는 337페이지인데 내가 쓴 장이 127페이지를 차지했다. 3분의 1을 조금 넘게 차지했다. 그것만을 따로 떼어 단행본을 낼 만한 양의 글이었다.

1978년부터 여러 번 한국으로 나를 찾아오던 외국기자로 폰드(Elizabeth Pond)라는 신문기자(Christian Science Monitor)가 있었다.

폰드 기자는 월남전 당시 월남에서 종군기자로 취재하다가 베트콩에게 포로가 되었다가 탈출한 여걸형의 기자였다. 동경주재 특파원이었던 그녀는 서울에 올 때마다 나에게 전화로 연락해 만나자고 했다. 정보부원들이 그녀의 행적을 추적하고 있을 것으로 본 나로서는 좀 난감한 일이었으나 그렇다고 그녀를 피하는 것도 부담스러웠다.

호텔 커피숍에서나 내 연구실에서 만나 여러 가지 이야기를 나누곤 했다. 유신체제의 말기인 1978~9년이었다. 외국기자에 대한 감시가 심했던 시절이었다. 박 정권의 장래에 대해 언급하면서 혼란을 피하면서 정권을 교체하는 길을 논하는 그녀의 말을 들으면서 미국 정부가 한국 정치상황에 대해 어떤 생각을 갖고 있는지를 어렴풋하게나마 느낄 수 있었다. 그 얼마 후 박정희 대통령의 시해사건이 일어났다. 그때 나는 폰드 기자가 했던 말 "큰 혼란 없는 정권교체"라는 말이 생각나기도 했다.

1978년 현대일본연구회를 조직

1977년 가을 유신체제가 심각한 도전을 받고 정치적 불안이 극도에 달하던 때에 일본에서 돌아와 1978년 현대일본연구회(그 후 현대일본학회로 개칭)를 조직한 것은 날로 삭막해져가는 시국과 정치학계의 분위기 속에서 학자들이 모여 단지 친교만이 아니라 학문적인 대화를 가질 수 있었으면 하는 희망 때문이었다. 유신헌법이나 그 후 여러 차례에 공포된 긴급조치 규정대로라면 허가 없이 두 명 이상이 모이면 긴급조치의 위반으로 징역을 살게 된다. 강도만 달랐지 나치 독일시대의 사회과학자들도 그런 경험을 하지 않았을까 할 정도로 정권을 옹호하는 자 이외에는 말을 할 수 없을 정도의 탄압적인 분위기였다.

10여 명이 경향(京鄕)이라는 인사동의 한정식집에 모여 각자가 몇천 원짜리 밥을 사먹으며 일본에 대해 논의를 했으나 다행히 문제가 되지는 않았다. 그 연구회는 후에 현대일본학회로 개명되어 활발한 지역연구학회로 발전했다. 정치적으로 험난한 시기에 서로 학문적인 논의와 친교를 다질 수 있었다는 경험을 그 당시 참여했던 교수들은 잊을 수 없을 것이다.

1978년에 시작한 현대일본연구회의 초대 회장으로 2년간을 지내면서 『일본연구논총(日本硏究論叢)』 창간호를 발간했다. 그 후 한국에서 처음으로 11명의 연구회원들의 편저로 『일본정치론(日本政治論)』(박영사, 1981)을 출판하였다. 내가 연구회의 초대 회장을 지내는 동안 박정희 시해사건을 겪었고 또 1980년 12 · 12 사태와 그 다음해 광주사태를 겪었다. 1979년 11월 말 박정희 시해사건이 있은 지 한 달 후 연구회가 주동이 되어 양호민 교수의 회갑연을 가졌다.

양호민 교수님은 한일국교정상화를 추진하던 박 정권에 반대하는 교수단으로 선언문 작성에 참여한 죄로 서울대법대 교수직에서 해임된 후 조선일보 논설위원으로 계셨다. 그분의 회갑연에 맞추어 특집으로 『일본연구논총』을 발간하였고 코리아나호텔 연회장을 빌려 성대하게 축하연을 베풀었다. 그때는 박정희 시해 후 정국의 앞날에 대해 여러 가지 기대가 엇갈리던 때였고 평소 양 교수를 따르던 사람들이 대거 참석함으로써 연회장은 초만원을 이루었다. 양 교수와 가까운 야측 인사들이 대다수를 이루고 있었다. 그 얼마 후 12 · 12 사태가 일어났고, 정국은 또다시 혼란 속에 앞이 보이지 않는 암담한 상황으로 변해가기 시작했다.

현대일본연구회는 그 후 계속해서 여러 회장들의 노력으로 활발하게 활동을 계속해왔다. 2대 회장을 지내신 차기벽 교수님, 3대 회장인 양호민 선생님, 그리고 그 후 이어서 회장직을 맡아 학회의 발전에 기여한 역대회장들로 오기평 교수(서강대), 유근호 교수(성신대), 박충석 교수(이화여대), 어수영 교수(이화여대), 윤정석 교수(중앙대), 김영작 교수(국민대), 한상일 교수(국민대), 이상희 교수(서울대), 이정복 교수(서울대), 배성동 교수(서울대), 김호섭 교수(중앙대), 염재호 교수(고려대), 이숙종 교수(성균관대), 최은봉 교수(이화여대), 김기석 교수(강원대), 손열 교수(연세대)가 학회장의 책임을 맡아 수고했다. 그리고 무엇보다 임원으로나 정회원으로 학회의 성장을 위해 노력해온 모든 선후배 및 동료교수들이 있었기에 오늘도 현대일본학회는 국내 굴지의 지역연구학술단체로서의 평판을 유지

▶ 현대일본학회 대마도 여행 당시의 저자와 오기평, 차기벽, 한상일 교수(왼편에서부터)

해 가고 있다. 참으로 자랑스럽고 대견한 일이다.

그러다 1990년대에 들어서서 초창기부터 학회에 참여했던 교수들이 대학에서 은퇴하면서 잠시 학회가 활기를 잃어가던 시기에 해외와 국내에서 일본연구를 전문으로 하는 소장 학자들이 참여함으로써 더욱 활성화되었다. 대표적으로 스탠포드대학에서 일본연구로 학위를 받고 돌아온 염재호 교수(고대), 하버드대학에서 일본사회연구로 학위를 받은 이숙종 교수(성균관대), 오하이오주립대에서 일본철도(JR)의 민영화과정을 둘러싼 정책연구로 학위를 받은 최은봉 교수(이대), 미시간대학에서 정책결정과정에 대한 연구로 학위를 받은 김호섭 교수(중앙대), 오하이호주립대에서 일본을 연구한 이면우 박사(세종연), 스탠포드대학 출신의 김성철 박사(세종연), UCLA 출신의 김기석 교수(강원대)들과 같은 소장 학자들이 학회를 주동적으로 이끌어가기 시작했다. 모두 쟁쟁한 학자들이었다. 같은 시기에 일본대학에서 학위를 받고 돌아온 소장 학자들로 진창수 박사(세종연), 이원덕 교수(국민대), 전진우 박사(광운대학), 박영준 교수(국방대학교)들이 귀국하여 학회에 동참하기 시작했다.

▶ 현대일본학회 대마도 여행 때 이정복 교수(왼쪽)

현대일본연구로 시작한 지 십여 년 후 이름을 현대일본학회로 개명하여 『일본연구논총』을 학술진흥재단으로부터 인증을 받는 등재학술지로 발전시켰다. 오늘날 한국에 있는 여러 지역연구단체 가운데 가장 활발하고 착실하게 활동을 계속하고 있는 단체로 현대일본학회를 들어도 무방할 것이다. '현대'라는 말을 고집한 이유는 한국에서 다른 사람이 먼저 '한국일본학회'라는 단체를 조직하였기 때문에 혼돈을 피하면서 그것과 차별화하기 위한 것이었다.

나는 1978년 창립 초창기부터 계속 학회활동에 참여하는 동안 여러 회원들과 공저로 여러 권의 책을 출간하였다. 학회를 연구회라고 부르던 시절인 1982년 『자민당(自民黨)의 장기집권 연구』(한길사,1982)를 공저 출판했다. 1984년에는 『일본정책 결정의 해부』(정음사, 1984)를 출판했다. 1993년에 『21세기 일본의 위상』(법문사, 1993)을 공저하기도 했다. 1996년에는 『21세기 한일관계』(법문사, 1996)를 공저했다. 학회가 발간하는 학회지 『일본연구논총』에도 여러 편의 논문을 게재하였다. 고려대 아세아문제연구소의 일본연구실장으로 있을 때 현대일본연구회를 창설하게 되었고 그 연구실을 중

▶ 현대일본학회 제주회의를 마치고(2007)

심으로 국내 학자들을 연구에 참여시켰는데 그들이 현대일본학회의 창립회원으로 참가하기도 했다. 내가 일본연구실장으로 있을 때 낸 책이 『일본근대화연구』(고대출판부)였고 그것은 그 후에도 나에게 일본정치를 이해하는 데 그리고 일본연구의 방향을 구상하는 데 많은 도움을 주었다.

현대일본학회는 여러 번 국제학술회의를 주최하였다. 국내에서 외국인 학자를 초빙해서 회의를 가졌고 일본에서도 회의를 가졌다. 특히 기억이 남는 것은 김호섭 교수가 회장으로 있던 때인 2002년 일본 후쿠오카(福岡)에서 세계정치학회(IPSA)가 개최된 것이다. 그 회의에 현대일본학회가 한 세션을 만들어 참가했다. 내가 그 세션의 사회를 맡았고 손열 교수(연세대)와 김기석 교수(강원대)가 발표했고 김호섭 교수(중앙대)와 최은봉 교수(이화여대)가 논평자로 지명되어 의견을 개진했다. 모두 영어로 진행되었고 일본에서 한국을 연구하는 학자들과 미국의 일본연구가들이 다수 참석했다. 그리고 많은 일본학생과 한국유학생들이 그 자리를 메웠다.

발표나 논평이 매우 좋았고 프린스턴에서 일본정치를 교수하는 칼터도 후에 논평을 해주었다. 한일관계를 다룬 김기석 교수에게 많은 질문이 있었고 참석자 다수가 이 문제에 관심을 가지고 있었다. 당연한 것이었다. 더구나 그때는 일본에 새 정권이 들어서서 독도문제를 거론하여 양국 간에 약간 긴장이 고조되고 있었다. 한일문제가 국제문제라기보다 양국의 국내정치 문제와 연관이 깊다는 것을 또다시 확인시켜주었다고 할 수 있다.

박정희 대통령 시해사건과 그 후

유신정치로 한국사회나 학계가 극도로 경직되어 있었던 1970년대를 통해 나의 연구생활과 학회활동은 고대 아연의 일본연구실과 현대일본연구회에 집중되어 있었다. 그러던 중 1979년 10월 26일 박정희 대통령 시해사건이 일어났다. 아직도 그날의 일이 생생하게 기억난다. 10월 26일 새벽 나는 구영록 서울대 교수의 전화소리로 잠을 깼다. 구 교수는 청와대 근처 청운동에 살고 있었는데 그날 새벽부터 탱크들이 자기 집 앞을 지나가고 있다는 것이었다. 무언가 중대한 사태가 일어난 것 같다고 했다. 곧바로 쿠데타가 일어났구나 하는 생각이 머리를 스쳐 지나갔다.

아침방송시간이 되면서 박 대통령에게 유고(有故)가 있다는 간단한 공표가 있었다. 자세한 내용은 보도되지 않았다. 사건의 전모가 드러난 것은 훨씬 후였다. 김재규 중앙정보부장이 청와대 근처 안가(安家)에서 벌어진 술좌석에서 차지철 경호실장과 박 대통령을 권총으로 살해한 사건이었다. 유고에 대한 공식뉴스는 그 얼마 후 보도되면서 전국에 계엄령이 공포되었다. 박정희 대통령은 1961년 5 · 16 쿠데타로 집권 후 1979까지 근 20년간 권력을 장악해왔다.

그동안 한국경제가 발전하였고 수출지향적인 공업화를 추진한 결과 대기업들이 수출 진흥을 통해 세계시장에 진출하였고 일인당 소득도 미화 10,000달러로 늘어났다. 일부에서는 그것을 '한강의 기적'이라고 칭찬하기도 했다.

근본적으로 박 정권시대는 군인들의 집권시대였다. 그 정권의 유지가 군부의 강력한 지지기반을 토대로만 가능했고 중앙정보부를 비롯한 여러 강권수단을 장악했던 정권하에서 이루어진 경제적 변화였다. 일부 경제학자들의 주장에 따르면 오직 독재체제하에서만 가장 빠른 경제성장이 이루어진다고 한다. 스탈린치하의 소련이 그랬고 히틀러치하의 나치독일이 그랬고 천황제하의 과두지배세력의 명치일본과 군부치하의 소화일본이 그랬다. 이 모든 경제체제는 독재자가 결정하고 추진한 사령탑체제 또는 통제체제였다. 시장경제체제와는 전혀 다른 것이었다.

박 정권이 이룩한 고도경제성장도 그런 독재체제하에서 가능했던 것은 사실이다. 다만 한국의 경우 소련이나 제국주의시대의 일본처럼 철저한 통제경제체제를 유지할 수 없는 여건에 놓여 있었다. 수출주도형의 개발을 하려면 경제체제를 외부세계에 개방하지 않을 수 없었다. 그래서 박 정권의 경제개발정책은 통제체제와 시장경제체제를 혼합한 것으로 볼 수도 있다. 모든 정책결정을 경제기획원(EPB)이라는 정부기구가 주도하면서 몇 개의 대기업을 육성하여 수출품을 생산하도록 하였다.

처음에는 경공업에서 시작하여 점차 중공업으로 정책방향을 옮겼다. 동시에 방위산업을 강화하여 재래식 무기를 자체 생산하는 데 주력하였다. 박 정권이 쿠데타로 출범할 때부터 암시되었지만 국시처럼 내세운 「부국강병(富國强兵)」이라는 목표를 달성하는 데 전력을 기울인 것이다. 정치경제학자라고 불리는 학자들 사이에서 그런 고도경제성장을 이룩한 국가는 '개발주의국가'라고 호칭되었다. 문제는 그런 개발에 국민들이 얼마나 참여할 수 있었느냐 하는 것이다. 같은 개발주의국가였지만 전후 일본과 박 정권의 개발주의국가의 성격은 전혀 달랐다. 한국에서는 국민의 참여가 크게 제한되었기 때문이다.

박 정권의 문제는 그런 참여의 길을 되도록 봉쇄하는 가운데 집권세력이 원하는 정책방향을 일방적으로 정하고 추진하는 매우 단순하고 강권의존적인 방식이었다. 정부정책에 대한 언론의 비판도 막았고 야당의 비판도 통제하였다. 그러면서 경제학자 가운데 정책추진에 필요한 이론을 뒷받침할 수 있는 학자들을 「평가교수단」이라는 대통령이 직접 참석하는 대규모의 자문기구에 참여시켰다. 그 기구에 참여한 학자들은 정부부처로부터 특별대우를 받았다. 경제학자가 아닌 나에게도 한 번 그 기구의 실무자로부터 위원이 되어달라는 요구를 받았으나 나는 경제학자가 아니라는 핑계를 대면서 거절한 적이 있다.

박정희 대통령이 사망한 후 그에 대한 여러 가지 평가가 있었다. 역대 대통령에 대한 인기투표를 하면 박 대통령이 늘 1위를 차지하기도 했다. 박 대통령을 성공적으로 경제개발을 이룩한 대통령으로 평가하는 경우가 많았다. 물론 박 대통령의 지도력을 긍정적으로 볼 수도 있다. 그렇지만 어떤 정치체제이든 한 사람이 좌우하는 정치체제는 없다. 일인독재라는 말은 현실적으로 무의미한 용어이다. 언제나 정치는 적은 수의 과두지배세력이 좌우하게 되어 있다. 그 세력이 민주정치라는 절차를 밟아 등장할 수 있고 또 소수가 폭력에 의존해서 권력을 장악할 수도 있다. 한국은 후자의 경우였다. 그리고 박정희가 중심이 된 그런 소수의 지배세력이 군부의 강력한 지지 아래 반대세력의 큰 저항 없이 일관되게 개발정책을 추진할 수 있었던 것이다.

그런 점에서도 한국의 경제개발에 있어서 박정희 개인의 역할을 지나치게 평가할 수는 없다. 한 가지 분명한 것은 "한강의 기적" 같은 것은 한 사람의 능력으로 이루어질 수 없다는 것이다. 마치 한 사람에 의해 가능했던 것처럼 착각해서는 안 된다. 박정희의 리더십이 상당한 역할을 한 것은 사실이나 한국에서 고도경제성장이 달성된 데에는 많은 내외적인 요인들이 복합적으로 작용하였다. 유엔이 추진했던 「개발 10년기(Development Decade)」로서의 60년대의 세계경제환경은 한국에게 필요한 자본을 도입하는 데 유리하게 작용하였다. 국내적으로 우수한 노동인력과 고급두뇌인력이 대기업 중심의 경제성장을 하는 데 중요한 역할을 했다. 무엇보다 우수한 노동력과 저렴한 인건비를 토대로 대기업들이 생산한 수출품들을 미국이 적극적으로 수입하였고 그것을 토대로 전 세계시장에 파고든 것이 성장을 가져온 결정적인 동력이었다. 대통령 한 사람의 힘으로 될 수 있는 일은 결코 아니었다.

박정희 대통령 시해사건은 그가 표방해온 유신체제, 또 다른 각도에서 보면 집권초기부터 논란을 불러일으켰던 「한국적 민주주의」또는 인도네시아에서 실천되었던 「교도민주주의」와 같은 독재적인 통치방식의 종말을 의미하기도 했다. 이제 그러한 시대는 지났다는 자각이 한국에도 팽배했다. 그리고 유신체제의 대안이 무엇인가 하는 의문에 대해 민주정치라는 주장이 자연스럽게 나올 수 있는 상황이 전개되었다. 그러면서도 그동안 유신체제와 맞서온 야당세력과 재야정치운동세력이 한 축을 이룬 반면, 겉으로 보면 사라진 것 같았지만 오랫동안 박 정권의 공화당시기와 그 후 유신체제에 가담하여 여권의 중심을 형성했던 세력 사이에 표면화되지는 않았지만 암암리에 심각한 대립이 상존하고 있었다.

나는 반 유신체제론자요 평소 한국의 민주화를 원했던 사람이었기 때문에 그 당시가 한국이 민주화할 수 있는 절호의 기회라고 생각하고 또 이를 희망했다. 그러나 한편 불안감이 없었던 것은 아니었다. '유신잔당'이라 불리던 친여세력의 반격이 나타날 수도 있겠다고 생각했다. 그러면서도 이처럼 국민들이 독재체제에 염증을 느끼고 민주화를 희망하고 있는 만큼 쉽사리 과거로 되돌아가기는 어렵다고 보았다. 그러나 후에 나타난 대로 독재체제의 다리는 완전히 타 없어졌던 것은 아니었다.

다리(橋) 이야기가 나오니 1986년 중국에서 만난 황화(黃華)의 말이 생각난다. 1986년 가을 UN대학과 중국사회과학원이 공동주최한 회의에 내가 초청을 받아 간 적이 있는데 그때 황화를 인민대의회(국회와 같은 곳) 회의실에서 만났다. 황화는 마오쩌둥(毛澤東) 다음으로 유명한 저우언라이(周恩來) 총리의 측근이고 한국전쟁 때 중공군 통역장교로 판문점에서 휴전협정에 참여했던 인물이며 덩샤오핑이 집권한 후 외무장관을 지낸 중국 외교계의 거물이다. 그도 문화대혁명 당시 주자파(走資派)로 몰려 죽음을 당할 뻔했던 사람이다. 주자파란 자본주의를 추종하려는 반혁명세력이라는 뜻으로 덩샤오핑처럼 중국의 개방개혁을 주장했던 반 마오쩌둥세력을 칭하는 것이다.

주최 측의 배려로 외국인 교수들만이 황화와 면담시간을 갖게 되었다. 일행 중의 외국학자 한 명이 황화에게 "중국이 개방하여 자본주의로 가는 것은 잘못된 것 아니냐"고 비판하면서 "다시 사회주의 국가로 돌아갈 가능성은 없느냐"고 물었을 때 황화는 영어로 단 한마디「bridge is burnt」로 그의 질문에 대답했다. 마오쩌둥이 벌인 문화혁명이나 과격주의 시대로 되돌아갈 수 없다는 뜻이었다. 그도 문화혁명으로 고통을 받았던 사람이었고 마오쩌둥이 사망한 후 덩샤오핑의 개방과 개혁정치에 깊이 참여했던 사람이다.

황화의 표현에 따르면 우리나라는 1980년 유신체제라는 다리를 완전히 태워버리는 데 실패했다. 1979년 12월 12일 전두환이 두 번째 쿠데타를 일으킨 얼마 후 김상협(金相浹) 고대 총장과 이야기하던 중

김 총장은 고대 총장을 지낸 유진오(兪鎭午) 박사한테 들었다면서 유 박사는 '서울의 봄' 후의 사태에 대해 "민주화라는 줄타기를 하다가 떨어진 셈"이라고 했다고 했다. 한국 국민은 민주화를 하기에 아직 미숙하다는 견해를 말씀하신 것 같다. 국민보다 정치계나 재야정치 세력에 관련되어 있는 사람들의 수준을 평한 것이기도 하다. 무엇보다도 집권을 둘러싸고 야당의 양김 씨 사이에 벌어진 권력투쟁을 개탄(慨歎)한 것이다.

저서 (4): 『정치학방법론(政治學方法論)』(1979)

이 책은 고대 정외과 학부과목 교재로 쓰려고 집필한 책이다. 1977년 일본에서 3개월을 보내고 돌아와 조직한 현대일본연구회의 초대 회장으로 회의활동을 기획하고 회의 저널로 『일본연구논총』을 창간하는 일로 바쁘게 보내다 1979년 10월 26일 박정희 대통령의 시해사건이 일어났다. 한동안 충격 속에서 교정 보던 일을 멈추고 있었던 것이 기억난다. 이 책을 쓸 때 나의 목적은 제자들에게 정치학이라는 학문도 다른 사회과학(가령 사회학, 심리학, 역사학)처럼 방법론을 터득함으로써 제대로 공부할 수 있다는 것을 보여주기 위함이었다.

고려대 정외과에 들어온 학생들의 성향이 대개 정계에 나가 활동하겠다는 것이었기 때문에 대부분의 학생은 정치학을 '학문으로' 공부한다는 것에 큰 흥미를 보이지 않았다. 그것이 고대 정외과의 분위기였고 한국의 정치학 전공 학생들의 일반적인 성향이고 정향이었다

해도 과언이 아니다.

이 책에서 나는 사회과학이 형성되는 과정에서부터 시작해서 정치학 탐구의 논리를 다루면서 과학적 방법의 의미를 설명하고 현대 정치학이 사용하고 있는 경험적(Empirical)인 방법들을 나열하여 설명하였다. 도서관에서 참고서적을 보면서 하는 논문쓰기가 아니라 일정한 조사로 설계를 하고 그것을 토대로 경험적(사실) 자료를 수집해서 분석하고 다루는 방법을 서베이방법, 내용분석방법, 사례연구방법의 세 가지를 들어 설명했다.

대학원생이 논문을 쓸 때 참고할 수 있는 조사방법들이었으나 한국의 여건이나 실정에 그대로 적용하기에는 쉽지 않은 것들이었다. 그러나 사례연구나 내용분석 같은 방법은 그 후 많이 도입되었다고 하겠다. 그 책이 나온 후 소장 정치학자 몇 사람이 이 분야에 관심을 갖고 공동으로 단행본을 편저한 일이 있다. 그러나 방법론에 대한 논의나 관심은 한국학계에서 활발하게 이루어진 적은 없었다. 이 점이 한국정치학계의 현 주소를 알려주는 것이기도 하다.

12 · 12 사태와 한국정치학회 회장 출마

박 대통령 시해사건 얼마 후 정승화 육군참모총장 겸 계엄사령관 밑에서 일하던 국방대학원의 김종휘(金宗輝) 교수가 집으로 찾아왔다. 나에게 대통령 직선으로의 개헌시기를 어느 때로 하면 좋으냐고 물었다. 아마 계엄군부에서는 1년 후냐 반년 후냐를 놓고 의견대립이 있었던 것 같았다. 정치학자들의 의견을 듣고 정승화 계엄사령관에게 보고하려는 눈치였다. 나는 개헌은 빠를수록 좋고 늦어도 반년 후가 좋다고 했다. 유신헌법을 고쳐 간선제로 뽑던 대통령을 직선으로 선출해야 한다는 야당의 주장에 대해 군부로서 더 이상 외면할 수 없는 상황에 직면하고 있었던 것이다. 그러나 유신체제를 지지해 온 군부일각에서는 개헌 자체에 대해 반대하려는 움직임도 있었다.

박정희의 시해로 그동안 경직되었던 정국에 변화가 있었고 한국정치학회도 그동안 유신체제하에서 학회로서 기능을 충분히 발휘할 수 없었기 때문에 나는 새로운 정치적 상황 속에서 학회에 활기를 불어넣을 기회가 왔다고 보아 학회장에 출마하기로 결정했다. 그런 나의 출마를 권하는 회원이 상당히 있었다. 상대방 후보는 나와는 좀 다른 정치적 성향을 보여 온 사람이어서 일부에서는 새로운 정치적 상황이 나에게 유리하게 작용할 것이라고 보고 있었다. 그런데 총회일 전날 밤 12 · 12 사태가 벌어진 것이다.

1979년 12월 12일은 나에게도 잊을 수 없는 날이다. 그날 새벽 전두환 소장을 리더로 한 일부 장교와 그 부하들이 정승화 육군참모총장을 공관에서 체포하여 보안사로 연행하는 사건이 발생했다. 후에 김영삼 정부의 사법부가 "반란사건"으로 판결을 내렸던 사건의 시작이었다. 그 과정에서 총격전이 벌어져 희생자가 발생했다. 김재규가 박정희를 시해했을 당시 정 장군이 안가에 있었다는 것이 이유였다. 김재규가 정승화 장군과 함께 박 대통령의 시해를 음모했다는 것이었다. 그 사건과 함께 보안사령관인 전두환의 얼굴이 자주 TV에 등장하게 되었다. 12월 12일 아침, 한국정치학회는 정기총회를 갖고 새 회장을 선출하게 되어 있었다. 나와 성균관대의 교수가 경쟁을 벌이게 되었다.

그날 아침 시작된 정치학회 총회 회의장은 12 · 12 사태를 반영한 듯 묘한 긴장감이 감돌고 있었다. 아침에 회의장에 나가보니 전에 보지 못한 낯선 회원들이 많이 보였고 특히 유신체제 때 활동했던 교수들이 상당수 보였다. 12 · 12 사태로 그들의 사기가 고양된 모양이었고 나의 경쟁자를 지원하기 위해 많이 동원되었다는 소문이 들렸다. 마지막 순서인 회장 선출에서 나는 몇 표 차로 패배했다. 실망스러웠지만 결과에 순순히 승복하였다. 그런데 한국의 정치상황은 정치학회의 선거결과를 훨씬 넘어선 매우 중대하고 심각한 상황으로 변해가고 있었다.

12 · 12 사태를 단지 정승화 육군참모총장을 김재규와 함께 시해사건의 공범 혐의로 체포한 사건으로 보기에는 그 사태는 너무나 심각한 하극상 사건이자 제2의 쿠데타로 가는 신호탄이었다. 3권(행정, 입법, 사법)을 장악하고 있는 계엄사령관이자 육군참모총장을 총격전 끝에 체포한 것은 아무리 보아도 심상한 일은 아니었다. 정승화 장군은 시해사건 직후 군부의 수뇌회의석상에서 유신체제는 끝났다는 것을 암시하는 발언을 한 것으로 알려졌다. 그런데 그 자리에서 전두환만이 유독 “유신체제가 뭐가 나쁘냐”고 항의했다는 사실을 10 · 26 이후 서울에 자주 와 취재했던 도쿄주재 뉴욕타임스 기자에게서 들은 일이 있다. 그래도 나는 군이 다시 쿠데타를 일으킬 가능성은 희박하다고 생각하고 있었다.

박 대통령의 시해사건 두 달 후에 일어난 12 · 12 사태가 결국 제2의 쿠데타로 가는 수순(手順)이었음을 짐작한 사람은 많지 않았을 것이다. 그것을 막을 수 있는 기회가 주어졌는데도 민간인 정치 지도자들은 그 역할을 제대로 수행할 자질을 지닌 사람들은 아니었다. 나는 박정희 사망 후의 국민감정을 볼 때 군이 다시 집권하기는 쉽지 않을 것으로 보았다. 물론 그런 가능성을 전혀 배제하지는 않았지만 확률이 낮다고 본 것이다. 아마도 평소에 전두환이라는 인물과 그가 키워온 '하나회'라는 군부 안의 사조직의 활동을 제대로 파악했더라면 나의 생각도 달라졌을 것이다.

그런데 시해사건 후 한국의 정국(政局)은 혼란상태에 빠졌다. 야당 지도자들과 그 추종자들 사이에 분열이 일어났고 보이지 않았지만 유신 잔당들의 움직임도 있었다. 그들 잔당세력의 배후에는 12 · 12 사태를 일으키고 정국이 혼란에 빠질수록 집권기회를 호시탐탐 노리던 전두환과 하나회가 있었다고 보아야 할 것이다. 한편 대통령직을 대행한 최규화는 민주화를 위한 개헌시기를 1년 후로 미루고 있었고 야당은 즉각적으로 유신헌법을 폐지하고 민주적인 헌법을 제정하자고 요구하면서 정부와 맞서고 있었다.

국회에서 새로운 헌법 제정을 위한 작업을 추진하기도 했다. 그처럼 12 · 12 사태 이후 근 5개월 동안의 정국은 정부와 여 · 야당 그리고 재야세력 사이에 시해사건 후의 정권교체를 둘러싸고 서로 주도권을 잡기 위한 치열한 싸움이 벌어지고 있었다. 나도 다른 사람들처럼 야당의 두 지도자 사이에 대통령 출마를 놓고 벌인 대대적인 각축전을 보면서 정국의 앞날에 대해 매우 비관적인 생각을 갖고 있었다. 그러다가 5 · 18 광주민주항쟁이 터졌다.

제**7**장

두 번째 쿠데타와 80년대의 대학가: 『한국의 정치』 외 출간

* * *

광주민주항쟁

1980년 5월 17일 전라남도 광주에서 학생과 시민이 민주화를 요구하며 시내를 중심으로 대규모의 시위에 들어갔다. 그 며칠 전 전두환과 그를 지지하던 장성급장교들과 영관급장교들이 모여 최규하 대통령을 하야시키고 소위 새 군부가 집권할 계획을 꾸몄다. 그리고 군대가 국무회의실을 둘러싼 가운데 국무위원 전원을 사퇴시켰다. 이 모든 것이 전두환 지휘 아래 일부 장성들과 하나회 소속 장교단에 의해 추진되었다. 일부 군인들이 합법적인 정부를 폭력과 힘으로 뒤엎은 두 번째 쿠데타가 발생한 것이다. 그런 상황 속에서 5월 17일 광주시민과 학생의 시위가 일어났고 이에 대해 현지 주둔 군대와 서울에서 급파된 공수부대원들이 총격을 가하면서 출혈사태가 일어났다. 수없이 많은 시민과 학생들이 총탄에 맞아 쓰러졌다. 광주민주항쟁이라 부르는 비극적인 민간인 학살사태가 발생한 것이다.

첫 번째인 5 · 16 쿠데타와, 전두환과 하나회가 일으킨 두 번째 쿠데타는 몇 개의 공통점을 갖고 있었다. 두 가지가 모두 다 하극상으로 시작했다는 점이다. 장면 정권 중기에 군내부에서 대령급이 주동이 된 하극상 사건이 일어났다. 김종필 중령이 육사 8기 동기생들을 중심으로 군 고위직을 독차지한 장성들의 부정부패척결을 명분으로 내 세워 군부정화운동을 전개하면서 상사인 장성급장교들을 공개적으로 비판한 것이다. 김종필이 하극상 사건의 주동인물로 드러나 예편되었다. 김종필은 박정희의 조카사위였다. 군부의 부정부패가 주요쟁점이었고 그것은 인사문제와 진급문제와도 연결된 복합적인 문제였다.

두 번째 쿠데타에서도 공격의 목표로 삼은 것은 구제 사관학교나 종합학교 출신 장성급장교들이었다. 그들이 4년제 정규사관학교 졸업자들의 진급을 가로막고 있는 것으로 인식될 수 있었다. 하나회 소속 장교들은 스스로 가장 우수한 장교들의 모임으로 착각할 수 있었다. 4년제 정규사관학교를 비교적 우수한 성적으로 졸업한 자들만을 모아 만든 사조직인 만큼 하나회 회원들은 교만할 수밖에 없었다. 그들에게 비친 구 장성들은 대개 비정규사관학교 출신이거나 한국전쟁 당시 종합학교 출신자들이 많았다. 정규사관학교 졸업생들이 그들을 "똥장군"이라고 부른다는 소문이 돌기도 했다.

그만큼 군고위직을 차지한 비정규사관학교 출신과 정규사관학교

출신 사이에 암암리에 긴장과 갈등이 있었다고 보아야 할 것이다. 사실 두 번째 쿠데타가 일어나던 5월 17일, 육군본부를 장악한 쿠데타군은 장성들의 군복을 벗기고 벌거벗긴 채 계급장을 떼는 등 거침없이 하극상의 망동을 부렸다. 군내부에서 생긴 치열한 갈등과 대립이 쿠데타 발생의 한 요인이 되었다고 할 수 있다. 그리고 두 개의 쿠데타가 한국 국내의 정치상황을 행동개시의 명분으로 이용한 것도 또 하나의 공통점이다. 두 번째 쿠데타를 일으킨 주동세력은 자기들 스스로 '신군부'라고 호칭하였다. 비정규사관학교 출신과 구별하려 한 것이다. 정규사관학교 출신 장군들은 선배 장군들을 "똥장군"이라 부를 정도로 거만을 떨었다.

쿠데타를 일으킨 전두환과 그의 추종세력은 국가보위위원회(국보위)라는 과거 박정희의 국가재건최고회의를 모방한 기구를 통해서 3권을 장악하였으며 유신체제 때 박정희를 대통령으로 선출한 것처럼 통일주체국민회의를 소집하여 전두환을 임기 7년의 대통령으로 추대했다. 이 모든 과정은 반대세력을 감옥에 가두거나 활동할 수 없도록 감시하는 속에서 진행되었다. 김영삼은 가택에 감금되었고 김대중은 국가반란죄라는 죄명으로 구속되어 군법회의에서 사형을 선고받았다. 김종필은 부정축재 죄목으로 구속되었다. 김대중은 외부세력의 개입으로 사형은 면했으나 형무소에서 4년 넘는 옥고를 치르고 국외에서 반정부활동을 하지 않는다는 서약을 한 후 미국으로 출국했다.

우드로 윌슨(Woodrow Wilson) 연구소에서 보낸 1년

국보위가 조직된 직후인 1980년 6월 말경 어떤 사람이 나에게 전화를 걸어와 미국에 친선방문단을 보내게 되었는데 거기에 내가 단원으로 포함되었으니 준비를 해 달라는 것이었다. 나는 일언지하에 거절하였다. 사실 나는 1980년 미국 워싱턴 DC에 있는 우드로 윌슨 국제연구소로부터 1980년 9월부터 시작하는 시니어 펠로우(Senior Fellow)로 오라는 초청을 받고 있었다. '서울의 봄'이라고 부르던 학생과 시민의 민주화운동이 한창이던 때 초청장을 받고 한국에 진정으로 민주화가 온다면 남아서 지켜보는 것도 의미가 있을 것 같아 답장 쓰는 것을 미루다가 5 · 17이 일어나자 나는 초청에 응한다는 답장을 보냈다. 또다시 쿠데타 치하에서 겪을 일을 생각하니 당분간 미국에 가 있는 것도 좋다고 생각했다. 나는 1980년 8월 27일 서울을 떠나 워싱턴으로 갔다. 그리고 1년 후 1981년 6월 30일에 귀국했다.

내가 워싱턴 DC에 도착하였을 때는 카터 정부로부터 레이건 정부로 교체된 지 얼마 후였다. 1979년 11월 선거에서 당선된 레이건 정부가 인수인계작업을 마치고 집권을 시작하던 때였다. 그런데 한국에서 쿠데타가 발생하는 비상사태가 발생했다. 우연이라 보기 어렵게 한국에서 일어난 정치적 비상사태는 미국에서 정부 교체가 있거나 미국이 심각한 대외문제 때문에 한국문제를 다룰 겨를이나 여력이 없는 상태에서 발생한 측면이 있다. 유신체제를 선포할 당시도 미국의 닉슨 대통령은 월남전쟁 때문에 골머리를 앓고 있었고 그것을 조속히 종식시키는 데 모든 관심을 집중하고 있었다.

박정희는 미국 정부가 막중한 문제를 안고 있을 때 그 틈을 이용하여 가장 강성의 독재체제인 유신체제를 수립했다. 마찬가지로 전두환 역시 한국의 민주화를 강요하다 박정희와 갈등관계를 가졌던 카터정부가 물러나기 얼마 전에 12 · 12 사태를 일으켰다. 카터 정부는 그 당시 아야톨라 호메이니(Ayatolla Homeini)가 이끈 이란혁명 당시 미국 대사관 내에 있던 직원들을 구출하는 작전을 시도하다 실패하면서 재선기회를 놓친 때였다. 전두환은 그 시기를 틈타 쿠데타를 일으킨 것이라 볼 수 있다. 그리고 보수주의 성향의 레이건 정부는 한국의 안보에만 관심을 두어서 쿠데타로 집권한 전 정권에 대해 정면으로 반대 입장을 취하지 않았다. 레이건 정부 내에는 어느 면에서는 한국의 정치적 안정을 위해서는 쿠데타가 불가피하다는 주장을 할 수 있는 보수주의자들이 많았다.

서울에서 또 하나의 쿠데타를 겪고 실망감을 갖고 미국에 간 것은 1980년 8월 하순이었다. 1년간 휴직하려고 김상협 총장의 허락을 받아야 했는데 나를 대신해 결재를 받으러 들어간 정경대학장에게 김상협 총장은 "다 도망가면 어떻게 해"라고 짜증을 내더라고 했다. 내가 그때 고대에 남아서 김 총장에게 실제적인 도움을 주는 일은 아무것도 없었다. 그러나 김 총장으로서는 어려운 시기에 그래도 자기 주변에 사람들이 있으면 좀 위안은 될 것으로 생각했을 것이다. 그 얘기를 듣고 미안한 감을 가졌던 것이 기억난다.

워싱턴에 도착하여 자리를 잡고 윌슨 연구소에서 연구실을 배정받아 나의 과제인 한미관계에 대한 글을 쓰기 시작했다. 세계 자료가 다 와 있다고 할 정도로 유명한 미국 국회도서관(Library of Congress)에 가서 자료를 찾고 여러 사람을 직접 만나 보았다. 특히 인상에 남는 것은 5 · 16 쿠데타 당시 주한 미대사관의 대리 대사였던 마셜 그린(Marshall Green) 대사를 만나 그 당시의 여러 가지 이야기를 들었던 점이다. 내가 알고 있던 것 이상으로 크게 새로운 내용은 아니었지만 그 당시를 회상하면서 생동감 있게 이야기하던 것이 생각난다. 그린 대사는 5 · 16을 이집트(Egypt)에서 낫세르(Nasser) 대령이 주동이 된 「자유장교단」이 일으킨 쿠데타와 매우 유사하다는 주장을 하기도 했다. 박정희를 나기브(Nagiv)로 보고 김종필을 낫세르로 본 것이다. 한국의 경우 다른 점은 박정희는 계속 집권했으나 나기브는 한국의 김종필 격인 낫세르에게 권력을 빼앗겼다는 차이이다.

그린 대사의 이야기에 흥미를 느껴 귀를 기울인 점은 한국에서 전 동아일보 정치부 기자를 지낸 사람이 이후락과 김종필 사이의 권력투쟁 양상을 이야기하는 가운데 이후락이 박정희에게 당신은 이집트의 나기브가 되겠느냐 아니면 낫세르가 되겠느냐고 박과 김 사이를 이간질했다고 말했다는 것이다. 그때는 1968년으로 박정희가 3선 개헌을 해서 다시 대통령에 출마하려고 하던 때였고 공화당 내의 친 김종필 세력이 그를 다음 대통령 후보로 밀기 위해 암암리에 활동하고 있었던 때였다. 그 얼마 후 김종필은 공화당 의장직에서 쫓겨났고 그를 밀던 공화당지도층 인사들이 중앙정보부에서 호된 고문을 당한 사건이 일어나기도 했다. 한국정치의 진면목(眞面目)과 권력정치의 무자비함을 보여준 한 단면(斷面)이었다.

1980년 8월의 워싱턴 정가(政街)의 화제의 하나는 한국에서 '신군부'라는 전두환이 이끈 쿠데타군이 김대중 야당 지도자를 '사형시킬 것인가' 하는 것이었다. 내가 있던 우드로 윌슨 국제연구소에 주일 대사관의 정치담당 참사관이 찾아와 그 질문을 했고 부르킹스 연구소의 여러 연구원들이 찾아와 같은 질문을 했다. 나는 그때 느낌으로는 전두환이 김대중을 죽일 것으로 보았다. 그에 대한 군부의 증오감이 너무나 강했기 때문이다. 박정희 정권 때도 그랬지만 특히 광주사태 이후 집권 군부는 이성을 잃은 듯했다. 그 후에 알게 된 일이지만 전두환 정권은 주미대사관의 정보부 파견 참사관을 통해 레이건 정부의 알렌(Allen) 안보담당 비서관과 김대중의 사형문제를 놓고 물밑 거래를 하고 있었다.

전두환을 미국에 초청하여 그를 합법적인 대통령으로 인정해주는 대가로 김대중의 사형을 면하게 하겠다는 것이 한미 간의 거래였다. 그런 거래가 성사되어 김대중은 사형을 면할 수 있었다. 그해 겨울 전두환은 워싱턴에 초청되었으나 국빈대우 초청(state visit)이 아니라 업무 초청(work visit)이라는 낮은 격의 국가원수 자격으로 미국을 방문한 후 LA를 거쳐 귀국하였다. 마치 조선시대에 세자 책봉을 위해 중국 황제의 승인을 받으러 갔던 사신들과 비슷하게 전두환의 방미 역시 제2쿠데타의 정당성을 확보하기 위한 방미여행이었다. 5·16 후 박정희 장군이 미국을 방문해서 쿠데타의 정당성을 인정받으려 했으나 케네디 대통령으로부터 조속한 민정복귀를 조건으로 승인받은 것과 같이 이번에는 김대중 석방을 조건으로 미국이 전 정권을 인정하게 된 것이다.

우드로 윌슨 국제연구소에 도착하자 소장은 나에게 한국에 대한 회의를 하나 조직하라고 했다. 캔사스대학에 있던 이채진 교수와 시애틀의 워싱턴 주립대의 부르스 커밍스 교수에게 전화해서 발표해 달라고 했다. 전 정권이 집권하게 된 다음 한미관계를 어떻게 관리할 것인가 하는 것이 회의주제였다. 열띤 토론을 야기한 것은 커밍스 교수가 그 자리에서 미국이 북한과 곧 관계를 개선해야 한다고 주장한 것이었다. 미국 국무성 관리들과 여러 정책연구소의 아시아 전문가들이 모인 그 자리에서 기존의 미국 정부의 입장을 바꿔야 한다는 주장을 한 것이다.

그의 요지는 한국에 또다시 군사정권이 수립된 이상 남북관계가 더욱 긴장상태로 전개될 가능성이 크다는 것이며 미국이 직접 북한과 대화의 길을 터야만 그런 긴장을 완화해 나갈 수 있다는 것이었다. 그러나 그 자리에 나온 참석자의 다수는 커밍스의 주장에 반대하는 입장이었다. 나는 회의의 사회자로 그의 주장에 대해 견제하는 주장을 폈다. 그러나 전 정권이 쿠데타와 대대적인 유혈사태를 통해 집권한 정권인 만큼 그 앞날은 매우 험난하며 그것이 한미관계에도 상당히 어려운 문제들을 가져올 것이라는 점을 경고했다. 특히 학생들이나 야당을 중심으로 '반미감정'이 격앙되는 상황이 올 것이라는 점을 지적했다. 그 후 그 연구소에서는 반미감정 또는 반미주의에 대한 연구 과제를 설정하여 장기간 중남미에서 학자를 불러 세미나를 했다. 그 전후 이미 그 연구소를 중심으로 슈미터(Schmitter)와 오도넬(O'Donnel), 그리고 후안 린츠(Juan Linz) 등이 참가하는 민주화 연구가 활발하게 진행되고 있었고 그들이 두 권의 민주적 전환에 대해 다룬 책을 집필한 바 있다.

윌슨 센터(Wilson Center)에 있는 동안 아내가 와서 몇 달 같이 있다가 귀국했다. 그 당시 워싱턴 근방에는 나의 중학교 동창생들이 여러 명 있었다. 주말에 가끔 만나 맥주를 마시며 살아가는 이야기를 나누곤 했다. 또 워싱턴에서 멀지 않은 펜실베이니아 주의 작은 도시에 살던 방사선과 전문의인 윤찬이 차를 몰고 주말에 워싱턴에 내려오기도 했다. 그는 미국인 간호사와 결혼하여 시민권을 얻어 개업하고 돈을 많이 벌어 아주 여유 있는 생활을 보내고 있었다.

1년간의 연구생활을 마치고 서울로 돌아가려는데 프린스턴대학의 잔센(Marius Jansen) 교수에게서 프린스턴대학에 들러 달라는 편지가 왔다. 그가 주관하는 동북아지역연구센터의 연구발표회(colloquium)

에서 발표를 해달라는 것이었다. 그래서 1970년 떠난 후 근 11년 만에 프린스턴을 방문하게 되었다. 나를 위해 영빈관에 방을 잡아 주었다. 그리고 그날 오후 회의장에 가보니 저명한 미국의 사회학자인 레비(Marion Levy)가 와 있었고 중국사학자인 리우(Liu) 교수와 아시아를 전공하는 교수들 몇 사람과 미국 학생 그리고 한국 학생이 와 있었다.

광주항쟁과 앞으로의 한국정치에 대한 나의 전망을 간단히 말하고 질문을 받았다. 여러 명이 열띤 질문을 제기했다. 한국 학생들은 한국의 앞날에 대해 걱정을 많이 했다. 그때 프린스턴대학의 도시계획학과 조교수로 있는 임길진 박사를 처음 만났다. 내가 중앙대에서 가르칠 때 같이 있었던 임근수 교수의 아들이었다. 애석하게도 임길진 교수는 2007년 교통사고로 아깝게 일직 타계했다. 우수하고 유능한 학자였다. 그도 한국을 매우 비관적인 관점으로 보고 전 정권의 장래에 대해 부정적인 논평을 했다.

다시 워싱턴으로 돌아와 짐을 싸고 1년간의 연구생활을 마치면서 나는 연구소에서 여는 발표회에서 그동안 준비한 논문인 "한미관계의 오늘과 미래"를 발표하고 질문을 받아가며 한국과 미국이 당면할 쟁점들과 문제들에 대한 나의 견해를 밝혔다. 제2의 쿠데타를 겪은 한국으로 돌아가려는 나의 심정은 답답한 것이었다. 앞으로 한국정치가 결코 평탄하지 않을 것이라는 주장을 논문 결론에서 강조하였다.

반체제운동이 극도에 달한 대학가

1981년 7월 한국에 돌아왔다. 예상대로 나라는 어수선하였다. 고대에서 가을 학기부터 강의를 시작하였다. 대학 구내는 과거 유신체제 때를 상기시키는 소요사태가 매일 계속되고 있었다. 1년간 공백기를 가졌던 때문인지 세상 돌아가는 것이 궁금하여 성균관대의 차기벽교수님을 찾아가 교수 연구실에서 학생운동의 동태에 대해 들었다. 또 조선일보의 논설위원이던 양호민 교수를 찾아가 다방에서 정치상황에 대해 많은 이야기를 들었다.

미국에서 돌아와서 얻은 인상은 학생들의 반정부운동이 과거 유신체제는 물론 그 이전의 공화당정권 당시의 반대운동과도 다른 성격의 것이라는 점이었다. 학생운동을 이끄는 이념적 성향이 훨씬 과격하고 좌경화되어 있었다. 또 학생들의 반미주의도 과거 어느 때보다 돌출적이고 과격하다는 것을 느꼈다. 반미감정의 차원이 아니라 반미주의라고 할 이념적 내용을 지니고 있었다. 과거의 반정부 운동과는 달리 운동의 목표가 유신 때처럼 반독재나 민주화요구의 차원이 아니라 계급투쟁적인 주장을 담은 "혁명" 이나 민족주의를 내세운 "남북통일"에 두고 있다는 것을 알게 되었다.

국내 각 대학에서 마르크스주의 이론이 선풍을 일으키고 있어서 그 외의 이론이나 주장은 모두 부르주아 이론이라고 일소에 부쳐지거나 외면당하고 있었다. 학생들은 독서회라는 이름으로 그룹을 만들어 좌익계통의 책을 읽으면서 대학 신입생들을 운동권으로 끌어들이고 있었다. 그런 독서회 회원들을 의식화와 정치화시킨 다음 반정부운동에 앞장서게 하였고 그러다가 경찰에 잡혀간 학생 수도 날로 늘어났다. 조잡한 마르크스주의의 계급론적 주장을 담은 글들이 난무하고 있었다. 어떤 동료 교수의 말처럼 '마르크스주의 열병'에 걸려 있었다.

왜 그렇게 되었는지를 곰곰이 생각해 보았다. 나는 그처럼 학생운동이나 재야반정부운동이 과격화한 이유 중 가장 결정적인 것은 광주항쟁이라는 비극이었다고 보았다. 전두환 정권이 쿠데타로 집권하면서 많은 사람들을 희생시킨 그 대가가 클 수밖에 없었다. 그런 과격한 방법에 의해 집권한 정권을 무너뜨리려면 보다 과격한 수단방법에 의존해야 한다는 것이 운동권 학생의 주장이었다. "혁명"이라는 극단적인 방법에 의해서만 정권을 타도할 수 있다는 것이다. 반미사상이 격화된 이유는 운동권 학생들 사이에서 전두환이 집권하게 된 것은 미국이 배후에서 지원했기 때문이라고 보았기 때문이다. 광주항쟁에 미국이 개입하지 않은 것은 미국이 쿠데타군을 지지했기 때문이라고 했다.

학생 사이에 반정부운동의 성격이 과격화, 좌경화, 좌익이념화 성향을 나타내고 있는 심각한 상황에서 나는 다시 가을 학기부터 강단에 섰다. 그때 나는 나와 여러 학생 사이에 의사소통의 통로가 사라져가고 있다는 것을 느꼈다. 그동안 내가 가르쳐 온 이론들이나 강의 내용으로부터 학생들의 관심이 멀어져 가고 있었다. 교과서를 들고 다니기보다는 좌익서적을 들고 다니는 학생들의 수가 많이 눈에 띄었다. 기존의 정치학이론이나 설명에 대해 비판과 공격을 가하려는 소위 '수정론'이나 마르크스주의를 사회과학의 진수나 전부인 것처럼 주장하는 성향이 학생 사이에 인기를 끌고 있었다.

가장 심각하다고 본 것은 운동권 중 과격한 성향의 학생들이 대한민국의 정통성 자체를 부정하려는 성향을 나타내는 것이었다. 심지어 김일성의 소위 '주체사상'을 대단한 사상이나 되는 것처럼 떠받들고 마치 김일성은 항일투쟁을 한 위대한 민족주의자인데 반해 대한민국의 지도층은 친일세력으로 구성되어 있다는 등의 극단적인 주장이나 발언을 거침없이 떠들어댔다.

그런 북한이 오히려 보다 민족적이고 주체적인 국가이며 반대로 남한은 미국에 의해 지배되고 있는 종속국가라는 북한의 선전내용을 외우는 세력이 등장했다. 그들의 주장은 같은 민족끼리 남북한이 자주적으로 통일해야 한다는 매우 허황된 것이었다. 결과적으로 대한민국은 건국 이래 과거 어느 때보다 심각한 국론분열현상에 직면했고 해방 직후의 좌우이념투쟁이 재현되는 불안상태에 빠져들고 있었다. 그것이 1980년대 후반, 전두환 정권이 들어선지 3~4년 후의 한국정치의 모습이었다.

한국정치학회 회장과 사회과학협의회 회장의 겸임

앞에서 썼지만 1979년 12월 13일, 즉 10 · 26 박정희 대통령 시해사건이 있은 후 두 달이 지나 12 · 12 사태가 발생한 다음날 한국정치학회 총회에서 회장선거에 나갔다가 패배한 일이 있다. 미국에서 돌아온 나에게 친구들과 동료들이 1981년 12월에 있을 회장선거에 다시 나가기를 권했다. 나는 전처럼 치열하게 선거전을 하면서 회장에 나갈 생각은 추호도 없었다. 그래서 내가 단일후보라면 나가겠다고 했다. 그 당시 한 사람이 출마할 의사를 표명하고 있어서 그분과 협의

끝에 그분을 부회장으로 추대하기로 하고 무투표로 한국정치학회 회장으로 선출되었다. 그리하여 1982년 12월 말까지 1년간 한국정치학회 회장으로 일했다.

내가 미국 유학에서 돌아온 후 1962년경 한국정치학회의 모임에 참석한 적이 있다. 동숭동에 있던 서울대 문리대의 한 작은 교실에서 총회를 겸하여 논문발표회가 있었다. 당시 회장은 서울대 정치학과의 민병태 교수였고 구범모 교수가 총무일을 맡고 있었다. 그 학회 모임에 참석한 인원은 30명이 될까 말까 할 정도였다. 그것이 60년대 초 한국정치학회의 모습이었다. 미국 뉴욕에서 미국정치학회 연례 총회를 한 번 본 적이 있었는데 시내 일급 호텔 여러 곳에 분산해서 회의를 개최하였다. 1950년 당시 미국정치학회의 회원수는 5,000명이었다. 그런데 내가 회장직을 맡았을 때의 한국정치학회 회원은 500명 정도였다. 그동안 많은 성장을 한 셈이다.

전 정권이 집권한 지 3년 미만이었지만 정국은 매우 혼탁했다. 정부와 가깝지 않았던 나로서는 학회활동비를 모으는 일이 보통일이 아니었다. 때마침 이규호 박사가 문교부장관으로 있어서 약간의 도움을 받았다. 이 장관은 내가 중앙대 정치외교학과 교수로 있었을 때 중앙대 철학과 교수로 있었고 자주 만나 잘 알고 있는 분이었다. 그 후 연세대로 갔던 분이다. 조선신학교 졸업생이고 김재준 목사의 제자로 경동교회의 강원룡 목사와도 가까운 사이였다. 부산 피난시절에 같은 교회에 나가기도 했다. 이 장관은 전두환 정권 내의 실세로 인정될 정도로 막강한 영향력을 가지고 있었다.

한국정치학회 회장이 되면서 나는 아시아지역의 정치학자들이 모여 자기 나라의 문제들을 같이 논의하고 연구하는 기구를 가졌으면 하는 생각이 있었다. 그런 생각을 아시아재단의 대표로 와 있었던 시거(Sigur)에게 이야기했더니 적극적인 방응을 보였다. 그래서 아시아 재단의 지원을 얻어 APSA(Asian Political Science Association)라는 기구를 만들었고 태국과 한국에서 두 번 모임을 가졌다. 그 다음 차례로 필리핀과 호주에서 회의를 갖기로 했으나 두 나라의 정치학회 회장이 돈을 모으지 못해서 결국 그 조직은 유명무실화되고 말았다. 그러나 그 후에 한국정치학회가 그 구상을 이어 동남아국가들과 연차적으로 국제회의를 열고 있으니 내가 한 시도가 무의미했던 것은 아니었다.

1982년 아직 한국정치학회 회장으로 있을 때 한국사회과학협의회 이사회가 나를 회장으로 선출했다. 12월에 만료될 정치학회 회장의 임기 몇 달 전으로 기억한다. 협의회 회장직과 정치학회 회장직을 겸임하고 있을 때 서강대의 황일청 교수의 소개로 우리나라 유수의 제화회사인 에스콰이어 회장이신 이인표(李寅杓) 회장을 알게 되었다. 이 회장은 사직동 언덕 위에 있던 여자상업학교건물을 인수하여 그곳에 사회과학도서관을 설립하였다. 이 분은 그 후에도 지방의 어려운 학생들을 위해 여러 곳에 도서관을 설립하신 독지가이시다. 내가 이 분을 알게 되었을 때 사회과학도서관은 개관한 지 얼마 되지 않은 시점이었다. 나는 이 회장에게 그곳에 우리 협의회에 속한 일곱 개 사회과학분야 학회사무실을 둘 수 있도록 해 달라고 부탁하여 허락을 받았다. 여자상업학교가 쓰던 그 건물의 교실들을 약간 개조하여 사무실로 만들었다. 그리고 따로 한 개의 사무실을 얻어 한국사회과학협의회의 사무실로 사용하게 되었다.

나는 1965년 『이론정치학(理論政治學)』(일조각)을 첫 번째 저서로 시작한 후, 두 번째로 1971년 『비교정치론(比較政治論)』(법문사)을 출간하면서 세계의 다양한 정치체제들에 대한 비교연구를 위한 이론적인 시각들을 체계적으로 정리하는 데 집중했다. 여러 정치체제를 비교연구하는 궁극적인 목표는 우리나라의 정치에 대하여 보다 적절한 이해와 설명을 할 수 있는 이론적인 틀을 구상하려는 데 있었다.

세 번째 저서가 되는 『일본근대화연구(日本近代化硏究)』(고대출판부, 1973)는 내가 고대의 아시아문제연구소의 일본연구실을 맡게 되면서 발간한 것으로 그것을 집필한 이유는 한국이 겪고 있는 '근대화'와 일본의 근대화를 비교하는 것이 유용할 것이라는 생각이 들어서였다. 일본은 오래전 이미 겪은 것이지만 후발 근대화를 겪는 한국이 일본으로부터 얻을 수 있는 교훈이 있다면 어떤 것일까를 문제의식으로 한 책이다.

1979년에 쓴 『정치학방법론(政治學方法論)』(법문사)은 주로 강의를 위한 교재용으로 쓴 것이지만 그동안 도서관에서 책을 위주로 공부하고 연구해온 학생들에게 어떤 사회과학적 방법이 있는가를 소개해주는 개론서로 쓴 것이다. 그러다 1980년대 후반부터 한국정치를 연구하는 쪽으로 계획을 세웠다. 한국정치의 기본적인 형태와 구조적 틀을 이해하기 위한 방법으로 한국정치의 권위구조(Authority Structure)라는 개념을 생각했고 그 구조와 과정의 밑그림을 그리기 시작했다. 비교정치를 연구하면서 여러 나라의 정치현상에 대한 비교적 폭넓은 이해와 한국정치와 다른 정치체제들 사이의 차이를 실감해온 나는 한국정치에 대한 이론적인 시도를 시작해 보고 싶었다.

저서 (5): 『한국의 정치』(1984)

다섯 번째 저서인 『한국의 정치』(博英社, 1984)는 그런 시도를 보여준 책이다. 대학에서 정치학을 가르치면서 틈틈히 학술지나 월간지에 기고한 논문들 가운데 적절한 것을 골라 엮은 책이다. 한국정치를 연구하고 분석하기 위한 큰 그림을 그린다면 어떤 항목을 포함시킬 것인가를 생각하면서 정치적 권위구조(Political authority structure)라는 구조적 개념을 시작으로 그 구조 안에서 일어나는 정치적 다이내믹스를 다루려 했다. 한국정치 엘리트의 특징, 행정 입법부의 상호관계, 정책결정과정의 특징, 그리고 정치적 권위구조의 기반을 형성하는 정치문화의 내용 등을 다루었다. 정책결정과정의 예로 이승만 정권의 경향신문 폐간 결정과정을 사례로 들었고 정치발전의 방향, 권위주의체제의 청산과 민주화를 다루었다. 나는 이 책을 한국정치에 대한 연구성과라기보다 나의 연구의 중간보고와 같은 것으로 생각한다.

특히 이 책을 통해서 강조한 것은 한국의 정치체제도 중요하지만 엘리트나 대중의 정치의식과 행동패턴을 의미하는 정치문화(政治文化)의 중요성이다. 어떤 정치체제(정권)이든 그 체제하에 살고 있는 정치 지도층이나 시민들은 생각하고 느끼고 판단하는 사람들이다. 국민들은 정치를 운영하는 정치가들에 대한 생각, 느낌, 호감, 혐오감, 긍정, 부정 등 다양한 태도를 가지고 있다. 국민이 갖는 태도, 느낌, 생각의 총체를 가리켜 그 나라의 정치문화라고 부른다. 그래서 한 국가, 정치체제 내에 어떤 생각이나 감정이나 판단, 평가를 내리는 사람들이 어떤 양상으로 분포되어 있는가를 논하게 된다. 한국의 정치문화는 바로 그런 분포 양태의 내용을 말하는 것이다. 그리고 국민 사이에 다양하면서도 서로 공통된 면을 공유하고 있는 것이 정치문화이다. 그런 분포상태를 알아보고 그것이 실제 정치상황에서 어떤 영향을 미치고 있는가를 아는 것은 한국정치의 정치과정이나 정치변화를 연구하려는 학자들에게 매우 의미 있고 학술적 가치가 있는 연구과제인 것이다. 한국정치에 대한 나의 본격적인 첫 연구를 정치문화연구로 시작하기로 했다.

한국정치문화 「서베이」 실시(1983)

1983년 한국의 정치문화에 대한 조사연구를 실시하게 되었다. 한국사회과학협의회 회장으로 취임한 후였다. 이미 미국 정치학자인 알몬드(Almond)는 5개국을 대상으로 정치문화에 대한 비교연구를 실시하여 *Civic Culture*를 출간하였고 *Political Culture and Political Development*가 출간되었으며 정치학계에서 투표행태(voting behavior) 못지않게 정치문화 또는 정치의식에 대한 연구가 큰 관심사가 되고 있었다.

노스웨스턴대학원에서 공부할 때 한국에 돌아가면 「한국의 정치문화」에 대한 연구를 하고 싶었다. 한국에 돌아와 보니 그런 연구를 실시하기 어려운 것을 알았다. 조사비용이 많이 드는데 한국에서 그런 규모의 연구비를 얻는 것은 전혀 불가능했다. 1970년대 초 고려대 교수로 갔을 때 아시아문제연구소의 한국사회연구실장을 맡았으면

했던 것도 한국의 정치문화를 연구하기 위한 연구비를 받을 수 있지 않을까 하는 기대가 있었기 때문이었다. 그러나 가서 보니 그 연구소의 연구방향이나 재정적인 기반은 내가 예상했던 것과는 전혀 다른 것이었다.

1983년 사회과학연구협의회 회장이 되면서 오랫동안 생각해온 서베이(survey)방법을 활용하여 한국인들의 정치의식과 사고양식패턴을 조사해보자는 계획을 추진하기로 하고 연구비 모금에 나선 결과 아시아재단의 시거(Sigur) 대표의 지원을 받을 수 있었다. 그리고 대우재단과 가까웠던 서강대 김덕중 교수(김우중 씨 형)로부터도 재정적인 지원을 얻었다. 김 교수는 나의 작은 처남과 경기고 동창이자 협의회의 이사로 있어서 그의 적극적인 지원이 가능했다. 처음 미국에서 돌아왔을 때인 60년대부터 20년이 지난 1980년대에 와서야 비로소 나의 오랜 꿈이 실현될 수 있었다.

연구자금을 확보한 후 미시간대학에서 일본정치와 서베이조사방법을 공부하고 돌아온 이화여대 어수영(魚秀永) 교수를 연구 파트너로 삼고 연구계획을 작성하였다. 때마침 미국 아이오아대학의 김종림 교수가 서울에 와 있어서 그의 자문도 받을 수 있었다. 질문서를 작성하기 위한 예비조사를 거쳐 최종적인 질문서를 만들어 전국적으로 1,500명의 표본을 무작위로 추출하여 직접 면담을 하였다. 주로 어수영 교수의 제자들과 5개 지방대학에서 정치학과 사회학분야 교수들의 협조로 현지에서 확보한 조사원들을 이용하여 면담을 통해 자료를 얻어냈다. 연구조사를 끝낸 것은 1984년 초였다.

▌저서 (6): 『한국정치문화』(1986)

여섯 번째 저서인 한배호 · 어수영(魚秀永) 공저 『한국정치문화』(법문사, 1986)는 그 실태조사로 얻은 자료를 갖고 쓴 책이다. 이 책을 위한 조사는 1983년 겨울에 실시했는데 1984년 나의 아내가 병으로 장기간 입원하고 있는 동안 나의 집필이 늦어져 그 얼마 후 출간하게 되었다. 한국에서 정치학 분야에서 전국적인 표본에 의한 서베이(survey) 방법에 의한 조사연구는 이것이 처음이었다. 그 후 어수영 교수가 속편으로 조사를 했고 선거기간 중 후보자들의 지원을 얻은 몇몇 교수들이 투표성향에 대한 조사를 했으나 정치문화를 대상으로 한 연구저서는 그 책이 처음이었다. 그런 의미에서 나는 나름대로 보람을 느끼고 있다.

1980년대를 전후해서 나는 여러 권의 영문으로 된 책을 공저 출판했다. 제일 처음 나온 것이 1976년에 미국 워싱턴주립대 출판부가 낸 Dae-sook Suh and Chae-Jin Lee가 편저한 *Political Leadership in Korea*(Seattle: University of Washington Press, 1976)이다. 미국 워싱턴 주립대가 주최하고 고려대에서 모인 세미나 발표논문들을 수록한 책이다. 이 책에 나와 고대 김하룡 교수가 공동집필한 「Party Bureaucrats and Party Development」를 수록했다.

1981년에 외국에서 공저로 출간된 책으로 일리노이주립대 정치학 교수와 와인슈타인(Martin E. Weinstein) 편저 *Northeast Asian Security after Vietnam*(University of Illinois Press, 1982)이 있다. 1978년경 하버드대학교에서 개최한 세미나에서 발표한 논문을 수록한 책이다. 나는 「Korean-American Security Relations in the 1970s:

Opportunities and Dilemmas」를 발표했다. 그 논문에서 유신정치 당시의 한미관계의 문제를 다루면서 외국에서 개최하는 학술회의인 만큼 정면으로 유신체제를 비판할 수만은 없었다. 그러나 유신체제가 한미 양국관계에 부정적으로 영향을 주고 있으며 상당한 긴장상태를 조성하게 된 배경을 논하고 미국의 확고한 안보 공약의 중요성을 논했다. 한국에서는 나만 초청되었는지 알았는데 나중에 당시 청와대 대통령 특보로 있던 김경원 박사가 참가했다. 본인이 자청해서 왔다고 했다. 정부의 입장을 대변하기 위한 것으로 보였다.

1882년은 대한제국이 미국과 처음 수교를 맺은 해이다. 한미수교 백주년이 된 1982년에 한국과 미국에서 학계를 중심으로 여러 행사가 있었다. 한국에서는 서울대 미국학연구소장이었던 구영록 교수를 중심으로 하와이에서 한미 학자가 공동으로 참여하는 학술회의를 가졌다.

▶ 저자의 세종연구소 소장 시절, 서울대 구영록 교수(왼편)와 워싱턴회의 참석 후(1996)

그 회의에서 발표한 논문들은 Youngnok Koo and Dae-suk Suh가 공편한 *Korea and the United States: A Century of Cooperation*(University of Hawaii Press, 1984)으로 출간되었다. 한국 측에서 구영록(서울대), 함병춘(당시 청와대 대통령특보), 한배호, 하영선, 최명, 길승흠, 노재봉, 김학준, 조동성, 박동서, 유의영(UCLA), 서광선이 참석했다. 미국 측에서는 Donald Hellman, Glenn D. Paige, Donald Zagoria, Bruce Cummings, James Morley가 참석하여 토론을 했다. 나는 논문 「Major Issues in the American-Korean Alliance」를 발표하였다.

1985년에는 Youngno Koo and Sung-Joo Han가 편집한 *The Foreign Policy of the Republic of Korea*(Columbia University Press, 1985)가 출판되었다. 이 책은 한국외교의 Historical Legacy, Major Policy Areas, 그리고 Korea's Global Policies로 구성되었고 11명이 공동집필했다. 강영훈, 고병철, 한배호, 한승주, 김일평, 박재규, 박치영, 구영록이 각각 자기 분야에 대해 논문을 썼다. 한국외교를 영문책 한 권으로 다룬 책은 이것이 처음일 것이다. 이 책에 나의 논문 「Korean Policy Toward Japan」을 수록했다.

1980년대 초반의 논쟁: 종속론과 근대화론

1960년대 후반 한국의 사회과학계 내에는 '반미'적인 감정을 가진 사람이 적지 않았다. 이유는 다양했다. 미 군정청하에 미군이 한 일에 대해 반감이 있을 수 있고 미국 정부가 이승만 정권을 지지하는 데 대해 반대하는 감정이 있을 수 있었다. 그리고 해방 후 나아가서는 일제 때부터 한국 지식인 사이에 퍼져 있던 사회주의사상이나 진보적인 이념에 대한 동조 때문에 미국식 자본주의에 비판적인 사람도 있었을 것이다. 여하튼 이런 저런 이유로 미국의 사회과학방법에 대해 비판적이고 반감을 갖는 학자들이 많았다.

경제학자들 중에는 미국식 자본주의를 비판하는 학자들이 있었고 정치학자나 사회학자 중에는 그 당시 미국의 행태주의론(Behavioralism)이나 기능주의론(Functionalism)에 대해 비판하는 사람이 많았다. 1960년대와 그 후 상당 기간 미국사회과학계는 기능주의이론이 주류를 이루고 있었다고 할 수 있다. 쉽게 말해서 기능주의는 어떤 구조가 어떤 기능을 하느냐를 분석하려는 것이다. 미개사회에도 일정한 구조가 있고 그것이 어떤 기능을 한다고 보고 인류학에서 개발되어 사회학으로 그리고 그것이 정치학에까지 전용되어 사회구조와 사회기능, 또는 정치구조와 정치기능을 핵심개념으로 사회현상을 다루는 것이 보편화되었다.

즉 기능주의는 어떤 구조가 어떤 기능(무엇을 하느냐)을 하느냐를 다루는 것이었다. 그리고 모든 사회에 구조적으로 좀 달라도 보편적이며 공통된 기능들이 있다는 보편이론이 나오기도 했다. 기능이론 이후 마치 사회를 유기체나 기계처럼 체계(system)로 간주하려는 이론이 나오게 되었고 많은 미국학자들이 사회체계론, 정치체계론, 국제정치체계론, 경제체계론을 제창하면서 다양한 연구와 이론적인 시도를 한 바 있었다.

일제강점기 이후 우리나라의 학문과 역사적 계속성이 무너진 이유도 있지만 우리나라의 사회과학분야는 사실상 해방 후 백지상태에서 다시 시작했다고 해도 과언이 아니다. 해방 후 일제 때 일본에 유학한 교수들이 대학강단(講壇)에 서게 되면서 교재로 쓴 것은 자신들이 일본대학에서 배운 책들이 주를 이루었다. 내가 1960년 초 미국 유학에서 돌아왔을 때 서울 시내 주요 대학에서 사회과학분야 전공과목을 가르치던 교수들은 거의 전부가 일제 때 일본에 유학한 사람들이거나 그분들에게서 배운 교수들이었다. 그런 교수들이 미국의 사회과학의 동향이나 연구내용에 대해 깊은 이해를 가질 수는 없었다.

미국 사회과학에서 논의되는 이론들을 정확히 이해하고 그것들을 적절하게 비판할 능력을 가진 사람도 많지 않았다. 학회 모임에서 미국 사회학이나 정치학에 대한 비판 중 가장 흔히 나오는 것 중 하나가 기능주의에 대한 비판이었는데 그것이 "보수적"이라는 것이며 후진국이나 한국 같은 사회에서 일어나는 "급격한 변화"를 설명할 능력이 없다는 것이었다. 이데올로기에 얽매인 비판론들이었다. '급격한 변화'란 어느 면에서는 '혁명' 같은 것을 뜻한다고 보는데 그렇다면 한국의 사회과학자 가운데 한국에서 4·19가 일어날 것을 미리 예측하거나 진지하게 이론적인 설명을 해준 사람이 있었느냐 묻는다면 대답은 부정적이다.

사회과학분야에 다 적용될 수 있을지는 모르나 정치학의 경우를 본다면 전공분야에서 지속적으로 제기되는 이슈들에 대해 학자들이 연구결과를 토대로 논의를 벌이는 경우가 드물었다. 어떤 학자가 여러 사람의 관심사가 되고 있는 이슈에 대해 지속적으로 토론을 하고 또 그 견해에 대해 이견을 제기하는 방식으로 학문적, 이론적 지식이나 업적이 쌓이는 것이 아니라 제각기 다른 문제들이나 자신들의 관심사만 주장하거나 그것에 대한 연구결과를 발표하는 것으로 끝났다. 이론이 발전할 가능성이 적어지고 학문적 전통이 생기기 어려웠다.

학문적 전통이 확립되어 있지 못한 만큼 어떤 정치학자가 새로운 주장이나 외국학자의 이론을 들고 나오면 잠시 관심을 끌다가 그것에 대한 반론이 나오거나 또는 전혀 없었다는 듯이 언제인지 모르게 사라지고 만다. 또 어떤 매력 있는 주장이나 이론이 나오면 많은 사람들이 비판하고 장단점을 가리어 상대적으로 이해하기보다 그것을 이미 정립된 일반화된 이론인양 간주하고 받아들이는 경우가 많았다. 이처럼 어떤 주장이나 이론을 일단은 '가설(hypothesis)'로 보고 허점이나 결함이 있는가를 살피며 검증해서 반증하거나 입증하려는 노력이 부족했다. 그런 취약한 학문적 전통을 가진 한국 사회과학분야에서 한동안 떠들썩하게 흥분하여 논란을 벌이던 것이 바로 "종속이론"이라는 남미발진(發進)의 이론적 주장이었다.

종속이론이란 간단히 말해서 후진국들의 경제개발은 불가능하거나 또는 가능해도 원천적으로 한계를 지닌다는 주장이다. 그 이유는 후발국들과 선진 자본주의국가들 사이가 경제적으로 종속 관계에 있기 때문이다. 선진국가를 중심부(core)라고 부르고 후발국들을 주변(periphery)이라 부면서 중심부 국가들이 주변부 국가들을 경제적으로나 정치적으로 지배하게 되어 있다는 주장이다. 중심부 국가들은 주변부 국가들에 대한 자본투자를 통해 자원과 이윤을 확보하면서 그런 관계를 지속하기 위해 주변부 국가들을 정치적으로도 장악하려 한다는 것이다. 그리고 중심부 국가들에 대해 반항하려는 세력을 없애거나 제어하기 위해서 주변부 국가에서 강력한 독재정권이 나타나기를 선호한다는 것이다.

중심부 국가는 자기 이익충족을 위해서는 심지어 쿠데타를 일으키는 세력을 지원하면서까지 주변부에 친 중심부 세력과 정권을 확보하려고 한다. 그렇게 등장한 정권은 반대세력을 무자비하게 탄압 또는 제거하면서 중심부 국가에게 종속적인 관계를 유지하려고 한다는 것이다. 주변부 국가가 그런 종속관계에 걸려 들면 그것에서 헤어날 길이 없고 그 나라가 경제개발이나 근대화를 이룩할 길이 없다는 것이 종속이론의 기본적인 주장이다.

이런 주장을 한 것은 주로 중남미의 학자들이다. 중남미 후진 국가들의 저개발 원인을 찾으면서 그런 주장을 내세운 것이다. 그러나 이 주장은 별로 새로운 것은 아니다. 과거 소련의 레닌(Lenin)이 주장한 제국주의 국가들의 착취론 발상을 더 세련된 개념으로 구성한 것이라고 할 수 있다. 그러면서 종속이론은 근대화이론은 중심부 국가(즉 부르주아지)가 후진국가에 대한 자신들의 통제와 착취를 정당화시키기 위해 만들어낸 이데올로기라고 규탄한다.

종속론자들은 근대화이론이 '종속'이라는 근본적인 구조적 모순이나 한계를 사상(捨象)하면서 근대화라는 사회변화의 원천을 합리성이나 사회의식의 변화 그리고 도시화나 통신 수단의 발달 등 지엽적인 요인들을 중심으로 논하고 있다고 비판하는 것이다. 서구 중심부 국가들이 겪은 과정을 토대로 한 서구화(西歐化) 모방론에 불과하다는 비판이다. 종속이론에는 경제를 하위구조(substructure)라고 말하고 정치나 사회 또는 사상(이념)을 상위구조(superstructure)라고 하며 하위구조가 상위구조를 좌우한다는 마르크스의 주장도 밑에 깔려 있음을 알 수 있다.

1980년 후반의 한국정치학계나 사회학계에서 인기를 끈 것이 바로 종속이론이었다. 그런데 그 이론(엄밀히 말하면 가설?)을 한국에 대입하려고 하다 보니 무리가 생겼다. 겉으로 보면 중심부인 미국과 주변국인 한국은 오랫동안 주종관계를 맺어온 것이 사실이다. 그러나 그 주종관계(그것이 사실이라고 본다면)는 종속이론이 말하는 경제관계에서 온 것이 아니라 우리나라 주변의 국제환경과 군사안보 때문이었다. 종속이론이 한국에 파급되던 때는 전두환 정권에 대한 항쟁이 극도에 달하고 있던 때였다. 그것이 운동권 학생이나 재야정치 세력에게 '신선'한 이론적 무기를 제공해 주는 역할을 한 사실도 간과(看過)할 수 없다.

그렇게 명시적으로 지적하지는 않았지만 유추해 보면 종속이론의 맥락에서 볼 때 경제성장의 길이 구조적으로 막히고 선진국에게 경제적으로는 물론 정치적으로도 종속되어 있는 동안은 정치적인 변화로서의 민주화는 불가능하다. 상당 기간 중남미국가의 경우 그런 주장이 상당히 설득력이 있었다. 그러나 중남미국가에서도 1980년 후반부터 종속이론의 주장을 부정하는 일이 일어났다. 중남미 여러 나라에서 민주화가 본격적인 진전을 보이기 시작했다. 그것이 중남미 국가들이 종속관계에서 벗어났기 때문인지는 종속이론가에게 물어보아야 할 질문이다. 마찬가지로 한국에서 일어난 1980년대의 본격적이고 대규모적인 민주화운동의 발단을 종속이론으로 설명할 수 있을지를 질문해 보아야 한다.

한동안 기승을 부리던 그런 류의 주장들이 1990년대 소련이 멸망하고 동시에 동유럽 공산국가들이 망하면서 서서히 자취를 감추게 되었다. 오래전 근대화를 이룩했던 일본이나 70~80년대에 상당한 수준의 경제개발을 이룩한 한국의 경우는 종속이론보다 산업화와 도시화, 통신시설의 발달, 자유화의 확대 등을 포함하는 넓은 의미의 근대화과정이 민주화라는 정치적 변화와 보다 밀접한 관계가 있다는 것을 경험적으로 보여주었다.

근대화론이 서구 국가들의 오랜 역사적 경험을 참고삼아 내놓은 이론적 가설이지만 그것이 서구 중심이기 때문에 거부하는 것은 어리석다. 종속이론의 가설에 비한다면 근대화이론의 가설이 그동안 세계 각국에서 일어난 변화에 대한 이론과 주장의 검증을 견뎌낼 가능성이 훨씬 높다. 구 공산권 소속 국가들이 모두 독재체제로 존속하기보다 민주체제를 택한 일대변혁을 겪었다는 사실을 설명하는 데도 종속이론이라는 일부 국가의 경험에서 나온 주장보다 오랜 역사적 변화에 대한 통찰(insight)을 토대로 사회변화의 본질을 규명해온 근대화이론이 보다 적실성을 지닐 수 있다고 본다.

한국전쟁 수정론자들의 씁쓸한 퇴장

1980년대에 걸쳐 한국 학계에 불어온 또 하나의 바람이 한국전쟁의 기원에 대한 논쟁이었다. 그것을 제기한 사람은 한국전쟁의 기원을 쓴 부르스 커밍스(Bruce Cumings)였다. 미국에서 젊은이들이 월남전 반대운동을 하던 시절인 1960년대와 70년대 젊은 사회과학자 특히, 정치학자들이 중심이 된 '문제의식을 가진 학자들의 모임(Concerned scholars)'이라는 조직이 있었다. 커밍스는 그 조직에 속했던 소장학자였다. 그가 쓴 책의 요지는 북한이 남한을 침략했다는 침략론을 '수정'한 것으로 한국전쟁은 남북한이 다 같이 상당한 시간을 두고 준비해 온 내전(Internal war 또는 미국의 남북전쟁 같은 civil war)이며 미국도 소련처럼 전쟁을 일으킨 책임을 져야 한다는 것이다. 커밍스는 오히려 미국이 1948년부터 한국전쟁을 위한 전략을 세워 추진했다고 주장했다.

이 책이 나오자 복사판이 학원가를 휩쓸었다. 그동안 교과서에서 배운 대로 북한이 남한을 침략했다는 것을 믿어온 학생들에게 이것은 참으로 신선하고 충격적이 아닐 수 없었다. 동시에 그동안 반미운동을 주동해 온 세력은 미국을 공격하는 데 유력한 자료를 획득하게 된 셈이었다. 커밍스의 책이 의존한 자료는 주로 미국 국립자료관에 보존되어 있는 자료들로 미군이 북한에 진주한 후 수집한 것들이 많이 포함되어 있다. 즉 북한이 전쟁을 일으킨 이유 등을 자기 멋대로 적어놓았을 가능성도 있는 문건들을 이용한 것이다. 그 당시 소련이나 중공의 한국전쟁에 대한 자료에 접근할 수 있는 길은 전무하였다. 따라서 미국 정부 자료나 북한 자료가 연구에 사용되었다.

커밍스의 책이 나왔을 때 학계에서 찬성론과 비판론이 나왔고 여러 가지 서평도 나왔다. 혹자는 그 책의 저자가 사용했다는 자료를 제대로 이해하지 못하고 있다는 평도 했다. 또 저자의 이념적인 편향에 대한 비판도 있었다. 확실히 커밍스의 정치적 성향은 보수보다 진보 쪽이었다. 그는 해방 정국을 논할 때 여운형(呂運亨)을 가장 높이 평가했다는 소문도 있었다.

그러나 그의 책이 결정적으로 비판의 대상이 된 것은 1990년대 후부터이다. 구소련과 중국으로부터 한국전쟁과 관련해서 스탈린(Stalin)과 마오쩌둥 그리고 김일성 간의 전쟁도발을 위한 교신들이 공개되기 시작하면서부터였다. 소련 자료의 일부는 소련 옐친(Yeltsin) 대통령이 김영삼 대통령에게 준 것이었고 중국 측의 자료는 중국관변이나 학계에서 나온 것들이었다. 최근에도 중국으로부터 많은 한국전쟁 관련 자료들이 공개되고 있다.

이처럼 김일성의 요청으로 스탈린이 전쟁을 시작하라고 청신호를 보내주었고 마오쩌둥으로부터는 만일 미국이 참전하게 되면 중공군을 한국전쟁에 투입할 것을 약속받았다는 사실이 만천하에 드러난 것이다. 커밍스의 책의 가치가 하락하면서 한국전쟁 수정론은 허구적인 주장이 되고 말았다. 그를 숭배하듯 따르던 일부 젊은 학자들의 입장도 난처하게 된 것은 물론이다. 나도 커밍스를 개인적으로 좀 알고 있던 사람으로 그렇게 결말이 지어진 것을 안타깝게 생각한다.

아내의 발병

1984년 11월 아내가 노환으로 입원하게 되었다. 아내는 오래전부터 판막문제를 갖고 있었다. 판막이 막혀 혈액순환이 잘 되지 않으면 혈전이 생기게 된다. 그 도가 심해지기는 그 해 여름이었다고 기억한다. 그래서 조만간 수술을 받아야 하는 상태로까지 악화되었다.

신혼 때부터 오랫동안 아내가 나보다 더 건강하다고 느꼈다. 나는 어릴 적부터 위가 좋지 않은 편이어서 고생했다. 미국에서 대학을 다닐 때에도 가끔 심한 소화불량으로 고생해서 병원에 가서 X-ray를 찍어보면 아무런 이상이 없었다. 신경성이라고 의사는 진단하고 약을 주었다. 안정제였을 것이다. 그런데 아내는 위 때문에 약을 먹거나 병원에 간 일이 없던 것으로 기억한다. 장기들이 좋던 건강한 여자였다. 아내의 성격을 한마디로 말한다면 "함경도 또순이"와 "현모양처"라는 기질을 합친 것으로 보면 된다. 아주 부지런하고 사리가 분명했고 그러면서 누구와도 잘 어울리던 마음이 포근한 사람이었다.

그러던 아내의 심장 판막에 어려운 문제가 있다는 것을 안 것은 50

세를 전후해서였다. 가족이 다함께 있었던 방에서 갑자기 아내가 의식을 잃었다. 나와 아이들이 아내를 붙들고 깨우려니까 아내는 괜찮다고 하면서 곧 의식을 회복했다. 아마 그런 일이 전에도 있었던 모양이었다. 부정맥을 가진 사람이 순식간에 겪는 현기증 같았다. 그런 부정맥으로도 아내는 계속 금융연수원에서 영어를 가르쳤다.

1984년 봄에 정부가 한국에서 영어를 가르치던 외국인 교사들을 강력히 단속한 끝에 불법으로 거주하던 외국인 영어강사(주로 미국인)를 출국시켰다. 금융연수원에서 영어를 가르치던 미국인 강사 둘이 불법체류자로 갑자기 출국하게 되었다. 그러자 금융연수원은 그들이 맡던 과목들을 모두 아내가 맡아 줄 것을 부탁했다. 딱한 사정이라 아내는 거절을 못하고 밤낮만 아니라 하루에도 여러 시간을 추가로 가르쳤다. 그것도 아주 더운 한여름이었다. 그 때문에 아내는 지쳐서 매우 피곤해 했다. 나는 옆에서 보기 딱했지만 사정이 그러니

▶ 새해를 맞아, 저자의 아내와 두 아들들과 함께(1984.1)

아내를 나무랄 수도 없었다.

아내와 나는 서울대 병원에 가서 어떤 내과 의사를 개인 연구실에서 만나 진찰을 받았다. 그 의사는 아내의 상태에 대해 간단히 물어보고 약을 처방해 주었는데 그 약이 아주 써서 아내는 식욕을 잃을 정도였다. 식사를 제대로 못하니까 아내는 더욱 쇠약해지고 기운을 차리지 못했다.

나는 다른 의사를 통해 빠른 시일 내에 아내가 판막수술을 받아야 한다는 말을 듣고 아내에게 그렇게 하자고 했다. 고려대 구로병원에 네덜란드에서 심장수술을 많이 한 한국인 의사가 스카우트되어 왔다는 것을 듣고 알았다. 나는 아내에게 그에게 수술을 받으면 어떻겠느냐 물었으나 아내는 강의가 끝나고 아이들도 방학하는 겨울방학 때가 좋다고 해서 일단 약으로 그때까지 견디기로 했다. 독한 약 때문인지 식욕을 잃게 되면서 아내는 수척해졌고 기운도 많이 떨어졌다. 그때가 1984년 11월이었다.

중학교 동창생으로 미국인과 살다 이혼하고 한국에서 젊은 여자를 만나 재혼한 친구가 있다. 재혼한 부부 사이에 아들이 태어나 돌을 맞이했다. 나에게 전화를 걸어 자기 집에서 돌잔치를 하니 와달라는 것이었다. 아내에게 그 말을 전하니까 그렇지 않아도 식욕도 없고 집에서 저녁을 해먹기도 귀찮은 판이라고 하여 그의 돌잔치에 갔다. 아파트에 많은 사람이 와 있었다. 여러 사람이 모인 떠들썩한 파티였다. 아내에게 의사가 술을 마시지 말라고 경고한 적이 있었으나 나는 그것을 잊고 있었다. 여러 사람들과 함께 소파에 앉아 이야기하면서 아내는 와인을 마시고 있었다. 나는 그때 술이 아내에게 좋지 않다는 사실을 까맣게 잊고 있었다.

친구의 아파트에서 나와 차를 타고 오던 중 용산역 근처에 왔을 때

▶ 이병형(예비역 중장, 아내의 외사촌 오빠, 전쟁기념관 설립자)

아내가 갑자기 "이상하다"고 했다. 마침 아내는 내가 중국에서 사온 우황청심환을 소지하고 다녔다. 우황청심환 하나를 꺼내 먹었으나 별 도움은 되지 않았다. 나는 비상등을 켜고 차를 달려 혜화동 고대 병원에 갔다. 내가 아는 의사들이 많은 곳이라 그곳으로 간 것이다. 그리고 응급실에 들어가 의사들을 불러 응급조치를 취하게 했다. 곧 중환자실로 이동하여 혈전에 대한 치료를 했다. CT촬영 결과로는 뇌에서 혈전을 찾아볼 수 없었으나 목에 이상이 있어 침을 삼키거나 음식을 넘기기 어려운 상태였다. 어디엔가 잘 보이지 않는 작은 규모의 혈전에 의해 뇌가 손상을 입은 것이다. 그날이 1984년 11월 중순경으로 기억한다. 그 후 일반병실로 가서 1개월 동안 입원하던 중 목이 서서히 풀리기 시작하여 완전히 회복되는 대로 판막수술을 받기로 예정하고 있었다.

당시 나의 큰 아들 한시훈은 의대를 졸업하고 의무장교로 임관된 후 공중보건의가 되어 여주 보건소장으로 근무하고 있었다. 어머니가 고대 병원에 입원한 후 시훈은 매일 여주에서 시외버스를 타고 서울에 와서 어머니와 같이 있다가 다음날 아침 버스로 다시 돌아가곤 했다. 거의 매일 여주와 서울을 오고간 것이다. 하지 말라고 말려도 여주에 있으면 어머니 생각에 잠을 이룰 수 없다고 했다. 피곤하니 그만두라고 해도 말을 듣지 않았다.

뇌졸중으로 반신 마비된 아내

그런데 1984년 12월 중순 어느 날, 내가 아내와 병원에서 같이 있다가 집으로 돌아와 쉬고 있을 때 간병인이 전화로 "환자가 이상하다"고 하면서 빨리 와달라고 했다. 나는 성북동에서 혜화동까지 뛰어가다시피 빨리 병실에 가보니 아내는 코마(coma)상태에 빠져 있었다. 그날 심장에서 나온 커다란 혈전이 아내 뇌의 좌측 혈맥을 막아버린 것이다. 원인은 심장의 판막이 막혀 피가 제대로 순환하지 못해서 생긴 것이다. CT사진을 보니 뇌 좌측에 하얀 것이 보였다.

한참 있다가 아내가 의식을 회복하였을 때 아내의 오른손과 다리는 마비 상태였다. 뇌의 좌편에 손상이 오면서 오른쪽 팔다리가 마비된 것이다. 여주에서 서울에 온 시훈은 병실에 오자마자 자기가 걱정했던 일이 왔다고 손으로 벽을 치면서 울기 시작했다. 서울대학에 다니던 둘째 승훈도 연락을 받고 달려와 형을 붙들고 같이 눈물을 흘리면서 원통한 마음으로 어머니의 회복을 기다렸으나 아내의 손과 다리는 결국 이전대로 회복될 수 없었다.

그날은 우리 가족에게 말할 수 없는 슬픔을 가져다 준 날이었다. 다정다감하고 온화한 성격에 항상 웃고 남에게 너그럽다는 평을 들어온 아내였다. 같이 살아오는 동안 아이들을 욕하거나 손찌검하는 것을 본 적이 없다. 사랑으로 키워온 아들들이었다. 그러니 반신불구가 된 어머니를 보면서 얼마나 마음이 아팠을까 상상하기조차 어렵다. 나에게는 평생 편하게 의지하고 모든 것을 의논하고 살아온 반려자가 불구의 몸이 된 것이다.

가장 비극적인 것은 뇌의 좌편에 손상이 오면서 아내가 언어실어증에 걸린 일이다. 아내가 어떤 말을 하려고 하면 다른 말이 튀어나왔다. 의사를 표현하지 못하였다. 그런데 이상하게도 영어는 단어를 비교적 정확히 발음했다. 나와도 영어로 간단한 대화를 할 수 있었다. 그리고 일어도 간단한 말들은 기억했다. 오래된 말들은 기억하고 있고 자기가 의사를 표시하려면 엉뚱한 말이 나오는 것이다. 그렇게 아내가 실어증에 걸린 것이 나는 가장 슬펐다.

고대 병원에 몇 주 있다가 심장 관계 전문의가 있는 서울대 병원으로 옮기기로 했다. 추운 정월 아내를 구급차로 서울대 병원으로 옮겼다. 그리고 그곳에서 3개월 동안 입원하면서 심장내과의 서정돈 교수의 치료를 받았다. 서 박사는 이병철 씨의 주치의도 지낸 심장내과 의사이며 후에 성균관대 총장을 지낸 분이다. 나에게 매우 친절하게 해 주었다. 참으로 고맙게 생각한다. 퇴원하기 전날이었다. 나는 아내의 절친한 친구와 함께 퇴원수속을 하기 위해 물건들을 챙기고 있었는데 아내가 갑자기 의식을 잃은 채 경기(驚氣)를 하고 있었다.

주치의와 의사들이 달려와 보니 아내에게 일시적으로 간질이 일어난 것이다. 의사 말로는 집에 갈 생각을 하니 기쁘기도 하고 또 두려운 마음이 겹쳐 일어날 수 있을 것이라 했다. 그러나 재발은 하지 않을 것이라며 퇴원일자를 1주일 늦추자고 했다. 그리하여 3월 말 아내를 데리고 성북동 집으로 돌아왔다. 집에 돌아온 아내는 그렇게 기뻐

할 수 없었다. 오랜 병원생활에 지치기도 했겠지만 집에서 느끼는 편안함 때문이었을 것이다. 그날 이후 아내의 8년간의 긴 투병생활이 시작되었다.

서울대 병원에서 퇴원한 후에도 1개월마다 아내를 휠체어에 태우고 서울대 병원에 가서 피검사를 받았다. 아내가 휠체어에 타고 있어서 다른 외래환자들과 같이 오래 기다리기 어려운 상태였기 때문에 서 박사에게 부탁해서 서 교수의 연구실에서 한 달 내지 두 달에 한 번씩 가서 간단한 진찰을 받고 약처방을 받아왔다. 매일 밤 자기 전에 먹는 용혈제약의 용도를 체크하기 위해서였다. 용도가 낮으면 출혈가능성이 있고 너무 높으면 혈전이 생기기 때문에 적절한 용도를 일정하게 유지하는 일이 중요했고 어려웠다. 혈액검사결과를 서 박사가 보고 약의 투약용량을 조절해 주었다.

서울대 병원을 퇴원한 얼마 후 다시 한 번 병원에 입원한 적이 있고 그 후 집에서 비교적 안정된 생활을 할 수 있었다. 오른쪽 손과 발이 마비되어 있어 근육운동을 계속할 필요가 있었다. 재활의학과에 가서 기본적인 동작들을 배운 후 집에 재활용 자전거를 놓고 매일 여러 번 다리운동을 시켰다. 가정부가 팔과 다리 그리고 손을 주물러 주었다. 집 마당에 나가 5m 거리를 왔다갔다 수십 번 하도록 했다. 건강상태를 지키기 위한 최소의 운동량을 유지하도록 했던 것이다.

환자가 편하도록 성북동 집 1층에 화장실과 침실, 그리고 식당을 잇는 마루를 만들었다. 왼손으로 벽을 짚으면서 화장실까지 갈 수 있도록 했다. 병원에서 퇴원한 후 수개월이 지나면서 식욕도 생겼고 불편하지만 반신불구가 된 몸에 대해 심리적으로나 육체적으로 적응하기 시작했다. 발병한 후 아내는 의사가 반쪽이 불구가 되었다고 말하자 눈물을 흘렸다. 결혼 후 그렇게 슬프게 우는 아내의 모습을 본 것은 그때가 처음이었다. 그 후 집에 와서는 비록 말은 못했지만 표정으로 자기 의사를 표시하면서 평온하고 의연한 태도로 어려운 상태를 극복하려고 했다. 내 아내는 옆에서 보는 내가 놀랄 정도로 인내심이 많은 여자였다.

서울대 병원에 3개월간 입원하고 있는 동안 일주일의 입원비가 수백만 원씩이 나왔다. 나는 아내가 발병했을 때 금전적으로 여유가 없었다. 아내와 내가 맞벌이로 버는 돈이 아이들 교육시키는 데 드는 비용을 감당하는 정도였고 별로 저축을 할 여유도 없었다. 그때 나를 도와준 친구, 제자, 친지들을 생각하면 너무나 감사하다. 특히 박재규, 구영록, 오기평, 한상일, 김덕중 교수들과 나의 중학교 동창 조성옥 문교부차관이 직접 나서서 민관식 장관을 위시해서 여러 사람에게 연락하여 많은 성금을 거두어 나에게 전해 주었다. 그렇게 도와준 분의 수는 수십 명에 달한다. 그 당시 일일이 인사를 드리고 고마움을 전했어야 했는데 병원에서 바쁘게 보내면서 그럴 겨를을 놓치고 말았다. 지금 일일이 거명할 수 없으나 그분들에 대한 나의 고마운 마음은 말로 다 표현하기 어렵다. 너무나 고마운 분들이었다.

두 아들의 효심

아내가 발병한 1년쯤 지나 큰 아들 시훈은 고려대 구로병원에서 인턴을 거처 레지던트(resident)로 있는 동안 대학시절 알던 여자친구의 소개로 한 여자를 만나게 되었다. 어머니가 건강했을 때는 어머니

친구들이 시훈을 중매하겠다는 분이 있어 몇 번 맞선을 본 적이 있었다. 그리고 선을 보고 집에 와서는 매번 관심이 없다고 다시 만나기를 거절했다. 그러던 그가 하루는 어느 여자를 집으로 데리고 왔다. 이화여대 사회학과를 나온 참한 아가씨였다. 그동안 몇 번 만나면서 사귀다가 결혼을 결심한 것으로 보였다. 그날 밤 시훈은 결혼하기로 한 이유로 이제 어머니가 나서서 결혼을 주선해 줄 수도 없고 또 어머니가 돌아가시기 전에 손자라도 하나 낳아 안겨드리고 싶다는 심정이었다고 말했다.

▶ 두 아들(시훈, 승훈)과 함께

그 후 시훈은 윤은정(尹恩靜)과 이화여대 중강당에서 한국신학대 교수이자 우리가 시작한 낙산교회 목사인 김이곤 목사의 주례로 결혼식을 올렸다. 불구의 몸이지만 아내는 한복차림으로 나의 부축을 받아가면서 강당입구부터 앞좌석까지 천천히 걸어갔다. 내가 고려대 정경대학장으로 있었던 1986년 가을이었다. 신혼살림은 우리가 살던 성북동 집 바로 옆의 전셋집에서 시작하다가 후에 마포로 전세방을 얻어 이사하였다.

그리고 나의 첫 손자인 한재현(韓在賢)이 태어났다. 아내는 그 손자가 보고싶어서 가끔 나를 표정으로 졸라대 내가 차를 몰고 마포의 아들집을 찾았다. 갓난 손자가 너무 보고 싶었던 것이다. 원래부터 지나가는 어린아이만 보고도 귀여워하던 아내였으니 손자에 대한 마음이야 말할 수 없이 기뻤을 것이다. 그것을 말로 표현을 못하니 얼마나 답답했을까. 오른손을 못쓰니 왼손만으로 손자를 안고 기뻐하던 모습을 잊을 수 없다.

▶ 회복기에 첫 손자를 왼손으로 안고 기뻐하는 아내(1986)

시훈은 레지던트로 있는 동안 미국의 여러 대학병원과 NIH(미국 국립보건원)에 편지를 낸 결과 NIH에서 좋은 조건으로 연구장학금(Fellowship)을 받게 되었다. 고려대학 대학원에서 이미 의학 석사학위를 받았고 의학박사과정시험에 합격하여 과정을 끝내고 논문만 남겨놓고 있을 때였다. 그리고 나서 1990년 미국 Maryland Bethesda에 있는 저명한 NIH로 떠났다. NIH에서 6년간 연구생활을 했다. 시훈은 소아과 전공의였다. 미국에 가서는 소아과와 동시에 유전의학을 전공하였다. 미국에서 저명한 유전의학자로 알려진 Gahl 박사 밑에서 좋은 연구를 할 수 있었다. 그런 분 밑에 가게 되었다는 것은 시훈에게 큰 행운이었다.

시훈이 그곳에서 전공한 것은 윌슨(Wilson)병이라는 유전병에 대한 연구였다. 희귀병으로 신경이 마비되면서 움직이지 못하고 죽어가는 병이다. 어른도 있지만 아이들 사이에 많이 일어나는 유전병이다. 특히 미국에 많다. NIH에서 연구한 결과를 가지고 시훈은 박사논문을 써서 잠시 귀국하여 고대 대학원에 제출하여 의학박사 학위를 받았다. 그리고 미국에 있는 동안 미국 소아과의사협회에서 실시하는 소아과의사 자격시험에 통과하였다. 미국에서 개업할 수 있는 자격을 획득한 것이다. 소위 Board 시험을 통과한 것이다.

그 얼마 후 아주대학 총장이 미국을 방문하던 중 다른 의사에게서 시훈에 대해 알게 되어 만난 후 시훈은 아주대 의대 부교수로 취임하게 되어 1994년 가을 한국에 돌아왔다. 만 6년 만의 귀국이었다. 내가 고대 교수직을 떠나서 세종연구소 소장으로 부임한 지 얼마 후였다. 아주대는 수원에 있었으나 분당에 세종연구소가 있어서 시훈의 귀국 시기에 맞추어 전세로 아파트를 얻어 분당에서 같이 살았다.

아주대 의대와 병원에서 부교수로 있던 시훈에게 미국 Mayo Clinic에서 소아과와 유전의학과 의사로 초빙을 받았고, 그곳에서 5년간 있던 시훈은 시애틀에 있는 워싱턴주립대 의대 교수로 임명되어 지금은 아내와 아들과 딸과 함께 시애틀에 살고 있다.

둘째인 승훈(承薰)은 막내아들이라 그런지 아내의 각별한 사랑을 받은 것 같다. 두 번째로 아이를 기르니까 익숙했고 마음에 여유가 있었던 것 같았다. 승훈은 서라벌중학교에 추첨으로 들어가 같은 서라벌고등학교를 나왔다. 승훈은 고교시절 어머니와 함께 늦게까지 거실에 있는 텔레비전을 보았다. 때로는 미군방송(AFKN)에서 하는 드라마나 영화를 보면서 엄마로부터 설명을 들었다. 그러면서 승훈의 영어에 대한 관심만 아니라 듣는 능력이 현저하게 늘어났다. 가끔 미국 드라마를 보면서 깔깔거리고 웃는 그의 모습을 볼 때 나는 신기하게 느끼곤 했다. 그렇게 영어에 흥미를 붙인 때문인지 고등학교시절 그는 학교영어시험에서의 성적은 언제나 톱이었다. 반에서만 아니라 전 학년에서 영어시험에서 일등을 했다.

승훈은 서라벌고등학교를 졸업하면서 서울대 사회학과와 심리학과에 응시했는데 사회학과 커트라인에 약간 미달해 심리학과에 합격했다. 승훈이는 여학생이 8~90%를 차지하는 심리학과에 다니면서 그다지 만족하지 않았으나 심리학 전공이 지닌 장점과 이용가치를 알게 된 것은 훨씬 후 광고회사에 취직한 후였다. 마케팅분야와 광고분야에 종사하게 되면서 소비자들의 심리분석이 차지하는 비중이 크다는 것을 실감한 것이다.

아내가 뇌졸중으로 반신 마비가 되었을 때인 1984년 12월 초 승훈은 서울대학 1학년이었다. 소식을 듣고 달려온 승훈은 형하고 같이 슬퍼하며 울었다. 승훈이는 대학생활을 시작하여 한창 즐길 나이에 불구의 몸이 된 어머니를 간호하면서 병상을 떠나지 않았다. 학교공부도 제대로 될리 없었다. 그래서 그 해 2학기에 대학으로부터 경고를 받아야 했다.

대학을 졸업한 후 승훈은 군대에 가기로 하고 KATUSA시험에 응시하였다. 논산에서 훈련을 받는 동안 영어시험에서 톱을 했다. 논산에서 전화를 걸어와 "아버지 나 용산에 있게 되었어요" 하면서 영어시험에서 1등을 했다고 했다. 내가 아내에게 그 말을 했더니 모처럼 얼굴에 환한 미소를 지었던 것이 생각난다. 1등을 한 사람은 용산에 남고 2등과 3등은 의정부로 간다고 했다. 승훈은 훈련 후 용산에서 2년 이상 군복무를 하는 동안 주말이면 늘 집에 나와 어머니 곁에서 주말을 보냈다. 그것은 아내에게 말할 수 없는 큰 위로가 되었다.

군복무가 끝나자 승훈은 OB그룹의 ORICOM이라는 광고회사의 입사시험에서 영어로 1등을 해서 무난히 입사하였다. 그리고 2년 동안 근무하다 미국 유학의 길을 택하게 되었다. 병상에 누워 있는 어머니를 두고 유학 가는 것이 마음에 아팠는지 여러 번 결심을 번복했다. 눈치로 그것을 감지한 아내는 승훈이에게 손으로 가라는 표현을 했다. '나 걱정하지 말고 가서 공부하라'는 뜻이었다. 아내는 또순이의 기질 그대로를 보여준 것이다. 솔직히 나는 시훈이도 미국 가서 없고 혼자서 아내를 보살피고 있으면서 곁에 승훈이가 있는 것이 마음 든든했다. 교회에 갈 때도 계단을 올라가지 못할 때 어머니를 업을 수 있는 것은 승훈이었다. 반신불수의 아내를 나 혼자 살피기보다 그가 있으면 나도 편하다고 생각했다. 그러나 그렇다고 그의 앞길을 막을 수는 없었다. "공부는 때가 있다"고 하면서 승훈을 떠밀다시피 하면서 미국으로 보냈다.

승훈이는 ORICOM회사에 근무하는 동안 알게 된 직장 동료인 이영미(李英美)와 결혼하고 미국 미시간주립대(MSU)의 매스컴대학원에서 석사학위를 받고 돌아왔다. 미국에서 공부하는 동안 매학기 말 성적표를 집으로 보내왔는데 놀랍게도 모든 과목에 A학점을 받았다. 후에 내가 어떻게 그렇게 잘했느냐라고 물으니까 "어머니를 기쁘게 해주고 싶었다"고 대답했다. 그 말을 들으면서 그의 지극한 효심이 너무나 대견스러웠다.

제8장

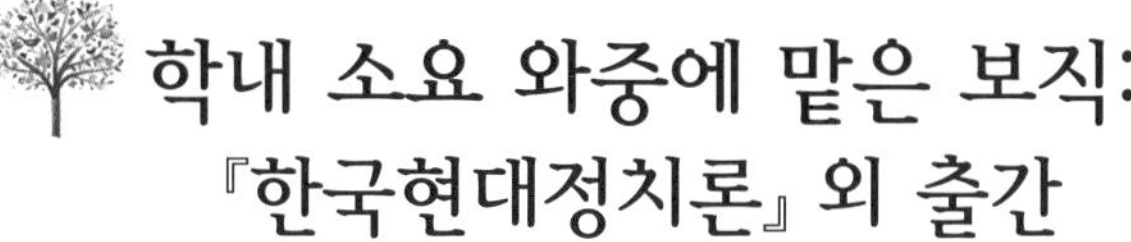

학내 소요 와중에 맡은 보직: 『한국현대정치론』 외 출간

* * *

정경대학장직을 맡다

1986년 여름 어느 날 고대 이준범 총장으로부터 전화를 받았다. 나를 보자고 했다. 가보니 9월 신학기부터 정경대학장직을 맡아 달라는 것이었다. 나는 고대에 교수로 취임했을 때 한 가지 원칙을 세워 놓고 있었다. 대학의 행정직이나 보직은 맡지 않겠다는 것이다. 그것은 내 생각이기보다 내가 평소 존경하던 성균관대 교수였던 차기벽 교수님이 준 충고이기도 했다. 고대에 가게 되어 차 선생님 연구실에 인사를 갔더니 사립대에서 보직을 맡으려고 하면 자연히 경쟁자가 생기게 되고 남들의 의심과 경계를 사게 되면 학자생활을 하기 어렵고 불편하다는 것이었다. 본인 자신도 그렇게 평교수로 있다가 정년퇴직 얼마 전에 대학원장직을 맡았던 분이다.

나는 그분의 말씀을 기억하고 있었다. 고대 아세아문제연구소는 연구소이니까 연구실장 직책은 보직은 아니었다. 교수로서 겸직한 것이다. 학과의 과장은 서로 돌아가면서 하니까 그것 역시 문제가 없었다. 그러나 처장이나 학장 같은 보직은 경쟁의 대상이 되는 것이다. 평생 보직을 맡지 말고 평교수로 편안하게 살려고 생각해 왔다.

그런데 정경대학장직을 맡으라고 하니 주저하지 않을 수 없었다. 더구나 아내가 중병에 걸려 있는 상황에 보직까지 맡아 학교일에 신경을 쓴다는 것이 너무 부담스러웠다. 총장을 만난 뒤 집에 돌아와 많이 생각했다. 집에는 여자 한 분이 와서 아내를 돌보고 있으니 낮에 내가 아내를 위해 신경을 써야 할 일은 별로 없었다. 그리고 나이 많은 할머니가 주로 식사를 마련해주고 있었다. 가끔 병원에 가는 일만 내가 맡아야 했다. 아내가 반신불구가 된 후로 나는 책을 보는 일이나 연구에 집중하기 어려웠다. 총장의 제의를 받고 그런 상태에서 벗어나고 싶은 심정도 있었다. 강의하는 날을 빼고 다른 날은 하루 종일 집안에서 아내와 같이 있으니 답답하기도 했다. 그래서 생각 끝에 정경대학장직을 맡기로 했다.

그때가 1986년 가을학기가 시작하기 직전이었다. 전두환 정권의 말기로 국내정치는 극도로 불안에 싸여 있었던 시기였다. 대학 내에서도 민주화를 요구하는 학생 데모가 끊이지 않았고 그들을 지원하던 일부 교수들이 총장실 앞에 자리를 펴고 농성을 하고 있었다. 야당과 재야가 대통령직선제개헌운동을 전개하게 되면서 여야 간의 대립충돌이 더욱 첨예화되어가고 있었다. 참으로 어수선하던 시기였다. 그런 상황에서 정경대학장직을 맡으면서 나는 “내우외환(內憂外患)”이라는 말을 자주 떠올렸다. 학장으로서 교내에서 벌어지는 운동권 학생들의 활동에 신경을 써야 할 뿐 아니라 이들과 함께 민주화운동에 가담하고 있는 일부 정경대 내 교수들의 주장이나 요구도 대학본부에 전달하고 반영해야 했다.

평온하던 때 학장을 지냈던 분들에 비해 나의 처지는 매우 어려운 것이었다. 학내외에서 생긴 쟁점을 가지고 학생들이 매일 교내에서 시위를 벌였다. 특히 정경대학 소속 교수 중에서 한 사람이 민주화운동에 깊숙히 관련되어 있었고 그를 따르던 몇 명의 교수들이 역시 학생들과 동조하여 교내에서 시위를 벌이는 일이 일어났다. 뿐만 아니라 그중 한 명은 그 당시 선풍을 일으켰던 대자보(大字報)에 총장을 규탄하는 글을 계속 붙였고 심지어 대학 창업주의 한 분을 친일파로 비방하기도 했다. 그의 행동은 교수로서의 양식을 벗어난 것이었으나 대학의 조직성격상 아무 조치도 취할 길이 없는 상태였다.

그런 그를 둘러싼 몇 교수들은 내가 학장에 취임하여 교수회의를 소집하자 종전처럼 대학본부의 결정을 교수회의에 통보하는 방식을 거부하면서 모든 안건을 교수들이 독자적으로 과반수로 결정하고 교수들의 결정을 본부에 통고할 것을 요구해왔다. 나는 그 방식을 채택하겠다고 동의하고 회의를 진행하였다. 그러자 그동안 과격한 행동을 해온 교수가 대학 이사장 앞으로 총장의 비리를 알리도록 결의를 할 것을 동의하였다. 나는 그런 그를 달래 사태를 수습한 후 단과대학 교수들의 의견을 대학본부나 이사회에 전하는 통로를 마련하는 일에 노력할 것을 약속하고 회의를 마쳤다. 취임 직후부터 진통을 겪기 시작한 것이다.

유진오(兪鎭午) 전 고려대 총장 빈소 철거사건

그 얼마 후 예상치 못한 일이 터졌다. 고려대학교 총장을 지내신 고 유진오박사가 별세하자 그의 유가족의 요청에 따라 대학 강당에 빈소를 마련하였다. 고대 교수와 직원 그리고 학생들이 조의를 표할 수 있도록 하려는 배려에서였다. 그런데 정경대학 소속 이문영 교수와 그를 따르던 윤용, 이만우, 사학과의 이 교수 등 4명이 강당문 앞에 서서 "친일파 유진오를 규탄한다"고 하면서 학교에서 빈소를 철수하라고 주장한 것이다. 그 가운데 이문영 교수는 유진오 총장의 법대교수시절 그에게서 배운 제자였고 유 총장시절 고대 교수가 된 분이었다.

그 사건이 벌어지자 학교 내외가 발칵 뒤집혔다. 총장실에는 국내 교우들의 항의와 규탄 전화가 빗발쳤고 신문기자들이 들이닥치는 등 대학 구내가 일대 소용돌이에 휘말리는 듯했다. 유 전 총장의 유가족도 크게 충격을 받은 후 곧 빈소를 철수하였다. 대학본부가 긴급 교무회의를 소집하였다. 총장을 비롯하여 대학원장, 학장 그리고 처장들 모두 어이없다는 표정으로 총장만을 바라보고 묵묵히 앉아 있었다. 나는 정경대학 학장으로서 신참이었지만 사건을 일으킨 교수들이 한 명을 제외하고 모두가 나의 대학소속이어서 매우 난처한 입장이었다.

나는 그 자리에서 "이런 때일수록 고대가 일치단결되어 있다는 모습을 대외에 보여 줄 필요가 있다"고 말하고 고대를 졸업한 교우와 언론을 대상으로 총장이 사태를 해명하는 성명서를 발표할 것을 제의했다. 그리고 그 내용은 사건발생에 대해 유감을 표시하면서도 이

▶ 고려대 대학원장 시절(1989~1992)

것이 극소수 교수들의 행동이며 고대 교직원 일동은 흔들리지 말고 단결하여 이 위기를 극복하겠다는 강한 의사표시를 하도록 했다. 나의 의견대로 총장은 곧 성명서를 발표하고 사태수습에 나섰다.

정경대학장과 초대 정책대학원장 겸직

내가 정경대학장직을 맡은 지 얼마 후 고대에서 특수대학원을 설립하는 일을 추진하고 있었다. 고대에는 행정대학원이 없었다. 어떤 연유인지 모르나 서울대와 연세대는 물론 지방대학들도 행정대학원을 설치하고 있었으나 고대에는 없었다. 마침 청와대의 교육을 당담하는 비서진과 접촉이 되어 고대에 특혜를 주는 식으로 특수대학원설립 허가를 해주기로 내정이 되었다. 총장과 나와 처장들이 그들과 회식을 했고 문교부의 허가도 받게 되었다. 그런 기미를 알아챈 연세대가 로비를 시작하여 국제대학원 설립 허가를 받았다. 그러면서 고대의 특수대학원의 명칭을 무엇으로 할 것인지를 놓고 정경대학 교수들과 의논 끝에 「정책과학대학원」으로 결정하였다. 영어로 Graduate School of Policy Science라고 호칭하기로 했다.

신설되는 특수대학원이라 새로 대학원장을 두어야 하지만 비용절감도 되고 분야가 정치학과 관련이 많은 점도 감안하여 정경대학장이 겸직하라고 해서 교과목과 학생입시준비에 착수하였다. 석사과정으로 30명의 정원을 받았다가 후에 50명으로 증원하였다. 정당정치전공, 안보정책전공, 감사행정전공, 통계조사전공으로 전공분야를 나누고 학생을 모집하였다. 대학본부에서 교무과장급 직원 한 명과 사무직 여직원을 충원받아 학기를 시작했고 정경대건물 5층에 교실을 여러 개 만들었다. 모든 것이 잠정적이고 임시적이었다.

인촌기념강좌 신설

정책대학원장직을 맡은 후 인촌기념강좌를 설치하기로 했다. 외국의 명문대학은 매년 정기적으로 특정인의 이름을 딴 기념강좌를 통해 저명한 학자를 초청해 기념강의를 한 후 책으로 출판하고 있다. 강좌 앞에 붙이는 이름은 그 대학을 은퇴한 유명한 교수나 외부의 저명한 인사 또는 거액을 기부한 독지가의 이름을 따는 경우가 많다. 한 예로 기포드 기념강연(Gifford Memorial Lecture) 같은 것이다.

명색이 한국의 명문대학이라 하지만 고대에는 그런 프로그램이 없었다. 한국의 아카데미즘의 수준을 보여주는 것이라 본다. 나는 좀 참신한 학구적 분위기를 조성한다는 의미로 정책대학원을 중심으로 그런 강좌를 개시하기로 했다. 이준범 총장을 만나 내 아이디어를 말했더니 적극적으로 찬성의사를 표하면서 기금을 만들 필요가 있을 것이라며 이사장과 의논해서 한 5억 정도를 만들어 운영하는 것이 좋겠다는 의견을 내놓았다. 5억 원을 가지고 이자로 프로그램을 운영하자는 것이었다.

이준범 총장이 김상만 이사장을 만나 그 안을 제의했더니 찬성하면서도 대학에 기금을 설치하기보다 동아일보 내에 있는 「인촌기념사업회」에서 비용을 부담하는 것이 좋다고 했다. 그래서 매년 한 사람씩을 초청하여 여비와 사례비(거액이지만)를 기념회가 지출하기로 하고 나는 강사 교섭의 책임을 맡기로 했다. 강좌 창립을 위한 첫 번째 강사를 두루 생각하다가 하버드대학에서 중국역사를 가르치는 멕화카(MacFarquer) 교수를 부르기로 했다. 그와 여러 번의 서신왕래 끝에 수락을 받고 제1회 인촌기념강좌를 개최했다.

맥화카 교수가 택한 제목은 「중국의 등장」이었다. 중국의 현대사의 권위로 알려진 맥화카 교수는 페어뱅크(Fairbank)의 제자이며 영국 케임브리지대와 하버드대 출신으로 중국에서 여러 해 공부했고 중국문제를 다룬 계간지 『The China Quarterly』의 편집장을 오래 지낸 세계적으로 알려진 중국 전문가이다. 그는 강연에서 중국이 강국

▶ 대처 수상 부부 초청 인촌기념강좌 후(1992)

으로 등장할 것을 예견하면서 문제점을 지적하는 좋은 내용의 강의를 해주었다. 기념 강연은 1부와 2부로 2일에 걸쳐서 개최되었다.

그 다음 해 제2회 강좌 연사로 초청한 사람은 프랑스의 국제문제연구소장인 몽부리알(Monbrial) 박사였다. 프랑스를 대표하는 외교정책전문가이며 외교관으로도 활동한 분이었다. 강의가 끝나고 학생 하나가 독일의 통일 전망에 대해 질문을 했다. 몽부리알은 답변에서 독일통일은 20세기 내에는 이룰 수 없는 어려운 과제라고 했다. 그의 강연이 있은 지 얼마 후 독일은 통일을 했다. 아마 본인도 그때 일을 회상하면 쓴 웃음을 지을 것이라고 상상된다. 아무리 뛰어난 사회과학자라 해도 미래를 예측하는 일이 얼마나 어려운 일인가를 실감하게 하는 대목이다.

그 외에도 내가 초청한 강좌의 연사로는 영국의 대처(Thatcher) 수상, 히드(Heath) 수상, 미국의 카터 행정부에서 안보담당 대통령보좌관을 지낸 브레진스키가 포함된다. 나는 남아공화국의 만델라(Mandela)를 초청하려고 했다가 다른 곳에서 초청하는 바람에 포기했고 티베트의 달라이 라마(Dalai Lama)를 초청하기로 하고 교섭하기 시작했다. 그랬더니 외무부 직원이 전화를 걸어 왔다. 중국의 입장을 고려해서 그의 한국초청을 삼가해 달라는 것이었다. 중국을 너무 의식하고 있는 우리 외무부의 입장을 생각해서 포기하기로 했다.

정책대학원을 설립하여 첫 학기를 시작하려던 가을 어느 날 한 사건이 발생했다. 학교의 대자보판에 큰 글자로 정책대학원이 "중앙정보부의 앞잡이다 청와대의 앞잡이다"라는 내용의 글이 실린 것이다. 알고 보니 전 날 정경대학의 어느 교수가 정책대학원 교무과장에게 입학한 원생들의 이력서를 보자고 해서 과장이 그것을 보여주었다는 것이다. 입학생 중에 청와대 경호실 직원이 한 명 있었고 중앙정보부와 관련된 방계연구기관의 직원이 한 명 있었다. 그것을 가지고 정책대학원이 청와대의 앞잡이니 정보부의 앞잡이니 하는 주장을 한 것이다. 그 교수는 교내 운동권 학생들과 밀착되어 있었고 교내의 반정부시위에 앞장서서 학생들과 함께 참가하는 등 교수로서 돌출적인 행동을 해온 사람이었다. 그는 교내에서 문제거리가 되어 있었다.

그 사람은 심지어 모토로라의 종업원들이 파업하는 곳에까지 가서 그들과 시위를 한 적도 있어서 논란의 대상이 되고 있었다. 그런 가운데도 정책대학원은 입학식과 모든 교과 과정을 차질 없이 진행시켜 한 학기를 무사히 보냈다. 그리고 입학식에 이어 곧 6개월 코스의 특수과정을 만들어 좀 많은 등록금을 받아 그 돈의 일부를 정규 석사과정과목을 담당한 교수들에게 강사료로 지급하기도 했다. 야간에 강의를 맡기 싫어하는 교내 교수들에게 사정해서 과목을 맡게 하였으니 강사료로 보답하는 길밖에 없었다.

아내에게 따뜻한 코트 한 벌을

『비교정치론』의 초판을 1972년에 출판하면서 받은 인세로 아내에게 피아노를 사 준 것이 내가 결혼 후 아내에게 선물다운 선물을 해 준 셈이었다. 박봉의 교수생활도 이유이지만 원래 아내에게 자상하게 하지 못한 나는 생일이나 결혼기념일을 제대로 챙기는 일이 드물었다. 아내가 알아서 기념일을 챙기면 가족이 따르는 편이었다. 그런데 병으로 눕게 된 아내에게 무언가 해주고 싶어서 나는 결혼기념일을 앞두고 선물을 주기로 하고 생각 끝에 반코트로 된 밍크코트를 사주기로 했다.

매달 아내를 데리고 서울대 병원에서 채혈검사를 받았는데 겨울에 입을 따뜻한 겉옷이 필요했다. 1987년 초겨울 아내와 아들들을 데리고 밍크코트를 파는 가게에 갔다. 신문에 광고를 내던 회사 지점이었다. 가서 보니 아내에 맞는 사이즈의 코트가 다 팔려나가 매절되었다고 했다. 모두 크거나 작았다. 점원이 다른 데 가도 찾기 어려울 거라 했다. 우리 모두는 실망하고 집으로 돌아왔다.

나는 큰마음 먹고 시작한 일인데 꼭 사주고 싶었다. 그때 고대 신문방송학과의 오택섭 교수의 말이 생각났다. 교수휴게실에서 잡담하다가 오 교수가 밍크코트를 만드는 회사의 사장과 경기고 동창이라고 한 말이 생각난 것이다. 곧 오 교수에게 전화를 걸었다. 마침 집에서 전화를 받은 오 교수는 나의 집안 사정을 이미 잘 알고 있었다. 나보고 걱정말라고 하면서 자기가 그 회사 사장에게 직접 부탁해서 구해주겠다고 했다.

얼마 후 오 교수가 전화를 했다. 그의 친구인 사장이 전국의 매점에 일일이 전화를 걸어 나의 아내의 몸에 맞는 코트를 찾아낸 것이다. 다음 날 나는 그 전에 갔던 가게에 가서 코트를 사가지고 와서 아내에게 입혀 주었다. 말은 못하지만 아내는 밝은 웃음으로 나에게 감사를 표시했다. 나에게는 너무나 기쁘고 눈시울이 뜨거워지는 순간이었다.

정책대학원장을 지내는 동안 고대는 학내민주화라는 구호를 가지고 시위를 하는 학생들과 총장의 비리를 규탄하는 학생과 한 사람이 교수 주동으로 총장을 고소하겠다는 서명운동이 일어나는 등 고대가 과거에 겪어보지 않은 심각한 소요사태에 빠지게 되었다. 거기에다 조치원분교의 학생들이 서울본교에서 강의를 듣게 해달라고 요구하면서 관철되지 못하면 본관 앞에 선 김성수 설립자의 동상을 쓰러뜨리겠다고 위협하는 사태가 벌어지게 되었다.

그런 소란의 와중에 이준범 총장이 자진 사퇴하게 되었고 김진홍 법대교수가 총장서리를 맡게 되었다. 그러던 어느 날 김 총장서리가 조찬을 하자고 해서 평창동의 한 호텔에서 만났다. 용건은 나더러 조치원분교의 부총장직을 맡아달라는 것이었다. 나는 아내가 병중에 있는데 혼자 갈 수 없다는 사정을 말하고 정중하게 거절하였다. 그러나 대학원장직과 같은 서울에서 하는 일이라면 맡을 수 있다고 했다. 김 총장서리는 알겠다고 하고 헤어졌고 그 다음날 나를 불러 일반대학원장을 맡아 달라고 했다. 그리하여 1989년 여름부터 1992년 여름까지 3년간 고대 대학원장직을 맡게 되었다.

회갑 겸 결혼기념

1991년은 나의 60세 회갑이 되던 해이고 동시에 우리 부부가 결혼한 후 35주년이 되는 해였다. 우리는 1956년 12월에 결혼했다. 제자들이 회갑연과 회갑기념 논문집을 내기 위한 준비를 하겠다고 했을 때 솔직히 말해서 회갑연을 가질 기분은 아니었다. 아내가 건강했다면 달리 생각했을 것이다. 반신 불구가 된 아내를 데리고 축하하고 싶은 생각은 없었다. 마침 선배교수분과 만나 고민을 토로했더니 나더러 "그럴수록 하는 것이 좋다"고 권하는 것이었다. 아내가 언제까지 살지 모르는 상황이고 아내의 생일이 1932년이어서 그 다음 해에 회갑을 맞이하게 될 것이지만 앞을 내다 볼 수 없는데 같이 하는 것으로 해서 축하를 받으라는 것이 그 선배의 충고였다.

▶ 희수연 때 사진 (좌로부터) 박상증, 오기평, 저자, 차기벽, 강문규, 연만희, 이정복

그 선배의 말을 듣고 난 후 많이 생각했다. 사실 아내는 그 다음 해 생일을 3개월 앞두고 세상을 떠났기 때문이다. 다행스럽게 나의 회갑연에 휠체어를 타고 신라호텔 대연회장에 가서 내 옆에 앉아서 나의 회갑연을 지켜볼 수 있었다.

축하연에는 많은 분이 오셔서 나를 축하해 주었다. 차분하면서 좋은 분위기 속에서 축하연을 끝냈다. 요새는 회갑연보다 희수연을 더 많이 하는 추세이지만 나의 경우는 회갑 자체보다 나의 아내를 생각해서 한 결정이었다. 나의 회갑연을 우리 두 사람을 위한 것으로 생각하고 갖기로 했다.

선배 교수님과 동료 그리고 제자들이 쓴 논문집에는 너무나 좋은 논문들이 실렸다. 그것을 묶어서 『한국의 자본주의와 민주주의』(법문사, 1992)로 출간했다. 제자인 김태일 박사가 제안한 제목이었다. 내가 대학에서 한 강의내용이 그런 것이었다고 했다. 합해서 30편의 논문이 수록되었다. 차기벽 교수, 구영록 교수, 오기평 교수, 한승주 교수, 어수영 교수, 한상일 교수, 정진위 교수, 서정갑 교수, 이정복 교수, 장달중 교수, 최상용 교수, 길승흠 교수, 이갑윤 교수, 최장집 교수, 김용기 교수, 신명순 교수의 좋은 글들을 실었다. 지금 다시 읽어봐도 매우 수준 높은 논문들이다. 고맙다는 생각뿐이다.

회갑연 얼마 후 나는 가까운 친구부부들을 초청해서 우리의 결혼기념일을 축하했다. 1956년 12월에 결혼했으니까 1991년은 우리가 결혼한 지 35주년이 되는 해였다. 12월 중순 신라호텔에 작은 룸을 얻어 회식을 가졌다. 아들 둘은 미국에서 공부하고 있어서 불참했다. 축하 케이크를 나와 아내가 같이 자르는 모습을 사진에 담았다. 비록 몸은 불편하였으나 아내가 활짝 웃고 있는 아름다운 모습이었다.

제자들과 『한국현대정치론 I, II』를 출간

대학원에서 나의 박사학위 지도를 받았던 제자들이 같이 한국정치에 대한 저서를 내자는 데 의견을 같이해서 두 권의 책을 펴냈다. 제1권은 1990년 초 나남에서 냈고 제2권은 1996년 「오름」 출판사에서 냈다. 2000년 제1권을 수정하여 재판을 내게 되었을 때 두 권을 모두 「오름」 출판사에서 냈다. 제1권은 제1공화국의 정치를 다루었고 2권은 제3공화국을 다루었다. 내가 편자가 되었지만 12명이 각각 한 장씩을 맡아 집필했고 나는 제1권에서 서론과 결론을 맡았고 제2권에서는 서론만을 썼다.

두 권의 책이 다루고 있는 것은 이승만 정권과 박정희 정권의 기본 성격이다. 이 정권의 형성과정, 10년 가까운 기간 동안의 정치과정, 그리고 주요 정책의 내용을 서술하고 있다. 제2권에서도 박정희 정권을 다루면서 역시 초점은 이 정권과 같이 정권의 수립과정부터 주요 정책내용에 이르는 광범한 내용을 다루고 있다.

두 권의 책 내용을 제목만으로 본다면 1권은 3부로 구성되고 1부는 국가형성: 국제환경과 국내적 조건, 2부는 정책과정: 관료, 군부, 정당, 3부는 정책: 산업화와 노동, 농민을 다루고 있다. 제2권은 군사정권인 제3공화국을 다루면서 3부로 구성했다. 1부는 군사정부의 기원과 정책을 다룬 두 개의 장으로 구성했고, 2부애서 정치과정: 정당, 선거, 사회세력을 네 장이 다루고 있으며 3부에서는 정책: 산업화, 노동, 통일이라는 주제하에 세 장을 포함시켰다. 포함한 10여 장의 제목 하나하나가 한국정치를 연구하는 데 빠뜨릴 수 없는 중요한 주제요 문제점들이다. 이 책은 앞으로도 관심 있는 정치학도들에게 좋은 참고자료가 될 것으로 생각된다.

책의 내용 자체도 중요하지만 이 두 권의 책은 나에게는 특별한 의미를 지니는 것들이다. 주로 내가 1971년부터 고대에서 가르치던 제자들이 공동으로 참가하여 만든 책이기 때문이다. 집필자들이 이제는 국내 여러 대학이나 연구기관에서 활약하고 있으니 이 두 권의 책은 나와 제자들을 이어주는 매우 값진 지적 연계요 산물이다. 지금도 가끔 그 책을 읽으면서 그들을 생각한다.

자랑스러운 제자들

고대 정치외교학과에는 매년 60명 정도의 신입생이 들어온다. 모두 나의 강의를 들었을 것으로 본다. 필수만 아니라 선택과목도 들어야 졸업할 수 있으니 학과교수들의 과목을 거의 다 듣게 된다. 내가 고대에 24년 봉직했으니 나의 강의를 들은 제자는 천여 명에 달한다고 볼 수 있다. 그 대부분은 졸업 후 직장을 찾아 나가고 소수가 대학원에 남아 공부를 계속했다. 대학원에서 나에게서 지도를 받아 석 박사학위를 받은 학생 수도 백 명 이상은 될 것이다. 그중 나의 지도로 석사나 박사학위를 받은 사람들은 학부 졸업 후에도 같이 많은 시간을 보낸 관계로 유달리 가까워졌다.

나는 고대에 교수로 간 후 학생들에게 공부를 계속하도록 자극을 주었고 가능하면 미국 유학을 하도록 권했다. 그래서인지 내가 가르치는 동안 상당한 수의 학부생들이 대학원을 거쳐 미국유학을 했다.

▶ 희수연 때 제자들과 함께

그리고 10년 이내에 다수의 고대 졸업생이 박사학위를 받고 한국으로 돌아왔다. 모두가 대견한 나의 제자들이다. 내가 배출한 졸업생으로 대학이나 연구소에서 학구생활을 하고 있는 제자들이 많다. 고대를 나온 후 미국에서 박사학위를 받고 돌아와 교수로 있는 제자들이 많다. 통일원 장관을 지낸 현인택(고대), 그리고 이내영(고대), 유호열(고대), 이남영(세종대)이 유학에서 돌아와 있는 학부 졸업생들이다. 관계에는 경찰청장이 된 조현오, 국회의원으로는 이병석, 권영진, 김성동, 정진석, 권오을이 있다. 언론계에도 다수가 이제는 편집국장급의 언론인으로 활약하고 있다. 진보정당의 당수를 지낸 노회찬도 학부출신이다. 학생 때부터 운동권에 속했던 것으로 기억된다. 되돌아보면 학부시절 제각기 개성이 뚜렷했던 제자들이었다는 생각이 든다. 그리고 그들을 가르친 교수의 한 사람으로 보람도 느낀다.

지금 생각하면 한편 부끄럽기도 하고 우습기도 한 일이 있다. 유신체제 말기라고 기억하는데 학생들의 반체제운동이 확대되면서 대학 교수들에게 학생지도라는 명목으로 한 사람의 교수당 몇 명의 운동권의 「문제?」학생들을 배당하여 지도하고 그 결과를 보고하라는 지시가 내렸다. 교수들은 배당받은 학생들을 만나지도 않고 만난 것처럼 꾸민 허위보고서를 매달 학과사무실에 제출했다.

나에게 배당된 학생 중 안 모라고 극렬하게 행동하는 학생 한 명이 있었다. 어느 날 저명한 예비역 4성 장군 출신으로 국회의원이 된 분이 전화를 걸어 나더러 그 학생을 만나도록 주선해 달라는 것이었다. 그 학생을 불러 사정을 말하고 "어른의 부탁인데 가서 인사라도 하고 오는 것이 어떻냐"고 했더니 거절하는 것을 설득해서 돈암동 로타리 태극당 과자집에서 그분을 만나게 했다. 학생은 돌아와 나에게 별로 다른 말은 없고 "데모하지 말라"라고 하면서 케이크를 사주어서 먹고 돌아왔다고 했다. 그분처럼 장관직도 지냈고 장군으로도 명망이 높았던 국회의원을 동원할 정도로 유신정권의 집권층은 불안했던 모양이다.

고대에 재직하는 동안 많은 수의 대학원생들의 학위과정과 논문지도를 했다. 나의 지도로 석사학위와 박사학위를 받은 학생들의 수는 많다. 그러나 내가 고대를 떠난 후에도 거의 정기적으로 나를 찾아와서 같이 식사도 하고 환담을 나누기도 하는 제자들은 주로 나의 지도로 박사학위를 받은 제자들이다. 수년 동안 강의와 세미나를 통해 가까워지고 잘 알게 되면서 인간적인 정도 생긴 때문인 것 같다.

1972년에 학부 2학년생이었던 전용헌 교수는 나에게서 석사와 박사학위를 받아 계명대에서 가르쳤다. 후에 사업에 종사하기 위해 교수직을 떠났다. 그는 제자들 중에서 연장자로서 인간관계가 원만한 성품을 가졌다. 김용욱 교수(원광대)는 중앙대에서 내가 첫 교수직을 시작했을 때 만난 제자이다. 그 후 고려대에서 박사학위를 받고 원광대 대학원장으로 있다가 정년퇴직했다. 한국정치사상에 대한 저서를 여러 권 펴냈다. 한용원 교수(청주교원대)는 육사출신으로 서울대 정치학과 대학원에 입학하여 내가 시간강사로 나갔을 때 내 과목을 들었다. 그 후 고려대 박사과정을 통해 학위를 받은 후 청주교원대에 교수로 갔다. 군민관계에 대해 논문과 책을 썼다.

김태일 교수(영남대)는 학부시절 유신체제반대운동에 가담했다가 옥살이도 하고 복교 후 학문에만 정진하여 대학교수가 되었다. 그는 개혁지향적인 학자로 한때 현실정치에도 관여하여 출마한 적도 있다. 박종철 박사(통일연구원)는 학부시절부터 석 박사과정에서 나의 지도를 받았다. 매우 우수한 학자로 통일연구원에서 통일문제와 관련해서 여러 가지 중요한 연구과제들을 다루어왔다. 그가 박사논문을 정리하여 낸 책은 호평을 받기도 했다.

김경숙 교수(공주대)는 학부 때 정치학과의 조교로 있다가 학위를 받고 교수가 된 여성 정치학자이다. 아무도 생각하지 못했던 시절인데 아직 공산정권치하에 있던 유고슬라비아에 혼자 가서 현지조사를 하고 박사논문을 썼다. 그녀는 공산정권의 비교연구가로 활동하였고 충남 여성개발연구소장을 지냈다. 김경순 교수(국방대학원)도 여성 정치학자로서 소련정치로 박사논문을 썼다. 소련이 붕괴한 직후 러시아에 체류하면서 연구한 학자이다.

오승재 총장(안성여전) 역시 나에게 학부시절과 석사학위과정을 지도받았다. 현실정치에 관심이 많아 정당에서 활동을 했다. 그는 나이로 보아 제자 중에서 막내에 속하지만 영화배우 빰칠 정도로 잘 생긴데다 성격도 아주 좋아서 선배들의 총애를 받기도 한다. 박선희 변호사는 석사과정을 지도하면서 매우 우수하다고 생각되어 박사과정에 진학하도록 권했으나 사시에 응시하여 나중에 유명한 로펌에서 파트너가 되었다.

잊을 수 없는 제자들이 많으나 특히 생각나는 두 사람이 있다. 한 사람은 윤용희교수(경북대)이고 또 한 사람은 일본인인 기미야 다다시(木宮 正史)(동경대 교수)이다. 윤 교수는 검정고시로 경북대학에 진학하여 정치학으로 학사학위를 받고 연세대에서 석사학위를 받은 후 고대 정치외교학과 대학원에서 나의 지도로 박사과정을 시작했다. 학생들을 많이 보았지만 그처럼 열심이고 노력하는 사람은 보기 드물었다. 논문을 쓰던 때 내가 수정할 내용을 지적하면 밤을 새워서라도 그 다음날 다시 써서 가져왔다. 그는 결혼하게 되어 대구에서 여고 교사로 있던 신부와 신혼살림을 차렸다. 그래도 윤 교수는 대구에서 강의가 있는 날 서울로 통학을 하다시피 했다. 그는 학위를 받고 경북대학교 정치외교학과 교수로 취직했다.

기미야 다다시 교수는 도쿄대 정치학과에서 학사와 수사(한국의 석사)학위를 받았다. 그는 일본의 저명한 사카모도 요시카스 교수의 제자이다. 사카모도 교수는 일본에는 한국을 제대로 공부한 학자가 없다고 하면서 그를 한국 전문가로 키우려고 했다. 그래서 사카모도 교수의 제자였던 최상룡 교수를 통해 고려대 대학원에 입학하여 나의 지도를 받도록 했다. 그는 국제정치와 정치경제에 관심을 갖고 있었다. 김태일 교수가 대학원생으로 있을 때여서 그를 소개시켜 주었고 둘은 가까운 사이가 되었다. 기미야가 한국에 왔을 때는 한국어를 전혀 못했다. 그는 기숙사에서 살면서 한국어를 놀라울 정도로 빨리 습득하기 시작했다. 그 후 그는 세미나 시간에 한국어로 토론을 할 정도가 되었고 박사학위 논문을 한국어로 썼다.

그러다 어느 날 기미야가 일본에 가겠다고 해서 물었더니 무릎에 병이 생겨서 수술을 받아야 한다고 했다. 김태일의 말로는 밤을 새워 가면서 방에 앉아서 공부하면서 무릎에 염증이 생긴 것이라 했다. 그를 아는 대학원생들이 기미야를 보고 그렇게 열심히 공부하는 사람은 처음 보았다고 칭찬했다고 들었다. 그는 좋은 내용의 박사학위논문을 썼고 심사에 통과한 후 박사학위를 받고 일본에 돌아간 후 호세이대학 교수로 취임했다가 지금은 도쿄대학 고마바 분교의 정치학 교수로 있다. 그는 이제는 일본에서 널리 알려진 한국정치 전문 학자가 되었다. 그는 박사논문을 수정 보완하여 한글로 된 저서로 『박정희 정부의 선택』(휴마니타스, 2008)을 냈다.

고려대 대학원장으로 한 세 가지 일

고대 일반대학원의 학생 수는 3,000명 정도로 학사행정도 많았다. 석사과정과 박사과정의 입시행정부터 시작해서 자격논문심사, 어학시험, 그리고 졸업장에 문교부로부터 일련번호를 받는 일까지 많은 행정을 관리해야 했다. 때에 따라서는 단과대학의 학과교수들에게 일일이 부탁을 해야 하는 일도 있었고 문제가 생기면 해당교수들을 만나야 하는 일도 있었다. 뿐만 아니라 그 당시는 학생데모가 끊이지 않았고 학부생만 아니라 대학원생도 독자적인 학생조직을 만들어 갖가지 요구를 하였다. 학생회장과 만나 달래고 설득하는 일이 간단치 않았다.

대학원에는 학생의 입학수가 정원제로 되어 있었다. 교육부가 박

▶ 고려대 대학원장 시절 중학교 동창 선우동훈 교수(가운데), 김대열(왼편) 교수와 함께

사과정에 몇 명, 석사과정에 몇 명 식으로 정원을 정해 놓았다. 그 정원수 안에서 대학 내 분야별과 학과별로 다시 정원수를 조정했다. 내가 대학원장이 되었을 때 인문계와 자연계의 비율은 6:4로 되어 있었다. 자연계 속에 의학 분야가 들어 있고 의학박사학위를 주는 것이었다. 고대를 졸업한 의사들이 개업하다 보니 박사학위가 필요했던 것이다. 의대는 의학박사과정수를 늘리려고 오래 노력해온 것 같았다. 대학도 그런 필요성을 인식하여 그 분야에 많은 수를 배분해 주었다.

석사과정도 그렇지만 특히 박사과정의 경우 대학의 학과마다 더 많은 박사를 배출하려고 서로가 입학생의 정원을 늘려달라고 야단이었다. 고대의 박사과정 정원수는 인문계가 많았고 이공계는 적었다. 나는 국가적으로 볼 때도 이공계의 정원을 늘려주는 것이 적절하다는 생각을 가지고 있어서 내 임기 중 그 문제를 해결하기로 결심했다. 나는 인문계와 자연계의 비율을 적어도 5:5로 만들어야겠다고 생각하고 조정 작업을 시작하여 임기를 마칠 즈음에는 5.5:4.5 정도로 조정할 수 있었다. 그것도 쉬운 일은 아니었다. 이미 확보한 정원 수를 내놓지 않으려는 학과들의 반발이 적지 않았던 것이다.

내가 한 또 하나의 일은 고대 이공대학과 당시 홍능에 있던 한국과학기술원(KIST) 사이에 협동관계를 형성한 것이다. 한국과학기술원 박사들이 고대 이공대의 초빙교수로 와서 강의하고 고대 대학원생들 중 우수한 학생을 연구조교로 쓰는 계약을 맺은 것이다. 당시 KIST는 홍능에 있었기 때문에 고대로서는 입지조건이 좋았다. 그 협동계획을 위해 문교부와 과기처의 승인을 받는 중 연세대가 그 계획에 참가하기 위한 섭외를 벌여 결국 연세대도 이공대학을 중심으로 같은 계획에 참여하게 되었다. 연세대와 고대는 서로가 라이벌이라 어느 한 쪽이 갖게 되면 자기도 가져야만 했다. 정책대학원의 경우도 그랬다. 연세대에는 이미 행정대학원이 있었다. 그러나 연세대는 고대가 특수대학원을 하나 갖게 되니 연세대도 하나 받아야 한다고 문교부에 로비한 결과 국제대학원 설립을 인가받았다. 마찬가지로 이번에도 고대와 KIST와의 협동계획에 연세대가 끼어든 것이다.

세 번째로 한 일은 학생들의 등록규정을 개정한 것이다. 대학원 규정에 의하면 학생이 종합시험에 통과한 후에도 계속해서 등록해서 등록금을 내도록 되어 있었다. 여러 가지 이유가 있었지만 그중 하나는 학생들이 등록을 하지 않으면 그동안 면제되어온 향토예비군훈련을 받아야 했다. 또한 규정에는 박사과정은 무조건 8학기를 등록하도록 규정되어 있었다.

가령 5학기(2년 반)에 모든 과정을 끝내고 종합시험에 통과하고 나서 학교에 나와 강의를 들을 필요가 없으면서도 나머지 3학기분의 등록금을 내야 졸업이 가능한 것이다. 학생들의 불만은 그럴 경우 등록금을 내지 않아도 되는데 그래야 하는 이유를 알 수 없다는 것이다. 물론 처음 규정을 만들 때의 상항은 박사과정을 4년 정도 계속해야 박사로서 자격을 갖추는 것이라는 생각이었을 것이다. 그러나 외국 대학의 경우를 보면 박사과정의 경우 과정이 끝나면 등록금은 내지 않는 것이 일반적이다.

그것이 불합리하다는 대학원 학생회장의 주장과 요구를 검토한 결과 연세대는 그런 규정이 없음을 알았다. 대학원생의 정원 수급 계획에도 아무 지장이 없으며 매학기 들어오는 등록금의 액수에도 차이가 없음을 알아냈다. 단지 학생의 입학과 졸업시기의 순환이 빨라지는 것뿐이다. 총장을 설득한 끝에 대학원위원회를 소집하여 그 규정을 바꾸었다. 비싼 등록금을 마련하느라 고생하던 학생들에게는 매우 반가운 조치였으리라 생각한다. 그러나 내가 고대를 떠난 후 지나가는 소리로 들은 것이지만 일부 교수가 고대 박사과정을 너무 짧게 만들었다는 비평을 했다고 들으면서 그런 비난도 있겠구나 생각했다.

그러나 학부 4년에 석사 2~3년 그리고 박사과정 2~3년 그리고 논문작성과 통과까지 또 2년을 잡는다면 대학에서 박사학위를 받는 기간은 11~12년이 된다. 결코 짧은 기간이라 할 수 없다. 인문계와는 달리 자연계는 젊은 박사들이 연구실적을 올려야 하는데 30대에 학위를 받아 연구 활동을 시작한다는 것이 개인이나 국가적으로 크나큰 시간낭비와 손실이다.

아내와의 사별

1992년, 8년이라는 긴 세월을 병으로 고생하던 아내가 사망하였다. 7월 8일 밤 9시경이었다. 나의 대학원장 임기가 끝나기 한 달 전이었다. 나는 그날 저녁 나의 후배인 고대 의대교수와 그의 친구인 다른 중학 후배와 식사를 하게 되었다. 저녁을 먹고 나서 집으로 가려고 하는데 권하는 바람에 롯데 호텔 꼭대기에 있는 멤버스클럽에 갔다. 이야기를 나누다 보니 열시가 가까웠다. 양해를 받고 나는 택시를 잡아 집으로 돌아왔다. 집에 들어가니 가정부 아주머니가 나보고 "사모님이 돌아가셨어요" 하고 울고 있었다. 안방에 뛰어 들어갔더니 아내가 눈을 감고 반듯이 누워 있었다. 아주 편안한 얼굴표정이었다. 고통을 느낀 것 같은 표정은 없었다.

안방에 뛰어 들어가 아내의 시신을 껴안고 아내의 이름을 부르면서 한동안 울었다. 너무나 뜻밖이었다. 아주머니 말로는 그날 밤 9시가 좀 지나서 침대에 누워 있던 아내가 갑자기 일어나더니 침대에서 옆으로 나와 방바닥에 쓰러졌다는 것이다. 의사말로는 심부전, 즉 심장의 기능이 멈추었다는 것이다. 심장마비는 아니었고 판막증으로 심장기능이 악화되면서 일어난 것이다. 의사로부터 그런 상태로 병이 진행된다는 것은 알고 있었으나 결국 그런 사태가 발생한 것이다.

한참 후 정신을 차리고 거실에 나오니 처남 부부가 앉아 있었다. 여동생과 각별히 사이가 좋았던 처남 박상증 목사와 그의 아내 이선애 목사가 비통한 표정으로 눈물을 닦고 있었다. 이미 미국에 있는 두 아들에게 전화를 걸어 사망소식을 알렸다고 했다. 큰 아들은 메릴랜드의 미국 국립보건원(NIH)에서 연구원으로 있었고 작은 아들은 미시간주립대에서 마케팅으로 석사학위를 받고 시카고에 사는 이모 집에 들러 머물면서 귀국할 준비를 하고 있었다. 이모 집에 있다가 서울에서 전화를 받은 승훈은 이모네 아파트가 떠나갈 정도로 크게 울어서 옆집 사람들이 몰려올 정도였다고 후에 처제가 말해주었다. 막내아들로 어머니로부터 많은 귀염을 받은 승훈이었다. 어머니의 회갑연을 서울에서 크게 해드리겠다고 마음먹고 돌아오던 차였기에 불의의 어머니의 죽음은 더욱 안타까웠을 것이다.

큰 아들 시훈도 전화로 곧 귀국한다고 해왔다. 그의 아내 은정은 항공표를 같이 구하지 못해서 만삭이었으나 손자 재현을 데리고 따로 늦게 한국에 도착했다. 3일장으로 치르기로 하고 처남 부부와 친지 그리고 교회교우들이 나서서 도와주었다. 장지는 이미 가족묘로 쓰기 위해 확보해 놓은 여주의 남한강공원묘지로 하고 아내의 묘는 88년에 돌아가신 장모님과 그 후 장인 박현명 목사를 가합장한 묘 옆에 쓰기로 했다. 그리고 1992년 7월 8일 발인예배를 본 후 장지로 갔다. 장례일 전날 밤부터 비가 내리더니 그날은 비가 억수처럼 쏟아지는 바람에 장지가 온통 물바다를 이루었던 것이 기억난다.

아내의 장례를 치른 얼마 후 우리 가족은 고인을 기억하는 작은 추모집을 만들었다. 어릴 때부터 사망하기 전까지 찍은 고인의 사진 중에서 몇 개를 골라 넣었다. 제목은 장례예배 때 설교하신 목사가 택한 성경구절로 『하늘을 품은 삶』(고 박동숙 여사 추모집)이라고 했다. 나와 두 아들 부부, 그리고 고인의 친구 중에서 경기여고 동창이고 같은 동네에 살면서 가까이 지냈던 친구인 신봉수 씨에게 글을 써줄 것을 부탁했다. 나는 "가식을 싫어하고 너그럽고 곧은 마음을 가졌던 당신—박동숙"이라는 제목으로 아내의 성품을 단적으로 표현했다. 두 아이들은 각각 "보고 싶은 어머니"와 "사랑하는 나의 어머니"라는 제목의 글을 썼다.

되돌아보면 아내는 나에게 과분할 정도로 훌륭한 내조자였다. 내가 미국에 유학 갔을 때 아내는 이미 3학년의 대학생이었고 곧 졸업하면 피바디 교육대학원에 진학할 계획을 세우고 있었다. 나는 한국전쟁 동안 대학공부를 중단했기 때문에 미국에서 다시 1학년으로 시작해야만 했다. 그런 나를 위해 아내는 대학원에서 석사학위를 받기 직전까지 기다리다 나와 결혼하였고, 결혼한 다음에도 내가 한 학기 후 졸업할 때까지 내가 있던 대학에 와서 대학 측의 배려로 대학의 직원으로 일을 했다.

그리고 내가 대학원에 진학한 후에는 직장을 얻어 살림을 하면서 직장생활을 계속하여 나를 도와주었다. 그리고 한국으로 돌아온 후에도 아내는 나의 경력(career)을 도와줄 뿐 자신의 경력(career)은 늘 희생하였다. 아내가 원래는 상담심리학(counselling)을 전공했으니 학교에 가야하는데도 우리의 어려웠던 경제사정 때문에 보수가 많은 직장을 택했다. 그리고 병으로 반신이 마비되어 불구가 될 때까지 직장생활을 계속하였다. 1960년대 내가 대학교수로 처음 취임했을 때 받은 봉급은 그 당시 돈으로 7~8천 원이었던 것으로 기억난다. 그것으로는 아들 둘을 데리고 교육시키면서 산다는 것이 불가능했다. 아내와 내가 같이 직장생활을 하지 않았다면 아마 내 아들들을 대학에 보내기 힘들었을 것이다.

성품이 고와서 누구나 아내를 좋아하고 따랐다. 아내는 이해심이 많았고 특히 어렵고 불쌍한 사람들에 대해 세심하게 배려했다. 직장일로 바쁜 중에도 시집식구와 관련된 일들을 내 대신 처리했고 내가 연구에 집중할 수 있도록 늘 신경을 썼다. 그 덕분에 나는 가정일이나 다른 복잡한 일들의 처리를 아내에게 전부 맡기고 편안한 생활을 했다 해도 과언이 아니다.

아내는 시집식구들과 잘 지냈고 시집식구들을 도와주는 일을 했다. 내 누님이 어렵고 아플 때도 그랬고 내 동생에게도 그랬다. 막내 여동생은 일찍 남편을 잃고 아이들을 데리고 살면서 병도 얻었다. 아내는 내 누이동생의 아이들을 돌봐주었고 그들도 외숙모를 많이 따르고 좋아했다. 그리고 아내는 남들이 하기 꺼리는 궂은일도 닥치면 귀찮다 하지 않고 처리하는 성격을 가졌다. 그런 그녀를 보면서 나는 한편 미안하기도 하고 또 나의 고마움을 어떻게 표현해야 할지 몰랐다. 말로 하지 못하고 그저 묵묵히 그녀의 하는 일을 바라볼 뿐이었다.

아들들에 대한 아내의 사랑도 각별했다. 큰 아들의 진학문제나 사춘기(思春期)에 생길 수 있는 여러 가지 문제들에 대해서도 아내는 언제나 좋은 어머니이자 또한 상담자의 역할을 해주었다. 두 아들들이 다 같이 좋은 성품과 남을 아낄 줄 아는 사람들이 된 것도 나는 아내의 훈도 때문이라고 생각한다. 아버지인 나는 사실 아이들의 성장과정에서 제대로 역할을 하지 못했다. 단지 엄격한 아버지에 불과했다.

아내가 여고 동창을 따라 장안의 유명하다는 점술가를 만나고 온 후 나에게 "당신은 71세에 사망하고 나는 72세에 죽는대"라고 했던 아내가 71세는 커녕 60세를 겨우 넘기고 사망했고 나는 어느새 80세가 넘었다. 점술가의 말은 완전히 빗나간 것이다. 아내가 72세까지 살았으면 얼마나 좋았을까? 가끔 아내를 생각하게 될 때마다 생전에 그녀에게 못다 한 일들을 떠올리게 되고 깊은 회한에 젖게 된다.

제9장

『한국정치변동론』의 출간

* * *

경제학에서 거시경제론과 미시경제론으로 나누듯이 정치학을 나눈다면 나의 전공 분야는 '거시정치학'이라고 할 수 있다. 나는 학부 시절부터 비교정치에 관심을 가졌고 대학원에서도 비교정치를 전공으로 택하여 석사과정을 마쳤다. 그 후 계속해서 비교정치에서도 '정치발전론'이라는 매우 거시적인 이론적 시각에 대해 관심을 가졌고 비교정치의 연구대상을 동아시아의 3국(중국, 일본, 한국)에 두면서도 특히 후진국정치를 다룬 정치발전론에 많은 관심을 가져 왔다.

정치발전을 연구한 학자들이 지적한 후진국 정치의 주요 이슈들은 한국정치를 연구하는 데 큰 도움이 되었다. 정치적으로 후진적이었던 한국정치를 생각하고 그것이 변해갈 방향이나 전망을 생각하는 것이 나의 관심사였다. 그런 의미에서 나의 정치학 연구는 거시적인 차원에 중점을 두었던 것이라 할 수 있다. 그중 특히 정치체제에 대한 비교, 그리고 어떤 정치체제형태가 어떻게 변화하는가를 분석하는 일이 나의 정치학연구의 중심과제였다. 내가 태어난 조국인 한국의 정치의 본질을 분석하고 정리해보자는 생각을 갖게 되었다. 어떤 잡지에 쓴 글에서 나는 그것을 귀소의식(歸巢意識)이라는 말로 표현했다. 그동안 내가 공부해온 지식을 동원해서 한국의 정치체제와 정치변화의 본질을 설명해 보자는 의욕이 생겼다.

그러나 6년간 대학에서 보직을 맡으면서 연구 활동을 거의 중단한 관계로 차분하게 저서 활동을 시작하는 데 좀 시간이 걸렸다. 다행히 대학원장 임기를 끝내자 안식년을 주어서 1년 쉬는 동안 집필을 시작했다. 때마침 한국 학술진흥재단에서 2년 연속으로 연구비를 지급한다는 공고문을 보고 신청서를 냈다.

연구계획서에 제시한 주제는 '한국정치체제의 특징과 정치변화의 본질'이었다. 어떻게 보면 가장 기본적이기도 하고 또한 가장 포괄적이어서 어려울 수 있는 주제였다. 그러나 정치학이라는 학문이 정치체제(정권)와 정치변화를 구명하는 것이라는 미국의 유명한 정치학자의 말이 생각나면서 이것이 그동안 6년여의 보직생활 동안 지적 공백기를 가져온 나에게 집중적으로 연구할 좋은 기회라고 생각했다. 신청했더니 우선 1년치 연구비를 주고 결과를 보고 1년을 더 연장해 줄 수 있다는 통지를 받았다.

저서 (7): 『한국의 정치과정과 변화』(1993)

2년 후 학술진흥재단의 연구 결과물을 『한국의 정치과정과 변화』(법문사)라는 제목으로 출판했다. 이 책의 부제목을 「권위주의정치의 생성(生成)과 전개」로 했다. 1992~3년은 한국에서 군부권위주의 정권이 붕괴되고 김영삼의 문민정부가 들어서면서 민주정치로의 전환(transition)이 시작되었던 때였다. 앞으로 등장할 민주적인 정권이 제대로 고착될 수 있는지, 오랫동안 한국정치를 지배해온 군부의 권위주의정권이 과연 완전히 사라진 것인지 아직도 의문이 많았다.

이 책에서 쓴 제목들은 후에 나온 『한국정치변동론(韓國政治變動論)』(법문사, 1995)에서 쓴 것과 중복되는 점이 있으나 주장하려는 초점이 다르다. 후에 나온 『한국정치변동론』에서는 한국 정치체제의 성격과 본질을 놓고 그 당시 정치학계 일부에서 외국의 네오-마르크스주의 학자들이 하는 주장을 그대로 들여와 이론으로 포장하여 설명하려는 데 대해 내 나름의 반론을 제기하는 데 초점을 맞추었기 때문이다. 그런 주장들이 마치 '맞지 않는 옷을 억지로 입히려는 격'이라는 것을 지적하려 한 것이다.

▌저서 (8): 『한국정치변동론(韓國政治變動論)』(1995)*

나의 여덟 번째 저서인 이 책은 1992년경 집필을 시작해서 1994년에 탈고하여 1995년 초에 출판되었다. 이 책은 군사정권의 발생과 결말을 다룬 것이다. 이승만 정권부터 시작은 했지만 책의 대부분은 '왜 군사정권이 등장하였으며 그것이 유신체제로 전환한 다음 종말을 겪게 된 이유'를 논했다. '군사정권'에서 '민주정권'으로 전환하는 경우는 한 형태의 정권에서 다른 형태의 정권으로 전환하는 근본적인 정권차원의 변화이다. 그러나 이 책은 같은 군사정권에서 「유신체제」라는 '또 다른 형태의 군사정권'으로 전환하는 정치적 이행 원인과 그것이 붕괴한 이유를 분석한 것이다. 책을 출판한 뒤 여러 해가 지나서 이 책이 일본에서 번역판으로 나오게 되면서 간단하게 민주화과정을 서술하는 내용의 새로운 장을 추가하였다.

▌왜 군사정권은 붕괴되었나?

이 책에서는 왜 군부권주의정권이 생겼느냐와 함께 왜 그것이 계속 유지될 수 없었나를 다루었다. 책을 쓸 때는 1979년의 박정희 대

---

* 이 책은 2004년 일본에서 기미야 다다시 동경대 교수와 이소사키 노리요 각슈인(學習院) 대학교수의 공역으로 호세이(法政)대학 출판부에 의해 『韓國政治のダイナミズム』이라는 제목으로 출판되었다.

통령의 시해사건이 있었고 전두환이 이끈 군부의 제2의 쿠테타와 그 후 6·29 선언과 대통령직선제 개헌을 통해 노태우 정부가 들어선 후였다. 그런데도 전두환 정권 때부터 대대적으로 학원가를 휩쓴 마르크스주의 열풍은 계속 불고 있었다. 일부에서 한국전쟁에 대한 수정론이 인기를 끌고 있었고 그와 같은 선상에서 일부의 좌파 진보적인 학자나 지식인이 박 정권과 유신체제의 본질에 대해 좌익 특유의 틀을 가지고 논하고 있었다.

일부이지만 '종속이론'을 논하는 교수들이 있었고, 유신체제를 마치 남미 학자들이 주장하던 '새로운 권위주의정권(좌익 세력의 도전에 대항해 나온 극우 군사정권)'과 같은 것이라고 견강부회(牽强附會)식으로 주장하는 사람들도 있었다.

그렇게 한국정치의 본질과 변화를 보려는 일부 학자들의 움직임에 대해 침묵만 지킬 수는 없었다. 나로서는 그런 주장의 허위성을 지적해 주어야겠다는 생각이 들었다. 1961년 쿠데타 후 수립된 한국의 군사정권이 지녔던 기본적인 한계와 약점으로 '제도화 및 계승문제 해결의 실패와 정당성 위기'를 강조하려는 데 초점을 두었다. 네오 마르크스적인 시각보다 권력의 "제도화" 실패의 문제와 정권의 정당성문제를 중요시했다.

먼저 서두에서 외국의 정치학자들이 논한 권위주의정권의 등장원인을 「제도 불상용설」, 「근대화 위기설」, 「정당성(正當性) 결여설」, 「다른 발전경로설」로 정리했다. 제도적 불상용이란 전통적인 정치제도와 근대적인, 특히 민주정치제도와 상용성이 없는 상태이다. 근대화 위기설은 특히 중남미에서 나타난 것으로 후진국 중에서 일찍이 근대화과정을 밟았던 중남미국가에서 근대화의 결과 분출하는 국민의 욕구를 통제할 능력을 갖지 못한 지배층이 강권으로 그것을 억제하는 경우를 예로 들 수 있다.

정당성 결여설은 정권이 지지기반을 확보하려 할 때 과거처럼 전통이나 세습에 기반을 둘 수 없거나 어떤 다른 정교한 이념이나 원리를 정당성 기반으로 삼을 능력이 없을 때 권위주의정권이 등장한다는 것이다. 마지막으로 다른 발전경로설이란 후진국의 경우 공산정권도 아니고 민주정권도 아니고 자본주의도 공산주의도 아닌 제3의 발전코스를 지향하려는 집권층이 권위주의정권을 세울 수 있다는 설명이다.

권위주의정권의 한국적 특질(特質)

그런 다양한 등장원인들을 고려하면서 나는 한국에서 민간-군부 권위주의정권이 등장할 수 있었던 중요한 요인으로 다음을 들었다: (1)방대한 국가조직; (2)제한된 다원주의; (3)낮은 수준의 정치적 동원능력; (4)권위에 대한 경외와 복종을 강조하는 정치문화를 들었다. 그것들을 다시 구체적으로 정리하면 한국에서 권위주의정권이 등장할 수 있었던 조건들로 (1)북한이라는 위협적인 존재; (2)빈곤의 악순환; (3)권력의 전횡을 막을 제도적 기제의 결여; (4)국력에 비해 과대하게 팽창한 군부; (5)파벌수준을 벗어나지 못하는 정당체제; (6)냉전체제하의 한미관계; (7)강력한 지배자를 따르는 정치문화를 들었다. 이 일곱 개의 요인은 가변성을 지니고 있는 변수들로 볼 수도 있다.

이 일곱 개의 조건들은 후안 린츠(Juan Linz)가 권위주의정권을 정의하면서 지적한 조건들인 (1)다원화 및 분화도가 낮은 수준의 사회; (2)이념보다 사고방식으로 지배하는 체제; (3)지배층이 대중을 동원할 능력이 적거나 그것을 회피하려는 체제; (4)초보적이지만 근대화를 이룩한 사회라는 조건들을 구체적으로 나타내주는 조건들이다. 그런 조건들이 존재했기에 자유당의 독주와 이승만의 장기집권이 가능했고 그 후 박정희의 군사정권의 등장이 가능했다고 보았다. 두 개의 정권은 박 정권의 경우 군인들이 정치에 개입했다는 사실 외에 본질적으로 차이가 없었다. 차이가 있었다면 지배하는 방식의 차이뿐이었다. 이러한 정권들은 권위주의정권으로 장기집권을 목적으로 야당이나 반대세력의 집권가능성을 원천적으로 봉쇄하려는 데 역점을 두었던 정권이었다.

이 책에서 중점적으로 다루려는 것은 그런 정권의 등장도 중요하지만 또 다른 질문으로 '왜 한국에서 권위주의적인 정권이 계속 유지될 수 없었나?' 라는 질문이었다. 이 질문이 곧 "한국에서 민주화가 달성된 원인"을 규명하기 위한 것은 아니다. 권위주의정권의 종말이 곧 민주화가 될 수도 있고 안 될 수도 있는 것이기 때문이다. 스페인 프랑코체제에서는 군사정권이 40년 이상 지속되었고 이집트에서도 낫세르의 군부통치(1950년대 중반)로 시작해서 2011년까지 60년 동안 군사정권이 계속되었다. 대만의 국민당정권도 40년 가까이 지속되었다. 리비아와 튀니지(Tunisia)에서도 군부권위주의정권은 40년 가까이 지속되었다. 북아프리카의 리비아와 튀니지에서 독재체제가 40년 가까이 계속되었다가 최근 두 정권이 몰락했다.

그런 정권들에 비한다면 한국의 박정희 정권(1961~1979)은 18년간 유지되었으니 비교적 단명이었다고 할 수 있다. 그 후 전두환의 군사정권을 박 정권의 연속으로 본다 해도 군부의 권위주의지배는 26년이다. 스페인의 프랑코 총통 임기의 반 정도인 것이다. 그래서 내가 관심을 가졌던 것은 박 정권의 수립과 유지 그리고 붕괴라는 동태적인 변화를 가져오게 한 요인들이 국내의 경제적 요인이냐, 정치적 요인이냐, 아니면 한국을 둘러싼 국제적인 것이냐 하는 의문에 대한 해답을 찾는 일이었다.

이런 질문에 대해 성급한 학자는 경제적 요인 때문이라고 주장할지 모른다. 또 종속이론(dependency theory)이라고 부르던 주장처럼 권위주의정권이 등장한 이유는 후진국의 경제가 중심부의 선진 자본주의국가의 통제 아래 있고 선진자본가들의 착취의 대상이 되고 있었기 때문이라고 주장할 수도 있다. 물론 그런 주장이 부분적으로 사실이라는 것을 인정한다. 그러나 아무리 경제가 중요한 조건이라 해도 그런 주장에는 사회현상은 모두가 경제조건에 의해 결정된다는 환원주의(reductionist)적인 경직된 사고가 지배하고 있다.

이것은 국내정치나 국제정치가 지닌 '정치권력'의 본질을 경시하거나 외면하는 데서 오는 것이다. 무엇보다 이들 대부분의 후진국들은 오래전부터 국민 다수가 정치에 참여하여 정치의 향방을 좌우할 수 있는 전통을 가진 나라들이 아니다. 군주 아니면 여러 형태이지만 소수의 과두지배세력에 의해 지배되어 온 국가들이다. 정치적 전통이나 정치문화가 전제적(專制的)인 것이었다고 할 수 있다. 이것은 군사정권과 많은 친화성을 지닌 정치적 전통이었다.

『한국정치변동론』이 다룬 방법과 주요 내용

• 정치학의 대상으로서 정치체제

정치학이라는 학문은 정치체제(regime, 정권)와 정치변화를 대상으로 하는 사회과학의 일부인 경험과학이다. 이 점이 정치적 사건이나 정치가의 거취를 다루는 저널리즘(Journalism)과 다른 점이다. 정치학은 한 국가 안에서 「권위성」을 가지고 전체 사회를 대신해서 구속력(즉 권위성)을 가진 결정을 내리는 현상을 연구대상으로 한다. 그리고 정치학은 그런 결정을 내리는 정권의 본질과 결정에 따르는 정치적 결과로서의 변화를 분석하는 학문이다.

또 정치학이 다루는 법적-지리적 단위인 국가(State)는 주권, 국토, 국제사회가 인정하는 정당성, 국민에 대해 강권을 가지고 지배할 수 있는 권한, 그리고 일정한 권한을 가지고 있는 자율적인 실체(entity)이다. 그러나 정치학은 국가라는 추상적인 개념보다 구체적이고 조직화된 실체로서 정권 또는 정치체제(regime)를 다룬다.

정권은 사회 구성원의 복합적이고 다양한 상호관계를 규제하고 권력, 부, 자원을 분배하는 권한을 행사하며 경제생활을 조직하는 역할을 담당한다. 정권은 정부(government)라는 통치기구는 물론 국가제도, 정책결정의 구조와 과정을 관장하기 때문에 「지배체제(system of rule)」라고 부르기도 한다. 일반적으로 그런 지배체제의 형식이나 내용은 헌법으로 규정되고 있다.

그처럼 정권은 정부라는 기구보다 상위에 있는 통치원리를 바탕으로 하는 정치적 조직을 말한다. 그래서 정권을 지배체제라고 부르고 "헌법적인 질서(Constitutional order)"라고 부르기도 한다. 여기서 '질서'란 상식적인 의미에서 말하는 교통질서 같은 뜻이 아니라 '지배양식의 패턴'이라는 의미로 이해하는 것이 적절하다. 그 질서가 민주적일 수도 있고 비민주적일 수도 있다. 그리고 둘 다 그 나름대로 지배양식의 패턴을 갖고 있다.

그런 정권을 비교하고 차이점을 연구하는 비교정치 분야가 나의 학문적인 관심사였다. 비교정치(Comparative politics)를 전공분야로 택한 이유의 하나는 많은 국가들의 정치적 특징을 연구하는 과정에서 한국정치에 대한 보다 폭넓은 이해를 갖는 동시에 한국적인 특징들이 무엇인가도 알아낼 수 있다고 생각했기 때문이었다. 그중에 우연한 계기도 있었지만 언어를 알고 그 나라의 문화에도 어느 정도 익숙한 나라가 일본이어서 나는 일본정치에 깊은 관심을 가졌고 일본과 한국을 비교하는 일에 특별한 흥미를 가지고 있었다.

그러나 해방 후 한국정치의 역사적 전개과정을 볼 때 우리의 정치적 경험은 일본의 정치적 경험이나 공산화된 후의 중국의 경험과는 거리가 먼 것이었다. 그것들을 한국의 정권을 연구하는 「비교의 맥락」으로 설정하여 다루는 데는 무리가 있는 것이었다. 중국은 전체주의인 공산정권이었고 또 일본은 오랫동안 천황제(天皇制)라는 '일본만의 특유한 전제(專制)정치'의 역사를 지닌 후 패전 후 점령기에 미국의 강요에 의해 의회민주적인 헌정질서로 전환한 정권이었다.

• 통시적(通時的, Diachronic) 비교방법

중국이나 일본을 「비교의 맥락」으로 택하여 다루기는 어려우나 비교의 대상으로 한국처럼 남북으로 분단되었던 월남과 비교해 볼 수도 있다. 이때의 연구주제는 두 나라의 분단요인이나 월맹에 의한 통일의 요인들을 찾아내는 데 목적을 둔 것이 될 것이다. 한국과 월남(월맹을 포함)이라는 두 개의 국가단위를 하나의 비교맥락으로 삼고 분단과 통일문제를 다루는 것이다. 그러나 이것은 나의 관심사인 한국정치체제의 변화라는 연구과제와는 목적이 다르다.

한국과 여러 면에서 다른 일본이나 중국, 그리고 다른 후진국들을 연구자의 문제의식에 따라 비교의 맥락으로 잡고 연구하는 방법은 동시적(同時的)(synchronic)이고 다(多)맥락적(Multi)인 성격의 비교연구가 된다. 연구자가 다루는 문제가 매우 추상성을 지닌 것일수록 그런 광범한 동시적이며 다맥락적인 연구가 필요하다. 그런데 또 하나의 방법으로는 단일(單一)국가를 단위로 해서 그 안에서 각각 다른 시점에서 일어난 변화를 다루는 통시적(通時的)(diachronic) 방법이 있다.

즉, 한 나라 안에서 '다른 시점'에서 일어난 변화를 「비교의 맥락」으로 삼고 다루는 방법이 있다. 한 국가 내에서 한 형태의 정치체제(정권)가 다른 시점에서 다른 형태의 정치체제(정권)로 변화했다면 그런 변화의 원인이 무엇인가라는 의문을 가지고 다룰 때 그것은 통시적(通時的)인 비교가 되는 것이다. 이 경우 한 형태와 내용을 가진 정권에서 다른 형태와 내용을 지닌 것으로 변화할수록 이 방법을 통한 연구의 효과는 크다. 우선 한 나라의 문화란 단시일 내에 바뀌지 않으니까 통시적 비교연구에서 '문화적 요인'을 통제할 수가 있고 다른 요인들을 중심으로 변화의 원인을 규명할 수 있다. 역사나 경제적 요인을 적절히 통제하면서 정치적 변화와 직결된 요인에 주로 초점을 맞출 수 있기 때문이다.

나는 「한국정치변동론」을 쓰면서 통시적(通時的)인 비교를 시도했다. 즉 해방 후 한국에 등장한 정치체제(정권)의 본질을 규명하는 것을 시작으로 이승만 정권에서 박정희 정권으로 그리고 마지막으로 유신체제로 변해가는 정치적 변화를 각 정치체제의 성격을 분석하면서 다루고자 했다. 정권(政權)들이 어떻게 변했으며 그런 변화를 가져온 가장 중요한 요인들을 찾아내는 일이었다. 그리고 나는 이승만이 집권하던 당시의 한국의 정권과 그 후 장면 정권을 거쳐 쿠데타로 박정희가 집권하여 형성한 군부주도의 정권이 어떤 차이가 있으며 또한 이승만 정권이 만들어낸 한국적인 지배양식의 원형(prototpye)이라 할 수 있는「1인 우위형」권위주의정권의 기본성격을 대폭 개조하여 자유선거가 아니라 집권자의 자의성에 의존하고 강권조직의 지원을 받아 권력계승을 보장하려는「유신정권」의 등장을 통시적인 비교의 대상으로 삼기로 했다. 그것이 이 책에서 설정한「비교의 맥락」이었다.

• 네오-마르크스주의적 설명의 문제점을 지적

한국에 권위주의정권이 등장한 원인을 논하면서 네오-마르크스주의적인 주장을 그대로 대입하려 한다면 한국사회에도 심각한 계급갈등이나 심지어 전투적인 성격의 계급 간의 투쟁이 잠재하거나 실재하고 있다는 가정(assumption)이 성립되어야 한다. 그것은 경제결정론적인 시각을 의미하기도 한다. 뿐만 아니라 우리나라 노동계급이 매우 전투적이고 과격할 뿐 아니라 그들의 기업주나 정부에 대한 투쟁목표가 노동계급이 지배하는 사회주의적인 정치체제를 수립하는 데 있다는 가정도 세워야 한다. 노동계급이 단순히 노동조합적인 성격이 아니라 혁명적인 목표를 달성하려는 전투적인 성격의 고도로 정치화된 계층이라는 가정을 해야 한다. 이런 가정들은 한국의 실정에 비추어 보아 매우 방어하기 어려운(untenable) 가정들이다.

그런 네오-마르크스적인 시각에 바탕을 둔 주장은 매우 단순하다. 정치에 대한 지식이 제한된 일반 사람들에게 그럴 듯하게 들릴 수 있는 주장일지 모르나 객관적이고 냉철한 입장에서 본다면 한국정치는 그렇게 단순하게 설명될 수 없다. 더구나 이 책에서 다루는 것처럼 한국정치에서 정권의 변화를 통시적(通時的)으로 비교하려 한다면 이 정권과 1960년대의 박 정권이 등장할 수 있었던 국내외 정치적, 경제적, 사회문화적 조건들과 일제시대부터 1945년 해방, 남북분단과 그 후의 한국전쟁을 치르면서 형성된 역사적인 조건들을 포괄적으로 고려해야만 한다. 그것이 한국정치를 논할 때나 비교할 때 고려해야 할 가장 중요한 비교의 맥락(context)이 되는 것이다.

나는 경제에 지나치게 비중을 두거나 조야한 네오-마르크스주의적인 시각을 가지고 한국을 「비교의 맥락(context)」으로 잡는 것 자체가 타당한가 하는 의문을 갖지 않을 수 없었다. 네오-마르크스 시각은 명시적이건 묵시적이건 '계급론'을 기본적 가정(basic assumption)으로 갖고 출발하는 주장이다. 그 가정이 근거 없는 것이 되면 그 주장은 당연히 타당성이나 적실성(relevance)을 상실하게 된다. 그리고 그런 가정을 전제로 하지 않거나 부정하는 주장이라면 그것은 이미 마르크스주의나 네오-마르크스주의와는 무관한 주장이다.

해방정국에서 일부 노동세력이 좌경화하여 남로당(조선공산당의 개칭)의 노선을 따라 미 군정청(軍政廳)에 반대하고 단독정부안에 반대하면서 과격한 정치활동을 한 사실은 있다. 그러나 그것은 단독정부 수립 전의 과도기에 있었던 일이고 단독정부가 수립된 후 노동계급이나 농민계급이 연합세력을 결성하여 대대적이고 위협적으로 계급투쟁을 벌인 사실은 찾아볼 수 없다. 그리고 단독정부가 수립된 이후 더구나 한국전쟁을 겪으면서 한국사회는 소수를 제외하고 모두가 무산층으로 전락하는 신세가 되었다.

한국전쟁이 휴전된 1953년 이후 한국사회에는 정권을 위협할 어떤 조직화된 노동-농민계급은 없었다. 노동층과 농민층은 있었으나 계층이라면 몰라도 '계급'으로 규정할 수 있을 정도로 의식화되고 조직화된 것은 아니었다. 사실 '계급'이라는 개념 자체도 너무 애매하고 추상적이어서 논란의 소지가 많은 논쟁적(polemical)인 개념이다. 만일 한국전쟁 후에도 한국의 네오-마르크스주의자들이 내세우는 것같이 혁명적인 의식을 가진 전투적인 노동계급이 계속 잠재해 있다가 정권을 위협했다고 가정할 수 있는 충분한 자료와 근거가 있다면 이승만 정권의 본질에 대한 논의도 근본적으로 달라져야 한다.

네오-마르크스적인 시각에서 이승만 정권의 붕괴를 논하게 되면 장면 정권도 이 정권과 같이 노동-농민계급의 지지를 받지 못하고 오히려 더 심각한 저항을 받아 정치경제적 위기에 봉착하게 되었기 때문에 지배세력의 붕괴를 우려한 군부가 1961년 박정희 장군을 중심으로 노동-농민으로 구성된 저항세력을 무력으로 분쇄(粉碎)하면서 지배계급인 기존의 대기업과 대지주를 옹호할 목적으로 쿠데타를 일으킨 것으로 설명해야 할 것이다.

한국의 권위주의체제는 강권의존적이고 탄압적인 정권을 당연시하거나 나아가서 적극 지지하려는 보수적인 세력의 사회-문화적인 바탕에 의해 뒷받침되고 있었다. 역사적으로 오랫동안 전제주의국가였던 한국에서 전제적이고 강권의존적인 체제가 자연스럽게 공고화될 수 있는 것은 어렵지 않은 일이었다. 36년간의 일제식민지배도 그런 경향을 더욱 조장하는 데 한몫 하였다. 일반 사람들의 입에서 회자되는 말로 "한국 사람에게는 독재정치가 맞다"라는 표현은 한국 사람들의 기본적인 생각이나 가치관이 전제적인 정치전통의 영향에서 벗어나지 못하고 있음을 암시해준다.

그런 배경에서 해방정국의 혼란을 거쳐 수립된 남한의 단독정부

내에는 일본의 지배하에서 육성된 경찰, 관료조직, 그리고 군부세력이 이승만 정권을 장악한 핵심세력으로 자리 잡게 되었다. 그 핵심세력은 성향으로 보나 경력배경으로 보나 권위주의적이지 민주적은 아니었다. 이런 역사적 사실이나 경험적인 사실을 제쳐 놓고 "계급"과 "지배계급"이라는 추상적인 개념이나 이념성향의 이론적 틀을 만들어 그 틀 속에 해방정국과 그 후의 정치과정을 억지로 집어넣어 맞추는 것은 견강부회(牽强附會)이다. 또는 영미식 표현을 빌린다면 달구지(cart) 앞이 아니라 그 뒤에 말(horse)을 갖다 놓는 격이라고도 할 수 있다. 사실로 어떤 이론을 정당화하려는 것이 아니라 이론에다 사실을 뜯어 맞추려는 경우라 하겠다.

• 대조가 되는 이 정권과 박 정권

이 책에서 주요개념으로 사용한 것은 「권위주의정권」이다. '권위성(Authority)'이라는 말과 '권위주의(Authoritarianism)'라는 말은 혼동하기 쉽다. 권위성이란 용어는 권력과 정당성을 합친 의미로 쓴다. 권력만으로는 권위성이 생길 수 없다. 권력층이 지배할 권리나 자격을 정당화해 주는 정당성(법과 윤리)이 필요하다. 그리고 어떤 정치체제나 정부도 그런 권위성과 정당성을 지니지 않고서는 국민들의 자발적인 지지를 얻을 수 없다.

민주국가는 법치국가라는 말대로 정당성을 법으로 확보하는 국가이다. '권위주의적(Authoritarian)'인 정권은 법적이나 도덕성이나 강권에 의해서나 그런 확고한 정당성 기반을 갖지 못하는 정권이다. 따라서 정권의 영속을 확보할 제도나 규범이나 이념도 없어서 정권을 제도화하기도 어렵다. 그래서 정당성 기반이 약한 정권은 위협하려는 세력에 대해서 무자비할 정도로 탄압적일 수 있다. 형식상으로 헌법을 만들지만 그것은 유명무실한 문서에 지나지 않는다. 권위주의 정권은 권력에만 의존하고 정치권력을 일방적으로 피지배층에게 강요하는 정권이다.

정치학에서 이 개념을 본격적으로 사용하기 시작한 사람은 프랑코 체제를 연구한 스페인 출신의 후안 린츠(Juan Linz)라는 학자이다. 그는 권위주의정권을 "아직 초보단계적이지만 「근대화」(이 점이 중요하다)를 이룩한 나라로 다원화가 제한되어 있고 소수가 세련된 이념은 없고 자기들의 사고방식에 의존하며 사회구조의 분화도가 낮은 사회에서 나타나는 권력독점적인 정권"으로 규정하고 있다.

스페인의 프랑코 정권을 예로 들고 있지만 여러 나라에 적용될 수 있는 비교가능성이 높은 개념이다. 권위주의정권은 과두지배체제로서 집권층이 사고양식이나 성향으로 지배하려는 자의성(恣意性)이 매우 높은 정권이라는 특징을 지닌다. 세련된 이념은 없고 사고방식이 지배하는 만큼 카리스마를 지닌 지도자가 나타나지 않는 한 대대적으로 대중을 동원하는 능력도 제한되어 있다. 이 개념의 정의내용을 볼 때 "초보적인 근대화를 겪은 나라"라는 표현이 중요하다고 본다. 국민 다수가 원시적이고 미개상태에 있는 곳에서는 그런 정권은 성립되기 어렵다. 그런 정권은 단순한 원시적인 정치체제이다.

권위주의정권은 통신망이 어느 정도 발달되어 있으나 대중의 동원력은 제한되며 도시화도 초보적인 수준의 사회에서 등장하는 정권이다. 1940~50년대부터 쿠데타를 통해 집권한 낫세르의 이집트, 왕제하에서 군부가 정권을 장악한 태국, 빈번하게 쿠데타를 일으켜 집권하는 중남미의 바나나공화국(그것을 쿠데타 회전문 공화국이라고 비하해서 부른다), 1960년대 군부가 정권을 장악한 포르투갈, 그리스의 군사정권들은 군부권주위주의의 범주에 속하는 것들이다. 이런 정권이 동원력이 낮은 이유는 집권세력이 대중을 동원할 이념이나 능력이 없거나 대중을 동원하는 것을 오히려 두려워하기 때문이다. 대중을 동원할 경우 그것을 자기 뜻대로 통제하기가 쉽지 않기 때문이다. 특히 한국처럼 북한이라는 전체주의적 성격을 지닌 적대적 정권과 정면대결하고 있는 경우 정권이 대중을 정치적으로 동원할 경우 상당한 위험부담이 따른다. 또한 대중을 동원하는 데 필요한 정교한 이데올로기도 없다. 그 점이 권위주의정권이 공산주의국가와 구별되는 특징이다.

한국에서 그런 특징을 지닌 정권이 등장하기 시작한 것은 이 정권부터이다. 그리고 이 정권의 문제는 형식으로서의 정치제도와 실제 지배양식 사이에 생기는 괴리와 모순을 노쇠(老衰)해 가는 이승만 개인의 '인격적 권위성'으로 극복해야 한다는 것이었다. 자유당이라는 정당이 있었지만 그것은 선거에 동원되고 기능하는 겉모양의 조직이었고 정권의 운영은 소수의 과두지배세력에 달려 있었다. 이승만이 고령으로 쇠약해질수록 그 세력의 활동은 비례적으로 확대되었다.

이승만이 집권한 지 2년 후인 1950년에 발발한 한국전쟁은 한국에 전형적인 권위주의정권의 등장을 가능케 한 국내 및 국제적 차원의 요인이었다. 특히 국제적으로 미국과 소련 간의 냉전체제가 국가들을 동서로 갈라놓았고 북한의 공산정권과 지척에서 대결해야 하는 이승만 정권은 자연히 서방세력권으로 흡수되었다. 뿐만 아니라 이 정권은 1948년 한국 정부 수립 후에도 남한 내에 잠재해 있던 전 남로당 지하세력으로부터 어느 정도 위협을 받고 있었으며 국내정치도 여야 간에 심각한 균열을 겪고 있었다. 그런 와중에 1950년 6월 25일 북한으로부터 남침을 당했다.

1953년까지 3년 동안 전쟁을 치른 후 이승만 정권은 경제는 전적으로 미국의 지원에 의존하고 있었다. 전쟁을 치르면서 크게 늘어난 한국군대를 유지하기 위해서도 미국의 군사원조에 전적으로 의존해야 했다. 군대유지비의 상당 부분을 미국이 부담했다. 그러면서 한국 정부에 대한 미국의 영향력도 크게 증가하였다. 미국은 한국이 동북아시아지역에서 반공의 보루가 되기를 원했고 그것은 이승만의 철저한 반공주의 정치성향과도 완전 일치되는 것이었다.

한국 정부가 확고한 반공노선을 유지하는 한 미국은 한국 정부에 대한 지원을 약속대로 이행했다. 미국 의회의 일각과 언론이 때때로 이승만의 강권의존적이고 특히 부정선거를 통해 재집권하는 비민주적인 통치스타일을 비난하였지만 미국 정부는 이 정권이 권위주의적 지배를 계속하는 것을 너그럽게 봐주는 입장을 취했다.

이승만 정권은 총선과 대선을 정기적으로 실시했다. 그러나 선거만 실시한다고 해서 그 국가를 민주국가라고 규정할 수는 없다. 민주정치란 '정치적 경쟁'이라는 원칙과 '권력분리'라는 운영원칙을 두 기둥으로 하는 정체(政體)이기 때문이다. 정치세력 간의 공정하고 개방적인 경쟁을 허용하지 않는 국가라면 그 정권의 성격은 이미 '권위주의'라는 범주에 속하는 것이다. 또한 권력분리의 원칙을 깨고 행정부가 권력을 집중하고 국회나 법원의 독립성을 부정하며 일방적으로 입법과정을 좌우하거나 사법부에 개입하여 결정을 좌우하는 정권이라면 그 역시 권위주의적 정권이다. 이승만 정권은 그런 유형의 「1인 우위적(predominant) 권위주의체제」였다. 그 정권은 3·15 부정선거 끝에 4·19 학생봉기에 의해 몰락하였다.

1961년 5·16 쿠데타로 집권한 박정희의 군사정권은 여러 면에서 이승만 정권과 권위주의적 정권의 특징을 공유하면서 그 나름의 독특성도 지녔다. 물론 둘 다 권위주의적 정권이라는 같은 뿌리를 공유하고 있다. 쿠데타로 집권한 박정희 정권을 논할 때 그 정권은 원천적으로 평화적 정권교체를 실현하기 어려운 한계점을 안고 출발했다는 하나의 가정을 세울 수 있다. 박 정권은 쿠데타로 장면의 문민정부를 전복하고 집권하면서 적지 않은 적을 만들었다.

군 내부에도 쿠데타에 반대하여 예비역이 된 장성도 있었고 박의 집권 직후에도 권력다툼을 하다가 패배하거나 심지어 국가반란죄로 몰려 복역한 군인도 있었다. 민간인 가운데도 사상을 의심받아 복역 중에 사망하기까지 한 지식인이 있었고 군사정부에 반기를 든 정치인들도 많았다. 힘과 폭력으로 정치권력을 차지한 만큼 그 권력을 잃을 때 올 보복의 부담도 컸다. 그런 정권일수록 권력을 반대세력에게 내주는 일은 '자살행위'나 마찬가지였다.

박 정권은 무력으로 잡은 권력을 빼앗기지 않기 위해 전국적인 조직망을 갖춘 중앙정보부(KCIA)를 만들었고 기존의 군부대에 대한 사찰기관을 대폭 강화하여 보안사령부(보안사)를 신설했다. 박 정권은 이 두 정보기관 외에 경찰조직도 장악하여 반대세력에 대한 감시나 그런 세력의 활동을 미연에 탐지하여 분쇄하는 수단을 썼다.

국회에서는 여당이 절대 다수를 차지할 수 있도록 총선거에서 막대한 선거자금을 뿌려 여당 후보의 당선을 보장하는 부정을 상습적으로 감행하여 박정희 대통령이 그의 친구이자 부하에게 시해당하기 직전까지도 국회를 행정부의 완전한 지배(심지어 시녀라고도 했다)하에 두었다. 사법부 역시 형식은 독립한 것처럼 보이면서 실제로는 행정부의 지시와 통제에서 벗어나지 못했다. 완전히 행정부가 독주하는 정치체제를 구축하였고 제대하는 장교들을 골라 훈련시켜 관료로 등용하였고 특히 일본의 통산성을 본 따서 경제기획원을 신설하여 우수한 대학졸업자들로 기술 관료진을 구성하기도 했다.

이런 정치행정 인프라(infra) 구조 위에 우뚝 선 것은 대통령이 거처하고 집무하는 청와대였다. 대통령비서실 내에 행정부의 부처와 동일한 이름을 딴 비서관들을 두어 행정부의 업무를 파악하여 대통령에게 보고하도록 함으로써 장관의 일거일동을 감시 파악하도록 했다. 그런 결과 군고위층과 정치세력들은 물론 행정부와 심지어 사법부의 간부들까지도 모든 관심이 청와대에 쏠리게 되었다. 청와대를 거치지 않고는 정책결정이나 결정을 집행할 수 없었다. 박 정권은 권력의 최정점을 청와대가 차지한 권력의 피라미드를 구축하였다.

나는 그런 박 정권을 「군부 권위주의정권」이라 불러 이승만 정권과 구별했다. 「1인우위적 권위주의정권」으로 부른 이승만 정권과의 큰 차이를 '군부의 정치 개입'에서 찾았다. 이 차이는 보기보다 매우 심각하고 중요한 것이다. 더구나 한국처럼 남북한이 첨예하게 대립하고 있는 상황에서 군부의 정치적 개입이 가져올 수 있는 위험부담은 심각한 것이다. 박 정권은 군 전체가 국가를 운영하는 일에 직접적으로 계속 관여한 정권은 아니었다. 그러나 이승만 정권과 박 정권 사이에 한 가지 크게 다른 것은 「중앙정보부(KCIA)」라는 조직의 등장이다. 그리고 군이 과거처럼 엄정하게 정치적 중립을 지키지 않고 정치에 깊이 참여하였다는 사실이다. 그런 의미에서 「군부권위주의정권」이라는 호칭을 붙일 수 있다.

• 유신체제로 선회한 이유: 두 개의 가설

이 책에서 제기한 질문은 박정희 정권이 "왜 유신체제로 전환하게 되었나"라는 의문이었다. 공화당 정권으로 불리던 박정희의 군부권위주의정권이 유신체제로 전환하였을 때 그것은 한 정권형태에서 전혀 다른 정권형태로의 변질이냐 아니면 같은 종류의 정권 사이의 단순한 이행이냐라는 의문을 제기하게 한다.

유신체제는 권력정치의 극치라고 부를 정도로 위로부터 일방적인 통치를 국민에게 강요하려던 정권이었다. 쿠데타로 시작해서 민정을 거처 공화당의 우위적 정당정치의 형태를 지니면서 권위주의적인 통치를 계속해온 박 정권이 도달한 종점이 바로 유신정권이었다고 할 수 있다. 그것은 박정희 대통령의 영도하에 군부권위주의정권을 장기화하려는 시도였다. 호칭은 어떻든 간에 기본 목적은 그 정권을 영구화하려는 것이었다고 본다.

왜 유신체제가 나타났는가 하는 의문을 다루기 위해 칼포퍼(Karl Popper)의 「오류화의 방법(The method of falsification)」을 이용하기로 했다. 어떤 현상을 설명하기 위해 잠정적인 설명으로 현상을 설명하기 위해 가설(假說-hypothesis)을 설정하게 된다. 그것을 본 가설(original hypothesis)이라 부른다. 그리고 그 가설에 맞서서 다른 주장을 담은 명제로 경쟁적 가설을 설정할 수 있다.

본 가설과 관련해서 그 타당성을 검토하는 과정에서 본 가설이 제시하는 근거를 부정하는 증거를 경쟁적 가설이 보여 주면 본 가설은 일단 오류(false)로 간주하게 된다. 그래서 오류화의 방법이라는 표현을 쓴다. 그러나 본 가설이 주장하는 것을 경쟁적 가설이 부정하는 자료를 제시했다고 해서 경쟁가설이 그대로 옳다는 것은 아니다. 단지 본 가설의 신빙성이나 타당성이 의심되거나 부정되었다는 것뿐이다. 아직 도전을 받을 수 있는 가설이라는 뜻이다. 본 가설의 의(擬)가 곧 경쟁적 가설이 진(眞)이라는 주장은 아니다. 자연과학과 달리 사회과학이 지니는 제약을 인정하기 때문이다. 경쟁가설은 그것의 타당성이 부정되지 않는 하나의 잠정적인 설명으로 남게 되는 것이다.

이런 방법과 논리를 유신정권의 등장을 위한 설명방식으로 사용하기로 했다. 유신정권의 등장에 대해 국내 정치학자와 일부 사회과학자들이 네오-마르크스적인 시각을 담은「관료적 권위주의정권」(Bureaucratic Authoritarian Regime: 약칭 BA)이라는 개념을 사용하기 시작했다. 그것으로 유신정권이 등장을 설명했다. BA론으로 유신정권의 등장을 설명하려는 것을 본 가설로 잡기로 했다. 그것을 부정하는 자료나 사실을 제시하려는 것이 경쟁적인 가설이다.

관료적 권위주의라는 개념을 가지고 유신체제의 등장을 설명하려 할 때의 명제 (proposition)를 단순화해 보면「노동세력의 주장이 과격화되거나 특히 좌경화가 될수록 대기업을 옹호하는 군부의 탄압의 강도와 범위도 높아지며 군부가 국가권력 전체를 직접 장악하는 형식의 관료적 권위주의정권이 등장하게 된다」는 가설(명제)이 나올 수 있다. 남미처럼 군부가 하나의 제도로서 국가권력 전체를 장악한다는 것이다.

이 가설에 대한 경쟁적인 가설은 유신정권 등장의 원인을 설명할 때 정치적인 요인에 역점을 두게 된다. 유신제제는「외부세력의 위협에 대처해서 생긴 것이 아니라 선거라는 제도적 절차로는 박 정권의 집권연장 방법이 한계에 달했기 때문에 선거방식을 바꾸어 장기집권을 보장받기 위해 수립된 것」이라는 가설을 세우게 된다. 법이나 제도를 포함한 정치적 조건들과 관련지어 유신체제의 등장을 설명하는 것이다.

오류화의 방법을 따라서 먼저 본 가설이 주장하는 내용을 가지고 타당성을 검토해보고자 한다. 고도성장과 부의 편중으로 한국사회는 과거 겪지 못한 새로운 사회 · 경제적 갈등현상을 겪기에 이르렀다. 그것이 잠재적으로 심각한 정치현상으로 번질 가능성도 충분했다. 네오-마르크스적인 시각을 무리하게 삽입시켜 본다면 유신체제가 등장하기 직전의 한국은 정권에 저항하는 의식화된 노동계급(농민의 수는 격감)이 정권에게 매우 위협적인 조건이 성숙해 있었다는 주장을 할 수 있다. 일반론적인 수준에서 그런 논리의 준거점을 제공해 준 것은 남미(아르헨티나)학자로 미국에서 연구 활동하던 오도넬(O'Donnel)을 비롯한 좌파진보적 성향의 학자들이었다.

중남미 여러 나라에서 군부집권이 장기화된 것은 잘 알려진 사실이다. 그래서 중남미 국가들을 회전문공화국이라고 했다. 한 장군이 쿠데타를 해서 집권하다 실패하면 그를 망명 보내고, 또 다른 장군이 집권하여 그 역시 실패하면 타국으로 망명을 보내는 식의 정권교체가 이루어졌다. 남미학자들은 중남미국가에서 60~70년대에 와서 군부집권양상에 변화가 왔다는 것이다. 과거에 군부가 집권해도 군부는 안보만 담당하고 나머지 국정은 민간인에게 위탁하는 식의 양자협력관계를 유지해 왔는데 1970년대부터 군부가 직접 모든 분야를 망라한 국정운영방식을 취하게 되었다는 것이다. 칠레와 아르헨티나(Argentina)를 대표적인 예로 들고 있다.

그렇게 된 이유의 하나로 쿠바의 카스트로 공산정권이 주는 위협과 관련이 있다고 보는 견해도 있다. 쿠바가 공산화되면서 중남미국가 내의 좌익노동세력에 의해 사회주의혁명이 일어날 가능성이 커졌다는 것이다. 그러면서 좌익노동세력에 대한 탄압이 격화되었고 군부집권 세력은 안보문제만 아니라 모든 분야에서 국정을 직접 관장하게 되었다. 그리고 반정부세력에 대해서도 보다 철저한 탄압을 하게 되었다. 일부 미국의 학자들은 그것을 「신 권위주의정권」이라 호칭한 바 있다.

경제적으로 중남미국가들이 수입대체산업화정책에서 수출중심

산업화정책으로의 전환을 추진하면서 대기업들의 생산 활동을 지원하고 대기업 내에서 노동쟁의를 억제할 필요성이 높아졌다. 이에 반발하는 노동세력을 군부가 대대적으로 억압하기 시작했다. 그런 과정에서 칠레와 아르헨티나에서는 군부가 선거로 집권한 민간인 정권을 뒤엎고 반대세력을 대대적으로 학살하는 일이 일어나기도 했다. 그런 특징을 가진 일부 중남미국가의 정권을 과거 단순한 군사과두지배와 구별하기 위해 「관료적 권위주의」(Bureaucratic Authoritarianism)라고 부르게 되었다. 군부가 관료화한 것을 말한다.

보통 쿠데타로 군부가 집권할 때 장교들만으로 정부를 구성하는 것은 아니다. 실제로 정부를 운영하는 것은 기술 관료나 일반 행정 관료이다. 군 장교들이 지휘권은 갖겠지만 그 밑에서 일하는 것은 민간인 관료들이다. 중남미의 학자들이 권위주의라는 표현 앞에 관료적이라는 말을 붙인 이유는 새롭게 등장한 권위주의의 성격이 과거에 비해 군부가 국가기구를 군사조직 같이 조직화하여 반대세력이나 계급에 대한 통제를 일층 강화하려 한다고 보았기 때문이다. 그렇게 변화된 이유도 좌익적 성향이 강했던 중남미 노동세력을 견제하기 위한 것이었고 산업화를 추진하려면 대기업 중심의 정책을 추진할 필요가 있었기 때문이었다고 주장했다. 일련의 경제적 변화, 특히 생산수단을 둘러싼 갈등과 대립이 심화되면서 그 대응책으로 나온 것이 중남미국가에서 나타난 관료적 권위주의정권이라는 것이다.

피상적으로 보면 군부가 정권을 완전히 장악했던 중남미국가와 유신체제 사이에 비슷한 면도 있다. 그러나 중남미국가와 한국의 문화 · 경제적 · 정치적 맥락(context)에는 큰 차이가 있다. 관료적 권위주의의 영문 약자를 따서 부른 BA모델은 중남미에서 군부가 시작부터 하나의 제도로서 정치에 개입하였고 집권 후에도 현역군인 중심의 정권이라는 성격을 유지하는 경우였다.

군 전체가 조직적으로 하나의 '제도'로 정부에 참여하였다는 것은 법적으로나 조직으로나 군부 중심의 정부형태를 구성했다는 의미이다. 그러나 한국의 군은 쿠데타에 참여하여 군사정권을 수립하였으나 쿠데타 후에도 군부가 직접적으로 또한 하나의 제도로서 정권을 구성한 것은 아니었다. 더구나 형식적이라고 할 수도 있지만 일단 민정이양의 절차를 밟은 후부터는 군이 직접 개입하여 정부를 운영하지 않았다.

물론 한국군은 박정희의 군사정권을 뒷받침한 가장 확실하고 강력한 지지세력이었다. 그러나 한국군부의 정치화 수준은 중남미에 비해 제한되어 있었다. 한국 군부는 중남미의 군부처럼 제도적으로 정치에 깊숙이 개입된 조직은 아니었다. 그 이유 중 하나로 군은 무엇보다 북한의 위협에 대처해야 했고 또 군사작전이나 전략수행에 있어서 주한미군으로 대표되는 미국 정부의 간섭에서도 벗어날 수 없었다. 미국은 한국군이 정치에 개입하는 것을 반대해 온 입장이었고 쿠데타 직후에도 조기 민정이양을 강력하게 요구했다.

같은 군사정권이지만 중남미와 한국에서 종교가 정치에 미치는 영향은 크게 다르다. 중남미의 가톨릭교회는 군사정권을 지지하는 중요한 세력이었다. 로마 교황을 정점으로 전 세계를 상하 위계질서로 묶고 있는 가톨릭교회의 전통적인 국가관은 유기체적(有機體的) 국가관이라 불리기도 하는데 한때는 국가와 종교 사이의 분리보다 일치성을 주장하기도 했던 종교이다. 특히 중남미 가톨릭교회의 성격은 보수적이었고 정권의 비호를 받으면서 성장했다. 그런 종교가 정면으로 군사정권에 맞서 대립하기는 어려웠다.

그런 보수적인 가톨릭교회의 전통을 비판하고 그 반작용으로 해방

신학 같은 과격한 주장이 나오기도 했지만 가톨릭교회의 위계질서는 친군부적 성향이 강했다. 그리고 교회 지도층의 정치적 성향이 대중에게 미친 영향도 매우 컸다. 한국의 가톨릭이나 개신교의 경우와 전혀 달랐다. 한국에서도 일부 종교계 지도층이 정권에 밀착하거나 친정부적인 활동을 벌이는 경우도 있었다. 일부 목사와 신부가 노동단체나 인권운동을 통해서 군사정권에 저항하였으나 한국의 종교계가 정치에 미치는 영향은 중남미와 비교할 수 없는 것이었다.

마지막으로 가장 중요하고 논란의 여지가 많은 쟁점이지만 유신정권수립을 전후한 시기에 한국의 노동계층이나 계급이 과연 극좌로 돌아서서 폭력으로 사회주의적 혁명을 달성하겠다는 의도를 가진 세력이었나 하는 문제이다. 만일 그 당시의 노동-농민계급이 그런 정치적 성향의 집단이었다면 박정희 정권은 중남미국가처럼 군부나 정치세력이 일치해서 보다 무참하고 강력하게 좌익세력에 대한 학살행위를 감행했을 것이며 그 후의 정권의 성격도 우리의 상상을 초월할 정도로 강성의 군사정권으로 변모했을 것이다.

유신헌법을 공포하던 시점에 있어서 반정부적인 성격의 학생운동이 계속되었고 반체제적인 지하노동운동은 확대되고 있었다. 그러나 그 규모나 성격은 실질적으로 박 정권을 위협할 수 있을 정도로 폭력의존적인 것은 아니었다. 일부 과격세력을 제외하고는 노동단체의 최대 관심은 임금문제에 있었고 정부가 노동 3권을 부정하고 폭력으로 대하는 데 대한 불만과 반감이 주요인이었다. 박 정권을 전복시키려는 목적으로 사회주의사상으로 무장한 "혁명 지향적"인 반체제운동이 아니었다.

급격한 산업화의 결과로 수도권을 중심으로 기술 또는 준기술직 노동층(또는 계급이라 불러도 좋다)의 수가 크게 늘어났다. 그 수는 해방 직후에 활동했던 노동조합원수와는 비교할 수 없을 정도로 크게 증가했다. 그런데 남한의 노동운동은 한국전쟁을 분수령으로 스스로 또는 강제로 '탈이념적'인 것으로 변화했다. 북한과의 대치상태에서 역대 정권의 통제가 철저하였기 때문에 사회주의 또는 공산주의 이념을 추종하는 노동운동이 설 자리가 없었다. 중남미의 정치문화적 맥락에서 좌익노동계급의 위협이라는 명제는 중남미에 있어서 「관료적 권위주의정권」 등장 요인의 하나가 될 수 있을지 모르나 유신체제 전의 한국의 상황에 맞지 않는 주장이다. 그 명제는 한국에 관한 한 적실성이나 타당성이 없는 주장이다.

BA모델로 유신정권의 등장을 설명하려는 본(本) 가설이 사실에 의해 뒷받침되지 못한다면 그 가설은 유신정권의 등장을 설명하는 이론으로서의 타당성을 잃게 된다. 물론 그 가정이 완전히 오류라는 것은 아니며 그 가설이 전적으로 무의미한 것이라는 것은 아니다. 단지 경험적 사실은 그 가설을 뒷받침해 주지 않고 있으며 그 가설을 부정하려는 도전에 대해 그 가설이나 명제는 구체적인 사실과 반박논리로 적절하게 대응하지 못한다는 것이다.

본(本) 가설의 타당성이 도전을 받는다면 어떤 다른 설명이 가능한가를 생각하게 된다. 경쟁적 가설을 제시하자는 것이다. 그 등장요인을 정치적인 데서 찾으려는 것이다. 매우 단순한 것 같지만 그 가설은 「과격주의적인 세력에 의해 정권이 위협을 받았기 때문이 아니라 선거라는 제도적 절차로는 박 정권이 집권연장을 할 수 없기 때문에 선거제도를 바꾸는 체제개편을 했다」는 설명을 하려는 것이다. 유신체제는 기존의 법이나 제도로서 정권이 당면한 문제를 극복하기 어려웠기 때문에 취한 해결방식이라 보는 것이다.

박 정권은 1960년대를 통해서 성공적으로 경제개발을 추진하면서 나름대로 상당히 광범위한 지지층을 확보하였다. 말하자면 박 정권은 권력만 아니라 '정당성'도 인정된 '권위성(Authority)'을 많이 확보한 것이다. 또한 고도경제성장의 결과로 1960년대의 한국사회는 확실히 대중사회(Mass Society)로 변모하기 시작했다. 그 변화의 폭은 광범위한 것이어서 사회적으로 농촌과 도시 인구의 비율이 3대 7로 역전되었고 1960년 현재 미화 100달러도 못 되었던 국민 1인당소득이 몇십 배의 성장을 보였고 정치적으로는 헌법 개정을 통해서까지 박정희의 3선을 허용할 정도의 정권지지율을 확보할 수 있었던 시기였다. 고도성장의 결과로 중산층의 수도 많이 늘어났다.

동시에 노동집단의 수도 현저하게 늘어났다. 한국경제의 고도성장에서 견인차 역할을 한 대기업들의 수도 늘어났고 해외수출을 통해 얻은 외화액수도 크게 증가했다. 한국은 이제는 농업사회의 범주에서 벗어나 산업사회로 진입하고 있었다. 그런 눈에 띄는 변화를 가져온 것은 박 정권이 이룩한 업적임은 모두 인정하고 있었다. 물론 한국사회의 그런 밝은 모습이 있는 반면 어두운 면도 있었다. 저임금에 시달리는 노동층의 불만에 대해 박 정권은 기업주에게 "온정주의"로 그들의 불만을 해소하도록 권했다. 그러나 그것은 심각한 상황에서 내려진 시대착오적이고 별로 효과가 없는 처방이었다.

한편 농촌과 도시 간의 격차가 크게 벌어져 이른바 '양극화현상'이 나타나기 시작했다. 또한 수출주도형 경제개발정책으로 저임금에 시달리던 산업노동세력 사이에 불만이 고조되기 시작했다. 그런 와중에 전태일 사건 같은 폭발적인 사건도 터졌다. 반정부 내지 반체제운동을 전개해온 학생들이 대학에서 출교당하면서 노동 층의 의식화운동을 주도하였고 지하 노동조합을 조직하였다. 언론에서도 빈부격차 문제를 심각한 사회문제로 거론하는 한편, 고도성장으로 막대한 부를 축적한 대기업과 자본가들이 자신들의 호화생활을 과도하게 과시하려는 '레저계급(Leisure Class)'을 형성하여 국민 사이에 상대적 박탈감을 증가시키는 결과를 가져오기도 했다.

그럼에도 불구하고 박 정권은 경제개발을 성공적으로 달성한 덕택으로 여당 내의 반대를 극복하고 1969년 대통령의 3선을 허용하는 내용의 개헌까지 강행했다. 그런 노골적인 위헌(違憲)행위에 대해 국민 다수는 침묵하고 외면했다. 겉보기에 박 후보에 대한 지지기반은 단단한 것으로 보였다. '쿠데타정권'이라는 오명(汚名)을 벗을 수 있을 정도로 정권의 정당성이 인정을 받게 되었다.

그러나 1971년 10월, 3선을 위한 선거유세 중 박정희 후보는 자신을 위한 지지가 생각처럼 광범하거나 확고한 것이 아님을 실감하게 되었다. 야당의 김대중 후보에 대한 의외로 높은 지지도에 놀라기도 했지만 장기집권을 우려하는 유권층의 반대가 예상외로 심각하다는 것을 직접 경험하였다. 그런 대통령 직선제 방식을 통해서는 정권을 계속 유지하는 일이 용이한 일이 아님을 실감했을 것이다. 그리고 선거를 치르면서 인기도가 높은 상대를 맞아 어느 때보다 막대한 선거자금을 소비해야 했다. 평소부터 선거에 들어가는 정치자금을 낭비로 보고 강한 거부감을 가져온 박 대통령이었기에 1971년 대선을 치르면서 대통령 직선제에 대한 그의 부정적인 감정은 더욱 격화되었을 것이다.

1970년부터 미국은 월남전에서의 패배를 인정하고 철수를 결정하여 월남에서 철수를 시작하였고 닉슨(Nixon) 대통령은 독트린(외교적 원리)을 선포하면서 "아시아인들에 의한 아시아의 안보"라는 구호와 정책을 내세웠다. 그리고 닉슨은 만만하게 본 한국에서 주한미군 2개 사단 중에서 1개 사단을 철수시켰다. 그것이 박 정권에 준 타격이 적지 않았다. 특히 미군의 철수가 박 정권과의 충분한 협의와 합의하에서가 아니라 거의 일방적으로 추진되었기 때문이다. 일반 국민도 그랬지만 군부는 한국의 안보상황을 최악의 상태로 보려고 했고 북한의 전면 무력도발을 우려하는 듯했다.

박 정권은 「닉슨 독트린」이 선포되고 미 육군 제7사단이 철수하던 1971년부터 적십자사를 통해 북 측과 대화를 개시했다. 이후락(李厚洛) 중앙정보부장을 박 대통령의 밀사로 북한에 보내 김일성을 만나게 했다. 북한도 이에 상응하여 김일성의 밀사를 한국에 보냈고 그 후 몇 차례 남북 적십자 사이에 교류와 대화가 이어졌다. 남북한 사이에 화해무드가 조성된 가운데 남북한 사의의 긴장완화가 이루어질 것이라는 국내외의 기대를 모으기 시작했다. 일각에서는 그것을 남북통일의 실현을 위한 커다란 진전으로 보려는 성급한 주장도 했지만 예상과는 달리 얼마 가지 않아 남북한은 전보다 더 격렬한 냉전상태와 긴장관계로 돌아서고 말았다

박 대통령이 1971년 대선에서 3선 대통령으로 당선된 지 얼마 후 1972년 초에 대통령 측근에 있었던 평소부터 가깝게 지냈던 친구로부터 전화를 받았다. 그는 "민주주의에서 다른 것은 없어도 되지만 반드시 없어서는 안 될 최소한의 제도적 조건이 있다면 무엇이냐?"고 물어와 나는 '자유선거'라고 했다. 그도 그 사실을 충분히 알 처지에 있는 사람이었다. 나에게서 확인하고 싶었던 것으로 생각한다. 그때 나는 청와대 내에서 그 문제로 고민하고 있다는 느낌을 받았다. 그런 일이 있은지 얼마 후 1972년 10월 유신헌법이 공포되었다.

유신체제를 선포하면서 박 정권은 과거 같이 경제가 아니라 '안보위기'를 체제 정당화의 근거로 내세었다. 월남전의 결말이나 주한 미군의 철수라는 돌발적인 사태가 가져온 위기의식이 집권층 내부에

있었던 것은 사실이다. 박 정권은 국민들의 불안감에 편승하고 북한의 위협이 임박하다는 공포감을 조성하면서 안보제일주의를 표방하여 강성의 권위주의로 선회한 것이다. 그리고 장기집권을 가로막는 대통령 직선제를 폐지함으로써 풀기 어려웠던 하나의 중요한 정치적 딜레마를 과격한 방법으로 풀려는 커다란 정치적 도박을 하게 된 것이다. 그러나 그런 해결방식에 의한 딜레마의 해결책은 유신체제 말기에 이르면서 더 어려운 딜레마를 초래하게 만드는 결과가 될 수 있었다.

1972년 10월, 한국의 가을은 언제나 그렇듯이 아름다웠다. 우리가 최고의 계절이라고 자랑하는 때이다. 그런데 극비리에 추진된 유신헌법을 공포한 박 정권은 그 헌법에 대한 어떤 찬반도 허용할 수 없다고 했다. 예상하지 못한 법을 반대의견을 일절 허용하지 않는 가운데 일방적으로 선포하였다. 그야말로 날벼락이란 그런 것을 두고 하는 말일 것이다. 유신헌법에 대해서는 야당은 물론 모든 언론기관이나 개인에게 찬반의견을 표현하는 것을 금했고 관영방송에만 정부측이 내세운 해설자들이 나와 유신헌법내용을 해설하고 그 필요성을 역설했다. 강권하에 일방적으로 강요된 헌법개정방식이었다. 그 후 형식적이지만 유신헌법에 대한 국민투표가 개최되어 예상대로 절대다수가 개헌을 찬성했다. 박 대통령은 국민투표안을 발표하면서 "국민투표에서 지지를 얻지 못하면 사임하겠다"고 했다. 아예 협박조였다.

이 책에서 나는 소수의 진보주의적인 학자들이 중남미의 일부 학자가 주장하던 것을 그대로 받아들여 한국의 유신체제를 마치 노동자 및 학생을 포함한 급진주의적 세력에 대한 박 정권의 반격처럼 보려는 주장을 반박했다. 그것은 당시의 현실과 동 떨어진 가설이고 경험적 사실로 입증할 수도 없는 주장이었다. 따라서 중남미학자들의 주장을 흉내 내어 유신체제를 「관료적 권위주의(BA)」라고 보는 것은 오류다.

1972년에 일방적이고 강압적인 수법으로 도입된 유신정권은 구조적으로 「계승문제위기」를 적시에 해결하기 어려웠던 박정희의 하나의 정치적 도박과도 같은 것이었다. 박 대통령은 3선에 당선되어 임기가 1975년까지 3년 이상 남은 시점에서 상당한 반대가 있을 것을 예상하면서도 기존의 대통령직선제 헌법을 강압적인 방법으로 뜯어고치는 과격한 행동을 취했다.

그런 결정을 취하게 된 배경은 무력으로 집권한 군사정권 본질에서 찾을 수 있다고 본다. 다른 나라들의 권위주의정권도 그랬지만 특히 쿠데타로 집권한 박 정권으로는 평화롭고 정당성을 갖춘 방법으로 정권을 계승시키는 방법을 찾기가 더욱 어려웠고 결국은 실패하였다. 정권교체에 따르는 정치적 위험부담과 희생을 생각할 때 별다른 방법을 찾지 못한 박 대통령은 결국 강도 높은 권위주의정권을 위한 청사진(유신헌법)을 만들어 일제의 조선총독부시절을 상기시키기에 충분한 전제적(專制的)인 성격의 정부형태를 국민에게 강요한 것이다. 그것은 군사정권이 등장할 때부터 시작되었던 최고 지도자의 계승문제를 둘러싼 딜레마의 해결책이 된 것이 아니라 그것을 더욱 풀기 어렵게 만드는 결과를 가져왔다. 바로 1980년의 제2의 쿠데타가 그 결과였다.

제10장

『한국정치문화와 민주정치』 출간

* * *

세종연구소를 떠난 후 집을 분당에서 서울로 옮겨 그동안 하지 못한 독서와 평소 하고 싶었던 한국정치문화의 유형론(typology)을 설정하는 일을 시작했다. 나에게는 세종연구소에 있을 당시에 추진했던 국민의식 조사 때 얻은 풍부한 자료가 있었다. 그중에는 1997년 제15대 대통령 선거를 몇 달 앞두고 실시한 조사자료가 포함되어 있었다. 그 당시 나의 관심은 조사에 응답했던 사람들의 응답내용과 그 조사 몇 달 후 실시된 대선의 투표결과를 분석하면서 개괄적인 것이지만 한국인의 투표행태와 정치문화 유형 사이의 관계를 검토해보자는 것이었다.

▮ 저서 (9): 『한국정치문화와 민주정치』(2003)

이 책은 2001년경 집필하기 시작해서 2003년 법문사에서 출간했다. 1985년에 출간한 『한국정치문화』의 후편이라고 할 수 있다. 그때 나와 어수영 교수는 한국에서 전국적으로 1,500여 명으로 된 대상자를 무작위로 뽑고 조사한 자료를 가지고 정치문화를 다루었다. 한국에서 그처럼 전국표본을 가지고 정치문화를 연구한 것은 우리가 처음이었다. 2004년에 출간한 이 책에서 나는 그동안에 일어난 정치적 변화가 정치문화에 미친 영향이 어떤 것인가가 궁금했다.

▮ 정치문화 연구의 주요 내용

정치문화연구에 있어서 주요 관심사가 되는 것은 세 가지이다. 즉 정치문화의 '균형문제', '일관성문제,' 그리고 '안정성문제'이다. 첫째로 정치문화의 「균형성」이란 정치적인 인식(지식), 감정, 평가라는 세 가지 요소가 같은 무게나 강도를 가지고 있는가를 다루는 문제이다. 감정에 치우친 문화가 있고 지적인 성향에 치우친 문화가 있을 수 있다. 민주적인 정치문화는 고도의 지각 수준을 가지고 있는 반면, 나치 독일이나 파쇼체제처럼 고도의 감성을 고취시키는 정치문화가 있다. 후진국들의 정치문화는 대개 감성에 치우치는 불균형적인 정치적 정향이 지배하고 있는 문화라고 할 수 있다. 한국도 '지각'

보다 '감성' 쪽이 강한 불균형성을 지닌 정치문화에 속한다고 본다.

정치문화 연구에서 두 번째로 관심을 끄는 문제는 그 「일관성」에 대한 것이다. 어떤 정치적 대상(국가, 정부, 정책, 정치인, 여러 정치제도 등)을 놓고 그것들을 평가하는 데 있어서 어느 정도의 일관성을 가지고 있는가라는 문제이다. 만일 국민의 상당수가 국가에 대해 부정적이고 또 그 국가 안의 정부에 대해서도 부정적이고 불만이 높으며 정부가 채택하여 실시하는 정책들에 대해 부정적인 입장을 취하는 상황이라면 그 국가의 정치문화는 심각한 일치성을 지니고 있고 동시에 정치적으로도 매우 심각한 상황에 처해 있다고 할 수 있다. 심지어 혁명발생의 가능성도 매우 높은 정치체제라 할 수 있다.

정치문화의 「일관성」이라는 문제가 중요한 또 하나의 이유는 한 국가의 정치문화가 양극화되어 있거나 그렇지 않고 극단적인 성향을 피하고 중도에 집중되어 있는 경우를 예상해 볼 수 있기 때문이다. 어떤 정치문화가 극좌, 좌, 중도, 우, 극우 식으로 다극적인 문화를 형성할 경우 그 정치체제는 늘 갈등과 분쟁을 되풀이할 가능성이 높다. 반면 극좌와 극우가 소수를 이루고 좌와 우가 있으나 다수가 중간 쪽으로 몰리고 있는 정치문화는 비교적 안정된 정치체제를 유지해 갈 수 있다. 이것은 정당의 수와는 무관하다. 가령 핀란드에는 13개의 정당들이 있으나 이들의 이념적 지형이 극좌나 극우보다는 온건좌와 온건우로 모이고 중도로도 상당수가 몰려 있음으로써 쉽사리 '합의적' 정치문화를 형성하고 있기 때문에 빈번한 내각 교체와 구소련 당시의 위협에도 불구하고 안정된 체제를 유지할 수 있었다.

셋째로 정치문화의 「안정성」 문제는 정치체제의 정당성(legitimacy) 문제와도 직결되는 중요한 문제이다. 만일 한 국가와 국민 사이에서 정치문화가 '변화와 변질'을 강조하거나 정치문화에 '마찰이나 갈등

또는 모순'되는 내용들이 포함될수록, 정치체제는 어려운 정당성문제를 안고 있다고 보아야 할 것이다. 더구나 정치문화의 내용이 매우 '전투적'이고 '공격적'인 내용으로 변하거나 그런 공격적이고 전투적인 정치문화를 가진 집단이 어느 한 지역에 집중되어 있다거나 그런 집단 여러 개가 서로 대립하고 있는 정치문화가 존재한다면 그 국가는 심각한 정치적 불안정에 처해 있다. 지금 중남미와 아프리카(특히 이슬람권), 일부 아시아 국가에서 나타나고 있는 정치적 상황은 여러 가지 요인들이 혼재되어 있으나 그중 정치문화요인도 하나의 중요한 요인으로 작용하고 있다고 보아야 할 것이다.

이런 목적에서 정치문화를 조사할 경우 가장 핵심적인 의문은 정부에 대한 국민의 신뢰도(trust)이다. 민주정치에 대한 많은 연구결과가 신뢰를 중요한 것으로 지적하고 있다. 한국 정부는 여러 가지 정치제도를 가지고 운영하는 조직체이다. 정부를 구성하는 제도로 선거제도가 있다. 그 제도는 비교적 오래 실시되어 온 탓으로 국민들에게 익숙하고 시간이 지나면서 선거의 중요성을 국민다수가 인식하게 되었고 투표권의 행사에도 질적(質的)인 변화가 있었다. 과거의 표현처럼 "고무신 한 짝과 투표권을 바꾸는 시대"는 지나갔다. 국민들의 선거제도에 대한 인식수준은 높아졌다. 부정선거를 막는 방법이 많이 고안되었다.

그러나 정치인, 특히 입법부(국회)를 구성하는 의원들의 정치행태에 대한 '신뢰'는 다른 문제이다. 국회를 운영하는 국회의원들의 자질이나 행태에 대해 국민들의 신뢰도는 매우 낮은 편이다. 높아지기보다 더 나빠지고 있는 편이다. 사법부(법원과 검찰)라는 제도 역시 마찬가지다. 특히 검찰에 대한 국민의 이미지는 매우 나쁜 편이다. 심한 표현이겠지만 "유전무죄 무전유죄"라는 말은 국민들의 사법부에 대한 신뢰수준을 반영하고 있다. 그뿐 아니라 행정부와 입법부 그리고 사법부 사이의 독립성에 대한 신뢰도도 높지 않다.

민주정치를 원활하게 운영하려면 정치적 경쟁이 평화롭고 공정하게 진행되어야 한다. 그것은 제도화되고 안정된 조직기반 위에 선 정당체제(독재 정당이 아니라 두 개 이상이라는 뜻)를 갖출 때 가능한데 우리나라의 정당은 이름뿐 사실은 파벌의 연합체이자 붕당의 성격에서 벗어나지 못한다. 국회 내에서 정당원들 사이에 이합집산이 빈번했고 선거 때마다 정당 이름을 바꾸기가 일쑤이다. 이런 정당에 대해 국민들의 신뢰도가 어떤 것일지는 짐작하기 어렵지 않다.

인간은 사물을 놓고 인식하고, 그것이 좋은가 나쁜가를 판단하며 그것을 바탕으로 어떻게 처리하면 좋을지를 평가한 다음 행동에 옮기게 된다. 정치의식도 이와 마찬가지다. 정치하는 사람들, 정부라는 조직, 그리고 정부가 만들어 공시하고 집행하려는 정책에 대해 사람들은 그것이 무엇인가를 인식하고 좋고 나쁘고를 따지며 일정한 기준을 토대로 행동한다. 그런 행동양식의 총체를 가리켜 우리는 한 국가가 지니는 정치문화(political culture)라는 용어를 쓰게 된다. 즉, 정치문화는 국민전체가 지닌 정치에 대한 태도와 의식을 말하는 것이다.

세종연구소장으로 갔을 때 우수한 연구위원들을 충원했다. 그리고 연구위원 몇 명을 뽑아 「국민의식조사」라는 프로젝트를 시작했다. 여론조사기관에 용역을 주고 연구를 위한 질문서는 연구위원들이 만들었다. 여러 가지 질문을 통해서 한국인들의 안보의식, 대외관계에 대한 의식, 정부에 대한 신뢰문제, 국회나 다른 주요 정치제도에 대한 국민들의 인식과 평가 등을 찾아낼 수 있는 자료를 만들어냈다. 그것을 3년간 계속했다. 같은 질문을 가지고 3년간 계속한 것은 그동안에 어떤 변화가 있었는가를 알아보기 위한 것이었다. 그러나 3년이라는 시간은 그것을 위해서는 너무 짧은 시간이었다.

이 책을 쓰면서 1995년부터 3년간 세종연구소가 실시한 국민의식 조사 결과를 활용할 수 있었다. 그리하여 『한국정치문화』(1987)의 출간 후 10년 동안 일어난 변화에 대한 비교가 가능한 자료를 얻을 수 있었던 것이다.

네 개의 정치문화 유형(類型)

1997년 국민의식조사 자료를 중점적으로 활용하여 네 개의 유형을 만들어 보았다. 설문지를 통해 얻은 자료를 통계적으로 분석한 결과 정치참여, 정치에 대한 신뢰, 정치적 관용성, 정치적 효능성(efficacy) 같은 변수들이 통계적으로 중요한 상관 관계치를 나타냈다. 그것들이 정치문화 형성의 주요 변수임을 찾아냈고 그것들을 다시 요인분석(factor analysis)해 본 결과 '정치적 신뢰'와 '정치적 효능'이라는 두 개의 차원(dimension)이 정치문화 유형을 작성하는 데 유용하다는 것을 찾아냈다. 그 두 개 차원을 중심으로 〈표 1〉과 같은 2 곱하기 2 테이블을 만들었다. 그리고 네 개의 이상형(ideal type)을 구상했다. 즉 「긍정형」, 「냉소형」, 「수동형」, 「반골형」 유형이다. 이런 유형을 만들 때 중요한 것은 네 개의 유형이 상호배타적이어야 한다는 것이다. 모든 사례가 한 유형에만 속하고 다른 유형에는 속하지 않거나 한 유형이 나머지 모든 유형에 속해도 유형으로서의 가치는 없다.

〈표 1〉 2차원의 정치문화 유형

		정치적 신뢰도	
		높음	낮음
정치적 효능도	높음	긍정형	반골형
	낮음	수동형	냉소형

1,450명의 표본을 유형별로 나누어 본 결과 긍정형(310명), 수동형(391), 냉소형(256), 반골형(493)의 분포로 나타났다. 그 비율을 10% 단위로 하면 2.1: 2.7: 1.8: 3.4이다. 한국사람 열 명 가운데 반올림하면 '긍정형'이 2명, '수동형'이 3명, '냉소형'이 2명, '반골형'이 3명이 된다는 것이다. 이 숫자에 의하면 한국인의 정치적인 정향은 긍정 수동형을 합쳐서 절반이 되고 냉소와 반골형이 나머지 반을 차지하게 된다.

이 네 개의 타이프는 실제 그대로 존재하는 것으로 보는 것이 아니라 연구자의 아이디어로 만들어 낸 개념적 구성(construct)이다. 사회과학에서 많이 써온 것으로 독일의 사회사학자 막스 베버(Weber)의 방법론에서 제시된 이상형(ideal type)이라는 것이다. 베버는 자본주의(capitalism)라는 이상형의 특징으로 '교환경제', '자유경쟁,' 그리고 '엄격한 합리적인 행동'을 든다.

네 개의 유형을 개념적으로 구성하는 데 있어서 여러 개의 변수들도 살펴보았다. 정치적 관용성, 묵종성, 참여성 등이 정치적 정향을 형성하는 변수들이라 할 수 있다. 그런 여러 개의 변수들의 상관관계를 분석한 결과 정치적 '신뢰도'라는 변수와 정치적 '효능도(관용도, 묵종도, 참여도를 합친 변수)'가 높은 상관관계 수치를 보여주었기 때문에 신뢰도와 효능도 변수를 중심으로 유형을 구성해본 것이다.

이처럼 네 개의 유형으로 전체 표본을 나누어 보고 그런 유형이 가지고 있는 속성(屬性)들이 어떤 것인가를 살펴보았다. 즉 응답자들의 응답내용을 가지고 그들의 사회적 배경(소득, 교육, 지역, 종교)과 정치에 대한 태도를 추려냈다. 그런 유형들이 한국사회 내에 어떻게 분포되어 있는가를 분석했다. 그리고 그들이 1997년 제15회 대통령 선거를 앞둔 시점에서 어느 후보와 어느 정당을 지지했는가를 알아보았다. 정치정향과 '투표행위'라는 구체적인 정치행동과의 상관관계를 찾아보려고 했다.

다음은 1997년 선거와 연관지어서 어느 정도 의미 있는 것으로 보이는 네 개 유형의 사회적 배경과 특징을 나타낸 자료이다.

다음의 〈표 2〉가 보여주는 것은 20~30대의 응답자들이 긍정형과 반골형으로 양분되어 있는 점이다. 표본 1,500명 중 응답한 1,450명 중 20~30대의 비율은 55%이다. 1997년 현재 한국의 인구비율을 그런대로 반영하고 있는 셈이다. 이들의 정치문화가 어떤 내용인가 하는 것은 한국정치의 장래를 생각할 때 매우 중요한 함축성을 지니고 있다. 거기에 40대까지를 포함하면 그들이 전체 인구에서 차지하는 비

〈표 2〉 유형의 연령별 분포

(단위: %)

	20대	30대	40대	50대	60대	전체(%)
긍정형	*28.06*	*30.32*	19.03	12.26	10.23	21.38
수동형	19.44	22.51	17.90	17.90	22.25	26.97
냉소형	23.83	27.34	17.58	13.28	17.29	17.66
반골형	*35.09*	*31.24*	19.27	9.13	5.27	34.00
전체	27.38	28.00	18.55	12.90	13.17	100.0(%)

* 응답자 수: 1,450

〈표 3〉 유형의 직업별 분포

(단위: %)

	긍정형	수동형	냉소형	반골형	전체
경형 · 전문 · 관리직	5.48	2.56	6.64	8.11	5.79
사무직	17.42	8.44	9.77	*21.30*	14.97
기능 · 서비스 · 근로	23.87	19.95	20.31	16.23	19.59
자영업	19.68	15.09	19.53	*20.89*	18.83
농수산업	2.90	4.35	1.56	2.43	2.90
주부	22.58	37.85	32.03	22.31	28.28
학생	2.26	2.05	1.56	4.26	2.76
군인	0.65	0.26	0.00	0.20	0.28
없음	5.16	9.46	8.59	4.26	6.62
전체	21.38	26.97	17.00	34.00	100.0

율은 60~70%가 되는 것이다. 그들의 투표방향이 결국 한국정치의 방향도 크게 좌우할 수 있다.

주부들의 응답은 주로 수동형과 냉소형에 치중되고 있다. 긍정형도 반골형과 같은 수치를 나타내고 있다. 주부들의 다수는 정치에 대해 큰 관심을 갖고 있지 않다. 남편이나 가족의 투표성향을 따라 하는 것이 일반적이며 정치에 대한 정보도 얻기 쉽지 않다. 서로의 대화에서 정치를 논하는 경우도 드문 편이다. 그런데도 흥미로운 것은 그중 반골형에 속하는 주부의 수도 적지 않다는 사실이다. 사무직(화이트칼라)과 자영업에 속하는 사람들 가운데 반골형으로 분류되는 수가 가장 높다(〈표 3〉 참조).

〈표 4〉에서 보면 높은 수치를 나타내는 지역이 몇 군데 있다. 광주-전라지역 출신의 응답자 중 냉소형과 반골형을 합치면 46%에 가

〈표 4〉 출신지역별 분포

(단위: %)

	긍정형	수동형	냉소형	반골형	전체
서울	10.00	13.55	10.94	13.39	12.28
인천-경기	9.68	13.04	17.19	9.94	12.00
부산-경남	13.55	17.19	12.89	17.65	16.00
대구-경북	17.24	12.02	16.80	17.24	15.86
광주-전라	26.45	16.88	22.27	*23.33*	22.07
대전-충청	14.19	15.86	13.28	12.37	13.86
강원	7.74	6.14	6.25	5.48	6.28
제주-이북	0.65	4.60	0.39	0.61	1.66
전체	21.38	16.97	17.66	34.00	100.0

깝다. 그 지역 출신으로 긍정형에 속한 수는 26%이다. 그 지역 출신자 세 사람 중 두 사람은 냉소적이거나 반골적이라는 셈이다. 또 하나 지적할 사실은 수동형이 모든 지역에 비슷한 수치로 분산되어 있다는 것이다. 전체 응답자 중 지역에 따라 6%에서 17%로 분포되고 있다. 그 다음이 냉소형이다. 이 유형은 인천-경기와 광주-전라에 가장 많다. 1997년 대선을 앞두고 후보들을 놓고 유권자들의 거주지를 중심으로 네 개 유형이 어떻게 분포되어 있는가를 알 수 있는 표이다. 그리고 간접적으로 네 개 유형의 이념적 성향의 분포도 암시해주는 것으로 볼 수 있다.

네 개의 유형이 지닌 사회적 특성을 중심으로 합성 이미지(composite image)를 만들어 보았다. 전형적인 「긍정형」 유형을 구성해보면 연령은 20~30대에 많이 있으나 40~50대에도 분사되어 있다. 주로 남자이며 대학을 나왔고 서비스-근로직-사무직에 종사하고 있다. 종교적으로 개신교이고 소득은 200~300만 원 정도이다. 주로 대구-경북 쪽과 광주-전라지역에 살고 있고 대도시거주자들이다.

「수동형」의 경우 여자가 남자보다 많다. 연령은 40대 이상 60대에 많고 소득은 150~200만 원 수준이거나 200~300만 원 사이다. 고졸 출신이 많고 주부이거나 기능-서비스-근로직에 종사하며 지역은 부산-경남과 대전-충천, 인천-경기에 집중되어 있다. 종교는 불교 신자가 많다. 출신지역은 대구-경북, 인천-경기이고 수도권이 아닌 중소도시이거나 읍·면에서 살고 있다.

「냉소형」의 유형이 지니는 전형적인 이미지는 30대의 비교적 젊은 층이고 한국사회의 평균교육수준보다 높은 고등교육을 받은 층이다. 여자가 많고 소득은 200~300만 원 정도이며 수동형과 비슷하게 주부가 많다. 기능·서비스·근로직에 종사하고 있는 사람도 많다. 종교는 불교신자이며, 출신지역은 대구-경북, 인천-경기, 광주-전라도에 분포되어 있다. 수도권이 아닐 경우 중소도시에 거주하고 있다.

마지막으로 「반골형」은 20~30대에 많다. 대졸 남자이며, 전문직이나 관리사무직에 종사하고 있고, 비교적 300만 원 정도의 고소득을 갖고 있으며 압도적인 다수가 무종교이다. 종교를 가진 사람 중에는 가톨릭신자가 상대적으로 많다. 광주-전라, 대부-경북, 그리고 대전-충북에 분산되어 있다. 서울, 인천, 경기의 수도권에도 상당수가 살고 있다.

이런 유형별 특징들을 살펴본 결과 얻은 잠정적인 결론은 한국사회에서 하나의 유형이 한 지역이나 종교나 그리고 직종을 중심으로 압도적인 다수를 구성하고 있지 않다는 사실이다. 한 유형에 의한 집중현상이 아니라 네 개의 유형이 사회적으로 분산되어 나타나고 있다. 다시 말하면 부산-경남이나 대구-경북지역에 긍정형도 있지만 반골형도 있고 광주-전라에도 긍정형이 있으며 대전-충북지역에도 수동형이 있으면서 또한 반골형도 있다는 것이다. 이것은 어느 면 바람직스러운 일이다. 정치문화적으로 본다면 한국사회는 '복합사회'이고 다원적인 사회라는 것이다.

정치문화적으로 볼 때 한국사회가 양극화되거나 두 개의 서로 상극적이고 대립되는 성향을 가진 대집단으로 분열되어 있지 않다는 것은 참으로 다행스럽고 긍정적인 현상이라 할 수 있다. 종교적으로도 종교인이라는 이유 때문에 정치적 성향이 좌우되는 일이 나타나지 않고 있다. 반골형의 다수가 무종교라는 것도 재미있는 현상이다. 반골형의 사람들의 다수가 종교적으로 극단주의적인 성향을 갖게 되면 그런 유형의 사람은 더욱 극단적이거나 과격해질 것이고 전투적이 될 수 있으며 과격한 정치행동을 취할 수도 있기 때문이다. 그런 결과는 상상만 해도 끔찍하지만 그런 사회에는 심각한 혼란이나 정치적 분쟁이 끝없이 일어날 것이다.

정치문화 유형으로 본 15대 대선 결과

세종연구소가 1997년 15대 대통령선거 3개월쯤 전에 실시한 「국민의식조사」의 설문에는 「오늘 선거를 한다면 다음 후보 중 누구에게 투표하겠습니까」라는 문항이 포함되어 있었다. 그 조사결과를 보면 김대중 후보가 29.86%, 김종필 후보가 3.03%, 이인제 후보가 17.45%, 이회창 후보가 11.45%로 나타나고 있었다. 미정이라고 응답한 수는

〈표 5〉 1997년 대선 후보 선호율

(단위: %)

	김대중	김종필	이인제	이회창	조순	기권	미정	전체
긍정형	34.19	4.15	18.06	11.61	5.81	2.58	23.55	*21.38*
수동형	22.76	4.35	15.36	16.11	4.34	4.60	32.48	16.97
냉소형	25.39	3.91	16.02	10.65	7.81	6.64	29.69	17.66
반골형	35.09	0.81	19.47	8.11	7.51	5.58	23.12	*34.00*
전체	*29.86*	3.03	17.45	11.45	6.34	4.97	26.90	100.0

27%이었다. 응답자들의 선호도를 유형별로 나누어 본 것이 〈표 5〉이다.

1997년 대선결과로 보면 김대중 후보는 투표수의 40.3%를 얻어 15대 대통령으로 당선되었다. 그가 얻은 득표율은 전라도에서 8.8%, 광주에서 2.9%, 서울에서 10.5%, 경기에서 6.8%, 인천에서 1.9%였다. 이들을 모두 합하면 31%가 된다. 이 수치는 세종연구소의 1997년 「국민의식조사」 설문에서 김대중 후보에게 투표하겠다고 응답한 비율 29.86%보다 1% 정도 높다. 국민의식조사에 응답한 사람 중 다음 선거에서 김대중 후보를 지지하겠다고 한 사람들의 거의 전부가 실제로 김 후보에게 투표했다고 보아야 할 것이다.

그렇다면 김대중 후보의 당선율 40.3%의 나머지 10%는 어디에서 얻었을까. 추측한다면 충청도와 대전에서 얻은 60만 표라는 가능성이 크다. 김종필과 내각제 실시를 조건으로 공조관계를 형성한 것이 당선의 키였다고 추측해볼 만하다. 다음의 〈표 6〉이 그것을 어느 정도 방증해주는 것이 아닌가 한다.

인천-경기지역에 반골형이 29.28% 있었고 서울에도 호남 출신자들이 상당수를 이루고 있었다고 볼 때 김대중 후보의 득표 40.9%는

〈표 6〉 1997년 대선 거주지별 유형

(단위: %)

	긍정형	수동형	냉소형	반골형	전체
서울	25.48	23.79	22.66	*22.31*	24.00
인천-경기	18.39	23.79	24.61	*29.28*	21.59
부산-경남	15.48	19.69	16.41	16.63	17.17
대구-경북	10.97	8.95	11.71	13.79	11.52
광주-전라	15.81	6.65	14.45	*12.98*	12.14
대전-충청	8.71	11.51	8.20	*10.55*	10.00
강원	5.16	3.58	1.95	3.45	3.59
전체	21.38	26.97	17.66	34.00	100.0

주로 서울(10.5%), 인천-경기(8.7%), 광주-전라(11.7%)를 합친 31%와 대전-충청(9%)지역에서 얻은 것이 된다. 그의 경쟁자였던 이회창 후보는 김대중 후보와 비슷한 지역에서 합계 32%의 득표율을 얻었다. 이인제 후보를 선호한다는 응답자는 17.45%였는데 실제 선거에서 얻은 것은 8.1%였다. 그의 지지층이 김대중과 이인제로 나누어진 것으로 보인다.

흥미로운 것은 선거에 기권한 사람들이다. 1997년의 세종연구소 설문조사에서 대통령 선거에서 "지지할 사람이 없어서 기권하겠다"고 한 사람 중 냉소형은 다른 유형보다 가장 높은 7.59%였다. 기권하겠다는 사람 중 긍정형이 2.57%, 수동형이 4.41%, 반골형이 5.41%가 기권하겠다고 했다. 합치면 20%이다. 그런데 1997년 대선에서 기권표율은 19.03%이었다. 20%와 거의 같은 수치였다. 우연의 일치라 보기에는 너무나 가까운 비율이었다.

이런 분석을 보다 정밀화하고 또 여러 번 유사한 조사를 거듭한다면 한국에 있어서 선거행태에 대한 상당한 연구가 진전될 가능성이 있다고 본다. 위에서 제시한 유형은 어디까지나 교시적(heuristic)인 시도임을 밝힌 바 있다. 한 번만의 시도로 어떤 결론을 내릴 수는 없다. 그러면서도 네 개의 유형을 얻어낸 1997년의 세종연구소 조사결과를 가지고 보는 선거와 다른 정치과정에 대한 연구는 계속 해볼 만한 것으로 시사하는 바가 크다고 생각한다.

제 **11**장

 『자유를 향한 20세기 한국정치사』 출간

* * *

열 번째 저서인 이 책은 내가 유한재단 이사장(2004~2010)으로 있는 동안 조금씩 집필해서 출간한 것이다. 2008년에 일조각(一潮閣)에서 출간했다. 그동안 정치학계나 신문지상의 보도를 통해 해방 후부터의 한국의 정치적 사실에 대해 일부의 소위 좌파 교수나 지식인들이 편향된 견해나 주장을 하고 있음을 보면서 내가 보고 알아온 한국정치의 현실과 너무 동떨어진 것이라는 느낌을 가졌다.

특히 해방 직후의 정국은 물론 한국전쟁에 대해서도 그 시대를 겪지 않은 젊은 세대가 지나치게 「오늘의 현실을 보는 시각을 가지고 과거에 대한 해석을 내리는 경향」이 있다는 생각이 들었다. 물론 과거 없는 오늘이 없고 또 오늘의 시각에서 과거를 볼 수도 있다.

어느 역사학자의 말대로 "역사는 과거와 현재의 대화"이기도 하다. 소년일 때였지만 해방을 겪었고 20세에 한국전쟁의 와중에서 살아남은 나로서는 일부 소위 '진보'적이라고 하는 사람들의 왜곡된 주장에 동의할 수 없었다. 한 사람의 정치학자로서 논쟁점이 되고 있는 몇 개 이슈들에 대해 나의 견해를 정리하여 알리고 싶었다. 그것이 이 책을 집필하게 된 동기이다.

한국정치에 대한 열 개의 질문

출판사인 일조각 측이 심사숙고 끝에 택한 제목이 「자유를 향한 20세기 한국정치사」이다. 그런데 이 책은 역사책은 아니다. '정치학 책'이다. 엄밀히 말해서 학술책이기보다 한국정치를 잘 모르는 오늘의 젊은 세대와 일반인을 대상으로 해서 쓴 것이다. 출판사의 표현을 빌자면 "중간층" 독자들을 겨냥한 것이다. 교과서나 학술적인 것도 아니지만 그렇다고 대중적인 것도 아니라는 뜻이다. 출판사 측에서 내 원고를 읽고 편집하면서 제목을 그렇게 붙였다. 나는 처음에 출판사에게 「한국정치의 열 개 의문」이라는 제목을 알려주었는데 그건 너무 무겁다고 하면서 위와 같은 제목을 붙였다. 듣고 보니 괜찮다는 느낌이 들어 그대로 하기로 했다. 이 책이 다룬 열 개의 질문은 다음과 같다.

1. 일본의 식민 통치는 무엇을 남겼는가?
2. 민족의 아픔 38선, 왜 갈렸는가?
3. 해방정국, 우리는 무엇을 얻고 무엇을 잃었는가?
4. 민족의 비극 한국전쟁은 왜 일어났나?
5. 4 · 19 의거는 누가 왜 일으켰는가?
6. 5 · 16 쿠데타는 왜 일어났나?
7. 박정희의 개발주의 국가는 무엇을 이룩했나?
8. 유신체제는 왜 붕괴했나?
9. 우리의 민주화는 어떻게 달성되었나?
10. 21세기 한국정치의 기본 과제는?

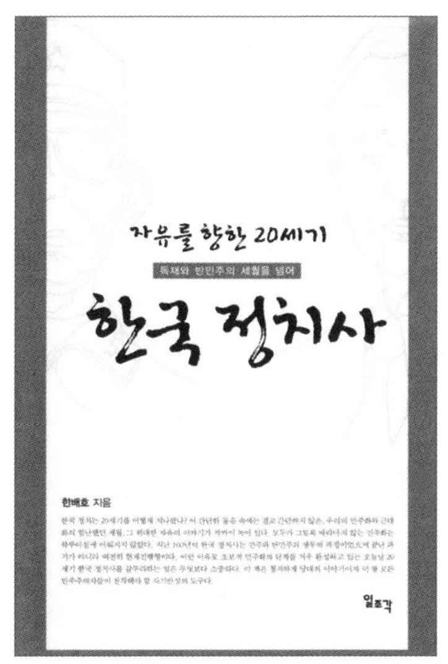

이와 같은 커다란 질문을 놓고 나는 역사학자로서가 아니라 정치학자로서, 그리고 한국이라는 국가 내에 등장한 정권(정치체제)의 본질과 그 체제 내에서 일어난 정치변화를 국내외적인 요인들을 함께 고찰하면서 내 나름의 해답을 제시하고자 했다.

2004년 유한재단 이사장으로 취임한 후부터 4년 동안 이 책을 조금씩 쓰기 시작했다. 그리하여 2008년 출판하였다. 주로 주말이나 사무실에 나가지 않고 집에 있는 날 작업을 했다. 녹내장으로 왼쪽 눈의 반은 시력을 잃어서 책을 보기 어려웠다. 초점이 맞질 않는 것이다. 한참 동안 책을 읽고 있으면 눈이 피곤하기도 했다. 옛날처럼 제대로 조사(research)를 하기 어려운 상황이었다. 그래도 나의 기억과 아는 바를 살려 그동안 한국정치학계에서 논란이 되어 온 중대한 쟁점(issues)들에 대한 나의 견해를 밝히면서 해석을 내리기도 했다.

이 책을 쓰면서 일부 학자나 젊은 대학원학생 또는 강사급의 정치학자들 사이에 인기와 관심을 끌고 있었던 이념지향적인 주장이나 설득(persuasion)에 대해 그것이 진정 사실이나 실제에 근거한 것인가라는 문제를 제기할 필요가 있었다. 내가 보기에 하나의 잠정적인 견해라고 할 주장이 마치 입증되고 확고한 진리인양 논의되는 것을 보면서 답답하기도 했다. 그래서 나는 열 개(10)의 중요한 질문을 추려내서 "왜 그런 일이 생겼는가"에 대해 나 나름대로의 해답을 제시해 보자는 것이었다. 물론 나의 해답이 '절대적'으로 옳다는 것은 아니다. 사회과학을 하는 사람으로서 '절대'라는 말은 쓰기조차 쑥스럽다. 그러나 나의 주장을 가설(假說)이나 잠정적인 주장으로 간주해서 받아들여서 그런 주장을 입증해주거나 부정하면 된다는 생각이었다.

책의 도입부문에서 내가 미국에서 대학원에 다닐 때 읽은 이탈리아의 반파쇼 혁명가이자 역사학자인 Benedito Croce의 『History as the Story of Liberty』(New York: Meridian Books, 1955)라는 책의 일부를 인용한 것을 보고 편집부 쪽에서 그 제목을 생각했는지도 모른다. 그 도입부문에서 "나도 그 책의 제목처럼 한국정치를 자유를 향한 정치의 이야기로 쓰고 싶다"는 표현을 썼기 때문이다.

크로체(Croce)는 무솔리니체제하의 이탈리아에서 반체제운동을 하다 감옥살이를 했고 그 후 영국으로 망명했던 헤겔 철학을 연구한 철학자이자 역사가이다. 더욱 흥미로운 것은 그가 역시 이탈리아의 마르크스주의자이고 『Modern Prince』의 저자인 그람시(Antonio Gramsci 1891~1937)의 스승이었다는 사실이다. 그람시는 무솔리니 치하에서 공산주의운동에 종사하였으나 그의 주장과 사상은 후에 1960년대에 이탈리아 공산당이 "인간 얼굴을 한 사회주의"라는 개혁주의운동을 전개하는데도 영감을 주었던 공산주의 이론가였고 그 후에도 네오-마르크스주의자들에게 헤게모니라는 개념을 통해 상당한 영향을 주었던 인물이다.

그러나 나는 이 책에서 쓴 자유라는 말의 의미를 헤겔이 말하는 철학적 자유 개념과 구별해 쓴다. 이성주의 철학자 헤겔은 국가를 도덕률의 가장 이상적인 실현체(實現體)인 동시에 인간 자유의 최대 표현이라고 주장한 사람이다. 그가 말하는 자유는 국가라는 최고 도덕적 실체 안에 자신을 함몰할 때 가능하며 그런 상태를 자기완성의 상태로 보았다. 그것이 곧 자유라는 것이다. 그의 주장은 후에 젊은 마르크스에 의해 유물사관에 기초한 역사관으로 둔갑되면서 국가가 자유를 실현시켜주는 것이 아니라 지배계급의 착취로부터 해방시켜주는 것이 참다운 자유라는 마르크스의 주장이 나오기도 했다.

마르크스는 그런 궁극적 '자유'를 달성하기 위해 노동계급이 혁명이라는 방법으로 새로운 역사를 창출하는 사명을 지녔다고 주장했다. 이것은 마치 그리스도교에서 예수가 세상을 구원하기 위해 "메시아(구세주라는 뜻)"로 와서 자기의 사명을 다한 것 같이 마르크스주의는 노동계급에게 그런 중대한 역사적 사명을 부여하고 있는 것이다. 그런데 이런 사이비종교적인 마르크스의 주장을 비판한 미국의 한 신학자는 왜 하필이면 노동계급만이 그런 역사적인 '구세주 역할'을 해야 하는가라고 반문한 바 있다.

이 책의 제목에서 말하는 "자유"의 개념을 나는 진보적 자유주의자들이 말하는 의미로서의 적극적인 자유로 이해하고 싶다. 자유방임주의라는 의미가 아니라 인간의 자유로운 활동의 범위와 정도가 정치만 아니라 사회 그리고 경제에서도 보다 확대되고 그런 자유를 누리는 사람들이 늘어나는 것을 원하는 의미에서의 자유이다. 그리고 그런 자유를 누리는 사람들의 책임과 의무도 강조하려는 것이다. 인간의 권리를 존중하면서 인간이 인간다운 삶을 누릴 수 있도록 보장해줄 수 있는 국가제도와 그런 내용의 정책을 실현하려는 정권(정치체제)을 원한다는 의미이기도 하다.

또한 내 나름대로 해석해서 자유는 일차적으로 36년간 계속된 일본제국주의의 식민지배로부터 해방되었을 때의 '자유'를 뜻하는 것으로 쓴다. 확실히 한국민족은 일본의 식민지배로부터 자유로워진 것이다. 그것이 해방의 의미라고 생각한다. 우리민족이 자율적으로 행동하고 자율적으로 나라를 만들어갈 자유를 얻었다는 뜻이다.

그리고 자유라는 용어를 쓰는 또 하나의 이유는 해방 후 수립된 단독정부인 대한민국의 지배체제(정권)가 '자유민주주의'라는 이념적 가치를 내세웠다는 사실이다. 여기서 자유민주주의란 영어로 Liberal Democracy의 번역이다. 민주주의는 알겠는데 자유주의(Liberal)의 뜻은 무엇인가 하는 의문이 있을 수 있다.

그것은 기존의 모든 질서나 전통이나 관례에 얽매이지 않고 새로운 질서, 전통, 그리고 관례를 만들어 간다는 의미이다. 그래서 새로운 제도, 새로운 사상, 새로운 정책을 과감하게 실험해보는 진보적인 사상과 설득을 의미한다. 즉 리버럴(Liberal)은 보수가 아니라 개혁하고 진전시킨다는 의미로 이해해야 한다는 것이다. 내가 여기서 쓰고 있는 '자유'의 의미는 그런 의미를 뜻한다. 그런 의미에서 자유민주주의라는 이념은 사람의 생각이나 행동이나 제도를 새롭게 하고 구습이나 낡은 생각으로부터 '자유'롭게 한다는 뜻이 있다.

1. 일제의 식민지배가 조선에 남긴 것은 무엇인가?

이 책을 일제식민지배의 유산을 가지고 시작한 것은 그것이 해방 후의 한국정치에 미친 영향이 매우 컸기 때문이다. 해방 후 수립된 한국정부의 골격은 일제 총독부의 겉만 없앴지 그 알맹이인 관료진의 절대 다수는 일제총독부 하급공무원들로 채워졌다고 해도 과언이 아니다. 경찰조직과 군대도 마찬가지였다. 사법부를 구성한 판사나 검사들도 역시 일제 고등문관시험을 통과한 극소수였지만 판사나 검사로 있었던 사람들이었다. 고문(高文)을 패스한 사람들의 다수가 군수로 임명되었고 해방 후에는 정부관리가 되었다. 이것이 조선을 식민지로 지배했던 일본제국이 해방 후 한국에 남겨놓은 인적(人的) 유산이었다고 할 수 있다. 그리고 그들이 새로운 지배체제를 운영하는 역할을 맡기도 했다.

그런데 패전 후 일본의 일부 정객이 그 유산을 자랑스럽게 논하기 시작했다. 일본의 식민지배가 조선을 "근대화하는 데 기여했다"는 것이다. 그때 근대화의 의미는 명확하지 않지만 산업화를 했고 교육을 시켰고 그래서 대한민국이 후에 경제성장을 할 수도 있었다는 주장이다. 일본 식민지배가 한국인에게 "많은 혜택을 주었다"는 주장을 하기도 했다. 일본정부나 일본 보수정객 그리고 소수의 어용학자들이 조선에 대한 일본의 지배를 정당화하려는 시도이지만 아무리 그래도 일본제국이 조선에서 저지른 착취와 탄압과 악정은 부인할 수 없을 것이다. 그런 주장을 반박하는 자료를 찾아 일부 일본인의 망언을 비판한 것이 "1장: 일제 식민통치는 무엇을 남겼는가"의

내용이다. 엄밀히 따지면 식민지배기(1910~1045)는 우리의 역사라고 할 수 없다. 타민족이 우리를 지배했던 기간이었다. 그러나 그것이 후에 남겨놓은 것이 너무나 중요하기에 그것으로부터 한국정치의 실마리를 찾고자 한 것이다.

오래전이지만 미국에서 대학원과정 공부를 하고 있었을 때 대학도서관에서 한국관계 서적을 찾다가 그라얀제브(Andrew Grajdanjev)라는 저자가 쓴 『Modern Korea』를 찾게 되었다. 1943년에 나온 책이었다. 저자에 대한 설명이 없어서 누군지 알 수 없었으나 그 책을 읽어가면서 나는 한 사람의 아주 좋은 친구를 만난 느낌이었다. 왜냐하면 그 책은 2차 대전과 태평양전쟁이 끝나기 2년 전에 나온 것으로 일제하의 조선(그는 일제가 쓴 'chosen'이라 하지 않고 'Korea'라고 썼다)에 대한 조선통독부의 자료를 가지고 일본의 조선통치를 비판하는 내용을 다루고 있었기 때문이었다. 그리고 책 결론 부문에서는 한국인의 자치능력을 높이 평가하면서 충분히 독립국가로 성장할 수 있다고 주장하고 있었던 때문이었다.

일제 식민지배의 유산을 다루면서 주로 이 책에 포함된 자료를 인용한 것은 이 책이 지닌 풍부하고 객관적인 내용 때문이다. 그가 다룬 자료는 모두 조선총독부가 대외용으로 공개한 자료들이며 특히 경제나 다른 통계자료들도 모두가 총독부가 출판한 공문서들이기 때문이다. 그 당시 조선총독부는 자기들의 선정(善政)을 외국에 홍보하기 위해 영문을 비롯한 외국어로 출판물을 만들어 유럽과 미국 등 세계 각국에 배포하였다. 그라얀제브가 사용한 자료들도 그런 선전적인 목적을 가지고 공표한 자료들이었다.

그러나 경제학을 전공했던 그라얀제브는 총독부의 공식 통계자료들을 여러 각도에서 검토하고 면밀히 분석하여 서로 모순되는 점들과 그것이 얼마나 과장되고 허구적인 것인지를 가려내는 데 전력을 쏟았던 것이다. 그 결과 이 책을 통해 일본의 조선식민통치가 조선인에게 얼마나 가혹했고 조선인들을 착취했는가를 전 세계에 알려주는 일을 해낸 것이다. 나는 일제가 조선에 남긴 물질적인 유산(경제적인 것)이 어떤 것인가를 알아보기 위해 그의 책이 제시한 자료와 일본인 학자로 일제통치를 비판적으로 다루어온 소수 일본인 역사학자와 경제학자들의 책을 바탕으로 첫 장을 꾸몄다.

일제의 조선식민지배의 본질을 찾는 데 나는 교육, 농업, 산업 세 분야가 중요하다고 보았다. 무엇보다 가혹한 식민지배는 조선인 농민들의 수탈로 시작되었다고 할 수 있다. 장기간 영세농민의 처지를 벗어나지 못한 조선인 농민들을 더욱 영세화해서 농토에서 쫓아낸 것이다. 그 주범이 동양척식주식회사(東洋拓殖株式會社)였고 본토에서 일본인 지주나 소작인들을 조선에 들여와 대지주노릇을 하도록 했다.

일부 보수적인 일본인들이 일제가 조선인의 교육에 기여했다고 주장하지만 그것은 초등학교수준의 교육에 중점을 두었고 총독부는 조선에서 중학교와 학생수를 제한했다. 일제가 조선인에게 중등교육을 실시함으로써 근대화에 기여했다고 주장하겠지만 일제시대 관립중학보다 조선인들이 세운 사립중학교 수가 더 많았다. 총독부가 허락만 했다면 그 수는 더 늘어났을 것이다. 전문대와 종합대학을 졸업한 조선인의 수는 극히 적었다. 핸더슨(Gregory Henderson)은 그의 책 『한국: 소용돌이 속의 정치(Korea: The Politics of the Vortex)』에서 해방 당시 전문-종합대 졸업자의 수를 3천 명으로 잡고 있다. 그러나 일본이나 조선에서 전문대-종합대학을 나온 학생의 상당수는 태평양 전쟁이 일어나자 태평양 군도에 끌려가 전사했다. 조선인으로 고등

교육을 받은 소수의 인재들까지 전쟁의 희생물이 된 것이다.

일제가 조선을 산업화하는 데 기여했다는 주장도 따져보면 과장되고 사실과 다른 것이다. 조선반도(주로 이북)에 세운 공장들이 몇 개 있었고 일본과 중국이 전쟁을 시작한 후, 그리고 미국과 전쟁을 하는 도중 미 공군의 일본 본토 폭격이 심해지면서 일본 본토 내의 산업시설 일부를 조선에 잠정적으로 이전했던 것은 사실이다. 그러나 일제가 조선에 건설한 산업시설은 대개 일본인 소유였고 그것도 군수산업이 위주였지 민수용 산업은 방직공장과 시멘트공장 정도가 주를 이루었다.

그것을 조선의 산업화에 기여했다고 주장하는 것은 억지에 불과하다. 그나마 일제가 세운 화학공업은 주로 북한에 소재하였기 때문에 한국전쟁 당시 전부 파괴되었다. 그리고 소련군이 북한에 진주한 후 그 산업시설을 뜯어 소련으로 가져갔다. 일제가 남한에 남겨두었던 경공업시설도 한국전쟁으로 파괴되었거나 북한이 공산화되면서 남한에 대한 송전(送電)을 단절하였기 때문에 정상정인 조업이 불가능했다. 사실 일본은 조선을 만주와 중국에 대한 침략을 뒷받침하는 데 필요한 군수기지(軍需基地)로 삼으려 했고 그런 목적에서 조선에 산업시설을 건설했다.

일제식민지배의 노선이 가장 두드러지게 나타난 것은 조선인 농민들에 대한 수탈이다. 일제가 조선을 일본의 식량공급지로 삼았기 때문이었다. 조선은 일본 본토 국민들의 식량과 일본군의 군량미를 공급해 주는 역할을 했다. 그래서 농업분야에서 가장 노골적인 수탈행위를 했다. 토지를 거의 강제로 몰수하였고 다수의 일본인이 조선 내의 대지주가 되었다. 그 밑에서 조선인은 소작인으로 일하면서도 여러 가지 형태의 세금을 총독부에 바쳤다. 그러다 보니 살길을 잃은 농민들이 조선을 떠나 만주와 소련연해주 쪽으로 이주하였다. 일제는 조선에서 농산물의 증산을 위한 농업개량책을 실시하였고 농업분야에 필요한 인력을 확보하기 위해 곳곳에 농업학교를 설립하였다.

그렇게 보면 교육, 산업, 농업분야에서 일제가 조선에서 실시한 식민정책은 모두가 일제에 의한, 일제를 위한 것이었지 조선을 위한 것이었다는 주장은 궤변에 불과하다. 일제는 조선에서 철저하게 식민통치자로서 조선인을 착취하고 수탈했다. 그리고 조선인의 요구나 자유를 극도로 억압하고 반일 세력을 제거하는 데 무자비했다. 중일, 미일전쟁을 일으킨 후에는 조선인을 총알받이로 삼았다. 서방세계의 기자들이 일제하의 조선에 와 보고 쓴 기사에 비친 일본식민지배는 그들의 표현을 따르면 아시아에서 가장 "잔혹한 식민지배통치"에 속한 것이었다.

일본의 조선식민통치가 남겨놓은 것은 무엇이었나? 일제식민지배가 조선을 '근대화'했다거나 '산업화'했다는 망언이 아니라면 무엇일까. 하나의 아이러니지만 나는 일본이 조선에 남긴 귀한 유산은 3·1 운동 정신이라고 생각한다. 누가 조직을 만들어서 한 것도 아니고 일본 경찰의 허가를 받고 한 것도 아니었다. 조국을 다시 찾고 싶다는 조선인들의 간절한 절규가 이심전심으로 전국에 퍼져 질서정연한 행동으로 조선독립을 요구했던 비폭력적인 독립운동이었다. 그 정신은 3대 부자가 독재자로 군림하면서 불쌍한 북한주민을 무자비하게 폭력으로 학대하고 굶주리게 하며 온갖 고통에서 신음하고 있는 북한에서는 이어질 수 없다고 생각한다. 오늘날 자유롭고, 시민들의 주장과 활동이 보장되고, 경제적으로도 세계에서 20위 안에 들어선 한국에서만 계승되어가고 있다.

2. 38선의 획정과정

이 책에서 한반도가 북위 38도선을 기준으로 남북으로 분단된 경위를 주로 미국 정부의 공문서를 가지고 설명하였다. 미국과 소련 어느 한 쪽도 한반도를 한 쪽에 양보하여 단일독립정부를 세울 의도가 없었다는 사실을 밝히는 데 초점을 맞추었다. 사실 2차 대전 후의 미국과 소련 간의 대립의 원천은 전쟁 동안은 물론 그 이전에 러시아에 소비에트 공산정권이 수립될 때로 거슬러가는 것으로 보아야 한다. 전쟁 중에는 필요악인 소련과의 우호관계를 유지했지만 전쟁이 종식될 기미가 보일 때부터 양국은 전후 점령정책이나 구 식민지와 점령지역의 처리문제를 놓고 계속 이견과 대립을 보였던 것이다. 그런 큰 맥락 속에서 한반도의 처리문제를 다룬 두 나라의 정책의도를 분석하는 것이 이 문제를 제대로 다루는 길이라 생각했다. 남북분단을 놓고 남한에서 좌우 어느 쪽이 보다 도덕적으로 온당한 행동을 했느냐라든가 누가 분단을 가져온 책임자이냐를 묻는 논의는 사실 초점이 빗나간 것이다. 남북분단은 두 개의 전승 강대국인 미국과 소련의 이익 상반에서 온 결과인 것이다.

38선은 미국이 제안했다. 그런데 중요한 사실은 스탈린(Stalin)이 그 안을 수락하였다는 사실이다. 8월 10일 이후, 미일전쟁이 끝나기 5일 전, 소련군은 이미 북조선의 상당 지역을 점령한 후 계속 남하하였다. 원했다면 조선 전체가 곧 소련군 점령지역에 들어갈 수도 있었다. 동유럽의 나라들 같이 소련은 쉽게 한반도에 자기의 위성국가를 세울 수 있었을 것이다. 스탈린이 38선 경계선을 수락한 이유의 하나로 생각되는 것은 2차 대전 도중 스탈린과 미국 대통령 루스벨트(Roosevelt) 사이에 구두로 양해(諒解)된 것으로 되어 있는 조선에 대한 신탁통치 안이다.

스탈린과 루스벨트가 전후 처리문제를 논의하는 과정에서 루스벨트는 일본이 일로전쟁 후 차지한 쿠릴열도(일본은 가라후토로 개명) 5개 섬에 소련군이 진군하는 일을 미국이 양해하는 것으로 합의를 보았다. 루스벨트는 그것으로 일본 본토에는 소련군이 진입하는 것을 막으려 했던 것이다. 그런데 전 후 한반도문제에 대해서는 서로가 구체적인 안을 제시하지 못했고 묵시적으로 4개국 신탁통치 안에 합의했다. 루스벨트는 처음에는 신탁통치 기간을 필리핀의 경우처럼 20년까지 생각했다가 5년으로 단축했다는 자료가 있다. 스탈린도 신탁통치 안에 찬성하면서도 "그 기간은 짧을 수록 좋다"라고 했다. 우선 조선을 미국 쪽이 차지하는 것은 막을 필요가 있었다.

미국이 일본 히로시마와 나가사키에 원자폭탄을 떨어뜨리기 얼마 전부터 미국 정부 일각에서는 소련 측이 태평양전쟁에 참여해 오는 것을 견제하려는 움직임도 있었다. 그러나 미국의 태도는 애매모호한 것이었다. 한편 소련군의 개입을 저지하면서도, 다른 한편으로는 일본 본토 상륙을 위해서 조선 내의 일본군을 제거하는 일을 소련이 맡았으면 했다. 그것을 안 소련은 미국의 반대를 무시하고 일방적으로 8월 9일 만주를 거쳐 조선의 북쪽으로 진주해 왔다. 신탁통치를 실시한다고 가정할 때 소련이 발언권을 갖기 위해서는 조선을 점령하여 그것을 기정사실화(fait accompli)해야 한다고 보았던 것이다. 1945년 4월 전쟁이 끝나기 전 루스벨트는 사망하였지만 스탈린은 미국이 계속해서 신탁통치 안을 제안할 것으로 예상했을 것이며 그것에 대비하여 8월 9일 조속히 동아시아 쪽으로 소련군을 진주시킨 것이다. 스탈린이 38선 경계설정 제안을 수락한 것은 그런 배경에서 이루어진 것이라 본다. 남북 분단의 원초적인 원인은 거기에 있다.

3. 남한에 단독정부가 수립된 이유

태평양전쟁이 끝나기 얼마 전(4개월 전) 루스벨트 미국 대통령이 사망하고 그의 뒤를 이어 부통령이었던 트루먼(Truman)이 대통령직에 올랐다. 미국은 그 후에도 루스벨트가 추진했던 대소련관계의 기조(基調)를 그대로 지키려 했으나 독일의 패전 후 소련이 나치스 치하에 있었던 중앙 및 동부유럽국가들을 점령하면서 소련의 팽창주의를 경계하기 시작했고 그러면서 소련의 대아시아 진출에 대한 우려를 나타내기 시작했다. 그래서 미국은 조선의 신탁통치에 대한 스탈린의 속내를 알고자 모스크바에 특사를 보냈으나 실패했고 여러 차례의 미국과 소련 외상들의 회합에서도 서로 의견이 평행선을 긋고 있었다.

미 · 소 점령군이 남북한에 진주한 1945년 이후 미국과 소련 정부는 외교적 모임을 통해 처음에는 한반도의 신탁통치에 대해 서로 의견을 나누다가 남한에서 격렬한 반대에 부딪친 미국 정부가 신탁통치 안을 철회하고 통일정부를 수립하기 위한 방안을 논의하기 시작했다. 양국이 합의한 것이 북조선과 남조선에 주둔한 미소 점령군사령관들로 하여금 미소공동위(美蘇共同委)를 구성하도록 하고 공동위에 조선인 대표들을 참여시켜 그들과의 협의하에 통일정부를 수립하도록 한다는 구상이었다.

그러나 미소공동위는 몇 차례 서울과 평양을 오가며 개최되었으나 조선인들 중 어떤 단체와 대표를 초청하여 협의할 것이냐는 기초적인 의제를 놓고 서로 타협 불가능한 주장을 함으로써 장기간 교착상태에 빠졌다가 결국 해체되고 말았다. 서로가 그 실패 책임을 상대방에게 전가하였으나 공동위가 실패했던 것은 궁극적으로 양국 어느 한 쪽도 조선을 포기할 수 없었던 것이 결정적인 원인이었다.

그 후 뒤따른 남북 분단은 그런 미소 간의 근본적인 대립이 가져온 결과였다. 즉 38도선 획정과 똑같은 선상(continuum) 위에서 진행되었던 양대 초강국의 양보할 수 없는 목표에서 비롯된 정치적 귀결이 남북 분단이었다. 북한에서는 소련군점령당국이 소련군을 뒤따라들어온 김일성(본명은 김성주)을 내세워 북한 전 지역에 인민위원회를 조직하여 실직적인 공산정권을 수립하였다. 미군이 점령한 남한에서도 미소공동위가 실패한 후 단독정부 수립 쪽으로 기울어진 미국 정부가 유엔총회에 남북한 내에서의 총선을 통한 정부 수립 안을 제출하여 소련의 반대에도 불구하고 총회를 통과시켰다.

유엔선거 감시단이 남한과 북한 전역에서의 선거 감시를 실시하기 위해 한국에 도착하여 북한 소련점령군에게 북쪽에의 출입 허가를 신청했으나 거절당하자 유엔총회는 감시가 가능한 지역에서만이라도 총선을 실시하도록 결의하였다. 그렇게 해서 수립된 남한 정부를 한반도에서의 "유일합법적인 정부"로 승인하기로 결의했다. 그럼으로써 남한과 북한에 서로 정치적 이념이 다른 두 개의 정권이 수립되었고 남북 분단의 역사가 시작되었다.

그렇게 보면 역사적으로 오랫동안 단일국가로 단일정부를 유지해왔던 한반도가 미소 양국의 각축으로 두 개의 서로 대립되는 정치체제로 분단되는 상황을 맞이하게 된 것이다. 그런 비운이 일어나는 동안 남북한의 지도층이나 국민의 안타까운 마음은 표현하기 어려웠다. 그러나 그것을 정면으로 막을 능력은 없었다는 것이 현실적인 해석이다. 어느 한 개인 정치지도자나 그를 따르는 비교적 소수의 정치세력이 그런 일을 할 수 없었던 것이고 국제적으로도 다른 국가 가운데 미소 간의 결정을 되돌리기 위한 어떤 실질적인 노력을 한 국가들도 없었다.

그렇다고 남북한의 모든 국민들이 총력으로 미국과 소련을 상대로 결사적으로 항의운동을 했거나 보수세력인 한민당이나 중립적이었다는 한독당 등도 그런 목적을 위해 노력한 흔적이 없다. 서로 극한적인 대립 속에서 피 비린내 나는 싸움만을 했다. 남북한을 점령한 미국과 소련의 군사령관은 각각 본국 정부의 지령을 따라 단독정부 수립을 위해 남북한 지도자들을 때로는 회유도 하고 또한 탄압도 하면서 본국 정부의 의도대로 남과 북에 각각 단독정부를 수립하는 일을 도왔다.

그런데 미소 간의 정치적 대립 속에서 1948년 8월과 그 얼마 후 남북한 양 지역에 두 개의 정권이 수립되면서 시작된 남북분단이 2년이 지나기도 전인 1950년 6월, 소련과 중국의 후원을 얻은 김일성이 남한을 공격하면서 한국전쟁이 발발했다. 그 전쟁은 1953년 여름, 휴전이 될 때까지 근 4년간 계속되었고 유엔이 북한을 "침략국가"로 규탄하는 결의안을 통과시키면서 유엔군을 결성하여 한국전에 투입하기도 했다. 한국전쟁은 수백만 명의 인명과 재산 피해를 가져왔고 남북한은 거의 전체가 초토화되기도 했다.

4. 한국전쟁은 누가 왜 일으켰나?

38도선의 설정과 그 후 남북한 분단의 연장선상에 있는 것이 한국전쟁이다. 그리고 누가 그 전쟁을 일으켰느냐 하는 질문은 한때 자명한 것으로 간주되었다. 그런데 어떤 학자가 수정론이라는 명목으로 기존의 해석이나 사실을 부정하는 주장을 하게 되면서 학계가 한때 떠들석한 적이 있었다. 그러다가 냉전체제가 끝나고 구소련과 중국에서 기밀에 속했던 자료들이 나오게 되면서 수정론은 사실 자취를 감추기 시작했다 해도 과언이 아니다. 이제는 외국이나 한국에서 한국전쟁을 시작한 것이 김일성이라는 사실을 모르는 사람은 없다. 물론 일부 완고(die-hard)하고 극단주의적인 좌익세력은 아직도 남한이 전쟁을 시작했다는 북한의 주장을 그대로 되풀이하고 있을 뿐이다. 남한이 전쟁을 시작했다는 북침설은 이제는 전혀 흥미를 끌 수 없는 유치한 음모설(陰謀說-conspiracy theory)에 지나지 않는다. 남한이 전쟁을 시작했다는 북침설을 논하는 사람은 남한이 싫거나 미워서 하는 일종의 지적 유희에 탐닉(耽溺)하고 있는 경우일 수 있다.

이 책 4장에서 "한국전쟁은 누가 시작했나?" 라고 제목을 붙인 것은 1980년대 후반 한국의 학계 일부와 외국의 소수 학자들이 "수정론"이라는 이름하에 한국전쟁의 기원에 대해 상이한 해석을 했기 때문이다. 노골적으로 북침론(즉 남한이 시작했다는 설)을 말하기 어려워서인지 남북한 동시전쟁론 비슷하게 '내전(civil war)'론을 주장하는 학자가 있었다. 그것은 어느 면에서는 남한이 먼저 전쟁을 시작했다는 북한의 주장을 간접적으로 뒷받침하는 논리이기도 하며 그런 사람들의 역사적 사실에 대한 지적 양심(intellectual honesty)을 의심하게 하는 주장이기도 하다.

구소련이 붕괴된 후 한국전쟁과 관련된 자료가 공개되면서 이제는 "누가 전쟁을 시작했나"라는 질문은 제기하기조차 쑥스러워졌다. 모든 사실이 김일성이 전쟁을 시작했음을 입증하고 있기 때문이다. 한국전쟁은 스탈린과 마오쩌둥을 설득하면서 그들로부터 지원약속을 얻어낸 김일성이 시작한 전쟁이었다. 그런데도 일부 좌경화한 지식인 중에 내전(civil war)이니 또 극단적으로는 남한의 이승만이 시작했다는 북침설을 주장하면서 자라나는 세대를 오도(誤導)하고 있음을 보면 안타까운 마음이 든다. 사실을 제대로 알려주어야 한다는 생각을 하면서 이 장을 준비하였다.

김일성의 남침을 부정하려는 좌경화된 학자나 지식인들의 주장의 요점을 간단히 말하면 하나는 미국이 김일성으로 하여금 전쟁을 일으키도록 함정(trap)을 파놓았는데 그것을 몰랐던 김일성이 미국이 군대를 남한에서 철수하는 것을 "기회"로 알고 미국의 함정에 빠졌다는 주장이다. 그런 주장은 대음모론(grand conspiracy theory)에 속하는 것이다. 함정을 파 놓은 미국은 1949년 그동안 남한에 주둔하던 미군을 전부 철수시켰을 뿐 아니라 애치슨 국무장관을 통해 소위 "돌출지역방어선(Defense perimeter)"을 발표하면서 한국과 대만을 미국의 대아시아 방위선에서 제외시키는데 그것이 함정을 판 것이라는 주장이다.

그 함정에 김일성과 스탈린 그리고 마오쩌둥이 걸려들었다고 주장한다. 스탈린은 음흉하면서도 신중한 성격의 사람이어서 미국의 돌출방위선 전략에 대해 반신반의하는 입장이었고 김일성과 마오쩌둥에게도 수차례 조심하도록 다짐했다. 그러나 마오쩌둥은 공산당 간부들의 반대에도 불구하고 스탈린보다 적극적으로 김일성의 남한 공격을 지원한 것이 드러나고 있다.

마오쩌둥은 한국전쟁이 교착상태에 빠져 휴전협상을 시작하기 전에도 휴전에 반대하면서 중공군 장군들과 김일성에게 전쟁을 계속하라고 압력을 넣은 사실도 드러나고 있다. 중공군 수십만 명을 죽인 마오가 한국인 수백만이 죽어가는 전쟁을 계속하라고 독촉한 이유는 그럼으로써 한반도와 나아가 동북아에서 소련과의 관계에서 주도권을 장악하는 일과 한국전쟁에 개입함으로써 소련으로부터 무기공급과 군사원조를 계속 받기 위한 술책이었음이 드러났다.

함정론까지는 아니지만 역시 김일성의 전쟁도발을 희석시키는 결과를 가져올 주장은 내전론(內戰論)이다. 이 주장을 하는 학자로 『한국전쟁의 기원』을 쓴 커밍스(Bruce Cummings)가 거론되는데 그에 의하면 한국전쟁은 1948년 남북이 분단되고 미국과 소련이 남북한에 두 개의 정권을 수립하면서부터 이미 시작되었다고 본다. 그러면서 소련만 아니라 미국도 소련만큼 전쟁발발에 대한 책임이 있다고 주장하는 것이다. 그는 1948년부터 시작되었다고 할 남과 북 사이의 '내전'이 소규모의 전투로 시작한 후 마침내 대규모적인 전쟁으로 확대된 것으로 주장한다. 그러나 한국전쟁이 그가 말하는 것 같이 전쟁인지 아닌지 모를 '내전'이라는 소규모의 전투에서 전쟁이라는 전반적인 교전으로 확대되어갔다는 것을 뒷받침할 근거는 없다.

38선을 사이에 두고 한국 국방군과 북한 인민군이 가끔 무력충돌을 했다고 해도 그것을 내전이라고 부를 규모나 성격의 것은 아니었다. 1930년대에 스페인에서 있었던 프랑코의 군대와 스페인의 진보적인 세력과 그들을 지원한 외국인 간에 있었던 규모와 성격의 무력투쟁이라면 그것은 '내전'이라고 부를 만도 하다. 그러나 한국전쟁은 시작부터가 남북한의 전체병력이 투입되어 싸운 전면전(全面戰)이었다. 뿐만 아니라 마오쩌둥은 김일성에게 약속한 대로 1개 사단이 넘는, 약 5만 명의 8로군 소속 조선인부대를 전쟁 전에 만주에 진격시켰다. 소련도 전투기를 북한에 지원하는 식으로 전투에 참전했다. 한국전쟁은, 김일성이 미국은 남한에서 손을 떼는 것으로 오판하고 무력으로 통일하겠다고 일으킨 동족상잔의 비극적인 전쟁이었다.

그렇게 보면 한국전쟁은 미국이 함정을 파서 일으킨 것은 아닐뿐더러 남북한이 서로 장기간 빈번하게 군사적 충돌상태를 갖다가 어떤 계기에 동시에 전쟁을 확대한 내전이라는 성격의 전쟁도 아니다. 한국전쟁은 분명히 남한을 공산화하고 동아시아에서 미국세력을 몰아내면서 군사, 정치, 전략 면에서 우위를 차지하겠다는 스탈린과 마오쩌둥의 경쟁적인 이해관계와 그들의 팽창주의 의도를 이용한 김일성에 의해 시작된 전면전(全面戰)의 성격을 지닌 침략행위였다.

한국전쟁이 발발했을 때, 만일 미국 정부가 미국의 군사외교 전략가 조지 케넌(Kenan)이나 맥아더 장군의 주장대로 아시아대륙에 있는 한국은 방어 불가능하며 포기해야 한다는 공식적인 입장을 따랐다면, 그리고 유엔에서 북한을 규탄만 하는 식의 외교적인 대응만 했더라면 남한은 일주일 이내에 공산화되었을 것이다.

그래서 트루먼(Truman) 미국 대통령이 한국에 미군파병을 결정했을 때 세계의 언론은 놀랐던 것이다. 왜냐하면 남한을 포기한다는 것은 미국 국무성이나 국방성의 책임자들이 공동으로 합의를 본 정책이었기 때문이다. 아시아에서는 일본만이 미국의 국가이익과 직결된 국가라는 점에서 방어할 필요를 지녔다고 보았으나 한국은 사실상 포기했었기 때문이었다. 그래서 미국의 한국전쟁 참전은 하나의 '기적'이었다고 할 수 있다.

5. 4·19 학생의거의 본질

1948년 제헌국회가 이승만을 간접선거로 대통령으로 선출했다. 그리고 이승만은 한국전쟁 중인 1952년 부산정치파동을 겪으면서 국회에서 대통령 선거제도를 간선에서 직선제로 바꾸는 헌법 개정을 강제로 통과시킨 후 입후보하여 제2대 대통령으로 당선되었다. 형식적으로 보면 이승만을 당선시킨 과정은 선거였고 강권을 사용한 면이 있으나 선거라는 형식을 취했다. 그런 의미에서는 민주적인 정권의 대통령이고 그에 의해 이승만 중심의 정부가 구성된 것이다. 그러나 실제는 달랐다.

집권하는 동안 이승만은 헌법을 두 번이나 개정하면서 1948년부터

1960년 봄 사임하기까지 12년간 장기집권을 하였고 야당을 탄압하면서 집권을 계속했다. 평화적인 방법으로 정권을 교체하는 길을 막았다. 이승만의 자유당 정부는 형식은 민주적일지 몰라도 실제는 선거를 조작하거나 관권을 동원한 공포분위기 속에서 선거를 실시하면서 정치권력을 독점한 권위주의적인 정권이자 이승만을 내세운 일인(1人) 우위적 지배체제였다.

정치학자의 관심은 정권이라는 지배체제, 정권의 구조와 정권 안에서 일어나는 중요한 결정과정과 그 결과 또는 내용 등에 있다. 저널리스트와는 달리 어떤 사건이나 인물동향에 관심이 있는 것이 아니라 구조적인 차원과 그런 구조 속에서 일어나는 중요한 변화의 본질을 규명하려는 것이다. 단적으로 말해서 '정치체제'와 '정치변화'가 정치학자의 연구대상이라는 것이다. 이승만 정권의 성격을 규명하는 것이나 4·19 의거라는 정치변화를 분석하는 일은 정치학자들에게 중요한 연구과제가 된다.

왜 4·19가 일어났나를 알아보려면 그것이 일어난 이승만 정권이라는 「정치적 맥락」을 말해야 한다. 그런 사건이 정치적 공백상태에서 일어날 수는 없는 것이다. 그래서 이승만 정권의 기본성격을 어떻게 볼 것인가 하는 것이 중요한 의문이 된다. 겉으로 나타난 이승만 정권의 본질은 한 사람의 최고 집권자를 둘러싼 소수에 의한 과두지배적인 성격이 농후한 것이었다. 그 정권은 특정의 이념체계를 가진 것은 아니었다.

집권층 특유의 사고방식인 반공노선이 사이비적인 이념기능을 수행했으나 그것으로 대중을 자발적으로 대규모적으로 동원할 수 있는 것은 아니었다. 그리고 그런 정권이 지배하던 한국사회의 구조는 단출한 것이었다. 복잡한 계급구조나 계층구조가 있었던 것도 아니었다. 소수의 도시층과 절대 다수의 농민층으로 구성된 유교적 전통이 깊이 뿌리박고 있었던 사회였다. 그리고 한국전쟁을 겪은 국민 다수가 공산주의에 대한 공포심과 동시에 증오심도 갖고 있는 사회였다.

한국사회는 혈연이나 씨족관계가 사회적 유대의 바탕이 되고 있는 사회였다. 그것은 경우에 따라 집요한 편견과 상호혐오로 갈라진 지역감정과 대립으로 나타나기도 했다. 그래서 한국의 선거정치에서는 지역주의와 교육 및 연령 등 사회적 배경이 주요 변수로 작용했다. 한국의 정권은 비민주적인 정권이었다. 민주적인 정권은 아니지만 그러나 해방 후 남한에 나타난 정권은 북한의 공산정권과 달랐고 일본제국주의 시대의 일본의 전제정치나 총독의 식민지배체제와도 달랐다.

36년의 조선총독부하의 식민통치와 더 거슬러 올라가 500년의 왕권전제정치의 전통을 이어온 남한이 하루아침에 일제지배로부터 해방되었다고 민주국가로 둔갑할 수는 없었다. 한국에서 미국 외교관을 지낸 한 저자는 이승만이 외국인들이 모인 자리에서 "한국이 민주정치 하기는 아직 멀었다"라고 실토했다고 적고 있다. 스탈린이나 히틀러나 무솔리니 같은 강력한 카리스마는 갖지 못했지만 이승만은 나름대로 당시 지도자들 가운데는 감히 도전할 수 없을 정도의 학력, 경력, 풍모를 지녔던 정치가였다.

그런 복합적인 상황 속에서 이승만이 차지한 대통령직의 구조적(또한 제도적)인 조건이 그에게 모든 권력이 집중되도록 만든 것이다. 그런 점에서 해방 후부터 한국정치체제(정권)의 근본유형은 제도나 법이나 정당조직을 떠나 개인과 그를 둘러싼 소수가 권력을 획득한 후 그것을 계속 유지하기 위한 수단으로 강권과 관료집단을 동원하여 반대세력을 통제해온 과두적 지배체제(정권)였다고 말할 수 있다.

정치학, 특히 비교정치학계에서는 그런 유의 지배체제를 '권위주의적 정권(authoritarian regime)'이라고 규정하고 있다. 그 정권은 공산정권도 아니고 민주정권도 아닌 제3의 정권형태로 본다. 그런 정권은 제도나 법에 의해 지배하는 것이 아니라 사람 중심으로 지배하는 체제이다. 민주정치나 공산정치체제는 그 나름대로 일정한 제도적 장치를 지니고 있다. 특히 민주정치는 오랜 역사를 거쳐 오면서 주권재민의 원칙 아래 확고한 민주정치제도를 발전시켜왔다.

그런 권위주의정권이라는 정치체제가 어떻게 형성되느냐에 대한 질문을 놓고 가장 단순하고 설득력 있게 다룬 것의 하나가 마르크스주의에서 말하는 계급 갈등론과 그와 연관해서의 자본가 계급옹호론일 것이다. 이미 나의 저서 『한국정치변동론』에서 마르크스주의나 네오-마르크스주의의 이론적 가정들을 비판하면서 그런 가정이 한국의 현실을 설명해 주지 못한다는 것을 지적한 바 있다. 이승만의 권위주의정권이나 박정희 정권 그리고 그 후의 정권의 등장 원인을 마르크스주의자들처럼 경제적(더 확실하게는 계급) 결정주의론으로 설명할 수 없다는 것은 더 이상 논할 필요도 없다.

이 장에서 나는 4·19의 본질을 어떻게 볼 것인가로 시작했다. 분명히 그것은 쿠데타는 아니고 북한의 지원을 받은 어떤 사회주의세력의 폭력에 의한 혁명도 아니었다. 또 이승만 대통령이 암살당하고 그 여파로 정부교체가 일어나게 된 것도 아니다. 학생들이 무장으로 봉기한 것이 아니고 평화롭게 시위를 통해 정부의 부정선거를 비판하고 대통령선거를 다시 할 것을 요구하다 경찰의 총격으로 사상자가 생기면서 학생만 아니라 그들을 지원하는 시민들이 봉기한 결과로 나타났던 정치변화였다. 그리고 이승만 대통령이 하야한 후 곧 이어 허정이 정부를 구성하여 선거를 치른 결과 야당인 민주당이 압도적으로 승리하여 헌법을 대통령제에서 내각제로 개정하여 장면 총리의 정부를 구성시킨 정치변화였다.

4·19 학생의거가 일어났을 때 데모에 앞장섰던 학생들이 부르짖은 구호 중에 "자유를 달라"라는 구호가 들어 있었다. 3·15 부정선거를 무효라고 외치고 선거를 다시 하라는 요구와 함께 나온 구호였다. 내가 출판사 측에서 책 제목을 『자유를 향한 20세기 한국정치사』로 정해 왔을 때 거절하지 않은 이유는 적어도 해방 후부터의 한국의 정치적 목적은 소극적으로는 공산세력으로부터 자유로운 체제를 만들어야 한다는 것이었다. 그러나 자유의 의미는 그렇게 소극적으로 제한된 것은 아니다. 에리히 프롬(Erich Fromm)이나 그린(T.H. Green) 같은 진보적 자유주의자들이 말하는 '자유'의 의미는 적극적인 자유이다. 4·19 의거를 주동한 세력은 자유당의 부정에 대해 절망감을 가지고 있었고 의거를 통해 이승만의 권위주의 지배로부터의 자유를 의미한 정치적 자유만 아니라 나아가서 사회적 자유와 경제적 자유까지를 요구한 것이다.

4·19 학생의거는 그런 '자유'를 요구한 순수한 학생들에 의해 발생한 정부를 교체하는 정치적 변화였다. 단순히 이승만의 독재로부터의 정치적 자유만이 아니라 경제적 빈곤으로부터의 자유, 대학 졸업자들의 신분과 지위에 걸맞은 취업의 자유를 포함한 광범한 의미의 자유였다고 본다. 그처럼 학생들의 기대가 컸던 만큼 4·19 후 집권한 장면(張勉) 총리의 민주당 정부의 정치적 부담은 매우 컸던 것이다.

4·19 학생의거는 한국정치에서 커다란 획을 그은 사건이다. 1948년에 정부가 수립된 후 12년간 집권한 이승만 대통령이 이끈 정부가

학생이 중심이 된 봉기에 의해 와해된 한국 역사상 첫번째의 정치적 변화였기 때문이다. 사실 조선조시대는 물론 그 이전에 왕조창건의 변란은 있었지만 국민에 의해 정부가 전복되는 사례는 4 · 19가 처음이었다고 볼 수 있다. 그런 점에서도 4 · 19 의거가 지니는 역사적 의미는 너무나 크다.

보는 사람에 따라 그것을 '혁명'이라 하기도 하고 '봉기'라는 표현을 쓰기도 한다. 혁명이라고 하지 않는 이유는 교체된 정권과 정부의 본질이 의회민주주의를 바탕으로 한 것이었고 정부형태만 대통령제에서 내각제로 바뀐 경우였기 때문이다. 학생의거의 결과로 집권한 세력도 상당수가 과거에 이승만 정부와 관련이 깊은 정치인들로 구성되었고 학생들은 다시 학교로 돌아가 학업을 계속했다. 그들이 정부를 구성하여 지배체제를 운영한 것도 아니다. 정치엘리트의 구성에 큰 변화가 없었다. 그래서 봉기라는 표현을 쓰는 것이고 매우 성공적이고 역사적 의미를 지닌 봉기였다는 것이다. 그런 점에서는 4 · 19를 어떻게 부를 것인가는 중요하지 않다. 다만 학문적으로는 그 성격을 확실히 규명하는 것이 바람직하다는 생각이다.

더 중요하다고 생각되는 의문은 왜 그런 봉기가 일어났느냐 하는 것이다. 4 · 19 학생의거는 경찰의 발포로 시작해서 폭력 발생 뒤에 일어난 것이지 평화적인 정권교체는 아니었다. 이승만 정부는 평화적 정권교체를 가능하게 하는 기제로서 선거제도를 가지고 있었다. 그런데 이 정부는 그 제도를 악용하여 온갖 부정을 저지르면서 장기집권을 계속해왔다. 그런 부정행위에 의한 집권의 최악상태가 바로 3 · 15 부정선거였다. 그렇지 않아도 이승만 정부에 대한 지지를 철회한 지 오랜 야당과 독재적인 정부의 무능을 비판해온 지식인, 그리고 이상향으로나 이념으로의 민주정치를 학습해온 학생집단에게 3 · 15

부정선거는 더 이상 참을 수 없는 집권세력의 횡포이자 추악한 최후 발악이었던 것이다.

부정선거에 가장 의분을 느낀 세력은 학생들이었다. 학교에서 배운 민주주의라는 정치체제와는 너무나 거리가 먼 현상이 그들의 눈앞에 공공연하게 전개되고 있었던 것이다. 그들의 정의감이 그것을 용납할 수 없었다. 정부를 향해 선거를 다시 하라고 외쳐대기 시작했다. 순수한 마음으로 정부가 과오를 시정해 줄 것을 요구했을 뿐이었다. 정부를 뒤집어 엎는다는 의도를 가지고 한 정치적인 행동은 아니었다.

그런 학생들의 순수한 외침을 정부와 집권세력은 외면했을 뿐 아니라 그것을 북한 공산정권이 배후에서 조종하고 있다는 구실을 내세워 학생들에게 폭력으로 대응했고 계속 항의가 격화되자 총격을 가하면서 제압하려고 했다. 학생과 일부 시민에게 발포한 총격에 맞은 희생자가 수백 명에 이르렀다. 집권세력은 평화적으로 해결할 수 있는 상황을 유혈 사태로 몰고 갔다. 물론 다시 선거를 실시할 경우 여당 측의 승산이 보장된 것은 아니었다. 궁지에 몰린 집권세력은 폭력으로 사태를 해결하려다 정권의 붕괴를 자초하는 결과가 되었다.

6. 5 · 16 쿠데타의 발생원인

이승만 정부의 붕괴로 과도정부기간을 거쳐 실시된 7 · 29 총선에서 민주당이 국회에서 압도적으로 다수의석을 차지하였다. 그리고 헌법을 개정하여 정부형태를 내각제로 바꾼 다음 장면을 내각총리로 선출했다. 내각제하의 대통령으로는 국회가 민주당의 구파 지도자인 윤보선을 선출했다. 두 사람은 민주당 내의 신 · 구 두 파벌을 각각 대표하고 있었다. 두 계파는 이승만 정부 때에도 서로 갈등과 긴장상태를 유지했던 계파들이었다. 민주당이 집권한 얼마 후 신 · 구파는 정부의 각료구성을 놓고 상극관계로 전환하다 끝내 민주당을 분당시켜 여당은 신민당과 민주당으로 갈라서게 되었다. 겉으로는 여와 야로 갈라서서 정권경합을 하겠다는 것이었다. 그러나 단일 집권세력으로도 4 · 19 의거 후의 난국을 헤쳐나가기 어려운 상황에서 집권당이 분당한다는 것은 이승만 정권 붕괴 후의 '자유화'에 따른 온갖 정치세력의 난무와 이익집단들의 요구로 극도의 혼란에 빠진 사회를 수습해야 하는 중요한 시점에서 정부에게 결정적인 타격과 제약을 주는 것이었다. 그것이 장면의 문민정부의 종말과 박정희의 군사정권의 시작을 초래하는 주요요인이었다고 본다.

12년 동안 이승만 정부하에서 마음껏 정치적 자유를 누릴 수 없었던 한국의 지식인들과 학생들에게 4 · 19 후의 한국사회는 자유가 넘쳐나다 못해 "방종"과 자유를 구별할 수 없는 혼란상태가 지배하는 사회가 되었다. 그것은 이 정부의 권위주의적 지배로부터의 해방감 때문이기도 했다. 말하자면 "혁명 후의 흥분상태"가 가라앉지 않은 상태였다고 할 수 있다.

그동안 박탈되었던 표현의 자유가 일시에 폭발한 것이었다. 또한 대학을 나온 후 고등 실업자의 신분에서 좌절과 실의에 빠져 있었던 지식인층이 정부에게 실업문제와 경제적 빈곤문제를 일시에 해결해주는 정책을 요구하는 성급함을 나타낸 것이기도 했다. 학교에 재학중이던 학생들도 새 정부가 자신들의 미래에 대한 기대를 만족시켜줄만한 대책을 제시해줄 것을 요구하고 있었다. 그러나 새 정부는 이 모든 돌발적인 변화와 요구를 관리 · 수습할 수 있는 정치적 가동력(capability)을 지니지 못하고 있었다. 그리고 정부의 능력부재를 실감한 군과 국민들의 초초감도 더욱 높아갔다. 새 정부에게 필요한 시간적 여유가 없었던 것이다.

쿠데타의 발생요인이나 추진세력의 동기를 다룬 연구 문헌을 보면 쿠데타의 유형으로 두 가지를 들고 있다. 우발적인 경우와 내재적(inherent)인 것이다. 두 형태의 차이는 정치체제 내에서 군부가 지닌 정치적 성격에 달려 있다. 자동차 엔진을 예로 들어 설명한다면 자동차 엔진은 고장날 수 있는 잠재성을 가지고 있다. 가령 운전자의 부주의로 일어나거나 엔진기관의 고장으로 일어난 것은 우발적인 것이다. 운전자의 단순한 잘못 때문일 수도 있고 기관의 고장을 미리 알아 대처하지 못해 사고를 내는 경우도 있다. 그래서 무엇이 우발적 사고를 일으키게 했는지 그 원인을 알고 싶어 한다.

반면 자동차의 사고는 언젠가는 일어날 수 있는 잠재성을 지니고 있지만 일어나지 않는 이유는 무엇인가가 그것을 막고 있거나 방해하고 있기 때문이라는 것이다. 그런 방지 요인이 없어지는 순간 사고가 나게 된다. 자동차 엔진을 든다면 시간이 지나서 부품이 낡아지면 갈아야 하는데 갈지 않고 계속 방치하다 고장이 나게 된다. 이것은 달리 표현하면 사고날 '내재적'인 요인이 있었는데 왜 발생하지 않았느냐 하면 무엇이 그 발생을 억지하거나 막았다고 할 수 있는 것이다. 내재론에서 쿠데타의 발생을 논한다면 쿠데타와 같은 '사고'가 발생하지 않은 이유는 그런 내재적인 요인 때문이라는 것이다.

일반적으로 보면 내재론을 가지고 혁명 같은 대규모의 폭력을 수반한 집단행동을 다루는 경우가 많다. 내재론으로 혁명과 같은 대대적인 폭력행동을 설명하려면 한 정치체제 내의 모든 집단이 권력을 추구하는 경쟁자여야 한다는 전제가 있다. 이미 권력을 차지한 집단과 그것에 도전하는 집단(가령 게릴라를 포함한 혁명세력)이 계속해서 경쟁과 쟁투를 벌이는 상태가 상당 기간 계속된다. 그러다가 어떤 시점에서 세력 간의 균형이 깨지고 폭력을 수반하거나 아니면 다른 방법에 의한 행동이 발생하면 그 쟁투가 혁명으로 전환하게 된다는 것이다.

그러나 혁명이나 쿠데타 같은 집단행동을 내재론이 아니라 '우발적'인 것으로 설명할 때 자동차의 예를 든다면 자동차 엔진의 문제가 아니라 운전자의 과실이 주요인이 된다. 집권세력의 과실로 일어난다는 것이다. 그리고 우발론이 중요시하는 것은 상대적 박탈감이라는 사회심리적인 요인이다. 우발적인 집단행동은 좌절감 같은 심적 상태가 오래 누적되다가 일정한 시점에 돌출하여 공격적인 행동으로 나타나는 경우가 많다. 박탈감과 연관해서 나타나는 좌절감을 통해서 공격적인 행동을 취하게 되는 것으로 본다. 내재론에서 말하는 것 같이 정치라는 광장(arena)에 이미 들어와 있는 권력소유 집단 사이의 세력균형의 변화결과로 일어나는 것이 아니라 특정의 집단 구성원의 박탈감과 심리적 좌절감의 증대로 나타나는 폭력행위이다.

이 두 가지 형의 폭력이 수반된 집단적인 행동 가운데 내재적인 유형에 속하는 대표적인 예가 중남미에서 일어났던 혁명이나 빈번하게 일어난 쿠데타의 반복현상이다. 과거 어느 시점에 쿠데타로 집권한 군부가 정권을 장악하였다가 민간인 정부에게 정권을 이양했으나 다시 때를 기다려 쿠데타를 일으키는 경우이기 때문이다. 쿠바의 공산혁명의 경우도 정부군과 카스트로가 이끈 게릴라 사이에 장기간 투쟁이 '내재'되어 있다가 나타난 것이다.

한국에서 나타난 5 · 16 쿠데타를 우발적인 것으로 볼 것이냐, 아니면 오랫동안 정치화되어온 군부가 정치적인 경쟁자인 민간정치세력의 무능과 분열을 틈타 군대를 동원한 '내재적'인 요인에 의한 것으로 보느냐 하는 입장의 차이가 있을 수 있다. 그것을 내재적인 사건으로 확실히 설명하려면 한국군은 다른 정치세력이나 유사한 단체들과 마찬가지로 정치화된 조직으로서 다른 세력과 경쟁관계에 있었거나 정부에 대항하는 세력(게릴라군)이었어야 한다.

그러나 한국군은 건군 초부터 정치적 중립이라는 원칙을 표방해왔다. 아마 건군과정에 미국이 관련되었다는 것이 한 이유가 되지만 민주주의를 표방했던 한국으로서는 군의 정치적 개입을 허용하지 않았고 특히 한국전쟁 후 미국은 비대해진 한국군의 북진 가능성을 경계하여 여러 가지 방법으로 통제하였다. 미군 고문단의 창설도 그런 의도가 내포되었다. 따라서 '60만 대군'이라고 불리던 한국군이지만 태국의 군부나 중남미의 군부 같이 '정치화'된 군대는 아니었다.

그러나 만일 내재론을 주장하려 한다면 한국군의 장교단 다수가 정치권력을 추구하려는 의도를 가졌고 군 자체도 정당이나 어떤 정치적 조직 같이 정치적 투쟁에 개입하고 있었다는 가정을 세워야 한다. 그러면서 왜 5 · 16이 그 전이 아니라 1961년에 가서야 발생할 수 있었느냐를 논한다면 그것은 그때까지 쿠데타 발생을 가로 막아온 조건들 때문에 쿠데타가 일어날 수 없었다는 사실도 밝혀야 한다. 쿠데타 발생을 가로막아온 것들 중에는 한국군에 배치된 미 군사고문단 장교들의 감시기능도 있었을 것이고 이승만 정부가 군부 내의 움직임을 철저하게 감시하는 바람에 그런 행동을 취하기 어려웠다는 주장도 있을 수 있다.

그러나 5 · 16 쿠데타는 내재적인 요인들에 의해 일어나게 된 집단행동은 아니었다. 군부가 이미 정치화되어 있어서 집권세력과 경쟁적인 관계를 유지하다가 군이 우세해져서 쿠데타로 집권한 경우가 아니라는 것이다. 1961년 5 · 16이 일어나게 된 원인을 다루기에는 내재론은 타당하지 않다.

1961년 한국에서 일어난 5 · 16 쿠데타는 우발적인 사건으로 보아야 한다. 장면 정권이라는 운전자의 과실과 무능에서 비롯된 사건이다. 뿐만 아니라 그것은 군내부만이 아니라 국민들 사이에 널리 퍼졌던 집권층에 대한 불신, 불만과 좌절감을 배경으로 일어난 사건이었다. 특히 군내부 인사문제를 둘러싼 좌절감과 사회적으로 적절한 대우와 보상을 받지 못한 데 대한 상대적 박탈감으로 공감대를 형성했던 중견 장교단이 중심이 된 우발적 집단행동이었다.

장면 정부는 집권 얼마 후 군 감축 계획을 거론하기 시작했다. 약 10만 명을 감군해서 군사비를 경제개발에 돌려쓰자는 주장이었다. 이 제안은 군 장교들을 크게 자극하고 정부에 반감을 사기에 충분한 것이었다고 본다. 장면 총리가 장도영 장군을 육군 참모총장에 임명한 것도 중요한 실책이었다고 본다. 내각 내에서는 장도영 장군의 임명을 놓고 반대의견이 많았다고 한다. 그러나 장면 국무총리는 일부 각료의 강력한 추천 때문에 장도영 장군을 임명했다고 한다. 후에 나타난 대로 장 장군은 사실 양다리를 걸쳐놓고 쿠데타가 성공해도 좋고 실패해도 자신은 해를 입지 않는 처신을 한 것이다.

이런 사실을 보면 운전자라고 할 수 있는 '내각'은 지배체제라는 자동차의 엔진이 낡은 것을 알았지만 교체할 줄을 몰랐고 엔진의 어디가 고장이 난 줄도 모른 채 자동차를 운전하여 사고친 운전자들이었다. 그렇게 자동차가 고장나서 삐걱거리고 무행동적(immobilism) 또는 정지상태(moratorium)에 가까운 것을 본 군 장교단의 일부(주로 육사단기 8기생)가 운전석을 점령하고 대신 차를 몰아간 것이 곧 5 · 16 쿠데타라고 말할 수 있다. 그런 의미에서 그것은 한 시점에서 소문은 돌았지만 설마 하던 불확실한 상황에서 예측하지 못해 발생한 매우 우발적인 사례였다.

쿠데타 초기에는 집권한 군부집권세력이 군사평의회와 같은 성격을 지닌 최고회의를 구성하여 3권을 장악하면서 새로 헌법을 제정하고 선거를 실시하여 박정희 전 최고회의(군사평의회 같은 것) 의장을 대통령으로 당선시켰다. 그러나 낡은 자동차를 아주 갈아치우고 새로운 차(정치체제)를 타려는 것은 아니었고 엔진을 '점검(overhaul)'하기로 한 것이다. 새로 개정된 헌법내용도 내각제에서 대통령제로 환원하였을 뿐 이승만 정부 당시의 헌법에 가까운 것이었다.

언론은 박정희가 대통령이 되자 이승만 때처럼 그의 이름을 따서 박정희 정권이라는 호칭을 쓰기 시작했다. 그러나 그 정권의 성격에 대해서는 함구했다. 박정희 군사정권이라든지 단순히 군사정권이라는 호칭을 쓰지 않았다. 물론 그 정권을 민주정권이라고도 부를 수는 없었다. 그러면서 정권은 구차한 표현이었지만 "민족적 민주주의"라는 수식어를 달아 정권을 호칭하기도 했다. 그러나 실제로는 이승만 정권이 권위주의정권이었다면 박 정권도 역시 권위주의정권이었다. 단지 집권세력이 민간이 아니라 군인들이었다는 차이가 있었을 뿐이었다.

그렇다면 일부 군장교들이 왜 고장난 자동차의 운전석에 올라가 차를 몰려고 했을까? 이 책에서 나는 한국군의 일부 장교들이 쿠데타를 일으킨 동기를 논하면서 '좌절감'이라는 심리학적인 개념으로 설명했다. 그들의 좌절감은 군 내부의 부정부패에 대한 울분과 좌절뿐만이 아니라 군 밖의 한국사회에 대한 불안감과 좌절감이 겹쳐 있었다. 4 · 19 학생의거를 겪고 총선을 거쳐 집권한 장면 정부하의 남한은 탈 혁명증후군(post-revolutionary syndrome)이라 부를 수 있는 혼란과 무질서가 지배하던 사회였고 장교들이 보기에 어느 때보다 북한의 위협에 크게 노출되어 있는 위험한 상황이기도 했다. 좀 과장된 것이기는 하나 박정희가 '군사혁명을 백척간두에 서 있는 국가를 구출'하기 위한 혁명이라고 명분을 제시한 것도 장면 정부 당시의 혼란상을 말한 것이다.

내가 워싱턴에 있는 우드로 윌슨 국제연구소 연구교수(Senior Fellow)로 1년을 지내고 있을 때 5·16 쿠데타가 일어났던 당시 주한 미국 대리대사를 지낸 그린(Marshall Green)을 만나 장시간 인터뷰를 한 적이 있다. 그린 대사는 나보고 5·16 쿠데타는 낫세르 대령이 나기브 장군을 업고 일으킨 이집트의 자유장교단의 쿠데타와 유사한 데가 많다고 했다. 최근에 김종필 전 국무총리(5·16을 기획했던 주도자)는 조선일보와의 인터뷰에서 이집트의 쿠데타를 참고로 했다는 말을 한 바 있다. 무능하고 부패했던 국왕을 추방하고 개혁을 부르짖는 일군의 군장교들이 집권한 후 최근에 무라바크의 군사독재체제가 붕괴되기까지 실제로 군부독재체제를 유지해 온 나라가 이집트이다.

한국에서 5·16 쿠데타가 일어났을 때 미군 8군 사령관 겸 유엔 군사령관인 매그루더 장군은 대노하였다. 그 당시 뉴욕타임즈의 아시아 특파원은 "매그루더 장군은 한국군이 자기의 작전지휘권을 완전히 무시하고 비웃었다(flout)"라고 쓰고 있다. 매그루더 장군은 한국군 1군 사령관을 불러 쿠데타군을 제압하라고 명령을 하달하기까지 했으나, 윤보선 대통령이 개입하여 한국군 사이의 유혈사태를 겨우 피할 수 있었다.

미국 정부는 박정희 장군에 대한 개인정보를 가지고 있었는데 그 자료에는 "박정희 장군은 가장 정치적인 군인"이라는 인물평이 적혀 있었다. 내가 5·16 당시 미국 국무성 한국과정을 지낸 맥도날드(McDonald)에게서 직접 들은 것이다. 그리고 박정희가 과거에 남조선로동당(남한 내에 조직된 공상당)의 당원이었다는 사실과 여순반란사건(일부 한국군 내 남로당원들이 일으킨 반란사건) 때 연루된 군인들의 명단을 정보당국에 넘겨줌으로써 총살을 면하기도 한 사실이 적혀 있어서 5·16 쿠데타가 발생했을 때 미국은 그것이 박 장군과 그를 추종하는 군부 내 좌익세력이 주도한 것으로 의심했다. 더구나 박정희 장군의 주변에 과거 남로당이었다가 전향(轉向)한 좌익 인사들이 많다는 정보도 갖고 있었기 때문에 쿠데타를 남한을 적화하려는 의도를 가진 군사행동이 아니냐는 의심을 갖게 되었다.

그러나 앞서 언급한 대로 5·16 쿠데타는 고도로 정치화된 군부가 강력한 조직을 배경으로 정부와 권력투쟁을 벌이다가 일어난 집단행동은 아니다. 즉 내재적인 요인에 의해 발생한 집단행동은 아니라는 것이다. 만일 미국 정부가 처음 우려했듯이 좌익세력이 지하조직으로 한국 군부를 장악하여 오다가 쿠데타를 일으킬 정도로 세력이 확대되어 장면 정권을 붕괴시킨 사건이라면 그것은 분명히 '내재적'인 요인에 의한 정치변화요, 군에 의한 집단적 행동이라 할 수 있다. 그랬을 경우 한국은 심각한 혼란과 심지어 내전사태로까지 갈 가능성이 있었을 것이다.

그러나 5·16은 군부의 일부 장성들을 둘러싼 심각한 부정부패와 특히 가장 예민한 문제인 진급과 관련된 온갖 비리에 대해 격분해 온 중견 장교단(주로 영관급)이 중심이 되고 그들의 행동에 동조한 장성급 장교들이 합동하여 일으킨 매우 '우발적'인 성격의 쿠데타라고 할 수 있다. 그것을 주도한 장교집단 사이에는 오랫동안 쌓여온 좌절감과 함께 북한의 위협에 매우 민감했던 안보위기의식이 잠재해 있다가 4·19 학생의거 이후의 사회적 혼란과 정치적 공백상태를 틈타 정치권력을 장악하는 사상 초유의 정치개입을 감행한 것이다.

7. 박정희 개발주의 국가의 본질과 성과

박정희 장군을 리더로 추진한 쿠데타가 성공하여 장면 내각이 총사태를 하면서 국가재건최고회의라는 이름을 가진 '군사평의회' 성격의 소수로 구성된 조직이 국가권력을 장악하였다. 최고회의가 행정, 사법, 입법기능을 수행하는 권력기관이 되었다. 최고회의는 쿠데타에 참여한 30여 명의 장성과 영관급 장교로 구성하였고 장도영(張都泳) 육군참모총장이자 계엄사령관을 의장으로 박정희 소장을 부의장으로 뽑았다.

행정부의 부서장(장관)을 장성급으로 임명하고 사법부에 군법무관을 많이 배치하여 사법부도 장악했다. "부정부패를 일소한다"는 구호를 따라 군사혁명재판소와 혁명검찰소(혁검)를 설치하여 구정치인과 부패한 기업인들을 구금하고 군사재판을 받게 했다. 국회를 해산하고 모든 정치인들의 정치활동을 금지시켰다. 심지어 정부나 정당에게 정치자금을 제공해 온 것을 구실로 기업주들을 검찰에 고발하여 형벌을 가하는 과격한 조치를 취하기도 했다. 삼엄하고 고도의 긴장감이 감도는 사회분위기가 상당 기간 계속되었다.

쿠데타 직후 군사평의회(junta)를 형성한 군부는 '혁명공약'에서 제시한 경제개발을 이룩하고 국가안보를 튼튼히 한다는 2대 목표를 추구하였다. 그중 국가안보와 관련해서 제일 먼저 조직한 것이 중앙정보부(KCIA)였다. 육사 8기생으로 박정희의 처조카이기도 하고 '숙군사건'으로 육군중령으로 있다 예편했던 정보장교출신의 김종필이 쿠데타 거사 전에 구상했던 정보조직으로 혁명을 달성하려면 그것을 뒷받침할 정보조직이 필요하다고 본 것이다. 정보장교출신으로서 능히 생각해 낼만한 구상이었다.

중앙정보부는 미국의 CIA를 본뜬 것으로 볼 수 있으나 그 기능은

CIA보다 더 강력했다. 미국 CIA는 국내정보를 수집하지 않고 해외정보수집에만 집중하는 기관인 데 반해 한국의 중앙정보부는 국내외의 정보를 수집할 뿐 아니라 국내 정치활동을 감시하고 선거에 개입하며 한때 모든 정치활동을 통제하는 일까지 맡은 가장 강력한 조직으로 부상하게 되었다. 그것이 국내외에서 온갖 비난과 심각한 문제와 심지어 외교적 갈등을 빚게 만든 근원이라 할 수 있다. 중앙정보부는 북한공산정권과 대치하고 있는 한국으로서 필요한 조직이나 그것이 너무나 거대한 조직으로 팽창하면서 통제하기 어려운 하나의 거수(巨獸, Behemoth)로 변질할 소질을 내포하고 있었다.

군사정부(Military junta)가 추구한 또 하나의 목표는 경제개발이었다. 민간정부(그것도 민주정치를 표방했던)를 뒤엎고 집권한 군사정권은 국민들의 지지를 얻음으로써 쿠데타가 군의 반란이 아니라 국가를 위기에서 구출하기 위한 정당한 군사 행동이었음을 과시하기 위해 경제개발을 달성하는 데 주력해야만 했다. 장기경제개발계획을 수립하여 그 집행을 위한 자본확보와 계획을 집행할 행정조직이 필요했다. 그래서 기존의 부흥부와 건설부, 재무부의 일부 기능을 합쳐 경제기획원(EPB)을 설립하여 그것을 일반 부처보다 한 급을 격상시키기도 했다. 경제기획원은 장기경제개발 정책을 수행하는 핵심부처로 자리 잡으면서 서서히 그 모습을 드러낸 이른바 '개발주의국가'를 주도해 가는 역할을 담당하게 된다.

3년간의 최고회의의 군부통치기간(Junta)이 지나고 1964년 대선에서 박정희 후보가 대통령으로 당선되었다. 군복을 벗고 민간인 정치가로 변신한 것이다. 그렇다고 박정희 정부가 민주정권으로 되돌아간 것은 물론 아니었다. 선거라는 절차를 밟았지만 정권(regime)의 성격은 이승만 정권과 공통점을 많이 지니면서도 질적으로 많이 다른 '권위주의적'인 정권이었다.

이승만 정권(1948~1960)도 비민주적인 권위주의정권이었지만 박정희의 공화당정권(1964~1972)은 어느 면으로나 그보다 더 권위주의적인 성격의 정권이었다. 우선 정부부처의 장이나 고위관료들은 군 출신이 중심을 이루었다. 이 정권 때의 정보조직과는 비교할 수 없을 정도로 거대한 정보조직을 통해서 야당이나 반정부세력을 통제하고 행정부관료를 감시하고 정부 내외에서 정보를 수집하여 최고층에게 보고하도록 했다. 경제개발정책의 수립은 거의 전적으로 정부관료(특히 경제기획원)가 중심이 되었고 기업들은 그런 개발정책의 방향과 지시를 따라 움직이는 소위 '집단적인 자본주의' 개발형식을 취했다.

그런 개발정책을 추진하는 국가를 존슨(Chalmers Johnson)은 개발주의 국가(Developmental State)라고 호칭했다. 존슨은 전후 일본의 경의적인 경제개발과 성장을 이끌어갈 수 있었던 요인을 국가적인 기구와 기업 간의 긴밀한 협동관계에서 찾고 있다. 특히 통산성(MITI)의 역할을 중요시하고 있는데 한국의 경제기획원이 일본 통상성에 해당하는 기능을 한 것이다. 개발주의국가라는 개념은 존슨의 창조물은 아니다.

무솔리니의 파쇼주의를 연구한 그레고(James Gregor)는 그의 저서에서 파쇼주의를 일당 독재정당이나 카리스마 있는 지도자를 통해 대중을 동원하여 '근대화(modernization)'와 '개발(development)'을 추구하려는 유의 정권 중의 하나로 보고 있다. 그리고 이탈리아의 파쇼체제를 개발주의독재(Developmental dictatorship)라고 부르고 있다(James Gregor, *Italian Dictatorship and Developmental Dictatorshp* Princeton: Princeton University Press, 1979). 그러면서 파쇼주의를 마르크스주의의 '이단(異端, heresy)'으로 보고 있다.

한국의 박 정권이 주조(鑄造)한 개발주의국가는 파쇼체제나 전체주의체제의 개발독재로서가 아니라 2차 대전 전과 후를 통해 일본이 형성한 개발주의국가를 본뜬 것이라고 보아야 할 것이다. 박 정권은 '조국의 근대화'와 '경제개발'을 추구한 정권이었지만 파쇼주의처럼 단일 독재정당(파쇼당)이나 무솔리니 같은 카리스마를 가진 지도자도 없었지만 파쇼주의 같은 이념도 없었던 정권이었다. 박 정권은 일본의 경제개발방식을 많이 모방했을 뿐이다. 박 정권이 이룩한 개발은 무솔리니 같은 카리스마 강한 리더가 사이비 마르크스주의 같은 이념을 가지고 대중을 동원하면서 이룩한 것이 아니라 정부와 기업의 합작으로 만들어낸 「조국 근대화」를 위한 경제개발이었다.

일본은 1930년대에 만주를 점령하여 '만주국'이라는 일본의 괴뢰정권을 수립한 후 중국과의 전쟁을 진행하면서 총력전에 필요한 대규모의 경제개발정책을 수립하였다. 기시 노부스께 같은 경제 관료들이 동참한 가운데 전시경제체제를 위한 종합계획을 세웠다. 전후 일본은 그런 과거 경험을 참고로 하면서도 미국의 전적인 지원 아래 전후의 변화된 세계경제 속에서 경제복구는 물론 동·서 경계를 넘어 전 세계시장을 대상으로 하는 전 방위(全方位) 수출지향형의 경제개발을 성공적으로 달성하여 일본 특유의 개발주의국가로 변신했다.

박 정권은 전후 일본의 경제개발방식을 따라 5개년 단위의 장기적인 계획을 수립하여 먼저 경공업을 중심으로 수출주도형 산업화를 추진하기 시작하였다. 첫 번째 5개년 계획을 추진하는 도중 한일국교를 정상화를 했고 배상금이 아니라 일본 측이 비공식적으로나 사석에서 '독립 축하금'이라 부른 배상인지 원조인지 모를 금액을 받아 포항제철을 비롯하여 기간산업을 건설하고 항만시설을 포함한 사회

간접자본에 투자했다. 일본으로부터 중소기업들을 한국에 유치하는 방법으로 여러 지역에 공업단지를 조성하였으며 단지에서 조업하는 일본기업의 제품을 수출할 경우 관세는 물론 많은 특혜를 제공했다. 그러면서 한국인이 경영하는 중소기업들의 제품이 일본시장에 진출하는 기회를 마련하기도 했다.

1968년에 이르러 한국경제는 오랫동안의 침체에서 벗어나면서 수출을 통한 경제개발정책이 성과를 거두었고 실업률도 많이 감소되었다. 또한 한국군이 월남전에 참전하게 되면서 한국군이 미국으로부터 받는 달러가 상당 액수에 이르면서 수출로 획득한 것과 함께 한국의 외화축적량이 크게 늘어났다. 일본이 한국경제에서 특수(特需)붐이라 부른 이득을 본 것처럼 한국도 월남 특수를 통해 외화를 획득할 수 있었다.

그 결과 국민 1인당 소득은 1961년 현재 80여 달러에서 1968년에는 그 배인 169달러로 늘어났다. 경제성장률도 1968년에는 11.3%에 달했고 1961~68년 7년간의 평균 성장률도 8~9%를 기록하는 고도성장을 이룩했다. 한국의 경제성장이 외국자본의 관심을 끌기 시작하면서 외국기업이 직접 투자하는 액수나 정부가 외국으로부터 유치하는 투자 액수도 늘어나 한국경제개발의 전망은 배우 밝은 편이었다. 그런 경제적 성과를 바탕으로 1968년에 있었던 대통령선거에서 박정희 후보는 야당의 윤보선 후보를 큰 차로 이기고 재선에 성공했다.

그렇게 짧은 시일 내에 고도경제성장을 이룩하게 한 개발주의국가라는 제도적 장치와 기본 틀이 지닌 중요한 특징을 든다면, 첫째로 그것이 관주도형의 개발방식이었다는 사실이다. 경제기획원이 설정하는 목표에 따라 기업들은 그 지시를 받아가며 상품을 생산하고 또 각종 정부의 지원과 특혜를 받아가면서 수출산업을 발전시켰다. 정부와 기업 사이에 수직적인 상호관계를 형성하였다.

둘째로, 정부만 아니라 정권 자체가 기업을 위하여 정치적인 보호막을 쳐 주고 관료들이 여야 정치적 세력이나 집단의 압력을 받지 않도록 정보망을 통해 정치세력을 감시·통제하였다. 학계에서는 그것을 국가가 자율성(autonomy)을 갖고 있었다는 표현을 쓰고 있다. 위로부터 정치적으로 보호를 받은 관료집단(이 경우 경제관료)이 합리성에 바탕을 둔 정책을 수립하여 집행하도록 보호한다는 것이다.

셋째로, 기업들에게 정부가 여러 가지 특혜를 줌으로써 수출위주의 대기업들을 육성할 수 있었다. 직접보조금제도와 조세 감면, 그리고 기업들에게 낮은 이자의 금융지원을 해주는 금융특혜가 그것이다. 그런 혜택을 받았기 때문에 한국 기업들은 유리한 조건하에서 국제적으로 높은 경쟁력을 가질 수 있었다. 또한 정부가 저임금정책을 강요함으로써 한국상품이 비교우위를 갖도록 뒷받침했다.

일본의 경제개발을 '기적'이라고 하면서 통상성(MITI)를 집중적으로 연구한 존슨(C. Johnson)이 지적하고 있는 개발주의국가의 핵심은 관료들의 역할이다. 관료들을 정치적 압력으로부터 자유롭게 하고 이익집단들이 정책수립과정에 개입하지 못하도록 막아주는 것이 성공의 비결이었다는 것이다. 그런데 관료의 자율성이 중요하겠지만 만일 관료들이 그런 자율성을 악용하여 부정이나 비리를 행한다면 그것을 방지하는 길이 있는가 하는 의문이 생긴다.

정보기관이 관료들의 정보를 수집하거나 감사원 직원이 관료를 감사하지만 그것은 어디까지나 내부적인 제도에 의한 제한된 관리에 불과하다. 정부 밖에서 개발정책의 집행으로 혜택을 입거나 피해를 입을 수 있는 다수의 개인이나 집단의 요구와 반대를 관료의 자율성을 앞세워 억압하고 도외시하는 개발정책은 소수(가령 대기업이나 관료 및 정치인)을 위한 것이 될 가능성을 배제할 수 없다. 그것이 개발주의국가가 지닌 심각한 문제점이라 할 수 있다.

박 정권이 이룩한 고도경제성장을 뒷받침한 것은 집단주의적 자본주의(collective capitalism)라고 부르는 형의 것이다. 그런 유형의 특징으로 '협동적인 장기적 관계'를 든다. 대만, 홍콩, 싱가포르, 한국 네 나라가 일본이 개발한 개발 모델을 모방하여 성공했다고 하는 나라들이다.

집단주의적 자본주의는 시장경제이기는 하지만 순전히 가격 메커니즘에 의해 움직이는 것이 아니라 서로 긴밀하게 얽혀 있는 소유주들과 산업과 금융 사이의 밀접한 관계를 바탕으로 하는 자본주의이다. 가령 일본의 경우 도쿄 증권거래소에서 거래된 주의 40%를 이른바 '기업집단'이라 불리는 자매관계를 갖는 산업들이 차지하고 있다. 이런 소유형식 때문에 일본 기업은 충분한 자본을 소유할 수 있어서 단기적인 것이 아니라 장기적인 안목에서 기업전략을 수립할 수 있는 이점을 지니고 있다는 것이다. 네 나라의 사정에 따라 이런 유의 집단주의적 자본주의의 형태는 조금씩 다르지만 기본적으로 네 나라는 그런 유의 자본주의를 공유하고 있다.

개발주의 국가로서의 박 정권도 그런 집단주의적 자본주의를 바탕으로 한 정권이었다. 대기업 소유주들이 서로 맞물리는 관계를 형성하면서 수없이 많은 방계기업들을 만들어 기업이 예상 못할 문제에 봉착할 때에 대비하도록 했다. 관치금융(官治金融)이라는 말 그대로 금융기관을 정부 통제하에 두어 자본이 필요한 기업들을 간접적으로 통제하는 지렛대로 사용했다. 1997년 금융위기(IMF위기라 부름)가 보여준 대로 정부의 지시에 의해 충분한 담보 없이 기업에 대출한 은행들이 모조리 부실화되어 외국은행에 팔려 나간 원인은 그런 정부와 기업 그리고 금융 간의 오랜 관계에서 비롯된 것이다.

개발주의 국가를 만들어낸 박정희 대통령이 임기 동안 이룩한 성과에 대해 공정한 평가를 내리기는 아직 이를지 모른다. 이승만 정권 시기와 비교하면 박 정권이 이룩한 고도경제 성장은 한국을 농업 사회에서 공업사회로, 경공업중심의 산업구조를 중공업으로까지 발전시킨 획기적이면서 한국사회에 일대 전환을 가져온 성과였다고 본다. 그런 성과가 가능했던 이유로 우선 먼저 '가난으로부터의 해방과 자유'를 공약으로 내세워 비합법적인 수단으로이지만 정치권력을 장악하여 개발에 헌신적으로 노력한 박 대통령의 역할을 일차적으로 들 수 있을 것이다.

그리고 그의 지시를 따랐지만 기업들을 통하여 고도성장을 이룩한 관료집단의 역할을 빼놓을 수 없다. 그러면서 이들의 역할 못지 않게 저임금으로 허덕이면서도 보다 나은 내일을 약속받아 오늘의 고통을 참으면서 피땀을 흘리며 일한 근로자들의 노력을 중요시하지 않을 수 없다. 그런데 박 정권하에서의 근로자들이 받은 보상은 너무나 기대 이상으로 적은 것이었다. 그리고 그들의 고통에 대해 정부가 감정이입(empathy)을 갖기보다 그들의 요구를 탄압하려고 했다. 말하자면 한국이 이룩한 고도경제성장은 그들의 노력과 희생과 인내가 있었기에 달성할 수 있었던 것이다. 어느 한 사람의 지시나 소수 관료의 능력이나 기업 고위경영진의 활동에서만 비롯된 것이 아니라는 것을 강조할 필요가 있다. 그래서 외국의 언론은 그런 면을 고려해서 일본을 그렇게 부른 것 같이 「한국주식회사(Korea Incorporated)」라는 표현을 쓴 것이다.

8. 유신체제가 붕괴하게 된 이유는?

1961년 5 · 16 쿠데타가 발생한 몇 주 후 월간지 『사상계』에 함석헌 선생의 "5 · 16을 어떻게 볼까"라는 제목의 글이 실렸다. 모두가 공포분위기 속에서 침묵을 지키고 있는 속에서 함 선생의 글은 국민의 답답한 마음을 대변해주면서 군부집권의 장래를 내다본 길이 남을 글이었다. 함석헌 선생은 그 글에서 "만나기만 하면 사람마다 이번이 마지막이지요 한다. 누가 가르친 것 없이 하는 그런 말은 하늘 말씀이다. 귀담아 듣고 깊이 생각해야 한다. 왜 마지막인가? 칼 뽑아 들었으니 마지막이지"라고 썼다. 이어서 "이러다가 잘못되면 어쩌나? 하는 불안 속에 쌓여 있는 것이 현상이다. 이러다가…하는 것이 무엇일까? 까내 놓고 말하면 만일 군사독재가 됐다가…하는 말이다"라고 쓰고 있다(노명식 편저, 『함석헌 다시읽기』(책과 함께, 2011)에서 인용).

함석헌은 같은 글에서 "혁명은 민중의 것이다(중략). 군인은 혁명 못한다. 어떤 혁명도 민중의 전적 찬성, 전적 지지, 전적 참가를 받지 않고는 혁명이 아니다. 그러므로 독재가 있을 수 없다. 민중의 의사를 듣지 않고 꾸미는 혁명은 아무리 성의로 했다 하여도 참이 아니다(중략). 민중에게 물질적인 행복을 가져온다 하더라도, 그것은 선의는 아니다. 강아지를 아무리 잘 길러도 그것이 참 사랑은 아니다. 참 사랑은 내가 저를 좋아할 뿐 아니라 저가 또 나를 좋아하도록 되어야 하는 것이다(중략). 그러므로 민중 내놓고 꾸미는 혁명은 참 혁명이 아니다. 반드시 어느 때 가서는 민중과 버그러지는 날이 오고야 만다"고 했다. 정치학자가 아닌 함석헌이지만 이미 이 글에서 그는 장차 군사정권이 직면할 심각한 '정당성위기'의 문제를 통찰력 있게 거론하고 있는 것이다.

독일의 사회정치학자이자 역사학자인 베버(Max Weber)는 정치체제에 대해 많은 관심을 가졌던 학자이다. 순수이성을 비판하고 도덕률의 중요성을 강조한 칸트의 철학적 사상에서 영향을 받았고 인간 개인의 '절대적 자유'를 주장한 생(life)의 철학자 니체의 영향을 받은 베버는 사실과 가치의 구별을 강조한 학자이다. 사실에 대한 연구로부터 어떠한 가치판단의 기준도 나올 수 없다는 것이 그의 확고한 생각이었다.

니체의 영향을 받아 퍼스낼러티(personality) 개념을 그의 사회과학이론의 핵심개념으로 삼았던 베버(Weber)는 실세계의 모든 현상에 의미를 부여하는 것은 언제나 '개인이 결정할 문제'이며 과학이든 역사철학이든 개인의 결정을 대체할 수 있는 것은 아무것도 없다고 주장했다. 그런 그의 사상 때문에 자연히 유물사관이나 경제결정론 같은 결정주의를 배격하였고 오히려 역사에 있어서 중대한 사회 및 정치적 변화와 변혁을 가져오는 원천은 '종교'에 있다고 믿었다. 그가 카리스마적 지배에 크게 관심을 둔 것도 그런 이유에서였다. 그가 개신교윤리와 자본주의의 발달을 연계시켜 다룬 것은 널리 알려져 있는 일이다.

• 정당성문제

그런 학문적 입장을 가진 베버는 여러 가지 형태의 지배양식을 분류하면서 세 개의 유형을 이상형으로 구성했다. 그 유형 분류의 기반을 정당성(legitimacy)에 두었다. 헤이 우드(Heywood)라는 미국의 정치학자는 그의 책 『Politics』(New York: McMillan, 1997)에서 "정당성이란 넓은 의미에서 올바른 것을 말한다. 정당성은 질서나 명령에 대해 권위적이거나 구속적인 성격을 부여함으로써 권력을 권위로 변질시키게 한다. 그러나 정당성은 합법성(Legality)과는 다르다"라고 규정한다.

그는 "합법성은 시민들이 정부를 존중하도록 하거나 정부에 대해 복종의 의무를 수행하도록 보장해주는 것은 아니다"라고 설명하고 있다. 강제로 얻는 복종은 합법은 될지 모르지만 정당한 것은 아니라는 것이다. 그런 의미에서 본다면 어떤 지배층이든 국민들로부터 자기들의 정당성을 인정받는 것은 단순히 복종을 얻는 것보다 중요하다. 막스 베버도 정당성에 대한 '믿음(belief)'을 강조하면서 지배할 수 있는 권리에 대한 믿음을 정당성이라 규정했다. 함석헌이 말하는 민중과 '버그러지지' 않는 것이다. 그리고 10년 후 박 정권은 함석헌이 경고한 '정당성문제'로 큰 시련과 딜레마에 봉착하게 된다.

그런 점에서 정당성이라는 개념은 정치적 복종이라는 언어와 밀접하게 관련된다. 시민이나 국민이 국가 또는 정치 지도자에게 복종해야 하는 이유는 무엇이냐 하는 것이다. 베버는 '전통적 정당성', '카리스마적 정당성', '합법-이성적 정당성'이라는 3분법으로 정당성의 유형을 논하기도 했다. 이 세 가지 유형은 지배자(ruler)의 특징을 기준삼아 만든 것이기도 하다. 즉 왕이 다스리는 전통적인 체제, 특출한 자질을 가진 카리스마적인 지배자가 다스리는 독재체제, 그리고 법에 의해 지배되는 합리적-민주체제로 나누고 있다.

그러면서 베버의 중요한 관심사는 카리스마적 지배자가 다스리는 체제와 법이 지배하는 체제의 차이와 양자 간의 "긴장과 대립이 가져오는 문제"들이었다. 카리스마적 독재체제하에서는 관료체제의 등장이 어려우며 동시에 합법적-이성적 체제(민주체제)로의 이행이 어렵다고 보았다. 다시 말해서 독재체제가 민주체제로 전환하는 일이 쉽지 않다는 것을 예견했던 것이다. 그의 말대로 후진국들은 빈번하게 등장하는 독재체제(카르스마적 독재나 군사독재)에서 합법-이성적 체제, 즉 대의 민주정치체제라는 다른 유형의 정권으로 변하는 어려운 과정을 오랫동안 겪어왔다. 그리고 근래에 중동이나 아프리카의 여러 나라가 그런 진통을 겪기 시작했다.

베버는 특히 정당성과 정치안정문제에 대해서도 지배자(관료집단이 될 수도)가 권위(authority)를 행사하고 국민이나 시민의 복종을 얻으려면 권력(power)만 아니라 정당성을 확보해야 하는 것으로 보았다. 권위(authority)는 권력만 아니라 권력이 '정당성'을 갖출 때 형성된다는 것이다. 그런 권위를 바탕으로 한 정치체제가 국민이나 시민의 자발적인 복종을 얻으면서 정치적 안정도 누릴 수 있다는 것이다.

한편 독일의 진보적 사회학자로 알려진 하버마스(Jurgen Habermas)는 베버의 정당성 개념을 다른 각도에서 규정하면서 정당성 위기(Legitimation crisis)를 논한 학자로 널리 알려져 있다. 그는 주로 자본주의경제에서 일어나는 모순과 긴장상태에 주목하면서 그런 자본주의사회의 구조적 문제를 정당성 위기로 파악하고 있다.

베버와는 달리 하버마스는 민주정치과정이 사회복지에 대한 욕구를 상승시키고 대중의 정치참여 요구의 확대를 가져오면서 사회적 불균등에 대한 비판세력의 확대와 그들의 압력 때문에 심각한 정치적 불안정을 겪을 수밖에 없다는 주장을 하고 있다. 다시 말해서 자본주의와 민주정치는 정당성 위기를 겪지 않을 수 없는 구조적 모순과 문제를 지니고 있다는 것이다.

1972년 유신헌법이 공포되기 전 박 정권은 이미 「정당성문제」에 따르는 일련의 정치적 '딜레마'에 빠져 있었다. 박 정권이 유신 직전에 직면한 정당성 위기는 하버마스가 말하는 것처럼 "민주정치가 사회복지에 대한 욕구를 상승시키고 대중의 정치참여 의욕의 확대를 가져오면서 자본주의사회의 구조적 모순 때문에 사회적 불균등이 심화되었을 때 이에 대한 비판세력의 확대와 그들의 압력 때문에 심각한 정치적 불안정을 겪을 때 나타나는 정당성 위기"와는 전혀 다른 내용의 것이었다. 만일 박정희의 공화당정권이 그런 내용의 정당성 위기에 처해 있었다면, 그리고 만일 그 위기가 계급투쟁적인 성격의 것이었다면 한국은 어떤 형태이든 유신체제보다 더 과격하고 심각한 '혁명적'인 정치변화를 겪었을 것이다. 한국에서도 일부학자나 지식인이 하버마스의 정당성 위기 개념을 한국에 적용하려는 시도를 했지만 설득력을 지니지 못했다.

그런 점에서 유신체제 전에 박정희 정권이 당면했던 정당성 위기는 단순한 정권 연장을 둘러싼 정당성문제와 위기였다고 보아야 할 것이다. 경제적으로 박 정권의 개발주의국가는 단기간에 '지속적'인 고도성장을 달성하였지만 정치적으로는 개발주의 국가를 '지속적'으로 유지하는 데 필요한 정치적, 제도적 틀은 없었다. 헌법이 직선제 대통령의 4년제 임기를 연임으로 제한했기 때문이다. 박 대통령은 3선 개헌을 통해 4년제 대통령으로 다시 당선되었지만 개정헌법은 3선 이후의 박 대통령의 귀추를 다음 대선에 맡겼다. 그러나 다시 출마해도 당선 가능성이 확실하지 않았고 다음 선거에서 자기를 대신해서 야당에게 이길 후보자를 찾기도 어려웠다. 이것이 유신헌법을 선포하기 전까지 박 대통령이 직면한 정치적 딜레마의 본질이었다.

그때 가서 박 대통령이 다시 출마할 수는 있지만 3선 개헌 이후의 여당 내의 파동으로 보나 돌아가는 국민의 민심으로 보나 다음 대선에서 승리를 보장받을 가능성은 희박했다. 선거기간에 야당 후보 김대중은 "이번에 박정희를 당선시키면 '총통제'로 갈 것이다"라고 하면서 자기를 지지해줄 것을 유권층에게 호소했다. 그가 어디서 그런 정보를 얻었는지, 아니면 어떤 직감에서 그랬는지 알 수 없다. 대통령 선거가 끝난 다음 해 10월 김대중의 주장은 그대로 들어맞았다. 유신헌법에서의 대통령의 권한은 사실상 대만의 총통제와 다를 바 없었던 것이다.

3선 후 박정희가 직면한 딜레마를 해소하는 한 방법은 후계자를 찾아 4년 후 정권을 그에게 넘겨주면서 자신의 정치적 생명이 위협받지 않을 뿐 아니라 가능하면 후견인으로서 일정한 역할을 발휘할 수 있도록 보장받는 것이었다. 동시에 그런 후계자로 하여금 군사정권의 기본 틀을 계속 유지하고 자기가 추진해 온 경제개발정책의 골격을 계속 유지하도록 하는 것이었다. 그러나 그런 조건을 충족시켜줄 만한 후계자는 찾기 쉽지 않았다. 그동안 박정희 자신이 겪어본 사람들 중에 그런 조건에 부합될 만한 인물은 주변에 없었다. 김종필 국무총리가 가장 측근에 있었지만 그에 대한 박 대통령의 평가는 이미 나와 있었다. 그것은 부정적인 것이었다.

또 하나는 앞뒤를 생각하지 않고 정면 돌파로 문제를 해결하는 길이다. 박정희 대통령 자신이 계속 집권하는 것이다. 박정희 대통령이 시해된 후 나돌던 말이지만 박 대통령이 청와대 비서관들 앞에서 "내 무덤에 침을 뱉으라고 해라"는 말을 했다고 어떤 전직 수석비서관이 자서전에 써서 언론이 크게 보도한 적이 있다. 다음 선거에 이길 확신이 없던 정권 유지문제를 정면 돌파해서 해결하겠다는 심리상태를 그렇게 나타낸 것 같다.

자기 나름대로 하는 일이 '정당한 것이 아닌 줄 알지만 언젠가는 자기 뜻을 국민이 알아줄 것'이라고 기대하는 식으로 표현하면서 자신의 행동을 정당화하려 한 것이다. 그러기 위해서 헌법을 개정하고 자신이 통제할 수 있는 선거방법으로 재선하는 길을 택한 것이다. 그 나름대로 당면한 딜레마를 해소하는 편법은 되지만 그런 해소 방법은 딜레마를 더욱 어렵고 해소 불가능 정도로까지 악화시킬 가능성이 컸다.

과거 1930년대에 일본이 만주를 점령하여 괴뢰정권을 수립한 후 중국 본토까지 침략을 감행했을때 군국주의 일본은 미국과 전쟁을 해야 할 위험성을 안고 있었다. 1930년대의 일본의 딜레마는 경제적으로 공황을 맞이하여 심각한 상황에 있었고 계속 침략전쟁을 감행할 경우 국제사회로부터 고립되고 최악의 경우 서방국가들과 전쟁을 치러야 할 위기에 놓여 있었다. 그런데 일본은 서방국가들과의 우호관계를 우선시하고 교역을 확대하면서 경제적 위기를 극복할 수 있었다. 그러나 군부 내의 강경론자들의 주장은 이와 달랐다. 그들은 대륙침략으로 일본의 정치, 경제, 안보문제를 일시에 해결할 수 있고 또한 일본을 아시아만 아니라 세계강국으로 만들 수 있다고 주장했다.

서방국가들은 일본의 침략주의를 반대했고 일본이 계속 팽창주의를 추구할 경우 여러 가지 제재를 가할 수 있다고 위협했다. 그런 상황에서 당시 총리대신이고 귀족출신인 고노에 수상은 일본 천황을 설득시켜 군부의 중국 침략을 막아보려고 했으나 실패하고 수상직에서 물러났다. 그것을 기회로 군부는 육군대장들로 정부를 장악하게 하고 중국침략과 미일전쟁을 강행했다. 그 결과 일본은 중일전쟁과 미일전쟁에서 패망했다. 이것은 딜레마가 풀기 어려운 상태까지 가기 전에 해소방법을 찾아야 한다는 것을 시사해 주는 예이다.

정치체제의 기본구조 변화를 통해 정권을 연장하는 방법으로 딜레마를 해소한 박정희 대통령은 대통령직선제를 택해 '장충체육관선거'라 불린 통일주체국민회의라는 명목상의 선거인단이 자신을 선출하는 간선제를 채택했다. 형식으로 보면 인도네시아의 스카르노가 만든 것과 비슷한 성격을 지녔다. 수천 명의 대의원이 모여 대통령을 뽑는 방식은 공통점을 지녔다. 그리고 통일주체국민회의가 전체 명단을 놓고 선출하는 유정회(維政會)라는 친위단체의 국회의원들은 이미 과반수 이상을 차지한 공화당 소속 의원에 추가해서 국회 내의 대통령친위대의 역할을 하도록 했다. 3선 개헌 파동 때 반기를 들었던 당 지도층이 숙청(?)되어 약화되고 흐트러진 공화당을 더 이상 못 믿겠다는 것이다.

정보기관이 쉽게 조작할 수 있는 선거인단을 구성하고 그것으로 대통령을 선출한다는 것만으로도 반민주적이라는 혹평을 면치 못하겠지만 국회 정족수의 3분의 1을 대통령이 임명한 후 선거인단이 형식적으로 일괄 승인(endorse)하는 형식을 밟아 선출하는 것은 민주적인 정치체제에서 상상도 할 수 없는 선거방식이다. 대의정치의 의미는 유권자들이 직접 뽑은 대표로 구성한 입법부와 입법부가 간선제로 뽑거나 유권자가 직선으로 뽑는 대통령이나 내각수반이 주재(主宰)하는 정치를 말한다. 그런 의미의 대의정치는 유신체제에서는 아무 의미가 없는 용어가 되었다.

국민투표에서 '유신체제를 지지하든지 정치적 불안정을 초래하든지 어느 하나를 택하라'는 식으로 강요해서 유신헌법을 강제 통과시켰지만 다른 현실적인 대안이 없는 상황에서 국민 다수는 할 수 없이 유신체제를 받아들이지 않을 수 없었다. 박정희 대통령이 내세운 이유는 국가안보와 통일에 대비하고 지속적으로 경제를 발전시킨다는 것이었다. 과거에도 내세운 적이 있는 구호들에 '통일'이 추가되었을 뿐이다. 그러나 그 시점에 남북이 가까운 장래에 통일이 되리라고 믿은 사람은 거의 없었다고 해도 과언이 아니었다. 강제에 의한 국민의 복종을 요구한 것이나 마찬가지였다.

그런데 유신체제를 도입한 지 얼마 지나지 않아 그 체제(정권)를 부정하는 움직임이 일어났다. 해방 이후 그나마 명맥을 유지해 온 민주정치체제의 절대적 필요조건인 자유로운 선거를 통한 지배자선출 방식에서 개인의 집권가능성을 보장하는 방식으로 강제로 바꾼 것이 그 체제의 정당성문제를 제기하도록 한 것이다. 박정희 자신은 그런 정당성 위기를 쉽게 극복할 만큼 강한 카리스마의 소유자는 아니었다. 그에게는 유신지배양식을 뒷받침해 줄 수 있는 전체주의사상이나 민족주의이념이나 어떤 다른 정교한 이데올로기도 없었다. 겨우 있다면 그동안 달성한 경제개발을 내세우는 것이었다. 그것은 이데올로기 구실을 할 수 없었고 농촌을 중심으로 새마을운동을 전개함으로써 유신체제 지지기반을 창출하려고 했으나 그것을 도시로까지 확대하려던 시도는 실패했다.

유신체제가 7년간 지속되었지만 그동안 유신체제는 대내외적으로 무수한 도전과 비난과 시련에 봉착했다. 결코 안정된 체제가 아니었다. 미국과 서방국가에서 비판이 일어났고 세계의 언론이 집중 비판을 가했다. 그리고 국내에서는 학생과 야당과 재야정치인의 조직적인 반대에 직면했다. 그때마다 박 정권은 폭력의존적인 방식으로 대처하려고 했다. 소위 긴급조치라는 실효성이 없는 명령을 난발하면서 반대세력을 탄압했다.

유신체제를 반대한 세력은 하버마스가 말하는 정당성 위기론 같이 자본주의 체제가 지닌 '내재적 갈등'에서 비롯된 것은 아니었다. 저임금 때문에 생존을 위협받던 노동세력이 반체제운동에 가담하기도 했고 빈부격차도 있었으며 기업편중과 지역편중의 개발에서 온 심각한 개발 후유증과 거의 병리적이라 할 정도로 심각한 지역감정과 대립도 있었다. 그러나 그런 요인들은 유신정권을 붕괴시킬 정도로 도전적인 것은 아니었다. 그런 반대요인들이 유신정권의 붕괴를 초래한 '충분조건'은 못 되었다.

• 장기집권에서 생긴 동맥경화증

정당성위기만큼 심각했던 요인은 유신정권 지도층 내부에 일어난 균열이었다. 대외적으로 한국의 인권탄압을 신랄하게 비판한 미국의 압력이나 대내적으로 노동세력과 학생 및 재야의 본격적인 반대운동도 유신체제의 붕괴를 가져올 정도로 위협적은 아니었다. 그것은 붕괴에 기여한 필요조건은 될 수 있었으나 충분조건은 아니었다. 오히려 유신체제의 붕괴를 초래한 결정적인 요인은 체제 내부에 있었다. 반대세력이 일으킨 부산과 마산의 폭동을 위시해서 확대일로이던 반유신운동에 대처하는 데 있어서 정부와 여권 정치인들과 군부를 포함한 유신정권의 지도층 내부에 생긴 심각한 균열이었다.

영어에 '때늦은 지혜의 혜택(with the benefit of hindsight)'이라는 말이 있다. 이미 끝난 유신체제 때의 일을 되돌아보면서 그 정권의 종말을 가져온 '충분조건'은 무엇인가에 대한 해답을 얻는 데 도움이 되는 지혜를 찾을 때 고려할 중요한 사실은 박 정권이 유신정권 말기에 더욱 확대되어간 반대세력을 다루는 데 있어서 사태의 심각성을 인식하고 정확한 판단과 균형감각에 의존해서 정치적인 대응을 하지 못하고 단순하게 폭력일변도로 대처하려고 했다는 점이다. 사실 사람의 몸을 비유로 든다면 박 정권은 유신 말기에 가까워오면서 일종의 「동맥경화증」이라고 할 수 있는 '정치적 혈액순환의 마비현상'을 보여주었다.

공화당정부시기(1964~1972)와 유신체제시기(1972~1979)의 차이는 진보세력 학자들의 용어를 쓴다면 유신체제에 와서 지배블록(ruling bloc)내부에 분열이 생겼다고 할 수 있다. 공화당 시절의 지배블럭을 이룬 청와대, 공화당소속 국회의원들, 각료 및 고위관료, 그리고 대기업주 사이에 이익공동체가 형성되었고 군부와 정보조직의 지원 아래 군사정권운영을 위한 일체감이 형성될 수 있었다. 박 대통령은 그 권력블록의 정점을 차지하면서 산하 조직의 조정과 통제를 효율적으로 관리함으로써 정권이라는 일종의 유기체의 혈액순환을 원활하게 하도록 하는 조정자 역할을 수행했다. 그러면서도 그는 언제나 군인적 사고방식을 가진 대통령으로 군림하였다. 대통령이지만 실제로는 군의 통수권자이자 최고사령관으로서 정보참모 격인 김재규 중정부장, 작전참모로서 국무총리(최규하, 신현확), 군수참모 격으로 경제기획원장관, 그리고 인사참모 격으로 청와대 비서실장을 거느리고 있었다. 그리고 박종규와 차지철에게 자신의 신변보호를 의탁하고 있었다.

그런데 유신체제가 도입되고 대통령의 선출방식을 직선에서 '장충체육관'식으로 대치하면서 그동안 대선과 총선 때마다 군사정권을 지탱하는 데 큰 역할을 해온 공화당조직은 좀 과장된 표현을 쓰자면 사실상 '용도폐기'가 되어버렸다. 뿐만 아니라 그동안 대통령에 대한 충성경쟁을 독점했던 공화당 의원들은 유정회(維政會)라는 충성경쟁을 벌일 '라이벌' 조직이 국회에 들어오면서 기존의 우위적 위치를 위협받게 되었다. 더구나 유정회 의원의 출신지역이 지역구 의원과 겹칠 경우 양자 사이의 알력과 갈등은 더욱 첨예하였다. 유정회를 만들어 국회를 절대적으로 장악하여 통솔하겠다는 박정희의 의도는 오히려 추종세력의 분열과 일부 세력의 친여캠프로부터의 이탈을 가져오는 역작용을 가져온 것이다.

박 대통령의 친위대조직인 유정회 의원들은 지역구에서 직선제로 당선된 공화당 의원들과 달랐다. 유정회 의원들이 설명의무(accountability)를 질 상대는 지역구 유권자가 아니라 대통령이었다. 국회에서 어떻게 행동하고 발언하느냐에 따라 자신의 거취와 장래가 결정될 수 있었다. 공화당 의원보다 대통령에 대한 충성심을 더 발휘해야 하는 무언의 압력을 받고 있었다. 그러다 보니 국회에 여와 야 국회의원들 사이에 긴장이 더욱 조장되었고 야당세력에 대해 탄압이 격화되기도 했다.

그 예가 바로 김영삼 의원의 국회의원직 박탈결의안의 통과였다. 그리고 그것은 부산과 마산에서 일어난 폭동의 발화점이 되었다. 그리고 부마사태는 적절하게 대처해서 진화하지 않으면 다른 지역으로까지 불꽃이 튈 가능성도 가지고 있었다. 반 유신체제세력으로서는 정권전복을 위한 대규모의 폭동조작을 위한 호기를 맞았다. 그런데 폭동사태진압에서 나타난 박 정권의 대응은 강경 일변도와 무력진압이었다. 그 사태를 가져온 심각한 위기상황에 대해 여권이나 정부 측의 정치적 인식이 매우 경직되어 있어서 폭동의 원인이나 사태를 제대로 파악하지 못했다.

박 정권을 실질적으로 지탱해온 군부 내의 동향도 심상한 것은 아니었다. 국가의 안보문제에 대해 가장 민감한 군보지도층은 유신체제도입 후 점차 악화일로로 가는 한미관계에 대해 많은 우려를 나타낼 수 있었다. 유신체제도입 후 일어난 코리아게이트사건이나 카터 행정부가 들어서면서 한국으로부터의 미군 감축안이 한미 양국이 가진 군사 · 외교회의의 안건에 포함되면서 일종의 불안감을 갖게 될 수 있었다. 사실 미국이 한국에서 미군을 철수시킨다면 한국의 안보는 한번 큰 소용돌이를 치를 수밖에 없었다. 아무리 「자주국방」을 오랫동안 부르짖어 온 박 정권이라도 미군이 한국을 떠날 경우의 심리적 · 군사적 혼란을 쉽게 감당하기 어려웠다. 군부지도층도 고민에 빠지지 않을 수 없었다.

그런 점에서 1978년 후의 박정희 대통령은 내외적으로 심각한 딜레마에 빠지게 되었다. 미국 정부 측의 요구를 받아들여 재야를 비롯한 반대세력을 포용하면서 재야나 미국이 요구하는 「민주화」에 대한 확고한 약속을 할 것이냐 아니면 미국 측과의 대립과 갈등을 정면으로 돌파해 나가느냐 하는 선택의 길에 놓인 것이다. 미국정부의 요구대로 민주화에 대한 약속이나 구체적인 조치를 취한다는 것은 박정희대통령으로서는 실질적으로 유신체제의 무효화를 선언하는 것이나 마찬가지였다. 쉽게 풀 수 있는 딜레마가 아니었다.

박 대통령은 그 딜레마를 푸는 데 있어서 민주화를 요구하는 야당과 재야정치세력과의 유연한 타협책을 추구하려 하지 않았다. 오히려 부마사태가 일어나고 미국 정부가 인권탄압을 이유로 주한미군철수를 공표하고 나왔을 때에도 유연한 자세보다 평소 자주국방론을 주장해 온 그답게 오히려 강경한 쪽으로 선회하려 했다. 그런데 그런 그의 주변에는 강경론자들은 많았지만 그의 행동을 견제할 수 있는 세력은 공화당과 유정회, 그리고 정부내각이나 군부 어디에도 없었다. 오로지 대통령의 결정만을 따르며 바라보는 추종자들만이 있었다. 그런 중요한 상황에서 필요한 정치력을 발휘해야 할 세력은 사태수습을 위해 단일적인 행동을 하기에는 너무나 분열된 상태에 있었던 것이다.

유신체제가 붕괴하게 된 큰 원인은 적어도 정권이 직면한 두 개의 중대한 도전에 적절히 대응하는 데 실패했기 때문이라고 본다. 밑으로부터의 도전은 정당성 위기를 조성하였다. 즉 민주화를 요구하는 세력에 대해 탄압과 투옥이라는 강경일변도로 대응한 결과 정치적 불안정이 높아갔고 외부로부터 인권탄압에 대해 많은 비판을 받았다. 그러 비판을 억제하려다가 국제적으로 망신을 당하는 사건을 겪기도 했다. 그것으로 정권에 대한 국제사회의 신뢰가 크게 떨어지게 되었다.

유신정권이 직면했던 밑으로부터의 도전이 정당성 위기였다면 또 다른 도전은 정권내부로부터 오는 것이었다. 즉 체제 지지세력을 결속시키는 도전에 직면하였으나 결국은 실패한 것이다. 일부 학자들을 시켜 유신이념을 조성하고 새마을운동을 중심으로 각계 지도층에게 유신이념을 일방적으로 주입시키는 노력도 했다. 그러나 그런 노력들은 반 유신세력들의 활동을 제압할 정도로 효과적인 것은 아니었다. 정부가 막대한 투자를 했지만 정권이 기대하는 만큼의 정치적인 상환(賞還)은 얻지 못했다. 광범한 지지세력 형성이 불가능했던 것이다.

지지 세력을 결속시키려는 유신정권의 시도에도 불구하고 정권 내에서는 균열이 벌어지고 있었다. 3선 정치파동으로 심각한 내분을 겼었고 유신체제 도입으로 또 다른 시련을 겪게 된 여권(공화당 중심)의 정치인들은 유정회의 등장으로 새로운 갈등을 겪으면서 결속력이 많이 약화되었다. 공화당 지도층의 역할이 유정회의 등장으로 상대적으로 축소되었고 국회에서 주도권 싸움이 일어나기도 했다. 과거보다 모든 권력이 청와대로 집중되는 경향이 나타났고 비서진의 역할이 크게 강화되기도 했다. 각료들은 청와대 비서진의 철저한 감독을 받게 되었다.

이것은 기존의 비교적 다원화했던 권력구조를 크게 변화시키는 결과를 가져오기도 했다. 그러면서 그 구조에서 소외되거나 일탈된 친여세력은 정권을 비판하기도 했다. 유신정권은 지지세력의 결속에 실패하였다. 정권에 대해 냉소적이거나 비판적인 정치세력을 많이 형성하는 결과를 가져왔다. 유신정권을 둘러싸고 여와 야 사이에 보다 첨예한 양극화현상이 나타났다. 정치불안이 심화될수록 유신정권 내에서 핵분열현상이 나타났다. 유신체제를 미온적으로 지지해온 정치인일수록 유신체제에서 일탈하는 경우가 일어났다. 특히 부마사태와 주한미군철수문제 같이 긴박한 사태에 대한 대처를 놓고 갈등이 조성되었다. 그리고 박 대통령의 강경자세를 견제할 능력을 지닌 세력은 존재하지 않았다. 그것이 결국은 유신체제의 파국을 몰고 오는 결과를 가져온 것이다.

9. 한국은 어떻게 민주화를 달성하였나

"민주정치는 민주주의자에 의해 만들어지는 것이다"

오래전 일이지만 가까운 친구인 미국인 정치학 교수가 한 말이 생각났다. "민주주의는 민주주의자에 의해 만들어진다(Democracy is made by democrats)." 얼핏 들으면 순환론이고 상식적인 표현처럼 들리지만 동서양 역사나 해방 후 한국의 민주화과정을 생각할 때 새삼 음미해볼 만한 표현이다.

근 30년 지속된 군사정권 시절에 한국의 민주화에 대해 체계적인 연구를 내놓은 한국인 정치학자는 별로 없었던 것 같다. 서구의 비교정치학자들도 제3세계의 발전도상국들에 대한 편견 때문인지 그런 국가의 민주화가능성에 대한 근본적인 부정적 태도 때문이지 민주화에 대해 본격적으로 이론을 제시한 경우가 없었다. 서구의 근대화 경험을 비 서방국가에게 대입해서 근대화를 달성하려면 어떤 조건이나 수준에 달해야 된다는 연구나 주장은 있었다. 칼 도이치(Karl Deustch) 같은 국제정치학의 세계적 대가는 사회적 동원력이라는 개념을 제시했고 다니엘 러너(Daniel Lerner)나 시모어 립셋(Seymour Lipset) 같은 사회학자들도 도시화, 교통과 통신망, 교육수준, 문자해득률 같은 사회적 조건들을 근대화의 필수조건(requisites)으로 제시한 바 있으나 민주화와 연결해서 다루지는 않았다. 모두 민주주의가 등장하는 데 필요한「구조적」요인이나 조건들을 중요시한 것이다. 민주주의자의 역할은 주어진 것으로 당연시하고 있다.

나 자신을 돌아보아도 1995년에 출판한『한국정치변동론』에서 한국의 권위주의정권의 등장을 가능케 한 객관적 조건들이나 박 정권의 영속을 어렵게 하는 요인들을 찾아내는 데 역점을 두었다. 그러나 그런 정권이 끝나는 것이 곧 민주화는 아니라는 사실을 지적했다. 권위주의정권의 종식이라는 사실과 민주화의 시작이라는 사실 사이에 어떤 인과적 관계가 있다는 생각은 할 수 없었다. 그러나 정치발전론을 관심 깊게 읽어오면서 그 이론적 맥락 안에서 민주화에 대한 생각을 해왔다고 할 수 있다.

정치발전론은 정치적 변화의 주요 요인을 사회 · 경제적 변화에서 찾으려는 것이었다. 근대화와 민주화를 구별하지 않은 채 정치발전이라는 개념을 다루고 있었다고 할 수 있다. 어두운 터널 속을 가는 것 같은 답답한 심정으로 유신체제시대를 살면서 그 체제에 종지부를 찍을 수 있는 요인은 무엇인가를 생각할 때마다 생각나는 것은 '사회적 변화가 정치적 변화를 초래한다'는 정치발전론이나 근대화이론가들의 가정이었다.

정치발전연구는 후진국들의 정치변동의 다이내믹스를 연구대상으로 삼고 있었다. 그것은 나름대로 개방도상국가들의 정치적 문제가 무엇이고 그 원인이 무엇인가를 다루는 데 많은 시사를 제공해주었다. 그러나 개발도상국이 민주화를 달성하는 데 결정적으로 작용하는 조건이 무엇인가는 명확하게 제시한 바가 없다. 정치발전론은 결국 사회가 발전하면서 어느 단계가 되면 정치도 발전하고 그것이 결국은 민주적인 정치체제로 귀착될 것이라는 막연한 주장이었다.

그런데 일부에서 민주화 문제나 정권변화(regime change)의 이슈를 본격적으로 제기하고 나오는 학자들이 있었다. 스페인 출신으로 예일대 교수가 된 린츠(Juan Linz)가 정권변화문제를 다루면서 활동가(activists)의 역할을 강조한 것이다. 준-야당(semi-opposition)이나 사이비-야당(pseudo-opposition)이나 특히 극단적인 반체제세력을 지칭하는 '박해받는 야당(persecuted-opposition)'이라는 용어는 프랑코지배하의 스페인에서 민주화경험을 분석하면서 붙인 용어였으나 다른 권위주의정권하의 반체제세력에게 그대로 적용되기 시작했다. 그러면서 정치발전론과는 달리 민주화현상을 다루는 데 있어서 행동자들의 의도와 행동과 연합에 초점을 맞추려는 연구가 뒤따르게 되었다. 앞에서 말한 "민주주의는 민주주의자"에 의해 달성되는 것이라던 내 친구의 주장을 연상케 하는 것이다.

로버트 달(Robert A. Dahl)이 엮은 『정권과 반대세력(Regimes and oppositions, Yale U.Press, 1973)』이 다양한 형태의 정권하에서 나타날 수 있는 반대 세력의 유형들에 대한 비교연구를 담았고 그중 린츠는 "스페인에서의 권위주의정권과 그 밑의 반대세력"이라는 논문을 수록했다. 그 후 중·남미 정치전문가인 슈미터(Philippe Schmitter)

와 오도넬(G. O'Donnel)이 워싱턴 소재 우드로 윌슨 연구소에서 주로 중·남미에서 일기 시작한 민주화과정에 대한 연구프로젝트를 시작하면서 린츠가 시도한 행동자 중심의 민주화 분석 틀을 논의하게 되었다. 그 후 1990년대 초에 린츠(Linz)와 래리 다이아몬드(Larry Diamond) 그리고 마틴 립셋이 공편한 『아시아에 있어서의 민주화』와 『라틴 아메리카에 있어서의 민주화』가 출간되었다.

이들과 달리 역사적 접근을 취한 사뮤엘 헌팅턴(Samuel Huntington)은 서구에서 산업화 이후 나타난 민주화를 제1민주화 파도로 칭하고 1차 대전 후를 제2파도로, 그리고 개발도상국가들에서 1980년 후반 일기 시작한 민주화를 제3파도라고 호칭하고 있다. 1922년 22개였던 민주국가 수가 1980년대에 59로 늘어났다고 했다. 그러면서 제3파도의 출현을 조장해준 다섯 가지 조건을 들고 있다. 정당성문제의 심화, 또는 악화, 1960년대 이후의 전대미문의 높은 경제성장, 가톨릭교회의 교리와 내용의 변화, 외부세력(특히 미국과 러시아)들의 정책변화, 국제적인 규모로 발달한 통신망의 확대들이다. 헌팅턴이 내린 결론은 민주화에 대한 보편적인 이론수립은 불가능한 일이며 나라마다 토착적인 요인이나 조건들의 작용을 중요시해야 한다는 것이다.

한국은 민주화를 어떻게 달성했나? 권위주의정권에서 민주적인 정권으로의 이행 또는 전환은 하나의 같은 선(continuum)상에서 이루어지는 것인가 아니면 다른 차원이나 조건들이 작용하여 나타나는 현상일까? 다시 말해서 권위주의정권의 등장을 가능케 하거나 용이하게 하는 조건들과 민주적인 정권이 등장하는 데 중요하게 작용하는 조건이나 요인은 동일한 것인가, 다른 것인가? 한국에서 민주화 발생 시기를 1980년대 후반 또는 1990년 초로 볼 것인가 아니면 그 이전인 1950년대로 거슬러 올라갈 수 있을까?

실제로 민주화운동은 1950년대에도 있었다. 그 세력은 미약한 편이었지만 자유당정권 시절 반민주적인 지배에 대항하던 야당과 재야세력이 있었고 학생을 포함한 국민의 지지로 자유당 정부를 전복시켰으며 4·19 학생의거 후 집권계기를 얻어 민주정치를 폈다가 쿠데타에 의해 집권 후 9개월 만에 붕괴한 사실이 있다. 그래서 1961년부터 1992년까지 31년간 지속했던 군부의 권위주의적인 지배와 관련된 요인(factors)들과 그것에 종지부를 찍고 민주화과정을 겪게 한 요인들은 같은 것인가 아니면 다른 것인가라는 질문을 제기하면서 구조라는 요인과 행동자(actors) 라는 요인을 염두에 두고 논할 필요가 있다고 본다. 두 요인들은 서로 긴밀하게 교차적으로 작용하기 때문에 현실적으로 분리해서 다룰 수 없는 것이지만 분석적인 목적을 위해 두 개를 별개로 나누어 다룰 수 있다.

그러나 한국의 경우를 생각할 때 구조적인 요소들이 보다 중요한 작용을 했다고 본다. 어느 사회이든 그 사회를 성격짓는 고유한 사회구조가 있다. 그리고 정치는 그런 사회구조를 많이 반영한다. 농촌중심의 사회구조에서 나타나는 정치의 본질과 고도로 산업화된 선진사회구조의 정치가 같을 수 없다. 그렇다고 마르크스가 말한 역사적 단계론이나 결정론을 적용하려는 것은 아니다. 경제 결정론적인 주장을 하자는 것은 아니다. 일반적으로 말해서 정치는 사회구조를 반영하지만 극단적인 경우 정치는 사회구조를 뜯어 고쳐서 새로운 사회구조로 바꿀 수도 있기 때문이다. 다만 그럴 경우 혁명 같은 막대한 폭력을 수반할 가능성이 있다.

해방 후의 혼란과 한국전쟁을 치른 상황에서 등장한 한국의 정치체제의 본질은 민주정치와는 거리가 먼 것이었다. 그것은 소수가 권력이나 심지어 폭력을 수단으로 피지배층을 지배하는 '권위주의적인 정권'이었다. 서로 다른 점도 있지만 이 정권이 그랬고 박 정권이 그러했다. 그런 유의 정권의 등장을 용이하게 만든「구조적」조건들이 여러 가지 있었다. 이미 앞에서 제시했지만 다시 그것을 나열해 본다면 (1)북한이라는 적대적인 정권의 존재와 위협; (2)빈곤의 악순환 지속; (3)정치권력(정권)의 전횡을 막는 제도적 장치 부재; (4)파벌 수준을 벗어나지 못한 정당; (5)한국전쟁 후 한국사회수준을 넘어 비대해진 군부; (6)냉전체제하의 한미관계와 한국에 심각한 정치적 혼란이 발생하는 것을 피하려던 미국의 대한(對韓)정책 기조를 들 수 있다.

이들 여섯 가지 조건들에 추가해서 한국 국민 사이에서 공유되고 있는 사고방식이나 행동양식을 의미하는 정치의식 또는 정치문화의 본질이 민주적인 지배양식이나 정치제도를 수용하거나 뒷받침하는 내용보다 강력한 리더(가령 독재자)가 지배하고 통치하기를 바라는 복종적 성향을 특징으로 하고 있다는 사실도 중요하다고 본다. 우리가 권위주의적 정권의 등장을 조장하는 데 매우 유리하게 작용할 구조·문화적 토양을 가졌다고 할 수 있다.

넓은 의미에서 본다면 한국정치의 본질은 이들 구조적 조건들과 그 조건하에서 경쟁 또는 대립하는 행동자들의 역동적인 상호관계로 볼 수도 있다. 기존의 구조적 조건을 그대로 이용하거나 그런 조건들을 부분적으로 변화하거나 반대로 더욱 보강하면서 집권하는 비민주적인 지배세력과 두터운 구조적 조건의 장벽을 부수고 기존 질서의 변화를 추구하려는 행동세력과의 갈등과 탄압과 변화의 연속이라 볼 수도 있다는 것이다. 그런 갈등이나 대립 속에서 나오는 심각한 문제의 하나가 비판세력이 제기하는 정권의 '정당성'문제였다.

1950년대에 영국의 신문기자가 "한국에서 민주주의를 기대하는 것은 쓰레기통에서 장미가 필 것을 기대하는 것과 같다"라는 조소 섞인 기사를 써서 국내에서 사람들의 반감을 사게 한 일이 있다. 하기야 오랫동안 미국에서 망명생활을 했던 이승만 대통령도 외국 기자와 외교관들 앞에서 한국은 아직 민주주의를 실시할 수준이 아니라고 공언할 정도였으니 영국기자가 그런 기사를 쓴 것을 나무랄 수는 없는 일이다.

1950년대 이승만 정권 때나 박정희 정권이 수립되던 1960년대 초의 한국은 어느 면으로 보나 '후진국'이라는 명칭에 걸맞은 수준의 나라였다. 3년간의 전쟁으로 한반도(북한을 포함해서) 전체의 주요 도시가 초토화되었고 경제는 외국의 원조로 겨우 호구지책을 면할 정도였고 사회구조도 해체 직전까지 갈 정도로 혼란에 빠져 있었다. 그런 상태를 보고 영국 기자가 한국에서 민주정치를 기대할 수 없다고 한 것은 너무나 당연한 일이다. 국가의 생존 자체가 크게 위협받았고 외국의 원조로 경제복구를 시작한 지 얼마 후의 일이었다.

그런데 이런 부류의 권위주의정권이 등장한 나라는 한국만이 아니었다. 이미 라틴 아메리카에서 군부의 쿠데타가 빈번하게 발생했고 태국에서도 군부집권이 체제화되었다. 남아시아의 파키스탄을 시작으로 이집트와 중동 아시아의 여러 나라에서 군부의 권위주의정권이 등장했다. 후진국에서 흔히 찾아 볼 수 있었던 지배형태였다.

이승만 정권이 10년 동안 장기 집권할 수 있었고, 1961년 쿠데타로 집권한 박정희 정권이 등장하여 18년간 장기집권을 할 수 있었던 것도 세계의 후진국들이 공유했던 이런 권위주의정권의 등장을 용이하게 한 「구조 · 문화적 조건」을 한국도 공유했기 때문이었다고 할 수 있다. 물론 나라마다 특수한 사정이 있고 문화적 배경도 서로 다르지만 위에서 열거한 여섯 조건과 비슷하거나 이에 해당하는 다른 조건들을 공유한 것이라 본다. 많은 후진국들은 빈곤에 허덕이는 나라들이었고 제각기 외부로부터 위협에 직면하고 있었고 정당조직이나 정치제도가 발달하지 못해서 파벌이나 혈연집단이 정치의 향방을 좌우하였고 문화적으로 강력한 리더를 숭배하고 따르려는 독제체제 선호경향을 띠는 공통점도 갖고 있었다.

1961년 쿠데타로 집권한 박 정권의 경우 이 정권과 좀 다른 점이 있었다. 이 정권의 경우 두 차례에 걸쳐 개헌을 하면서 이승만의 집권을 연장했으나 이에 대한 대대적인 반대나 정권에 대한 심각한 도전이 없었다. 반면 박 정권은 민간정부로 탈바꿈한 이후에도 '합법성'이라는 법적 차원의 문제가 아니라 군인들이 직접 정치에 개입하여 국가를 운영하고 있는 사태에 대한 정당성의 문제로 시달렸다.

합법성은 국민들에게 복종을 강요할 법적 권한은 확보해 주지만 국민 스스로가 복종하게 만드는 것은 정당성이다. 그것은 국민들이 지도자에 대해 국민을 다스리는 데 마땅한 자질과 능력과 도덕성을 지녔다고 믿게 하는 '신념'이다. 군인들에 대한 강한 불신감을 가진 사람들은 군인들이 한국전쟁을 치르면서 얼마나 부패한 집단인가를 목격했다면서 앞날에 대해 걱정하는 반면, 군부는 정치에 때가 묻지 않았고 또 조직력을 갖춘 집단이어서 국가를 '능률적'으로 운영하고 '혁명공약'대로 경제를 발전시키는 데 기여할 수 있을 것이라는 기대감이 교차했다.

박 정권은 1960년대의 고도경제 성장을 달성함으로써 일단 그런 신념을 국민들에게서 얻는 데 성공했다. 그리고 그것을 계기로 "조국 근대화를 중단할 수 없다", "강을 건너갈 때 말을 갈아탈 수 없다"라는 그럴듯한 구호를 가지고 3선 개헌을 강행했고, 그런 그를 과거의 업적에 대한 신념 때문에 다시 당선시켰다. 그리고 야당 후보인 김대중의 4대국 보장안을 현대판 사대주의로 몰아 공격했다. 그러나 3선 개헌조치는 경제성장으로 얻은 박정희에 대한 국민의 신임을 다시 흔들리게 하는 결과도 초래했다.

그런 후 대선에서 당선된 박정희 후보는 다음 해 1972 해방 이후 일찍이 한국에서는 볼 수 없었던 대대적인 헌법질서의 와해에 착수했다. 유신(維新)헌법의 공포가 그것이다. 그리고 그 헌법의 공포와 함께 박정희 정권의 정당성은 공화당정부 시절 야당이나 재야세력으로부터 받은 것과 비길 데 없는 저항과 반대를 겪으면서 심각한 위기를 맞이하게 된다.

그렇게 볼 때 한국에서 민주화로의 전환을 위한 물꼬가 본격적으로 트인 것은 박 정권의 정당성(正當性)이 정면으로 부정되던 1970년대 중반과 그의 시해 사건 후이다. 그리고 전두환 정권이 1987년 6월 항쟁에 굴복하여 집권층 내부의 제안을 받아 직선제 대통령선거제로 환원하는 6 · 29 선언을 수용한 후의 일이다. 그때가 오랜 군사정권에 종지부를 짓는 민주화과정이 본격적으로 시동을 걸기 시작하던 때이다. 그런 의미에서 한국에서 민주화과정이 본격적으로 궤도에 오르기 시작한 것은 1980년 후반부터라고 보아야 한다. 1980년대 초와 중반에 걸쳐 중남미와 남유럽국가들(스페인과 포르투갈, 그리스)이 군사정권을 종식시키고 민주화를 달성했다. 칠레와 아르헨티나의 민주화와 장기간 단일독재정당(PRI)을 유지해 온 멕시코도 민주화하였다. 아시아에서는 한국, 필리핀, 인도네시아, 대만에서 민주화운동이 활발하게 전개되기 시작했다.

1980년대 후반 한국에서 일어난 민주화 추진은 넓은 의미에서 본다면 이런 중남미, 남유럽, 그리고 아시아에서 일어난 변화와 큰 맥을 같이 하는 것으로 보아야 한다. 이 지역(region)에서 나타난 민주화는 오랜 군사정권의 종식을 가져 왔다. 그리고 이 지역에서 군사정권의 정당성 기반(그런 정권이 필요하다고 보는 신념)이 근본적으로 무너지게 된 시기는 세계를 둘로 쪼개고 극한 투쟁을 벌여온 미국과 소련의 냉전체제가 종식되었던 때였다. 전두환 정권이 6 · 29 선언을 공포하던 무렵이 바로 그런 시점이었던 것이다.

중 · 남미와 남유럽에서 민주화과정의 촉진과 성공을 가져다 준 소련의 붕괴와 냉전체제의 와해가 한국에게 영향을 미친 것은 얼마 후의 일이었다. 그 이유는 한반도에서는 남북한 간의 냉전체제가 여전히 지속됐을 뿐 아니라 소련과 동구권의 붕괴는 북한 공산정권이 남한에 대한 대결과 긴장을 더욱 고조시키는 역작용을 했기 때문이다. 사실 공산권의 붕괴를 목격하던 북한정권은 자신이 동구권의 정권과는 다르다는 사실을 강조하면서도 내심 공산권의 장래를 놓고 전전긍긍했을 것으로 보아야 할 것이다. 그리고 그런 상황에서 이제 북한이 군사적으로나 정치적으로 의지할 수 있는 나라는 중국이라는 사실을 더욱 절실히 깨닫게 되었을 것이다.

한편 소련의 붕괴로 급격하게 변천하는 국제정치적 상황과 미국의 정책적 수정 속에서 1961년 이후 근 30년을 집권해 온 군사정권의 전두환 정권과 노태우 정권은 다가오는 거센 민주화운동의 물결을 헤치고 나가야 하는 심각한 도전에 직면하기 시작했다. 세계의 추세가 군사정권에게 불리하게 전개되어가고 있었으나 북한과의 대결을 구실로 안보 문제를 내세워 반대세력을 압도해 가는 길도 있었다. 그럴 경우 한국정치는 심각한 불안과 긴장상태에 빠질 수 있었다. 그리하여 군사정권은 일방적인 탄압에서 벗어나 6 · 29 선언으로 반 정권세력과의 협상의 길을 열었다.

• 자성적(自成的)인 민주화라야 확고해

성공적인 민주화는 자성적(自成的)일 때 확고한 제도로 자리 잡을 수 있다. 외부 세력이 강요한 민주화는 내부의 저항이나 그것을 지탱할 충분한 여건을 구비하지 못해 좌절되는 경우가 많다. 2차 대전 후 민주화를 경험했던 많은 후진국가가 그런 좌절을 겪었다. 다만 패전국가인 독일과 일본에서는 외부세력에 의한 민주화가 나름대로 성공을 거둘 수 있었다. 민주화가 실패한 후진국에서는 대안으로 여러 가지 형태의 비민주적이고 독재적 성격의 정권들이 등장했다. 1945년 일본의 식민지배에서 독립한 한국의 민주화 경험도 그런 국가들과 유사한 경로를 밟았다. 한국도 외부의 민주화 시도가 실패한 하나의 좋은 예였다.

그런데 역사는 전진했다. 1980년 말부터 한국에서 민주화운동은 그동안 구경꾼의 입장을 취해온 대중이나 학생과 시민의 광범한 지지를 획득하기 시작했다. 그야말로 '자성적(自成的)'인 민주화운동으로 그 성격이 변질된 것이다. 국민 스스로가 성장한 민주화운동이 된 것이다. 영어표현을 쓴다면 'Home-grown Democracy'를 향한 시민운동이 시작된 것이다.

1980년 이른바 "서울의 봄"이라 불렸던 학생 중심의 민주화운동은 소위 "신군부"라는 군부세력이 일으킨 제2의 쿠데타 때문에 좌절되었고 그 후 군사정권에 반대하는 학생집단과 일부 노동집단의 저항과 반대투쟁이 계속되다가 1987년 대통령의 직선제와 김대중의 정치활동 허용을 골자로 하는 6 · 29 선언으로 원천적으로 야권의 집권 가능성을 봉쇄해온 군부권위주위정권이 정치적 경쟁을 허용하는 개방책을 택하게 되었다. 그것은 간접적으로 야권의 집권 가능성을 열어줄 수도 있는 것이었다는 점에서 그것이 곧 군부권위주의정권 후퇴의 시작이었다고 할 수 있다.

그러나 그것은 엄밀한 의미에서 민주화의 시작이라기보다 "자유화(liberalization)"의 시작이었다. 노태우 정권이 추진한 것은 소련의 고르바초프가 추진했던 "페레스트로이카" (즉 자유화)처럼 일종의 자유화 정책이었다고 할 수 있다. 그런데 자유화가 곧 민주화로 자동적으로 전환하는 것은 아니다. 소련에서 나타난 대로 소련군부와 정치지도층의 일부는 고르바초프의 페레스트로이카에 반대하여 쿠데타를 일으켜 그를 강금하고 또다시 공산정권을 세우려다 국민의 저항으로 실패했다. 마찬가지로 노태우 정권이 추진한 자유화에 대해 불만을 가진 일부 과격한 군부에 의해 또 다른 형태의 폭력적인 변화가 발생할 가능성도 없지 않았다. 그러나 다행히도 그런 사태는 발생하지 않았다.

• 한국의 민주화 조건: 빈곤해소, 중산층, 그리고 정치문화

그렇다면 한국에서 그렇게 '자성적'인 민주화가 가능했던 이유는 무엇일까?라는 질문을 제기해 볼 수 있을 것 같다. 그것이 이 장에서 다루려는 기본적인 질문이다. 권위주의정권의 등장 요인과 민주화 요인은 같은 것인가, 다른 것인가 하는 기본적인 질문이기도 하다. 한국의 민주화가 외부의 힘에 의해 추진된 것이 아님은 분명한 사실이다. 외부세력으로는 미국 정부가 결정적인 시점에서 전두환 정권에게 무력사용을 자제시킴으로써 민주화운동이 지속될수록 지원한 것도 있다. 그러나 그것이 민주화를 이끈 원동력은 아니었다.

권위주의정권에서 민주적인 정권으로의 전환을 가능케 한 조건들은 무엇인가? 권위주의정권의 등장을 조장하거나 가능케 했던 조건들이 사라지고 그것을 대치하는 새로운 조건들이 형성된 때문인가?

위에서 열거한 여섯 개의 권위주의정권의 등장 조건들 가운데 변하거나 없어진 조건들과 민주화의 달성과는 어떤 관계가 있는 것일까? 다시 말해서 「북한의 위협」, 「빈곤의 악순환」, 「전횡적인 권력을 막는 정치제도 부재」, 「파벌수준의 정당」, 「6 · 25 후 비대해진 군부」, 「냉전체제와 한미관계」 등의 조건이나 내용이 사라지거나 수정되면서 한국의 민주화가 이루어진 것인가? 아니면 지금까지 밝혀지지 않은 전혀 새로운 조건이 개입함으로써 민주화가 달성된 것인가?

1980년대 후반기에 있어서 한국을 둘러싼 내외 정치 · 경제적 조건들은 많은 변화를 겪었다. 가장 중대한 변화는 소련과 동구권의 붕괴로 시작한 냉전체제의 해체이다. 그것이 가져온 충격파는 매우 컸으나 한반도에는 직접적으로 영향을 미치지 않았다. 북한정권은 존속했으며 김일성이 1994년 사망한 후에도 그의 아들 김정일이 2011년 죽기까지 20년 가까이 계승되었고 다시 그의 아들이 계승하려고 하고 있다.

그런데 한국의 민주화 이전과 그 후를 비교해 볼 때 여섯 가지 조건들 중에서 뚜렷하게 나타난 변화는 한국이 농업경제에서 산업경제로 발전하였고 "빈곤의 악순환"문제를 해소했다는 것이다. 그러면서 오랫동안 진행되었지만 한국이 대대적으로 도시화되었고 중 · 대도시로의 인구이동이 나타나면서 대중사회(mass society)로 변모했다는 사실이다.

그러나 여당이나 야당이나 정당들은 민주화운동이 추진되는 동안 여전히 파벌조직이라는 구조적 테두리를 벗어나지 못하고 있었고 권력의 전횡을 막거나 견제할 제도적 장치나 정치적 집단도 없었다. 특히 유신체제 당시 권력의 전횡이 극치에 달해도 여당과 야당은 아무런 견제력도 행사할 수 없었다. 여권 내에 주동적으로 민주화를 촉진시키겠다고 하는 움직임은 없었다. 다시 말하면 권위주의정권의 등장을 조장한 조건들 중에서 미국의 대한정책의 집행과정에서 약간의 신축성이 생겼고 북한이 소련의 붕괴로 일시적인 정치적 혼란을 겪었으나 북한의 붕괴라는 대대적인 변화로 이어진 바 없었다. 그런 의미에서는 한국을 둘러싼 외적 환경에서 오는 변화나 수정은 한국의 민주화에 '결정적인 조건'으로 작용하지 않았다.

그렇다면 중요하고 확실한 변화는 한국경제가 크게 성장하였고 한국사회가 산업화이후 대중사회로 변모했다는 사실이다. 그리고 한국국민의 보통사람들의 교육수준이 고등학교 이상으로 상승하고 있었다는 사실이다. 물론 경제적 변화라는 조건은 박 정권이 이룩한 경제성장에서 비롯된 것이다. 많은 사람이 지적하는 것이지만 "산업화가 민주화를 가져왔다"는 주장은 틀린 것은 아니다.

그런 산업화과정이 없었더라면 한국에서 민주화과정은 다른 과정을 밟았거나 순탄하지 못했을 가능성은 있다. 그런 의미에서 경제개발은 민주화를 위한 순기능적인 필요(necessary)조건으로 작용했다고 본다. 그러나 그것이 충분조건은 아니다. 왜냐하면 중남미나 아시아, 심지어 최근 중동에서 나타난 것 같이 산업화 없이도 민주화를 달성했거나 민주화를 추구하려는 나라들을 설명하기 어렵기 때문이다. 인도네시아, 필리핀, 태국, 그리고 최근에는 리비아와 이집트에서 일어난 민주화운동을 설명할 수 없다.

권위주의정권의 등장을 조장했던 여섯 가지 조건 중에서 30년의 군사정권기를 통해 뚜렷한 변화를 겪은 것은 '빈곤의 악순환' 해소라는 조건뿐이다. 여섯 가지의 조건들이 모두 사라지거나 그것들에 큰 변화가 생기면서 민주화가 이루어진 것은 아니다. 1980년대 후반에 이르러 전혀 모르거나 예상 못한 새로운 조건이 발생한 것도 아니다.

나머지 다섯 개의 조건들, 즉 '북한의 위협', '권력 견제를 위한 정치제도', '정당구조', '군부의 규모와 역할,' 그리고 '미국의 대한 정책'에 대대적인 변화가 생기면서 한국의 자성적인 민주화가 달성된 것은 아니라는 것이다. 그런 조건들에 변화가 있었다 해도 그 규모나 효과, 그리고 영향은 한계적(marginal)이어서 민주화과정에 직접적인 영향을 줄 정도는 아니었다.

극단적으로 말한다면 권위주의정권의 등장을 조장(助長)했거나 지탱해주는 데 작용했던 요인(조건)이 사라져서 민주화가 달성된 것이 아니라는 것이다. 결국 한국에서 자생 또는 자성(自成)적인 민주화운동이 지속되고 민주화가 성공적으로 달성될 수 있었던 것은 우리 국민의 '자질'에 변화가 있었기 때문이다. 무엇보다 교육이다. 적어도 고등학교 수준의 교육을 받은 사람이 '보통사람'이 된 나라에서 일어난 일이다. 나는 다른 장에서 한국에서 4 · 19 학생혁명이 발생하게 된 원인을 규명하는 글을 쓰면서 왜 학생들이 혁명의 주력으로 나서게 되었는가를 물었다. 그리고 교육 때문이라고 결론을 지었다. 학교에서 배운 민주주의 정신과 그들이 살던 현실이 너무 동떨어진 상황에서 이승만 정권의 부정선거에 분개한 학생들이 일으킨 혁명이었던 것이다.

교육수준의 향상에 추가해서 들 수 있는 것은 '중산층'의 형성이다. 이것도 교육과 도시화라는 현상과 연관이 깊다. 또한 인구학(demography)적으로는 1980년대 후반에 연령적으로 한국의 인구가 매우 젊은 인구였다는 사실이다. 민주화운동이 일어난 한국의 사회적 맥락을 넓게 잡아 보면 한국에 이미 「근대화」라고 할 현상이 상당 수준에 달해 있었다고 말할 수 있다. 1980년대 후반과 1990년대 초의 한국은 이미 '대중사회(mass society)'로 진입한 지 오래된 후였다. 그런 대중사회를 사는 시민들을 군사정권시대의 비민주적 정치제도로 계속 지배한다는 것이 불가능했다. 폐쇄적인 정치체제를 개방하는 일만이 남아 있었다. 1980년대 말에 이르면서 그동안 폐쇄적인 군사정권의 정당성 기반을 지탱할 수 있었던 정치적 · 경제적 · 심리적 · 사회적 기반, 모두 계속 유지되기 어려웠다.

교육의 신장과 늘어난 중산층의 등장은 민주화 '운동세력(activists)'에게 큰 의미를 지녔다. 그들이 바로 민주화운동의 동원 대상이었기 때문이다. 그들이 없으면 운동세력의 영향력은 한계를 지녔다. 이 두 가지 조건은 권위주의정권하에서 생기고 자라난 것이었다. 그러면서 정치적으로 변화를 가져올 수 있는 가장 중요한 동인이었다.

그러나 민주화는 저절로 되는 것은 아니다. 한국에서 민주화를 성공적으로 이끈 민주화 운동가(activists)들이 없었다면 결과는 달라질 수 있다. 한국 사람의 교육수준이 높아졌고 경제성장과 산업화를 달성함으로써 대중사회가 되어 민주화운동가들의 동원대상이 크게 늘어났다는 사실만으로는 민주화가 실현될 수 없다. 그런 대상을 정치적인 세력으로 동원할 수 있는 능력은 민주화 활동가 집단에서 나오기 때문이다. 그들의 주관적이고 헌신적인 노력이 결실을 맺게 된 것이다.

전두환 정권 당시 한국이 자성적인 민주화를 달성할 수 있었던 이유로 구소련의 붕괴, 미국 정부의 외교정책 기조의 전환, 일반 시민의 정치참여 욕구, 그리고 사회 전반에 걸친 현대화의 영향을 들 수 있다. 모두가 객관적으로 민주화 달성에 작용한 필요여건들이라 할 수 있다. 그러나 한국의 자성적 민주화는 민주화를 위해 많은 희생을 치른 지도자들, 그들을 따라 희생적으로 운동에 참여하여 많은 고생과 고통을 겪은 학생들과 근로자들, 시민세력, 심지어 목숨을 잃은 정치인이나 운동가들의 희생과 그들이 뿌린 땀과 피의 결과로 우리 스스로의 힘으로 이 땅 위에 역사적으로 길이 남을 민주체제를 이룩할 수 있었던 것이다. 그래서 "민주주의는 민주주의자에 의해 창설된다"는 말을 되새기게 되는 것이다.

10. 21세기 한국정치의 과제는?

나는 역사철학자 헤겔의 역사 진행에 대한 결정론에 동조하지 않는다. 이상주의자로서 인류역사를 어떤 결정된 지점을 향해 발전해 가는 것으로 본 헤겔의 주장이나 젊은 헤겔학파에 속했었고 헤겔의 영향을 받았으나 그의 주장을 거꾸로(Upside down) 만들어 헤겔이 말한 이성(理性) 같은 상부구조가 아니라 생산양식과 계급투쟁이라는 하부구조가 역사의 진행을 결정한다고 주장한 칼 마르크스의 유물론적 결정론도 받아들이지 않는다. 베버는 그런 것을 무의미하고 가치판단을 사실과 혼돈한 주장이며 일종의 「천년왕국론(Chiliasm)」적인 유토피아를 논한 것이라 했다. 역사가 어떤 결정적인 요인들에 의해 일정한 방향으로 진행되어 간다는 주장을 혹독하게 비판한 것이다.

21세기의 한국정치가 어떻게 전개될 것인지를 그런 일반론이나 결정론적인 주장을 가지고 정확하게 예측할 길은 없다. 그런 역사철학적인 거창한 전제들 없이 은유적인 표현을 써본다면 해방 후부터의 반세기 넘는 한국정치를 되돌아볼 때 일종의 변증법적 전개를 해온 것 같은 느낌을 갖게 된다. 해방 후 남북이 분단되고 두 개의 이질적이고 적대적인 두 개의 정권이 고도의 긴장관계와 갈등을 지속해 왔다. 만일 북한의 공산주의와 그 정권이 하나의 테제(theses)였다면 그것을 배격하고 대립한 남한의 이 정권과 군사정권은 그것의 안티-테제(anti-theses)였다고 할 수 있다. 그리고 북한의 남한 침략전쟁은 남한정권을 점차 민간인으로부터 군인중심의 강성의 권위주의정권으로 전환하게 하는 결과를 가져왔다고 본다.

그런 대립구조에 있어서 한국이 달성한 민주화라는 정치변화는 어떤 의미를 갖는가 하는 문제를 제기하게 된다. 그것이 두 개의 테제를 지양시켜 하나의 다른 테제를 낳게 한 변화는 아니다. 그렇지만 그것은 적어도 한국에 있어서 기존의 안티 테제의 내용에 질적인 변화를 가져오게 했다. 과거의 안티 테제(예로 반공주의)에 기초한 남북한의 대립관계를 다른 차원으로 전개해 갈 수 있는 잠재성과 가능성을 포함하고 제시해주는 변화라고 볼 수 있는 것이다. 그만큼 한국의 민주화 달성의 의미는 크다고 본다.

21세기의 한국정치를 생각하면서 피해갈 수 없는 문제는 무엇일까를 생각해 보았다. 당연히 많은 사람들은 '통일문제'를 생각할 것이다. 사실 우리 민족에게 통일문제처럼 가장 절실하게 느껴지면서도 한편 가능성을 생각할 때 실망감을 느끼게 하는 문제도 없다. 남북한의 관계가 지금의 대립을 지양한 다른 차원의 관계로 갈 가능성을 우리는 배제할 수 없다. 그러나 그 관계에는 북한이라는 타자(他者)가 있는 만큼 앞날을 예측하기가 더욱 어렵다. 그렇다 해도 통일을 달성하기 위한 갖가지 노력은 꾸준히 이어가야 할 것이라 생각한다.

나는 이 책 11장에서 21세기의 한국정치의 과제를 다루면서 한국이 언젠가는 단독으로 해결해야 할, 그리고 피해갈 수 없는 문제와 추세를 몇 가지 생각해 보았다. 그것들은 1, 2년이라는 단기적인 시일 내에 달성할 가능성이 있는 것들은 아니고 10년 내지 20년이라는 시간을 두고 다루어야 할 중 · 장기적 성격의 과제라고 할 수 있다.

그러면서 그것들은 오늘 한국이 오랜 정치적 시련 끝에 달성하여 계속 공고화해가고 있는 민주정치체제 아래에서 달성할 수 있다는 전제(前提)를 가지고 시작하여야 한다.

첫째로 들 수 있는 과제로 헌법의 개정문제가 있다. 기본적인 질문이지만 지금의 헌법을 계속 영구적으로 유지할 것이냐 아니면 변천한 오늘이나 멀리는 통일 후의 한국을 염두에 둔 헌법으로 개정할 필요가 있느냐 하는 중요한 과제이다. 두말할 필요없이 헌법은 한 나라의 정치질서의 원칙과 골격을 담은 청사진과 같은 것이다. 그것으로 정부기구의 구성을 비롯하여 헌정질서를 유지하기 위한 기본 원리들을 규정하게 된다. 단순히 말해서 한 나라의 지배체제의 내용을 담은 것이다. 그것이 민주적인 헌법일 수 있고 반대로 집권세력이 권력유지에 이용하는 형식적인 문헌이 될 수도 있다.

한국의 헌법은 엄밀하게 말해서 1948년 첫 헌법을 제정한 후 집권세력의 정치적 욕구를 충족시켜주는 데 이용당한 누더기 헌법이라는 평을 받을 만하다. 첫 번째 헌법을 두 번이나 개헌하였고 4 · 19 후 다시 내각제로 개헌하였으며 5 · 16 쿠데타 후 다시 대통령 중심의 헌법으로 개정되었으며 유신헌법은 기존의 헌법을 사실상 대체하였으며 마지막으로 1987년 여야 간의 타협을 통해 5년 단임제의 대통령직선제를 골자로 하는 내용으로 개정하였다. 정권이 바뀔 때마다 개정을 거듭한 것이다. 그런 헌법을 국민들이 얼마나 국가의 정치질서의 대강을 담은 귀중한 문서로 인식할 수 있을까가 의문이다.

민주적인 헌법이 규정한 정부형태로서 대통령제, 내각제, 이원집정제가 있다. 그 외에 또 있다면 이 세 가지 기본형을 다소 변형시킨 것일 수는 있다. 이원집정제를 택하고 있는 나라는 프랑스와 핀란드이다. 프랑스의 경우 오랫동안 지켜온 내각제를 드골이 이원집정제로 바꾸었고 핀란드는 지금껏 전형적인 이원집정제를 유지하고 있다. 대통령은 국가를 대표하면서 국방과 외교에 대한 권한을 행사하고 내정은 국무총리가 관장한다. 대통령제를 택한 나라들은 아메리카대륙에 위치한 나라들과 과거 미국의 식민지였던 필리핀, 그리고 해방 후 군정을 실시하였고 후에 단독정부를 세우기까지 미국이 깊이 관여해온 한국이다. 영국이 과거 식민 지배를 통해 연관을 맺어온 다수의 국가들은 영국을 본떠서 내각제를 택하고 있다. 일본은 명치시대부터 영국의 영향을 받아 천황제(天皇制) 아래 독특한 내각제를 취한 바 있다. 영연방(英聯邦)이라 불리는 캐나다, 오스트레일리아, 뉴질랜드, 인도, 파키스탄이나 과거 영국 식민지였던 말레이시아 같은 나라들은 내각제 정부형태를 취하고 있다.

나는 우리나라의 정부형태를 어떤 것으로 택하건 그것은 모두 민주적인 정부형태라 본다. 우리가 어떤 정부형태를 취할 것이냐를 논할 경우 이슈(issue)가 될 수 있는 것은 그것이 정치 안정에 얼마나 기여할 수 있는 형태인가라는 질문을 고려해야 한다. 나의 견해이지만 지금의 헌법은 임시변통(臨時便通)의 소산이라 본다. 누가 얼마나 오래 집권하는 데 유리한가 하는 데 목적을 둔 개헌논의가 지속되는 한 진정으로 우리나라가 필요로 하는 헌법을 제정할 수 없다. 부러운 것은 백년대계(百年大計)를 염두에 두고 만들었던 미국의 초안자들의 헌법은 250년이 지난 오늘도 그 내용에 크게 수정된 바 없이 국가질서의 기본원리로서 귀중한 문헌으로 사용되고 있다는 사실이다. 그런 헌법을 만들기 위한 개헌 노력이 우리에게도 필요하다. 이 과제는 오래지 않아서 언제가는 짚고 넘어가야 할 중대한 과제의 하나라고 생각한다.

두 번째로 헌법을 제대로 만드는 것 이상으로 우리나라의 정당들이 변해야 한다는 것이다. 오래전 어디에선가 정당의 발전단계를 논하면서 '파벌단계', '준(準)제도화단계', '제도화단계'라는 3단계론을 논한 바 있다. 그 주장대로라면 우리나라의 정당들은 지금 파벌단계에서 준제도화단계로 가는 과도적 단계에 놓여 있다고 본다. 정당 지도층 일부(주로 젊은 층이지만)에서 지역구에서의 국회의원후보 공천론을 주장하고 있다는 사실은 준제도화로 가는 진통을 반영하는 것이나 마찬가지이다. 정당이 하나의 제도로서 자리 잡으려면 과거의 「사랑방정치」에서 벗어나 아래로부터의 공천이라는 과정을 밟을 필요가 있다. 한국의 정당들은 정당이론적 시각에서 볼 때 정당으로 인정하기 어려울 정도이다. 유명한 정당 이론가인 사르토리(Sartori)에 의하면 정당이란 (1)표현; (2)통로만들기(channelment); (3)의사소통(communication)을 최소한(minimal)의 기능으로 하는 조직이다 (G. Sartori, *Parties and Party Systems,* P. 56). 그러나 한국 정당들은 그 어느 하나도 제대로 수행할 능력을 갖추지 못하고 있다.

선진국에서처럼 선거구를 단위로 해서 정당 당원들이 중심이 되어 후보를 공정하게 선출(channelment)하여 그 지역 정당원들이 뽑은 후보가 다른 정당후보와 경쟁하는 단계가 되면 그것은 제도화단계에 이른 정당체제라고 할 수 있다. 우리는 아직도 파벌중심적인 정당수준에서 벗어나지 못하며 총선 때마다 후보 공천을 둘러싸고 치열한 파벌 간 쟁투가 벌어지고 있는 실정이다. 그 과정을 지양(止揚)하지 않고서는 올바른 의미의 정당정치시대의 도래를 기대하기 어렵다. 정당정치시대 없이는 진정한 내각제 정부형태의 운영도 기대할 수 없다. 바로 4 · 19 후 장면 내각시대의 정당들의 작태가 그것을 입증한 바 있다. 언제인가 한국 국민들이 지금과 같은 정당불신 또는 정당혐오심리에서 벗어나 자기가 속한 정당이 무엇이라고 떳떳이 말할 수 있는 때가 올 수 있어야 한다. 그렇게 정당들은 스스로 뼈아픈 변신과 변화를 위한 노력을 해야만 한다.

세 번째 과제로 「시민사회와 시민문화의 창달」을 들고 싶다. 사실 개헌문제, 정당제도화문제, 그리고 시민사회 창달의 문제는 서로 끊을 수 없게 연계되어 있는 과제들이다. 그리고 이것들은 다른 국가들의 간섭이나 영향 없이 한국국민들이나 지도층에 의해 실현되어야 할 과제이다. 다시 말해서 헌법 개정이라는 과제에는 안정된 정치질서를 구현하기 위해 필요한 적절한 정부형태를 규정하고 그런 정부형태에 걸맞은 정당체제나 선거체제 등이 포함될 수밖에 없다. 그것을 통해 정당조직들이 인물본위나 파벌중심이 아니라 소속의식을 가진 정당 당원들의 자발적인 참여에 의한 선출직 공무원의 선출에 기여할 수 있어야 한다. 그런 점에서 개헌의 내용에 따라서는 정당정치의 발전방향을 결정하는 효과도 가져올 수 있는 것이다. 그 내용 여하에 따라 정당정치의 성격도 주조(鑄造)될 수 있다는 말이다.

시민사회와 시민문화의 창달은 민주정치의 건전한 발달과 공고화에 필수적인 요건이다. 시민문화는 시민의식을 지닌 층이 만들 수 있다. 시민사회 이전의 사회는 신민(臣民)사회는 될지라도 시민사회는 아니다. 왕이나 독재자에게 굴복하고 복종하고 있는 국민이 사는 사회는 시민사회가 아니다. 시민사회란 주권재민(主權在民)의 의식이 국민 사이에 내면화되어 있는 사회이다. 즉 국민이 나라의 주인이라는 의식이다.

민주정치에서 시민사회의 중요성은 아무리 강조해도 끝이 없다. 건전한 시민사회 없이 건전한 정치사회는 없다. 정치사회를 구성하는 선출직 공무원들(대통령부터 국회의원)을 충원하는 일은 시민사회의 구성원이 하는 일이다. 제대로 된 선출직 공무원이 공직에 선출

될 수 있을 때 재대로 된 정치사회도 구성되는 것이다. 그리고 건전한 시민사회가 되려면 건전한 시민정치문화도 존재해야 한다. 건전한 시민문화, 시민정치문화의 핵심요소는 "신뢰(trust)"이다. 선출직 공무원들에 대한 신뢰도 중요하지만, 시민들 사이에서 신뢰가 지배하고 있는 사회가 곧 시민사회이다. 그리고 선출직 공무원들의 책임성 있는 행동을 통해서 시민들의 신뢰를 확보할 수 있는 사회가 시민사회이다. 그런 신뢰를 바탕으로 시민들 사이에 상호협력이 활발하게 이루어질 수 있어야 한다.

그런 시민사회에서 중요한 역할을 맡고 있는 단체들로 시민단체와 이익집단들을 들 수 있다. 시민단체와 이익집단은 주로 그 단체들이 추구하는 목적에 따라 구별된다. 이익단체의 경우 특정 이익을 추구하는 과정에서 정치사회와 연관을 갖게 되며 정당이나 정부, 그리고 국회를 대상으로 하는 활동을 벌일 수 있다. 시민단체는 이익단체처럼 구체적이거나 특정의 이익을 추구하려는 것이 아니라 시민사회 내의 중요한 쟁점이나 문제점들을 해결하기 위한 방법으로 특정수의 시민들이 중심이 되어 조직하는 단체이다.

이익단체들에 비해 시민단체는 일반적으로 영구적이기보다 특정 문제를 중심으로 형성되었다가 그 문제가 해결되면 자연히 단체도 해산하는 경우가 많다. 그러나 현대 민주정치는 직접민주정치가 아니라 대의민주정치이다. 시민들을 대신하는 선출직 공무원들이 시민을 대신해서 국가와 정권을 운영하는 책임을 맡고 있는 정치체제이다. 그런 선출직 공원들에게 시민사회는 정책수립이나 정책집행과 관련해서 설명책임(accountability)을 추구할 권리가 있다. 그것을 개인이 하는 것보다 단체를 통해서 할 수밖에 없다. 즉 시민단체의 활발한 활동이 필요한 것이다. 그런 활동의 대상은 국회와 행정부, 그리고 법원일 수도 있으나 시민단체는 대의정치의 정신으로 보면 시민이 뽑은 국회의원들의 입법 수행능력이나 의원직 수행능력에 대한 공정한 평가를 내리고 그들을 감시할 의무가 있다. 21세기의 한국사회가 시민사회로 변질할 때 한국정치의 양상도 변할 수 있을 것이다.

네 번째 과제로 세계화 또는 지구화에 대응하는 문제를 들겠다. 영어로 Globalization은 우리나라에서 세계화로 변역하기도 하고 지구화라고 부르기도 한다. 어떻게 번역을 하든 그 현상은 모든 국가들 사이가 매우 가까워지고 세계가 과거 어느 때보다 좁아졌다는 것이다. 캐나다의 언론학자 맥루한(M. Mcluhan)이 우주촌(Global village)이라는 표현을 처음 사용하였을 때 많은 사람들은 그것을 실감하지 못했던 것 같다.

그러나 21세기에 이르면서 세계화는 통신기술의 발달과 함께 엄청난 속도로 다양한 변화를 하기 시작했다. 특히 구소련과 동구권이 붕괴한 후 공산주의 이데올로기의 위력과 호소력이 무산되는 속에서 시장경제가 급격히 세계적인 규모로 확대되면서 세계화과정도 속도를 내게 된 것이다. 더구나 근래에 와서는 컴퓨터와 휴대용 전화의 광범한 보급으로 세계를 연결하는 통신망이 구축되면서 우주촌의 이미지가 현실로 나타나고 있다.

세계화가 지닌 의미를 아직은 충분히 이해하기 어렵다. 그것이 주는 충격의 범위도 아직은 잘 모른다. 그러나 한 가지 확실한 것은 그것이 가져오는 변화의 규모나 의의는 과거 세계 역사가 겪었던 변화들을 능가하는 광범한 것이 될 수도 있다는 것이다. 역사적으로 하나의 세기나 시대에서 다른 세기와 시대로 전환하였을 때 정치, 경제, 사회, 문화적으로 대변화(Great transformation)를 겪었던 것처럼 오늘의 세계가 그와 같은 변화과정을 밟고 있는지도 모른다. 다시 말해서 그 변화의 규모나 의미가 과거 중세기에서 근대로, 또 농업사회에서 자본주의로 전환하던 때와 같은 변화가 될지는 두고 볼 일이다. 중세기의 르네상스와 종교개혁을 거쳐 근대사회로 전환하던 때와 같은 규모의 변화가 일어날지도 두고 볼 일이다. 그만큼 세계화의 파도는 전 세계를 휩쓸 정도로 광범하고 충격적이라고 할 수 있다.

세계화의 충격을 놓고 다양한 주장과 논란이 일고 있다. 부정적인 시각에서 보는 입장이 있고 반대로 긍정적으로 보는 입장도 있다. 여하튼 세계화라는 현상은 21세기 한국이 피해갈 수 없는 엄연한 추세이며 그것이 제기하는 문제들을 어떻게 해결해 가느냐가 핵심과제인 것이다. 정치적으로 세계화는 한국의 민주화과정과 공고화를 가속화시킨다는 견해가 있는 반면, 정치체제를 개방해야 할 경우 이에 따르는 막강한 외부의 부정적인 요인의 작용으로 민주화의 순조로운 진행이 저해받게 된다고 보는 견해도 있다.

무엇보다 정치적 차원에서 문제가 되는 것은 그것이 국가의 주권에 얼마나 제약을 가하느냐 하는 문제이다. 역사적으로나 전통적으로 국가가 행사하는 주권은 다른 어떤 국가나 조직이나 제도도 침해할 수 없다는 것이 일반적인 주장이다. 그런데 세계화의 현상은 그런 종전의 주장을 뒤엎는 추세로 나타나고 있다. 극단적인 표현이지만 언젠가는 세계화 때문에 국가의 주권행사는 사형수의 집행권한 정도로 축소될 것이라는 견해도 있다. 그런 상황을 가정한다면 단일국가로서 세계화가 부정적으로 미칠 가능성이 있는 영역이나 조직 또는 제도에 대해 철저한 대비책을 마련해야 할 것이다. 반대로 세계화 추세로 한국이 국제사회에서 정치적으로 긍정적인 역할이나 영향력을 발휘할 수 있는 가능성을 찾아내 적극 활용하는 방법도 강구해야 할 것이다. 이러한 정치적 대응에는 세계화 추세를 꿰뚫어 볼 수 있는 통찰력을 지닌 정치적 리더십이 필요함은 두말할 나위가 없다.

세계화가 미치는 경제적 충격은 전문분야가 아니라 논할 수 없으나 세계화가 미칠 정치적 영향 가운데 또 하나 우리의 관심사가 되는 것은 그것이 가져올 아시아지역 국가 간의 변화이다. 그리고 동아시아나 동남아 역내 국가들 사이에 어떤 형태의 지역주의적인 동향이 나타날 수 있는가 하는 것이다. 그리고 그런 변화의 맥락 속에서 남북한 관계의 변화를 예상해보는 일이다. 세계화의 충격은 곳곳에서 '개방'의 충격으로 나타나고 있다. 그것이 경제적이든, 정치적이든 사회적이든 국가의 개방을 촉진하는 양상을 보이고 있다.

그런 충격에서 북한이 언제까지나 봉쇄와 폐쇄를 유지해갈 수 있을지는 우리의 큰 관심거리이다. 21세기 한국정치가 안고 있는 가장 중요하고 심각한 과제임에 틀림없다. 다만 그것이 한국의 단독적인 역할에 의해서가 아니라 다국적, 복합적 관계를 바탕으로 하고 있어서 문제해결이 어려울 뿐이다. 그러면서도 우리가 희망을 갖게 되는 것은 세계화를 촉발하는 데 작용했던 요인의 하나인 탈 이데올로기화(De-ideologization) 현상이 구소련과 공산권은 물론 중국에서도 영향을 미치고 있으며 그것이 역으로 그 국가들의 세계화를 더욱 조장(Facilitate) 또는 촉진시키는 결과로 나타나고 있다는 점이다. 그리고 특정의 이데올로기를 공유해서가 아니라 공통의 국가이익을 바탕으로 하는 국가관계가 지배하는 세계로 변하고 있다는 것이다. 그리고 세계화 현상은 그런 추세를 더욱 강화해갈 것이며, 21세기 한국정치는 그 추세를 창의적으로 선용해야 하는 도전을 맞고 있다.

기억에 남는 일들:
세종연구소장과 유한재단 이사장 시절

제12장

 변혁이 절실했던 세종연구소

* * *

1994년 4월 3일, 24년 동안 고려대학교 정치외교학과의 교수로 있다가 사임하고 세종연구소 소장에 취임했다. 그리고 1994년 4월부터 1999년 1월까지 4년 9개월을 세종연구소장으로 지냈다. 1994년 3월 말 정원식(鄭元植) 이사장의 전화를 받고 만났더니 세종연구소장직을 맡아 달라는 것이었다.

1971년 고려대에 교수로 갔을 때 고대 아세아문제연구소에 대해 관심이 많았다. 미국에서 공부할 때 대학의 연구소들이 활발한 움직임과 연구업적을 내는 것을 보면서 한국에 돌아가면 대학에서 연구소를 운영해보고 싶다는 생각도 있었다. 고대에 가서 아연 연구실장으로 일하면서 아연(亞硏)이 내가 생각했던 것 같은 연구소로서의 기능을 할 수 없는 것을 보고 실망한 적도 있었다. 연구소가 제대로 역할을 할 기금이 없었고 연구비도 없었다. 그때만 해도 우리나라 대학 가운데 연구소를 제대로 지원할 재력을 가진 곳이 별로 없었다.

내가 현대일본연구회(후에 현대일본학회로 개칭)를 시작한 이유도 아연의 일본연구실로는 일본연구를 하는 데 한계를 느꼈기 때문이었다. 시내 타 대학의 교수로 일본 연구에 관심이 있는 학자들을 중심으로 연구회를 조직하였고 각자 자비로 식대를 내면서 모임을 가지면서 논문을 발표하고 토론하였다. 그리고 점차 참가하는 교수의 수가 늘어나면서 1년에 한 번『일본연구논총』을 발간하게 된 것이다. 후에 여러 명의 외국학자들을 초빙하여 개최하는 국제학술회의를 갖기도 했다.

그런데 세종연구소의 재원은 대학 어느 연구소에도 비길 수 없게 충분했다. 사람만 잘 모으면 한국에서 외국의 유명한 연구소 같은 제

▶ 제주도회의 후 세종연구소 연구위원들 및 자문교수들과 함께
(앞줄 왼쪽부터 한상일, 오기평, 저자, 구영록, 김영작 교수 등)

대로 된 연구소를 만들 수도 있다는 생각이 들었다. 벤치마킹할 곳으로 미국의 후버(Hoover)연구소나 워싱턴 D.C.에 있는 부르킹스(Brookings) 연구소를 생각했다.

그러면서 한편 24년 있던 대학을 떠나면서까지 시작부터 연구소 아닌 연구소로 문제가 많은 것으로 알려진 세종연구소를 맡아 운영할 필요가 있는지 고민도 했다. 이미 1992년 7월 오랫동안 병상에 누워 있었던 아내를 잃었고 마음이 매우 허전하던 때였다. 생활리듬을 바꿀 수 있는 길이 연구소를 맡아 일하는 것이 보람찬 일일것 같기도 했다. 그리고 사회나 학계에서 '일해연구소'라는 이유 때문에 부정적인 눈으로 보던 세종연구소를 개혁해서 제대로 된 연구소로 만드는 것도 하나의 보람있는 일일 것 같은 생각도 해 보았다. 생각 끝에 소장직을 맡기로 결심하였다.

소장 취임식에서 달성하려는 세 가지 목표로 (1)연구방향의 설정; (2)연구소의 정체성 확립; 그리고 (3)경영 합리화를 들었다. 임기 도중에 소장직을 사임한 전임 소장의 잔여 임기인 3년 8개월을 임기로 받은 나로서 그 짧은 기간에 이런 광범한 목표를 달성한다는 것은 쉬운 일은 아니었다. 그 세 가지 목표를 제한된 기간에 순차적으로 달성하기에는 시간적 여유가 많지 않았다.

한심한 인력구조

가서 보니 세종연구소는 연구소가 아닌 이상한 조직이고 집단이며 모든 면에서 원천적으로 잘못된 유산을 물려받은 조직이었다. 연구위원이 10명, 조교격인 연구원 5명, 사무직 및 기술직 직원 약 90명, 기타 5명 등 120명에 가까운 인력구조를 갖고 있었다. 연구인원을 제외한 일반직원은 일해연구소 시절에 채용된 직원들이 다수였다. 예비역 육군 대령이 사무총장직을 맡고 직원을 채용했는데 일해재단을 담당한 청와대 직원들의 청탁을 받아 고졸 여직원을 많이 채용했던 것 같았다. 20명 가까운 타이피스트는 모두가 지방의 상업학교 출신이었다. 전화담당 직원, 보일러실 직원, 운전기사, 전기공 모두 고졸 출신이었다. 그 외에 30명 정도가 하는 일이라곤 매일 와서 바둑을 두는 사병출신의 경비병들이 있었다.

이들은 전두환 전 대통령이 그곳에 살게 되면 그를 경비하기 위해 채용된 경비원 40여 명 가운데 남은 인력이었다. 연구소로서는 할 일이 없는 인력이었다. 도서실에도 4년제 대학 출신의 사서가 없었다. 전산실에는 보조 여직원들은 있으나 프로그래머는 없었다. 어느 모로 보나 연구소라기에는 너무나 한심한 인적 자원이었다. 더욱 한심한 것은 그들의 봉급이 의외로 높다는 것이었다. 심지어 여직원 타자수들도 한 달에 3백여만 원을 받았다. 강성의 노조가 있어서 단체협상 때마다 임금을 올려 주었던 것이다. 연구소의 인건비가 전체 예산의 80% 가까운 수준이었다.

34명을 조기퇴직시켜

연구소는 연구업무가 주가 되고 연구위원 중심으로 운영이 되어야 하는데 연구위원은 겨우 10명이고 나머지 90명이 관리와 사무직과 기술직인 기이한 조직이었다. 내가 추구하려던 세 가지 목표 중 세 번째인 「경영 합리화」의 추진이 매우 시급한 상황이었다. 그러나 조기퇴직제가 허용되지 않았던 시기여서 노조의 반대를 극복하기 어려웠다.

퇴임 대통령의 숙소로서 설립된 창설 배경 때문에 상임 연구위원 10여 명에 비해 엄청나게 많은 일반직원들은 할 일이 없어서 매일 놀고 있는 형편이었다. 전임소장을 쫓아내기 위해 근 1년간 데모와 온갖 방법을 동원한 끝에 성공한 연구위원과 사무직원들은 연구소 내의 오랜 갈등에 서로 지쳐 있었고 노조를 중심으로 일반직원이 연구소의 주인인 양 행세하고 있었다. 노조간부들은 전임 소장을 위해 충성(?)한 행정실장 등 몇 사람은 연구소를 떠나야 한다고 규탄하는 등 매우 어수선하고 살벌한 분위기였다.

보일러실에서 일하는 기술직 직원들을 제외한 대다수의 남자 직원들은 일감이 없으니까 아침에 출근하면 곧장 휴게실에 모여 바둑이나 두고 잡담이나 하다가 퇴근하는 것이 일과였다. 젊은 사람들이 일없이 무위도식하고 있는 모습을 볼 수 없어 나는 조기퇴직 이라는 방법으로 구조조정을 하기로 결심했다. 이사회의 동의를 얻어 7월 중순 6년 이상 근무한 직원과 기술직 직원 중 34명을 골라 조기퇴직시켰다. 전임 소장과 노조가 체결한 노사단체협약에 의하면 조기퇴직 실시의 경우 정상적인 퇴직금 외에 24개월분을 추가 지급하는 것으로 합의되어 있었다. 그것을 나는 노조와 협의하지 않고 단독으로 그리고 일방적으로 18개월분을 지급하는 것으로 노조위원장과 합의했다. 상당한 출혈을 각오했지만 계산해 보니 3년 후에는 인건비가 줄어들어 연구소입장에서 볼 때 이득이 된다는 계산이 나왔다.

그 당시는 명퇴라는 제도도 없었던 때였고, 노조의 반대 때문에 연구소가 일방적으로 정리해고도 할 수 없었다. 돈을 써서라도 조기퇴직이라는 방식으로 정리하는 길밖에 다른 길이 없었다. 지금 생각해도 연구소의 기형적인 인력구조를 해결하여 진정한 연구소로 발전하기 위해서는 더 좋은 다른 방법이 없었으며 합리적인 선택이었다고 생각한다.

그리고 계산해 보니 조기퇴직에 쓸 비용은 34명의 3년분 인건비에 해당하므로 3년 뒤에는 연구소의 인건비 부담이 그만큼 줄어든다는 효과도 있었다. 무엇보다 연구소의 잘못된 인력구조를 바꾸면서 무질서하고 산만한 분위기를 바꿀 수도 있었다. 결국 34명 직원의 3년치 인건비를 미리 준 셈이었다. 무엇보다 그들이 나가면서 연구소의 분위기를 바꾸는 일이 가장 중요했다.

34명이라는 잉여 인력이 빠져나가면서 연구소도 어느 정도 안정과 활기를 띠기 시작했다. 이어서 신문에 연구위원 초빙 공고를 내서 70여 명의 응모자 가운데서 서류심사와 면접을 거처 7명의 연구위원을 신규채용했다. 그래도 연구위원 수와 일반직원 수의 비례는 아직도 비정상적인 것이었다. 연구위원 수는 15명인데 일반직원 수가 60명 정도였다.

김일성의 사망 후 회의 개최

1994년 7월 8일 김일성이 사망했다. 그날 아침 연구소 근처에서 골프라운딩을 하고 있는데 행정실장이 숨을 헐떡이며 달려와 김일성의 사망을 알려 주었다. 12시 뉴스에 보도되었다고 했다. 우리들은 충격을 받으면서 한편 그의 죽음이 자연사인지 타살인지 궁금하다는 이야기를 했다. 머지않아 평양에서 김일성과 김영삼 대통령의 정삼회담이 있을 예정인데 그것을 앞두고 사망한 것이 조금 석연치 않았기 때문이었다. 북한 측 보도는 김일성이 묘향산 별장에서 심장문제로 평양으로 급송되었으나 병원에서 사망하였다고 했다.

김일성의 사망이 알려지자 국내 여론이나 민심은 북한에 당장 어떤 변화가 일어날 것 같은 기대감을 나타내고 있었다. 사실 김일성 사후 아들인 김정일이 계승할 것은 예상하고 있었지만 그의 계승이 순탄할 것인지는 큰 관심거리였다. 구소련의 붕괴 후 동구권의 공산국가들이 줄줄이 붕괴된 것처럼 북한도 같은 운명을 맞이할 것인가 아닌가라는 의문은 한국과 관련해서 중대하고 심각한 의미를 지니는 것이었다.

나는 이 문제를 다루기 위해 그동안 미국에서 북한 연구를 해온 한국인 학자들을 초빙하여 그들의 전문가로서의 전망과 의견을 듣기로 했다. 이정식(펜실베이니아대), 서대숙(하와이대), 이채진(클레아몬트대), 고병철(일리노이대), 길영환(아이오와대)을 불러서 회의를 가졌다. 이들은 그동안 북한에도 여러 번 갔다 온 학자들로 현실감을 지닌 학자들이었다. 나와는 개인적으로 오랫동안 친분관계를 가져온 사람들이다.

김일성의 사망은 한국전쟁 이후 북한에서 나타난 사건 가운데 세계적으로나 한국에게 여러 가지 측면에서 가장 큰 충격을 가져올 수 있었던 사건이었다. 다른 공산국가들에게서 유례를 보기 드문 독재 체제를 만들어온 김일성의 사망이 가져올 충격은 매우 클 것으로 예상했다. 루마니아 차우세스쿠처럼 비참한 죽음을 맞이한 것은 아니지만 김일성의 사망으로 북한체제 내에 어떤 동요나 이변이 일어날 가능성을 완전히 배제할 수 없는 것이었다. 그런데 이 회의에서 나온 결론은 북한에서 대대적인 이변이나 변화는 없을 것이라는 것이었다. 김일성 사망 후 그의 아들 김정일에 의해 권력계승이 무난히 진행될 것이며 큰 혼란은 없을 것이라는 전망이 참가자 다수의 의견이었다. 나는 회의 결과를 요약한 문건을 만들어 연구소와 관련된 중요 기관에 배포하였다.

『국가전략』을 연구소 브랜드로

내가 취임식에서 내세운 3대 목표 중의 하나인 「연구소의 연구방향설정」을 놓고 많은 생각 끝에 「국가전략연구」를 세종연구소의 기본 연구방향으로 정하기로 했다. 세종연구소의 정관에 연구소의 목적은 나라의 안전과 통일 그리고 대외관계에 대한 연구를 통해 한국사회에 이바지하는 데 있다고 명기되어 있다.

그런데 이처럼 제시된 연구목적은 이미 국책연구기관인 외교안보연구원이나 민족통일연구원(현재는 통일연구원으로 변경됨), 그리고 국방연구원에서 각각 개별적이지만 추구하고 있는 연구방향이었다. 민간연구소로서 세종연구소가 나라의 안전과 통일 그리고 대외관계에 대한 연구를 진행하려면 그들 국책연구기관과 차별성을 지녀야 한다고 생각했다.

그 차별성을 한국의 국가전략을 중·장기적으로 연구하는 일에서 찾기로 했다. 국가전략이란 한 나라의 생존을 보장하기 위한 종합적인 전략이기 때문이다. 세종연구소의 정관이 규정한 세 가지 목적을 집약적으로 간추려 '국가전략에 대한 연구'로 정리할 수 있다고 생각한 것이다.

1994년 9월, 그전부터 있었던 연구위원과 신규 채용한 연구위원을 데리고 속초 낙산호텔에서 2박 3일 일정으로 연수회를 가지면서 연구소의 연구방향에 대해 진지하고 심도 있는 토의를 가졌다. 나는 그 자리에서 '국가전략연구'의 필요성을 제시했다. 그 후 서울에 돌아와서 국가전략연구팀의 구성멤버로 9명을 선정하고 그 당시 객원연구위원으로 와 있던 임동원 전 통일원 차관을 지도위원으로 위촉하여 21세기를 향한 한국의 국가전략연구를 시작했다. 그 결과는 1995년 국문판으로 『21세기를 향한 한국의 국가전략』으로 나왔고 그 다음 해에는 영문판을 출판하였다.

동시에 반 연간(半年刊)의 학술연구지로 『국가전략』지를 발간하기 시작했다. 주로 국내의 학자들을 동원하여 원고를 받았고 후에는 세종연구소의 연구위원들도 기고하기 시작했다. 국내에서 그런 이름과 내용을 담은 저널을 발간하기는 세종연구소가 처음이었다. 1994년부터 1998년까지 4년간 매년 2권씩 모두 8권이 출간되었다. 『국가전략』지에 대한 평가는 날로 좋아져서 이제는 대학에서 교수의 승진논문 심사 때 『국가전략』지에 실린 논문을 학술적인 논문으로 평가한다고 한다.

『국가전략』지를 내기 시작하면서 일 년에 한 번 시내 장소를 빌려 「국가전략 포럼」을 개최했다. 프레스센터에서도 가졌고 호텔을 빌려서도 모임을 가졌다. 반응이 매우 좋아서 포럼 때마다 만석이 될 정도였다. 주로 국제정치문제와 북한문제를 주제로 다루었다.

한번은 북한핵문제와 관련해서 한미관계를 논하는 포럼을 가졌는데 주한 미국 대사로 있던 짐 레이니 대사를 연사로 초청해서 강연을 들었다. 레이니 대사는 과거 한국에 감리교 선교사로 와서 주로 대학생들을 대상으로 선교 사업을 했었다. 그 후 미국으로 귀국하여 예일대 교수와 벤더필트대학 학장을 거쳐 에모리대학 총장을 지내다 클린턴(Clinton) 정부로부터 대사로 임명되어 한국에 왔다. 예전 한국에 있을 때 저자와는 친하게 지냈고 그가 운영하던 정동 교회 근처에 있었던 학생센터의 모임에 강사로 여러 번 초청되어 강의를 하기도 했었다. 미국 대사를 연사로 초청하기가 쉽지 않은 일이었는데 그는 나의 부탁에 흔쾌히 승낙해 주었다.

국민의식조사를 3년간 실시

정치문화연구에 관심이 많았던 나는 세종연구소로 간 후 국민의 안보의식과 국제문제에 대한 인식을 조사하는 프로젝트를 구상하게 되었다. 그 일을 하버드대학에서 사회학으로 학위를 받은 이숙종 연구위원에게 부탁했다. 그는 그것을 「국민의식조사」라고 호칭하기로 하고 여론조사기관을 통해 전국표본으로 여론조사를 실시하기 시작했다. 세종연구소의 연구위원들 중 몇 명이 연구위원회를 구성하여 토론을 거쳐 설문을 작성하였다. 그 조사를 1995년부터 1997년까지 3년간 계속했다. 자료를 누적적으로 수집해야 의미 있는 결과를 얻어낼 수 있다고 보았기 때문이다.

설문내용의 주요 부분은 시사적인 문제를 포함했다. 북한의 핵문제를 다루면서 국민들의 안보의식을 검토할 수 있었다. 세계정세와 관련해서나 한국이 당면한 국제적인 이슈 등을 포함하기도 했다. 그리고 대통령선거나 총선이 있을 때는 정당지지도나 현안의 쟁점들에 대한 국민의 반응을 조사하기도 했다.

지금 기억나는 에피소드가 하나 있다. 총선이었는지 대선이었는지는 기억이 확실하지 않으나, 서울대 교수에게 조사한 투표결과에 대한 분석을 국가전략 포럼에서 발표하도록 하였다. 그 당시 선거 후 정계에서는 야당의 패배원인을 논하면서 여당이 북한과 짜고 "북풍(北風)"을 일으켜 국민 사이에 공포감을 조성하였기 때문에 여당이 승리한 것으로 주장하고 있었다. 오랫동안 한국에서는 선거 때마다 북한이 알게 모르게 선거에 개입하여 결과를 조작하려 한다고 인식하고 있었고 또 사실 북한은 그런 기회를 이용하려 했다.

선거결과를 분석하여 발표한 교수는 선거에서 여당의 패배가 "북풍"때문이라기보다 야당이 분당(分黨)함으로써 국민의 신뢰를 잃었기 때문이라는 분석을 내렸다. 그런 주장이 신문에 보도되었고 야당의 지도자들이 그것을 읽고 노여워했다는 말을 전해 들었다. 그리고 당시의 야당 지도층이 세종연구소에 대해 매우 부정적인 감정을 갖고 있다고 했다.

1995년 가을 미국, 러시아, 중국, 일본 4개국의 가장 유명한 연구소들과 세종연구소가 공동주최로 개최한 「아시아의 안보문제(Security in Northeast Asia)」는 대성황을 이룬 국제회의였다. 4개 국가에서 30명의 학자와 전문가들이 모여 동북아 안보의 미래를 전망하는 회의를 가졌다. 그 후 1996년 가을, 미국에서 북한 핵문제를 다루는 한미 전문가회의를 가졌다. 한국과 미국의 전문가들로 한국문제협의회(Council on Korean Affairs)라는 조직을 만들어 세종연구소에 사무실을 두고 매년 정기적으로 북한문제를 다루기로 했다. 그 2차 회의를 1997년 여름 서울에서 가져 토론내용의 요약서를 발간해서 관계기관에 배포했다.

1998년 10월에는 미국 수도 워싱턴에서, 아시아재단에서 일부 지원을 얻어, 제3차 한미회의를 할 계획이었으나 외환위기 때문에 비용이 너무나 엄청나서 취소하였다. 그 외에 또 하나 안보문제에 대한 국제회의를 서울에서 가질 계획이었으나 역시 외국학자들의 초청비용이 너무 부담이 되어 그 다음 해로 연기하기로 했다. 세종연구소는 중국의 현대국제문제연구소와는 연구협력관계를 맺고 있어서 매년 의견교환을 위한 회의를 서울과 베이징에서 교대로 가졌다. 1998년 8월에는 일본국제교류재단(Japan Foundation)의 재정지원을 받아 베이징에서 한 · 중 · 일 학자들이 참가한 「북한문제의 국제적 시각」이라는 주제의 학술회의를 개최하였으며 그 후 중국 연변대학을 방문하여 북한 연구를 위한 교류계획을 추진하기로 했다.

그 외에도 매년 2~3회의 국제학술회의, 국가전략과 과학기술의 역할에 대한 회의, 일본의 신안보 정책에 대한 국제회의, 그리고 국내에서 여러 차례에 걸쳐 「국가전략포럼」이라는 이름 아래 심포지엄을 가진 바 있다. 그런 다각적인 활동을 통해서 세종연구소는 과거의 혼미와 침체에서 벗어나 한국사회과학계와 정치학계의 주목을 받을 정도로 학술과 정책연구에서 훌륭한 업적들을 내기 시작했다.

소장으로 취임하던 1994년 봄 연구소에서 출간한 책은 모두 합쳐 열 권 정도였다. 내가 연구소를 떠난 1999년 초 연구위원들이 편집하거나 공저해서 출간한 단행본이 40여 권이 넘었다. 그 외에 1년에 두 번 낸 여덟 권의 『국가전략』지를 합치면 5년 동안 상당수의 연구업적을 낸 것이다. 특히 1996년 초부터 「정세와 정책」이라는 월간 출판물을 만들어 시사적인 문제를 심층적으로 다루도록 했다. 이 간행물은 정부기관이나 공공기관 또는 도서관 등에 널리 배포되어 많은 사람들에게서 호평을 받았다.

1998년 초 김대중 정부가 들어서면서 안보문제를 체계적으로 다루기 위해 국가안보회의(NSC)가 구성되었다. 그 회의의 상임위원이자 본부장인 임동원 외교안보수석이 주동이 되어 『한국의 국가안보전략백서』를 내기로 하고 세종연구소를 위시하여 외교안보연구원, 민족통일연구원, 국방연구원이 그 작업을 위해 초청되어 기초적인 작업을 하는 데 참여하였다. 그동안 쌓아온 세종연구소의 국가전략연구의 능력을 발휘하는 좋은 기회를 얻은 것이다.

나는 우리 연구소에서 세 명의 연구위원을 뽑아 그 작업에 참여시켰고 실무자 측의 부탁을 받아들여 다른 참여 연구기관의 연구위원들과 회의 경비를 부담하기도 했다. 그 백서 작성에 우리 연구소가 주동이 되어 참여하였다는 사실은 그동안 우리가 해 온 국가전략연구의 업적을 정부나 외부기관들이 인정해 주었다는 것이기 때문에 매우 흐뭇한 느낌을 가질 수 있었다.

쇄신노력에 저항하는 세력들

내가 평소에 갖고 있었던 생각이지만 연구소는 경쟁력을 갖지 못하면 침체되고 발전하지 못한다. 연구위원들 사이에 불꽃 튀기는 경쟁이 필요하고 다른 연구소와 선의의 경쟁을 벌여야 좋은 연구소가 될 수 있다. 그러기 위해서는 연구위원의 논문을 엄격히 심사하고 능력이 부족한 사람은 사퇴시키는 것이다. 제대로 된 연구소를 만들려면 높은 수준의 학술적 수준을 유지하기 위해 부단히 노력해야만 한다. 그래서 1994년 말 재계약 및 승진논문심사를 위한 자세한 규칙을 만들어 외부전문가들에 의한 연구위원들의 논문심사를 실시하기 시작했다.

그러던 중 세 가지 일이 나의 연구소 운영에 차질을 가져오게 되었다. 첫째는 영년제(永久年制, tenure)를 받지 못했다고 불만을 가지고 연구소를 상대로 두 연구위원이 민사소송을 낸 것과, 둘째는 청와대 정책수석실에서 세종연구소의 기금을 가지고 국제대학을 설치하려는 계획을 추진하다가 세종재단 이사진의 반대로 중단된 점과 세 번째로 청와대의 고위층의 청으로 연구소에 온 전 검사 출신의 한 연구위원이 재계약에서 탈락한 후 불만을 품고 대외적으로 나와 세종연구소에 대해 온갖 음해활동을 자행한 일이다.

연구소에 영년제(Tenure system)를 두고 있는 것은 정상적인 일은 아니다. 세종에 간 얼마 후 샌프란시스코에 있는 시립연구소 소장이 세종연구소를 방문한 적이 있는데 세종연구소에 영년제가 있다고 하니까 깜짝 놀라는 표정이었다. 연구소는 연구원들 각자가 외부에서 연구비를 얻어 연구하는 곳이라며 어떻게 영년제를 둘 수 있느냐고 물었다. 대학에서는 학생들을 교육하는 대가로 등록금을 받아 교수의 봉급을 주는 셈인데 그런 교육기능도 하지 않고 외부의 지원도 받지 않으면서 연구소가 직장을 보장하니 얼마나 좋으냐는 식이었다.

세종연구소의 연구위원들은 계약제로 1차에 1년, 2차에 2년, 3차에 3년, 그리고 그 후부터는 영년(永年)으로 되어 있었다. 나의 전임자였던 정 소장이 만든 것이었다. 나는 이 제도는 대학에서는 활용될 수 있으나 연구기관인 세종연구소에는 맞지 않는다고 생각했다. 연구위원의 경쟁성을 떨어뜨리는 제도라고 보았다. 노동법에도 계약직에 종사하는 사람들의 임기는 1년을 원칙으로 하고 있다. 연구자들의 부단한 노력이 필요한 기관에서 영년제는 잘못하면 태만과 정체, 안이함과 무기력이라는 부정적인 결과를 낳을 가능성이 많은 제도였다. 한국의 상황에서는 특히 그렇다고 보았다.

그래서 세종연구소에 가자마자 영년제를 없애기는 어려운 만큼 우선 연구위원들의 나이를 자격조건으로 해서 운영하기로 하였다. 연구위원 중 한 사람은 나이가 53세로 94년 가을 현재 3차 재계약을 맺을 단계에 있었다. 그를 불러서 꼭 영년제를 해야 하겠느냐, 10년으로 재계약하면 어떠냐고 물었으나 매우 강경하게 반발했다. 할 수 없이 이사회에 올려 그의 나이가 50세 이상이니 다른 곳으로 가기도 어려운 만큼 영년제를 주어도 무방하다고 건의했다. 그러면서 앞으로 영년제는 신중히 운영해야 하며 40대의 연구위원들이 차례로 매년 영년제 계약을 요구할 텐데 요구대로 해주었을 때 연구소는 완전히 경직되고 무기력해질 것이라고 이사진에게 경고했다.

재단이사회도 그 점을 인식하고 앞으로 50세를 넘은 사람만을 영년제의 후보로 고려하기로 결정을 보았다. 그것을 이사회의 의결로 채택했다. 영년제를 해주면 잘못하면 연구위원의 근무태도에 문제가 생기게 되어 있다. 계약의 부담에서 벗어났다고 생각해서 연구태도가 매우 태만해질 수 있다. 논문내용도 적당히 해서 때우려는 안이한 자세를 가질 수 있다. 한국에서 영년제가 간단한 문제가 아니라고 생각했다. 연구소는 항상 새로운 아이디어를 개발하고 다른 연구기관과도 경쟁을 해야 하는 조직인데 영년제가 그 조직을 경직화시킬 뿐이고 관리자로서는 연구위원들의 연구에 대한 질적 통제가 어려운 상황으로 갈 수 있다고 보았다.

1995년 초, 3명의 40대 초반의 연구위원이 3차 재계약을 위한 논문심사를 받아 심사를 통과하였다. 원래의 규정대로라면 그들 40대의 연구위원들에게 영년직(정년퇴직까지 계약 없음)을 부여해야만 했다. 연구소를 무사안일하게 운영하려면 그렇게 해주면 편한 일이었다. 그러나 고민 끝에 이 건을 이사회에 회부하여 이사회에서 결정하도록 하고 이사회는 50세가 될 때까지 3년씩만 재계약을 부여하는 결정을 내리게 되었다. 40대인 그들의 직을 퇴직연령인 65제까지 25년간 재심사 없이 영구히 보장하는 것은 나로서 너무나 무책임한 일이었다. 나의 전임자가 영년제를 만든 이유가 그들을 연구소에 붙잡아두기 위해서였다고 들었다. 그러나 그런 식으로 연구소를 운영할 수는 없었다. 나는 해당자인 두 연구위원에게 3년제로 재계약한다는 결정을 통고해 주었다. 그러자 그들이 불복하겠다며 소송을 제기했다가 패소했다. 두 명 중 한 사람은 소송을 기각하고 지방대학 교수로 취직했고 또 한 사람은 재판에서 패소한 후 사직했다.

실패로 끝난 국제대학 설립 음모

1995년 5월경으로 기억하는데 당시 청와대의 정책수석이 세종연구소의 기금을 갖고 세종연구소가 위치한 곳에 국제대학을 설립하려고 한다는 신문기사가 나왔다. 그때 나는 부산에 일이 있어서 가 있었는데 직원이 전화로 그런 기사가 나왔다는 것을 알려주었다. 부산에서 우선 당시의 청와대 유 모 외안수석에게 전화를 걸었더니 자기도 모르는 일이라며 그렇게 되겠느냐고 하는 것이었다. 그날로 서울로 돌아왔다. 청와대의 정책실 비서관은 세종연구소에 대한 사정을 너무나 잘 알고 있었고 연구위원 한 사람이 그와 자주 접촉해 온 사실이 드러났다.

곧 청와대 정책수석실에 전화를 걸어 면담을 신청했다. 세종연구소의 소장인 내가 모르는 사이에 세종연구소가 해체되는 상황이 벌어졌으니 가만히 앉아 있을 수 없었다. 청와대에 들어가서 박세일 정책수석을 만나 그의 처리방식이 부당하다고 지적하고 만일 대학을 만들고 싶으면 신문에 내기 전에 이사회에 공한을 보냈어야 했다고 항의조로 말했다. 그리고 연구소를 없애려는 그의 의도를 알 수 없다며 나의 반대의사를 명확히 전달했다.

내가 반대하는 것을 안 정책수석실의 수석과 그 밑의 비서관은 그 다음부터 당연직 이사인 나를 제외하고 이사회 이사들을 두 그룹으로 나누어 조찬에 불러 국제대학 설립 계획을 설명했으며 이사회의 동의를 요청했다. 후에 들었지만 그 자리에서 확실하게 반대의사를 표명한 분은 강영훈 당시 적십자사 총재였다. 연구소의 기금을 가지고 하는 것은 반대한다는 것을 명백히 표명한 것이다.

나는 당시 강 이사님과 그 일로 사전에 말씀을 드린 바 없었고 더구나 강 이사님에게 조언을 청한 적도 없었다. 그런데 반대의사를 표명해 주신 것이다. 그러자 다른 이사들도 반대의견을 제시하기 시작해서 결국 청와대의 박 수석이 추진하려던 세종연구소를 없애고 그 기금으로 국제대학을 설립하려던 시도는 무산되고 말았다. 신라호텔에서 열린 임시이사회에는 나도 참석하였는데 그 자리에서 강영훈 이사께서 다시 자신의 입장을 명백히 표명했다. 이사회는 박 수석의 국제대학설립 계획 그 자체에 반대하지는 않지만 하려면 다른 돈을 가지고 하라는 식으로 입장을 정리했다.

국제대학 설립계획안이 보도되면서 연구소 직원들의 반응은 양분되는 것 같았다. 일부 연구위원은 그렇게 되기를 기대하는 것 같았다. 국제대학으로 바꾸면 교수직을 얻을 수 있을 것이라는 기대도 하였을 것이다. 일반직원들은 대체로 반대하는 눈치였다. 직장을 잃을 수도 있다는 우려 때문이었다. 노조는 국제대학 안을 정면으로 반대하고 나섰다. 벽보를 붙이고 반대성명을 내기도 했다. 그래서 한동안 연구소는 시끄러운 분위기였다. 사실은 청와대 정책수석이 몰랐던 것은 국제대학을 세우는 데 쓰려던 기금은 아웅산에서 희생된 관료들의 가족을 지원하기 위한 것이었다. 그 기금을 없애는 일은 간단한 문제가 아니었다. 그런 사실을 알고 있었는지 모르지만 일방적으로 들은 정보만 가지고 설립구상을 했던 것이다.

청와대 배경으로 온 해직 검사

연구소장으로 갔을 때 연구실장이라는 직함을 갖고 있는 사람이 있었다. 알고 보니 그 당시 청와대 비서실 고위직에 있던 사람의 알선으로 연구소에 들어왔다고 했다. 나의 전임 소장이 사직하고 공백기 동안 소장 노릇을 하기도 한 전직 검사출신이었다. 그 사람은 서울에서 검사로 있다가 수임료문제로 좌천되어 지방으로 갔다가 다시 문제가 되어 검사직에서 완전히 해고된 전직 검사였다. 해직 후 미국으로 건너가 살다가 고위직 인사가 청와대에 가게 되자 그를 통해 세종연구소에 온 것이다. 그는 자기가 그 고위직 사람의 동생이라고 해서 다들 그렇게 알고 있었다. 그러나 사실은 그의 검사시절 그분의 집 옆집에 살아서 그분과 알게 되었을 뿐이었다. 아마 그 당시 자주 그 집에 놀러가 친분을 갖게 되었던 모양이었다.

그는 어느 모로 보나 연구소의 연구 분야와도 관련이 없었고 더구나 아무런 연구경력도 갖지 못한 사람이었다. 그런 사람이 그 자리에 앉아서 연구 활동을 관장한다고 하니 너무나 한심한 일이었다. 그런데 문제는 그가 매일 아침 기사가 운전하는 연구소차를 타고 청와대에 간 것이다. 말로는 그 고위직사람을 만나서 연구소 일을 의논한다고 했지만 아무도 그에게 그런 업무를 맡긴 적도 없었다. 마치 자기가 연구소장이나 된 것처럼 행세하고 있었다. 그러면서 그는 연구위원 누구보다 많은 액수의 봉급을 받고 있었다. 자칭 부소장이라고 하며 다녔다.

그는 청와대에 갈 때마다 고위직 사람 외에 정책실 비서진을 만났다. 세종연구소를 국제대학으로 만들겠다는 것은 그 사람과 비서실의 합작품이었던 것이다. 그 전직 검사는 세종의 연구위원 한 사람과 국제대학 설립계획을 만들어 그 당시 세종재단의 이사장을 찾아가 설명을 한 적도 있었다. 연구경력도 없고 연구업적을 낼 수 있는 전공분야도 갖지 못한 그가 생각해 낸 것이 바로 대학원 수립안 이었다. 청와대에 자주 간 이유가 그것 때문이었던 것이다.

나는 그를 별정직에서 연구직으로 전환시켰다. 연구소에 남으려면 다른 연구위원들처럼 업적을 내도록 한 것이다. 그리고 1년이 지나 그의 연구소와의 계약이 끝나 재계약을 하기 위해 연구보고서를 제출받아 심사위원회에 넘겼다. 심사위는 외부 전문가들에게 논문심사를 의뢰했다. 그런데 그 사람이 제출한 논문을 심사한 외부교수가 보내온 심사결과보고서는 너무나 놀라운 내용을 담고 있었다. 그의 보고서가 서울대 경영학과 모 교수의 책의 한 장(章)을 몽땅 베껴 썼다는 것이었다. 사실을 확인해 보니 그대로였다. 나는 심사위원회의 건의대로 그를 재계약에서 탈락시켰다. 그러자 그는 나에게 온갖 악담을 퍼붓고 연구소를 떠났다.

그가 떠난 얼마 후부터 나를 비방하고 모함하는 내용의 투서와 인쇄물이 나돌기 시작했다. 내용은 크게 나누어 세 가지였다. 내가 취임 직후 실시한 직원 명퇴를 위해 돈을 너무 많이 낭비했다는 것이었다. 그리고 여직원을 상대로 성희롱을 했다는 것이었다. 마지막으로 내가 모 정치인과 가깝고 세종연구소를 그분을 위한 '제2중대'로 만들려고 하고 있다는 것이었다.

그 모함은 특히 김영삼 정부시절에 청와대를 긴장시키는 데 이용되었다. 그 문제로 나는 정부기관으로부터 전화를 받았고 조사를 받기도 했다. 그가 한 짓이리라는 심증은 갔지만 물증이 없으니 대처할 수도 없었다. 그냥 무시하기로 하고 지냈으나 그의 음해활동은 멈추지 않았다. 어느 날 나의 운전기사인 장 기사가 광화문우체국에 들를 일이 있어 갔다가 거기서 그 사람이 수백 통으로 보이는 편지뭉치를 갖고 창구에서 직원과 말하고 있는 것을 목격했다고 말했다. 그 사람은 장 기사를 보지 못한 채 다른 문으로 우체국을 빠져 나갔다. 그 후 그 사람에 대한 소식을 듣지 못했다.

직원들이 승진문제로 소송

영년제를 주지 않았다고 반발한 연구위원의 소송이 계속 진행 중이던 1995년 가을, 또 하나의 소송사태가 발생했다. 내가 부임하기 전에 연구소는 여자대학 졸업자를 모집하여 4개 연구실에 하나씩 배치하여 연구위원들의 사무원으로 쓰고 있었다. 그런데 그들 외에 이미 십여 명의 고졸 출신 사무원이 있었다. 대졸 출신들과 고졸 출신 여직원 사이는 별로 좋지 않았다. 따로 무리를 지어 다녔다. 대졸 사무원 중 2명이 사퇴하여 2명이 남았고 다시 1명을 충원하여 3명이 되었다. 그들이 여직원으로는 유일한 4년제 대졸 출신자들이었다.

그들을 채용했을 때 인사규정에 따라 5급으로 채용되었다. 내가 임명한 것도 아닌데 그들 대졸 여직원은 고졸 출신의 여직원과 똑같이 5급으로 발령받은 데 대해 매우 자존심이 상했던 것이다. 불만을 토로했고 기회 있을 때마다 행정실장을 통해 4급으로 승진시켜 줄 것을 요구했다. 인사규정을 검토한 후 그들과 장기 근무한 고졸자 여직원 3명을 합쳐 7명을 4급으로 진급시켜 주었다.

그러다가 그중 하나가 업무수행 중 큰 실수를 저질러 꾸지람을 받게 되자 자기를 해직시키는 줄 알고 그 여직원과 다른 대졸 여직원들이 "남자 고졸자는 3급을 주는데 자기들은 대졸인데 왜 4급이냐"고 하면서 여성차별이라는 이유로 여성단체에 접근하여 그 조직의 도움을 받아 연구소를 대상으로 민사소송을 제기했다.

소송을 당한 연구소는 변호사를 선정하여 소송을 제기하지 않을 수 없었다. 그러던 중 3개월이 지난 어느 날 소송을 한 3명의 여직원 중 하나가 부소장을 통해 1개월간의 유급휴가와 3개월분의 봉급(소송비를 내기 위해 필요하다고 했음)을 지불하면 고소를 취하하고 사직하겠다는 의사를 전해왔다. 그렇지 않아도 직원을 감원할 필요가 절실했던 상황에서 그들의 제의는 반가운 소식이었다. 그들의 요구에 응해주었고 그들은 입사한 지 1년여 만에 스스로 연구소를 떠났다.

대졸 여사무원의 소송문제가 해결된 직후 이번에는 고졸 출신의 여사무원 10명이 집단으로 소송을 제기하고 나왔다. 이들 고졸 여직원들은 대개가 타이피스트나 아르바이트로 채용되었으나 그 후 워드프로세서가 나오고 연구위원들이 다 워드를 쓸 줄 아니까 자기들의 업무나 역할 자체가 애매해진 상태에 있는 직원들이었다. 그들은 자기들이나 남자들이 다 같이 고졸 출신인데 왜 남자는 3급을 주고 자기들은 5급으로 대우받아야 하느냐 하면서 성차별이라며 4급으로의 승급을 요구하고 나섰다. 그러나 3급을 받는 남자들은 대개 기술자들로 그들과는 맡은 일 자체가 다른 것이다.

고졸 여직원들의 소송은 간단한 문제가 아닌 것이 처리 여하에 따라 남자직원들에게 미칠 영향이 크기 때문이었다. 여직원들의 요구를 받아준다면 현재 3급인 남자직원들이 오랫동안 계속 요구해온 2

급 진급문제에 대처할 수 없었다. 세종연구소는 규정으로 TO 진급제도를 두고 있어서 경력상 2급자격을 가져도 과장이 되어야만 2급으로 승진할 수 있도록 되어 있다. 많은 남자직원들은 평시 TO제의 폐지를 요구하고 있었다. 그러나 그들의 경력만 고려하여 진급시켰다간 인건비 상승은 수습할 길이 없게 되는 것이다.

그런 이유 때문에 고졸 여직원의 소송에 나는 신중하게 대응하지 않을 수 없었고 규정상으로도 세종연구소 측에 하자가 없기 때문에 세종연구소가 승소하리라는 확신을 갖고 있었다. 소송은 근 1년 7개월을 끌었고 그동안 연구소의 분위기는 매우 거칠어졌다. 내가 연구소를 파행적으로 운영하고 있다는 식의 온갖 음해성발언들이 나돌았다. 내가 연구소를 잘못 운영해서 그들이 소송을 제기하게 된 것이라는 주장이 나오기도 했다.

그 소송에서 연구소 측이 패배했다. 대선이 끝난 1998년 1월 초에 판결이 나온 것이다. 야당이 집권한 것도 소송에 영향을 주었던 것 같다. 민사소송이라 근 1년 반을 끈 후였다. 판결은 연구소가 남녀를 차별하고 있다는 것이 골자였고 여직원들이 담당할 일이 없는 보조적인 역할을 하는 직원인데도 그렇지 않다는 식의 판결이었고, 그들 중 5급의 직원은 4급을 주고 소송을 제기한 날짜로 소급하여 보수를 지급하라는 판결이었다. 이미 4급을 받은 세 명의 여직원은 승급시키지 않아도 좋다는 것이었다. 기가 막힌 판결 결과였다.

연구위원 재계약 탈락 후유증

1994년 처음 세종연구소에 가 보니 어수선하기 짝이 없었다. 내가 가기 전 연구위원과 사무직원들이 함께 전임 소장을 강제로 해임시키는 데 1년을 소비했다. 연구위원들은 연구 활동을 중단했다. 그동안 연구결과가 나온 것이 없었다. 사무직원이라는 사람들의 수가 백여 명을 넘었다. 대부분이 별로 할 일이 없어 매일 바둑으로 소일하고 있는 한심하기 짝이 없는 연구소였다. 직장이 아니라 놀이터나 마찬가지였다. 연구위원들도 분쟁에 휘말리면서 서로가 대립하고 반목상태에 있었다. 전임 소장과 가까웠던 사람과 그를 반대했던 사람 사이에 반목이 매우 뿌리깊게 남아 있었다.

연구소에 학문하는 분위기를 조성해보려는 노력으로 논문의 질을 높이기 위한 여러 가지 절차를 마련하기로 했다. 모든 논문을 외부의 전문가에게 부탁하여 철저한 논평을 받도록 했다. 연구위원의 계약갱신을 위한 절차도 만들어 외부학자에게 위촉하여 논문심사를 엄격하게 실시했다. 그 결과 연구위원 중 이 모 연구위원이 실격되었다. 그 연구위원 일로 나는 많이 고민했다. 인정만을 생각하면 40대의 가장을 도저히 해고할 수 없는 일이었다. 혼자 이런 생각 저런 생각을 많이 했다. 그러나 연구소의 질적 제고를 위해서는 어렵지만 결정을 내리기로 했다.

그 연구위원은 평소에도 논문마감 기일이 한참 지나도 논문을 제출하지 않고 같이 공동연구하던 다른 연구위원들에게 큰 불편을 끼치기도 했다. 그래서 자극을 주려는 의도에서 그를 불러 시말서를 세 장이나 받기도 했다. 한번은 미국에서 랜드(Rand)연구소와 공동세미나를 개최하였는데 다른 연구위원들과 외국 연구소의 연구위원들은 완성된 논문을 영문으로 발표하였는데 그 연구위원은 2~3매의 요약문을 만들어 제출함으로써 세종연구소 측 참가자들의 낯을 뜨겁게 한 일도 있었다. 그 연구위원은 끝내 논문을 제출하지 못해 다른 연구위원과 공동집필하도록 했는데 그때도 공동집필하는 연구위원에게 논문을 내지 않아서 책을 출판하는 데 애를 먹기도 했다. 미국의 연구소와 같이 내는 책이어서 그 연구위원 때문에 세종연구소의 위신이 상당히 손상을 입었다.

그는 자기의 책임하에 편저하기로 했던 연구 과제를 두 개나 파탄나도록 만들었다. 외부의 집필자로부터 논문을 얻지 못할 뿐 아니라 자신도 논문을 내지 못하는 상황이어서 그 연구계획을 파기한 적이 두 번 있었다. 한마디로 능력부족에다 근무태도가 매우 불량한 편이었다. 그 결과가 재계약의 실격으로 나타난 것이다.

그의 재계약문제를 놓고 많이 고민했다. 한국에서 실직한다는 것의 고통이 얼마나 큰가를 아는 만큼 그를 퇴출시키는 일이 큰 부담이 될 수밖에 없었다. 그러나 그는 너무나 문제를 많이 가진 사람이어서 정에 치우쳐서 판단할 경우 연구소의 질서유지나 연구능력 향상에 역행하게 된다는 생각 때문에 할 수 없이 그를 퇴직시키기로 했다. 그러나 다른 직장을 얻기까지 시간을 벌 수 있도록 그를 6개월간 더 근무하도록 한정적으로 연장해 주었다.

그리고 6개월의 시한부기간이 끝날 무렵 세종연구소에 객원연구위원으로 있었던 박권상 선생으로부터 전화가 왔다. 재계약에서 탈락한 그 사람의 말을 꺼내면서 어떻게 구제할 수 없느냐고 했다. 그러면서 권력층으로 실세라는 사람의 부탁이라면서 참고하라고 했다. 부소장과 의논한 결과 그를 상임연구위원으로는 구제할 길이 없기 때문에 소장의 권한으로 임명할 수 있는 객원연구위원으로 6개월간 만 연장 근무하도록 했다. 취지는 그동안에 취직자리를 마련하라는 것이었다. 그리고 6개월 후 다시 똑같은 부탁을 박 선생으로부터 받았으나 정중하게 거절하였다.

알고 보니 그분에게 부탁한 사람은 대통령의 신임이 컸던 청와대의 정무관계 실장급에 있는 사람이었다. 나중에 알게 된 사실이지만 재계약에 탈락했던 이 모 연구위원은 1997년 대선 당시 그 사람이 주관하던 선거조직에 참여한 관계로 그를 통해 자신의 구명운동을 벌인 것이었다.

문제가 된 대선 참여 연구위원

대선기간 동안 연구소의 연구위원들 중에는 그들이 보유하고 있는 전문성 때문에 대학교수들같이 여야를 초월하여 전문인으로서 자문활동들을 하는 경우가 많았다. 나는 개인차원에서 전문가로서 자문하는 것을 공식적으로 막을 수는 없었으나 연구위원들에게 어디까지나 개인차원에서 할 일이고 세종연구소 이름을 내세우지 말도록 부탁한 바 있다. 대외적으로 세종연구소의 직함을 쓰면 물의가 빚어질 때 연구소에게 뜻하지 않은 피해를 줄 수 있다고 보았기 때문이다.

나의 임기는 전 소장의 잔여기간이어서 1997년 3월 말로 종료되게 되어 있었다. 그런데 1997년 3월이 지난 한참 후까지 감독청이자 소장의 취임 승인권을 지닌 외무부로부터 아무 소식이 없었다. 그러다가 1997년 6월경 재단이사장이 내가 재임명되었다고 전해 주었다.

그리고 1997년 12월 대통령선거가 끝나고 김대중 대통령의 국민정부가 들어섰다. 세종연구소는 외무부에 등록된 민간 법인체인데 다른 법인에게 하지 않는 소장 승인권을 유독 세종연구소의 소장에게만 행사하고 있었다. 노태우 정부 때 정관을 그런 내용으로 만들었다. 정관에는 이사회가 소장을 임명하면 외부부가 승인하는 식으로 되어 있으나 외무부가 청와대 외교안보실을 통해 실질적으로 임명권을 행사해왔다. 김대중 정부의 대통령 비서실의 외교안보수석으로 임명된 임동원 수석은 한때 세종연에서 객원연구위원으로 있어서 구면이었다. 그로부터 내가 재임되었다는 통고를 받은 것은 1998년 2월 말경이었다.

그런데 1998년 6월경, 「주간 현대」라는 지방의 주간신문 서두에 폭로기사라고 하면서 세종연구소가 DJ 음해공작에 개입했다는 내용이 실렸으며 연구위원들이 그런 작업을 연구소차원에서 조직적으로 주도했다고 했다. 그 연구위원이 세종연구소의 공식용지를 가지고 보고서를 작성해 당시 여당 대선후보 캠프에 보낸 것이 발각되었다는 것이었다. 마치 세종연구소가 공적으로 선거운동에 가담한 것으로 보였다. 그 연구위원은 자기가 개인적으로 국방안보분야에서 모당 후보를 위해 자문을 하였을 뿐 연구소와는 아무 관계가 없다고 기자에게 해명했고 기사의 한쪽에도 그런 내용이 실렸으나 전체 기사 내용은 그 연구위원이 혼자 할 리가 없고 연구소 전체가 조직적으로 개입했다는 식으로 되어 있었다.

나는 간부들과 의논 끝에 그 주간지를 언론중재위에 고소하였고 동시에 그 주간지를 상대로 민사소송을 제기하도록 했다. 언론중재위에 제소한 결과 언론중재위는 그 주간지는 자기들의 잘못을 시인

하고 그 다음 호에 같은 글자크기로 정정문을 내기로 합의하였으며 그 다음 주에 나온 주간지에서 세종연구소의 DJ 음해공작이 사실이 아님을 밝힌다 라는 기사를 실었다.

그 후 1998년 가을 나는 청와대에 고위직에 있었던 분으로부터 문제에 관련된 연구위원을 해임시키라는 압력을 받았다. 나는 "연구위원들이 정치에 참여하는 것을 막으려 했으나 본인들의 정치적 자유를 제한할 수는 없었다"고 하고 그 사람만 아니라 DJ 후보를 위해 선거운동을 한 다른 연구위원들은 어떻게 할 것인가라고 반문하면서 형평의 원리에 어긋나는 일을 할 수 없다고 거절하였다. 나의 성격을 잘 알던 그분은 1년이라도 휴직을 시키면 어떻겠느냐고 해서 그것은 본인의 의사를 물어보고 결정할 일이라고 했다.

그 일이 있은 지 조금 후 1998년 11월 12일자 『시사저널』에 「세종연구소 '정치 개입' 논란으로 홍역」이라는 제목으로 긴 글의 기사가 실렸다. A4 용지로 두 장 분량의 이 기사 내용을 보면 "세종연구소… 연구위원은 토론 시나리오 형식을 띤 이 자료에서 주한미군의 작전통제권문제, 군비축소문제, 이회창 후보 아들의 병역 기피 논란에 대한 반론 등에 대해 상세하게 조언했다"고 하고 "이 문제가 공개되자 노조 등 연구소 내 비판 세력은 한배호 소장의 책임 문제를 들고 나오면서 '소장 퇴진'을 요구하고 있다"고 쓰고 있다.

이어서 그 기사는 "외교통상부 관계자도 한배호 소장이 지난 7월께 모 연구위원이 선거전에 개입했던 것을 듣고 걱정하는 이야기를 들었다"고 전했다고 하면서 "세종연구소 측은 그 연구위원이 토론 준비작업에 참여한 것은 인정하지만 이는 개인의 학문의 자유 영역에 해당하는 것일 뿐 연구소와는 아무런 관계가 없다고 해명했다"고 썼다. 그 기사는 계속해서 "한배호 소장의 운영방식에 문제가 없었던 것은 아니지만 노조 등의 민원의 주장에도 일부 과장된 것이 발견되어 문제삼지 않기로 했다"라고 쓰고 있고 "한 소장의 직선적인 성격이 직원과 마찰을 일으키면서 일부 반발 세력을 키웠을 뿐 외교통상부가 감독권을 행사해야 할 정도의 사안은 아니라고 결론 냈다"고 했다. 그러면서 "세종연구소를 뒤숭숭하게 만드는 또 하나의 요인은 연구소 주변에서 후임 소장을 둘러싼 소문들이 심심치 않게 나돌고 있다는 사실이다"라고 지적하였다.

이 기사 내용을 보아도 청와대 내에서는 일부 사람들이 그 연구위원의 정치개입을 문제삼으면서 그의 퇴출과 동시에 나의 퇴진과 후임문제를 추진하고 있었던 것을 알 수 있었다. 나는 논란이 된 연구위원이 정책실장의 보직을 사임할 의사를 표해왔기에 정책실장을 다른 연구위원으로 교체하였다. 그러나 그를 해직시키지는 않았다. 연구위원 개인의 정치참여 문제를 가지고 해임시킬 근거가 없었던 것이다. 왜냐하면 두 명의 다른 연구위원이 김대중 후보를 위해 활동한 것을 알고 있었기 때문이다. 연구위원들 개인의 정치참여는 통제할 수 없었지만 세종연구소가 특정 후보를 위한 선거운동에 참여하는 것은 생각조차 할 수 없었다. 그런데 그 위원이 보낸 보고서를 세종연구소 이름이 적힌 용지를 썼다는 것은 문제였다. 그를 보직에서 해임하였다. 그러나 해직시키지는 않았다.

이 문제로 나는 많은 압력을 받았다. 그 연구위원을 해고시키라는 지시가 내려왔다. 그러나 단지 선거에 관여했다는 이유만으로 그를 해고할 수는 없었다. 그가 한 일이 법적으로 위법적인 행위였다면 당연히 해고했을 것이다. 그러나 선거에 참여하면서 대통령후보를 인신공격하는 내용의 글을 쓴 것만으로 그 연구위원을 해고하는 것은 나의 평소의 신조인 학문의 자유나 학자의 정치참여의 자유라는 원칙과 어긋나는 일이었다. 지금 생각해보면 그 일의 불꽃이 결국 김대중 정부의 청와대 내 일부세력의 나의 해임압력으로 돌아왔던 것이다.

구조조정에 반대한 노조가 검찰에 진정

새로 들어온 김대중 정부에 의해 재임명이 확정된 1998년 3월은 한국이 IMF위기를 맞아 아직 혼란을 겪고 있던 때였다. 1997년 말에 시작된 IMF위기의 여파는 세종연구소의 재정에도 압박을 가하기 시작했다. 세종연구소는 외국의 연구소와 여러 가지 형태의 관계를 맺고 있어서 많은 외환을 써왔다. 그러나 환율의 급등으로 외국 연구소와 개최하기로 한 두 개의 예정되었던 회의를 취소해야 했다. 달러를 쓰는 사업들은 모두 적자운영이 되고 말았다. 아웅산 희생자의 유가족의 해외유학생장학금이 배 이상으로 올라 적자가 되었고 외국에서 구입하는 500여 권의 학술저널비도 즉각적으로 영향을 받게 되었다. 연구위원들의 해외출장비도 적자로 돌아섰다.

IMF사태 후 미국과 한국에서 개최하려던 국제회의 두 개를 취소할 수밖에 없었다. 거기에다 계획에도 없었던 기름보일러를 도시가스로 바꾸는 공사비가 추가됨으로써 1998년도의 예산집행은 전년에 비해 큰 차질을 빚게 되었다. 더구나 앞으로 은행이자가 점차 하락할 것이 확실하게 전망되어 재단이 갖고 있는 기금에서 들어올 이자수입이 줄어든다면 연구소에 대한 재단지원액도 줄어들 수밖에 없었다. 나는 앞으로 더욱 악화될 연구소 운영비에 대비한 근본대책을 세워야 했다.

앞으로 연구소를 운영하는 일이 막막하기도 했다. 또 그동안 여러 가지 일로 시달리다보니 피곤하기도 하고 적당한 시기에 소장직을 사퇴할 생각을 갖고 있었다. 그러면서 내가 사퇴할 경우 연구소의 재정문제를 해결하는 데 도움이 되는 방안을 강구하고 나가는 것이 좋다는 생각을 갖고 있었다. IMF사태는 어느 정도 진정되었지만 은행금리는 과거에 비해 급격히 떨어져서 세종재단이 보유한 기금의 이자로 운영해온 연구소의 앞날은 매우 불안한 것이었다. 전체 예산의 75%를 봉급으로 소비하고 있는 연구소는 아마 세계에서 보기 드물 것이다. 연구비가 30%도 안 되는 그런 연구소가 과연 얼마나 지탱할 수 있을 까 의문이었다. 과감하게 10명 정도의 잉여직원을 명퇴시키기로 결심했다. 부소장에게 그러기 위한 법적 절차를 알아보도록 하고 은밀히 일을 진행시켰다.

1998년 가을경이었다. 그런 움직임을 알아차린 노조가 그냥 있을 리 없었다. 떼를 지어 내 사무실에 쳐들어와 책상을 뒤엎고 난동을 부렸다. 나는 징계위를 소집하여 노조위원장을 파면하는 결정을 내렸다. 그동안 나는 노조에 대해 호의적인 태도를 가지고 일해 왔다. 그러나 절박한 연구소의 재정문제를 해결하기 위해서는 뭔가 결단이 있어야 한다는 확신 때문에 취한 감원결정이었다. 세종연구소는 태생 때부터 잘못되어 잉여직원이 남아돌던 곳이었다. 전에 100여 명의 직원으로 구성되었던 사무직 인원을 취임 얼마 후 40명을 명퇴시켜 줄였지만 그래도 잉여인원이 많았다.

나는 노조의 버릇을 가르쳐야겠다고 하고 위원장을 파면시켰더니 그가 중앙노동쟁의심의위에 제소했다. 그런데 뜻밖에도 노동쟁의

위원회가 "노교수를 그처럼 폭력적인 행동으로 위협한 것은 잘못이다"라는 판결을 내렸고 그를 세종연구소의 직원과 위원장직에서 해직시켰다. 그렇게 되자 다른 노조원들이 가만히 있을 리 없었다. 성남지방검찰청에게 진정서를 제출하여 세종연구소 내의 비리를 조사해줄 것을 요청했다.

어느 날 아침 연구소에 나가보니 성남검찰지청의 직원들이 소장실에 들어와 수색영장을 잠깐 내보였는데 내용은 알 수 없었다. 그러면서 서류를 압수하기 시작했다. 나의 컴퓨터와 행정실의 서류 일체를 차에 싣고 갔다. 그 얼마 후 전화로 성남 지청으로 나오라는 전화를 받았다. 나는 성남시에 있는 지청에 갔다. 오 모라는 검사에게 갔더니 다짜고짜 나더러 "비자금을 얼마나 모았느냐"라고 물었다. 나는 어이가 없어서 비자금이 무엇이냐고 반문하면서 연구소가 무슨 정치단체이냐고 대답했다. 진정서에 내가 거액의 비자금을 모아 특정인에게 주었다는 내용이 있었던 것이다.

오 검사는 나를 조사실에 데리고 갔다. 처음에는 조사원을 시켜 조서를 꾸미는 것 같았다. 그러자 조금 후 오 검사가 다시 조사실에 들어와 조서가 아니라 내사로 하라고 지시했다. 나는 지청에 가면서 내가 취임했을 때 세종재단 이사회가 나의 보수문제를 결정한 내용을 복사해서 가져가 그것을 검사에게 주었다. 그 회의록에는 나의 봉급과 업무추진비의 액수가 명시되어 있었다. 그것을 본 오 검사가 생각을 바꾼 것이다. 내가 "비자금"을 조성했고 그러기 위해 돈을 횡령한 것으로 만든 노조 진정서의 내용과 그 회의록의 내용을 본 오 검사가 조서를 꾸미려다 내사로 수사방향을 바꾼 것이다. 기소할 근거가 없었던 것이다.

젊은 조사관 앞에서 이틀간 매일 아침부터 오후까지 심문조사를 받았다. 그가 물은 질문은 예를 들면 일본연구실에 연구원이 너무 많은 것은 내가 그들을 돈을 받고 충원했다, 고가로 연구소 선전 책자를 만들었는데 커미션을 받았다, 외국여행을 너무 자주 나갔다, 내가 업무추진비에 대한 영수증을 제대로 갖추지 않았다는 것이었다. 또 행정실장에게서 100만 원을 받아갔는데 정리하지 않았으니 횡령이라는 것이었다. 연구소장으로 재직하는 동안 연구소 예산이 연 70억이 넘었는데 100만 원을 공금 횡령했다는 데 나는 할 말이 없었다.

그 100만 원은 내가 연말에 갑자기 회식할 일이 생겨 현찰이 필요해서 행정실장에게 다음 달 운영비에서 정산하기로 하고 가불한 것이었다. 그것을 행정실장이 제대로 정리하지 못하고 있다가 회계서류를 압수해간 수사관이 찾아내 내가 횡령한 것으로 처리한 것이었다. 수사관은 그것을 꼬투리로 잡고 횡령이라고 밀어 붙이려했다. 그러나 아무 꼬투리를 잡지 못하자 오 검사는 나에게 앞으로 어떻게 할 생각이냐고 물어 나는 "그만 둘 생각이다"라고 했더니 "잘 결정하셨습니다" 라고 답했다. 그리고 나는 1999년 1월 초순 강영훈 세종재단 이사장에게 사표를 내고 세종연구소를 떠났다.

4년 9개월 있는 동안 나는 세종연구소를 쇄신해서 한국에서 중요한 역할을 할 민간연구소로 만들고 싶었다. 소장으로 부임한 후 직원 34명을 명예퇴직시켜 연구소를 구조조정해야만 했다. 간단한 일은 아니었다. 그리고 연구직을 보강해서 활발한 연구활동을 하도록 유도해 보았다. 그 결과는 매우 좋았다. 연구위원들의 사기가 올랐고 나는 그들에게 대학교수와 똑같은 대우를 하도록 했다. 그래야 그들이 연구소를 떠나지 않을 것이라 생각했다. 그러나 연구위원들은 기회만 있으면 대학으로 이직해 갔다. 우리나라에서 연구소가 자리 잡기 어려운 이유가 있었다. 그러나 여러 가지 방해공작과 비방과 음해를 겪었지만 세종연구소를 과거의 침체상태에서 벗어날 계기는 마련했다고 생각한다. 연구소로서 갖출 기본 틀을 만들려고 나름대로 노력한 4년 9개월이었다.

소장 취임식에서 약속한 세 가지 목표인 연구방향의 설정, 연구소의 정체성 확립, 그리고 경형 합리화는 내가 바라던 대로 만족스럽게 달성하지는 못했다. 그러나 4년 9개월 동안 소장으로 있으면서 그중 적어도 두 개 목표 달성에는 어느 정도 성공했다고 본다. 그러나 연구소의 정체성 확립이라는 목표는 다른 문제였다. 세종연구소를 독립된 민간연구소로 만들겠다는 나의 의도는 관철되지 않았다. 정부측은 여전히 그곳을 정부산하기관, 특히 외무부산하조직으로 취급했고 연구소의 독립성을 부정했다. 아마 앞으로도 이 문제는 쉽게 해결되기 어려울 것이다.

세종연구소를 떠난 지 한 달 후 1999년 2월 23일자로 오 검사로부터 「98 진정 제481호」의 「진정사건 처분 통지서」라는 공문서가 우편으로 전달되었다. 내용은 "본 건 당청 98형제 407호 <u>피진정인 한배호</u>에 관한 진정사건과 관련하여 <u>진정인이 음해를 당하고 있으니</u> 진정인의 무고함을 명백히 밝혀달라는 취지인 바, 본건 진정서를 위 진정기록에 편철하여 참고토록 하고 진정 종결함을 알려 드립니다"라는 이해할 수 없는 내용이었다. 그 진정서가 노조와 재임명에 탈락한 연구위원의 합작품이 분명한데, 내가 "진정인을 음해했다"고 했는데, 오히려 음해를 받은 사람은 나인데 진정인이 음해를 받은 것으로 되어 있으니 기가 막힐 노릇이었다. 정부가 바뀌었고 자리 주어야 할 사람들은 많고 하니 나더러 사임하라고 한마디 하면 될 일인데 노조가 보낸 진정서를 접수하면서 나를 해고시키는 그런 복잡한 절차를 밟게 한 셈이다.

제13장

유한재단 이사장 취임과 낙산교회 교회당 건립

* * *

『한국정치문화와 민주정치』(2003)를 발간한 지 얼마 후 나는 유한양행의 고문이자 유한재단의 이사이기도 한 연만희 씨로부터 전화를 받았다. 점심을 같이 하던 자리에서 연 고문이 나에게 이사장 취임을 제의해 왔다. 나는 고대 대학원장으로 있었던 1991년부터 근 13년 동안 유한재단의 이사로 참여해 왔다. 2004년 4월 이사회가 열렸고 나는 만장일치로 이사장으로 선출되었다.

만나본 일은 없지만 유일한 박사는 너무 유명하신 분이라 평소 존경했었고 그분이 창립한 유한양행에 그분의 전 재산을 기부하고 세상을 떠나셨다는 것을 알고 있었다. 그리고 유한재단을 설립하여 장학금을 주는 사업을 하시다가 세상을 떠나셨다. 그런 훌륭한 분이 세

▶ 6회 유일한상 수상자인 현승종 전 총리(앞줄 오른쪽) 부부와 함께

운 재단에 관계한다는 것은 나로서는 매우 영예로운 일이라고 생각해왔다. 2007년 4월에 중임을 하면서 만 6년을 유한재단과 함께 보내다가 2010년 6월 이사장직에서 떠났다.

유한재단은 유한양행 주식을 많이 보유하고 있기 때문에 유한양행 회사의 대주주이기도 했다. 따라서 명목상으로는 유한재단 이사장이 주주들을 대신해서 유한양행의 재정과 인사문제에도 관여하게 되어 있었다. 회사 사장은 재단이사회가 인준하면 주총은 그대로 선출하게 되어 있었다. 일 년을 4분기로 나누어 회사의 업무실적과 재정보고를 받기도 했다. 그러다 보니 여러모로 회사경영에도 관심을 갖게 되었고 인사문제나 다른 회사업무와 관련해서 사장과 임원들로부터 상담을 요청받기도 했다. 6년 동안 재임하면서 많은 것을 보았고 배웠으며 결정을 내리기도 했다. 매우 보람 있고 새로운 경험을 한 셈이다.

이사장으로 취임하자마자 해야 할 첫째 일은 제6회「유일한 상」의 수상자를 선발하는 일이었다. 2004년에 이사장으로 취임한 후 사임한 2010년까지 나는 세 분의「유일한 상」수상자를 선정하는 일에 참여했다. 내가 이사장으로 있는 동안 현승종 전 총리, 정진숙 을유문화사 회장, 안병욱 숭실대학교 명예교수가 「유일한 상」을 수상했다.

이사장으로 있는 동안 많은 감동을 받은 것은 「유재라 상」을 수상할 때였다. 「유재라 상」은 아버지 유일한 박사처럼 자기 전 재산을 사회에 환원하고 돌아가신 유재라 씨의 뜻을 기리는 상으로 교육상, 사회복지상, 간호사상, 여약사상으로 구분되어 있다. 유재라 여사는 유한양행 회장과 유한재단 이사장을 지냈다. 내가 가장 의미 있는 상으로 여긴 것은 벽지나 고도에서 어린 학생들을 가르치는 선생들을 뽑아 수상하는 교육상이었다. 수상 소감을 말하는 초등학교 교사들의 경험담을 들을 때마다 나는 이런 분들이 있기에 우리나라의 앞날은 밝다는 생각을 갖곤 했다. 눈물 나게 하는 이야기들이 너무나 많았다. 그리고 역경 속에서 교육자로서의 사명을 다하는 교사들의 아름다운 자세가 너무나 훌륭했다.

유한재단은 유한양행이 주는 배당금 전체의 90% 이상을 사회에 환

▶ 유재라 봉사상 수상자들과 함께

원하는 사업을 해 왔다. 매년 전국의 각 대학으로부터 추천을 받은 60여 명의 대학생에게 1년분 장학금을 준다. 일정 수준의 성적만 유지하면 4년 동안 장학금을 받을 수 있다. 특히 지방대학의 가난한 학생들을 우선시하여 주고 있다. 그렇게 해서 재단이 시작된 후 재단으로부터 장학금을 받은 대학생의 수가 600명에 가깝다. 전에는 수가 적었으나 배당금이 늘어나면서 장학생의 수를 대폭 늘린 것이다. 의대 학생과 약대 학생의 경우는 6년을 계속 받을 수 있다. 그동안 많은 인재를 길러낸 셈이다.

재단은 전체 예산의 반 정도를 사회복지사업 지원에 쓰고 있다. 유한양행이 있는 대방동에는 극빈자가족이 많다. 20여 년 전부터 유한양행 직원들의 일부가 봉급에서 얼마를 떼어 극빈자들에게 보내주기 시작했다. 그 후 유한재단이 그 사업을 인계해서 오늘까지 계속하고 있다. 매달 생활보조비를 동작동과 노량진 동회를 통해 지원하고 있다. 많은 돈은 아니지만 해당자들에게는 매우 요긴한 도움이 되고 있다고 동회 직원들에게 들었다.

유한재단은 장애자들을 계속 지원해왔다. 소아마미협회나 다른 장애자협회에게 매년 일정하게 보조비를 지급해왔다. 영등포의 외국인들을 진료하는 병원에도 매년 정규적으로 지원했으며, 이제는 고인이 되신 이 박사가 세운 극빈자들을 무료로 치료해주고 있는 요셉병원에도 매년 수천만 원을 지원했다. 내가 이사장이 된 후 적은 수였지만 몇 개의 초등학교와 중학교를 골라서 무상급식을 시작하기도 했다. 그것이 그 후 정치권에서 유력한 선거 전략으로 탈바꿈할 줄은 몰랐지만 나름대로 좋은 결과를 가져왔다고 생각한다.

2010년 5월 말 나는 6년 동안 이사장으로 있던 유한재단을 떠났다. 재단정관은 이사장의 임기를 3년 임기를 연임까지로 제한하고 있다.

▶ 제8회 유일한상 안병욱(숭실대 교수) 수상자와 함께(2009.1.15)

2004년부터 한 번 연임한 후 2010년 5월 30일 나의 연임 임기를 끝냈다. 유한재단을 떠나면서 나에게 의미 있는 6년을 보내게 해준 여러 분에게 고마움을 갖고 있다. 나의 전공도 아닌 기업과 관련된 일에 대해서는 연만희 고문이 좋은 조언자가 되었고 회사 임원들이 모두 나를 정중하게 대해 주어서 편안한 6년을 보낼 수 있었다. 내가 떠나기 전 어떤 사람의 말이지만 내가 온 후에 유한재단과 유한양행 내에 잡음이 없었다고 했다. 외부 사람이니까 내부 사람과 연관이나 인연이 없었고 따라서 인사문제와 관련된 잡음이란 있을 수도 없었다. 그래서 조용했다는 이야기였다. 매우 다행스럽게 생각했다.

▌장모님 집터에 낙산교회 교회당 건립

2004년 4월 동숭동 낙산 턱 밑에 위치한 동네에 낙산교회를 건립하여 헌당 및 창립 20주년 기념예배를 드렸다. 20년 전인 1984년 4월 부활절 주일 내가 평소 잘 알던 몇 분의 교인들과 함께 새로운 교회를 창립하는 일에 참여했다. 한국교회협의회(NCC) 총무를 지낸 김관석(金觀錫) 목사와 성균관대 서양사 교수이신 노명식(盧明植) 교수, 대한 YMCA의 강문규 회장, 수유리의 아카데미하우스 부원장으로 있던 오재식, 국민대학의 한상일 교수, 그 외 여러 명이 창립교인으로 참여하게 되었다. 남편을 따라 여러 명의 부인들도 참여했다. 김 목사의 부인 김옥실, 강문규의 부인 김숙자, 한배호의 부인 박동숙, 한상일의 부인 이인자, 오재식의 부인 노옥신이 창립교인이 되었다. 다해서 15명 정도가 모인 작은 교회로 출발하였다. 이름을 낙산교회로 정

▶ 동숭동 이전 후 낙산교회 교인들과 함께(2009)

한 것은 아내 박동숙의 제의였다. 동숭동의 낙산이라는 산 밑에 있는 흥사단건물에서 시작했다는 뜻에서였다.

오래전 내가 미국 유학을 떠나기 전 장충동에 있는 경동교회에 다닌 적이 있다. 김재준 목사님의 설교를 들었고 강원룡 목사가 지도하던 학생서클에 가입하기도 했다. 유학에서 돌아와서 한때 다시 경동교회에 다니다가 강의와 연구에 매달리다 보니 주일은 집에서 쉬고 싶었고 그런 일이 계속되면서 교회를 정해놓고 다니지 않았다.

그렇게 일정한 교회에 속하지 않고 있었던 때에 친구들에게서 교회를 시작하자는 말을 듣고 낙산교회의 창립에 참여하게 된 것이다. 김관석 목사는 한국기독교협의회 총무로 계시다가 유신체제에 반대하는 성명을 내서 수년간 옥고를 치른 분이었다. 매우 지적이면서도 온유한 성품의 목사님이셨다. 김 목사를 설교목사로 모시고 평신도가 중심이 된 형식에 매이지 않는, 그리고 교파를 초월한, 자유롭게 예배드리는 교회를 지향하려는 것이 설립의도였다. 그런 점에서 취지가 매우 참신하다고 생각했다. 처음에는 대학로에 있는 흥사단건물의 중강당에서 모이다가 1년 후 충정로에 있는 기독교장로회 총회가 소유하는 건물을 쓰게 되었다. 나름대로의 성격을 지닌 교회로 키워나가려는 노력을 계속했다.

마침 그때 유니온 신학교에서 구약을 전공한 김이곤 박사가 한신대 교수로 부임해 왔다. 그분을 교섭하여 설교만 하는 목사로 청빙하여 매주 그분의 구약 중심의 설교를 들으면서 구약에 대한 새로운 이해를 갖게 되기도 했다. 김 목사의 설교는 너무나 훌륭했다. 설교내용이 좋았고 인품도 좋은 분이었다. 아마 그분을 전담목사로 모시고 계속했다면 낙산교회는 장안에서 특이한 교회로 널리 알려진 교회로 성장할 수도 있었을 것이다. 그러나 애석하게도 그분은 2년 정도 설교를 맡아 보시다 한신대 교무처장으로 임명되면서 교회를 떠나야만 했다. 크게 성장할 수 있었던 동력을 잃게 된 교회는 그 후 여러 가지 곡절을 겪게 되었다.

흥사단 건물을 빌려 예배를 보다가 그 장소를 비워달라고 해서 간 곳이 서대문 충정로에 있는 기독교 장로회(기장)의 사무실이 있는 옛 캐나다 선교사들의 주택이 모인 곳이었다. 그곳 한 구석에 임시로 지은 2층 건물이 있는데 유신 때 한국 신학대 교수였던 서남동 목사가 해직을 당한 후 그곳에서 선교원이라는 단기 신학교육시설을 운영했던 곳이었다.

교인수가 40~50명 되는 적은 수였지만 열성을 가지고 모여 그 나름대로 성격을 지닌 평신도가 중심이 되는 새로운 형의 교회를 만들려고 의욕을 보이고 있었다. 그런데 흔히 있는 일이지만 교회 목사의 임기가 끝날 무렵부터 유임문제를 둘러싸고 교인들이 분열하기 시작했다. 한 쪽은 유임해야 한다는 것이고 다른 한 쪽은 그 목사가 온 후 교회는 발전이 아니라 더 침체되었다고 주장했다. 그러다 교회로 쓰던 건물을 위시해서 총회사무실이 있는 대지(상당히 큰 규모)를 기장 교회의 총회가 처분하여 고층 건물을 짓는다는 소문이 나돌았다. 그런 사태를 대비해서 다른 곳에 예배장소를 물색하거나 새로 교회를 짓는 문제가 대두했다. 우선 건축헌금을 걷기로 했다.

장모님이 종로구 동숭동에 사셨는데 돌아가시기 전 아내의 형제들이 미국에서 살아서 그들의 동의를 얻어 그 집을 아내에게로 명의를 이전하였다가 아내가 사망한 후 나에게로 명의이전시켰다. 얼마 후 1996년 그 집을 낙산교회에 기증했다. 그 집을 팔아 없애기에는 너무 아깝다는 생각이 들었다. 그곳에 교회를 세우거나 다른 곳에 교회건물을 건축할 때 비용의 일부로 쓰라는 것이었다.

그래서 교인들의 동의로 동숭동 그 집터에 교회를 짓기로 결정을 보았다. 동숭동 낙산 밑에 있는 작은 한옥집이었다. 그것만으로는 대지가 부족하여 그 옆집을 사서 대지를 넓혔다. 2003년 말 공사를 시작하여 2004년 4월 준공했다. 2층의 아담한 건물이다. 그 땅과 집의 주인인 나의 장모 이철순 권사와 그의 딸 박동숙의 이름을 새긴 감사패도 동판으로 새겨 교회당 벽에 걸었다. 지금도 교인 수는 적으나 "교권주의를 지양한다", "평신도 중심이 된다," 그리고 "기복신앙에서 벗어나며 형식적인 제도에 의존하지 않는 진정한 의미의 복음 중심의 교회를 지향한다"는 목표를 가지고 예배를 드리고 있다.

〈에필로그〉

민주주의를 지키는 자유와 정의

＊ ＊ ＊

지금까지 사는 동안 내가 본 한국의 현실정치는 『한국: 소용돌이의 정치』를 쓴 그레고리 핸더슨(Gregory Henderson)의 표현 그대로이다. 일제식민지배하에서는 총과 칼로 지배당하던 피압박의 시대였다. 해방 후에도 혼란 속에서 정부수립을 둘러싼 격렬한 정치투쟁이 벌어져 많은 사람이 목숨을 잃었다. 참혹했던 한국전쟁은 한반도를 잿더미로 만들었고 수백만의 인명을 앗아갔다. 그리고 전쟁을 치른 후 남북한 사이에 뿌리 깊은 상호 증오심과 이산가족의 비애가 남겨졌다.

1960년대 초부터 30년간은 군부가 정치에 개입하여 겉으로만 헌법과 민주제도를 유지했을 뿐 사실상 반대세력을 철저하게 통제하면서 집권을 장기간 유지한 권위주의정권의 기간이었다. 솔직히 말해 우리나라의 정치가 안정되고 마음 편하게 살게 해주는 것은 아니었다. 안정되고 확실한 규칙과 제도에 의해 운영되는 선진국들의 정치가 부러웠다.

그러나 지구상에 「완벽한」 정부나 정치는 없다. 「좋은 정치와 정부」라는 것은 실제로 존재하지 않는 유토피아이다. 지구상에는 「덜 나쁜 정치와 정부」가 있을 뿐이다. 덜 악하다거나 덜 나쁘다(lesser evil)고 하는 이유는 인간사회에서 「좋다」고 할 정치를 기대하기 어렵기 때문이다. 이것은 비관론이니 낙관론이니 하는 차원의 문제가 아니다. 좋은 정치가 없다고 보는 이유는 인간이란 본질적으로 선과 악이 혼재하는 존재라 보기 때문이다. 그래서 훌륭한 인격을 지닌 정치가라해도 권력을 남용하기 쉽기 때문에 "사람이 좌우하는 정치가 아니라 제도에 의해 운영되는 정치"가 덜 나쁘고 보다 안전하다.

나에게 이런 현실적인 정치관을 가르쳐준 사람은 니버(Niebuhr)라는 미국의 신학자이다. 그의 신학을 기독교적 현실주의(Christian Realism)라 부르기도 한다. 요점을 말하면 인간은 죄성(sin)을 가지고 있기 때문에 아무리 착하고 도덕성이 높은 사람이라도 정치권력을 갖게 되면 인간의 죄악성을 드러내게 된다. 그런 권력행사를 사람의 인격이나 윤리에 기대해서 통제하거나 억제하려는 것은 불가능하다는 것이다. 그렇게 볼 때 인간사회에 '좋은 정부'란 실현불가능하며 최대로 바랄 수 있는 것은 덜 바쁜 정부일 뿐이다.

38선이 생겨난 후, 그리고 한국전쟁 도중인 1·4 후퇴 당시 북한 거주민 가운데 5백만 명이 북한을 떠나 남한으로 내려왔다. 나는 그들이 남한이 '좋은 정부'를 가졌다고 해서 그런 정부 밑에서 살고 싶다고 해서 남하한 것이라 보지 않는다. 북한공산정권 밑에서 살아본 그들이 남한 정부는 북한의 정권보다 덜 나쁜 정부라 생각하고 남하했다고 보아야 할 것이다. 단순히 전쟁이 무서워 일시적으로 피난하기 위해 남하한 것만은 아니다. 의식적이든 무의식적이든 남한 정부가 김일성의 공산정권에 비해서 '덜 나쁘다'는 느낌이나 생각을 품고 있었을 것이다.

그런 점에서 나는 한 사람의 지식인으로서나 정치학을 전공한 사람으로서 박정희 정권을 「좋은 정부」라고 생각하지 않았다. 박 정권을 좋다고 지지하거나 나쁘다고 해서 극렬히 반대하는 사람들이 많았다. 그러나 박 정권을 「좋다」고 생각해서 지지해야겠다는 생각을 가진 적이 없었다. 다만 상대적으로 과거의 이승만 정부에 비해 덜 나쁜 면도 가졌지만 또 어느 면에서는 그보다 더 나쁜 면도 가진 정부로 여겼다. 그러나 북한의 김일성이나 김정일의 공산정권보다는 확실하게 「덜 나쁘다」는 확신은 갖고 있었다. 둘 가운데 하나를 선택하라면 주저하지 않고 「덜 나쁜」 박 정권을 선택했을 것이다.

1960년대 초 민주당정권 시기의 혼란상을 직접 보았고 과거 역사로 보나 한국 사람들의 정치적 성향으로 보나 민주화의 가능성에 대해서 확신을 갖고 자신있게 주장하기에는 당시 한국의 정치적 현실은 매우 어려웠다. 먼저 민주화를 한 후 그것을 바탕으로 국민들의 참여를 바탕으로 경제개발을 추진해야 한다는 생각이나 주장은 현실성이 결여된 공허하고 이상주의적인 주장으로 들렸다. 그래도 나는 그런 생각을 가끔 해보았다. 그러나 그런 나의 생각이 다수의 한국 지식인들의 생각은 아니었다.

그러다 '개발이냐 민주화냐'의 논쟁은 1970~80년대에 들어서면서 하나의 학술적 담론이 되고 말았다. 두 번째의 쿠데타를 겪은 후부터 한국정치의 미래는 군부집권 지속이냐 민주화냐라는 선택지로 바뀐 것이다. 민주화가 모든 현실적인 문제를 해결해주고 이상적인 정치를 실현한다거나 민주정치가 「좋은 정치」라서가 아니라 장기집권으로 국민 간의 분열이 심각한 수준에 달했고 극도에 달한 정치적인 불안과 사회적 폐허화를 막을 수 있는 「덜 나쁜 정치」로서의 민주정치가 이제는 '유일한 대안'으로 보이기 시작했기 때문이다.

이런 나의 시각에 다른 정치학자들이 모두 동의하는 것은 아니었다. 그러나 어릴 적부터 기독교가정에서 자라났고 성숙한 후 신학자이면서 심오한 정치적 통찰로 미국 정치학자들 사이에서도 존경을 받던 니버(Niebuhr)의 정치사상을 접하게 되면서 나의 현실정치에 대한 판단기준이 되어 준 것은 민주정치에 대한 그의 현실주의적 통찰력이었다. 니버는 인간의 한계와 죄성을 직시하면서 그런 인간의 악성을 감안할 때 정치권력을 통제하고 견제하는 제도적 장치를 갖춘 체제로서 민주정치를 「덜 나쁜 정치」로 보고자 했다. 아무리 높은 인격을 가진 정치가라도 일단 권력을 장악하게 되면 온갖 유혹에 빠질 수 있는 것이 인간이다.

그래서 제도로서 권력의 행사를 규제하고 견제하는 수밖에 없다. 니버가 말한 "인간의 악한 면은 민주정치를 필요로 하고 인간의 선한 면은 민주정치를 가능케 한다"는 말을 늘 기억했다. 참으로 위대한 명언이다. 그렇다고 민주정치는 「좋은 정치」라는 뜻은 아니다. 확실히 권위주의체제보다 「덜 나쁜 정치」라는 것이다. 그래서 민주정치를 누가 어떻게 운영하느냐에 따라 권위주의체제보다 「더 나쁜」체제로 전락할 가능성은 언제나 존재한다.

인간의 본성에 비추어 볼 때 권력에 대한 욕심이나 남용을 통제하기 위한 제도를 갖추고 있는 정치체제는 민주정치이다. 권력 사용의 범위나 절차는 물론 피지배층에 대한 지배층의 임무이행의 책임성(accountability)을 강조하는 규범이 확고하게 정착된 조직이 곧 제도이다. 그리고 그런 제도가 큰 변화 없이 장기적으로 존속될 때 그것을 제도화라고 부른다. 그렇게 제도가 '제도화'될 때 그 제도는 안정성을 갖고 장기간 존속하게 된다. 한국의 민주주의가 '공고화(consolidation)'를 이룬다는 것은 제도화를 달성했다는 뜻과 같다고 할 수 있다.

앞으로 한국의 민주화가 진척되고 제도적으로 안착되어 민주정치가 실현된다 하더라고 현실정치의 판단기준이 되는 것은「좋은」정치가 아니라「더 나쁜」정치가 되지 않도록 하는 일이다. 민주체제가 더 나빠지는 정치가 되지 않도록 하려는 국민의 의지와 결의가 필요하다. 인간이 지배하는 곳에「선정(善政)」이라는 표현은 수사학적으로는 있을 수 있으나 실제로 불가능하다. 언제나 정치질서가 더 나빠지지 않도록 견제할 수 있는 방법은 민주적인 정치제도적 장치를 마련하여 권력을 감시할 때 가능하다.

다시 말해서 민주정치를 지탱해 주는 제도로서 자유의 바로미터가 되는 제도화된 언론, 시민의 요구와 희망을 수용하면서 행정부를 견제하면서 국민의 요구를 정책으로 환원하는 제도로서의 국회, 사회적 정의를 구현하는 사법제도, 그리고 민주정치의 엔진이라고 할 정당체제가 '제도화'되고 그것을 뒷받침하는 건전한 시민사회가 이 땅 위에 정착되었을 때 한국의 민주주의는 제도화를 이룩하고 공고화되었다고 확언할 수 있다.

양적 개념으로서의 자유

프랑스혁명 당시의 구호였던 "자유, 박애, 평등"이라는 보편적인 가치는 인류가 영원히 추구할 목표라고 할 수 있다. 그러나 그 가치 또는 이상은 그리 쉽게 실현되고 달성 될 목표는 아니다. 불어 Liberté는 영어 Libterty에 해당하는데 Freedom과 동의어로 이해할 수 있다. 박애(博愛)라고 번역한 Fraternité는 동포애, 형제애, 우애라는 뜻으로 작게는 가까운 가족이나 친구나 동포에서 널리는 인류공동체를 대상으로 하는 일체감을 뜻하는 것으로 볼 수 있다. 그리고 Egalité는 평등이나 대등을 의미한다. 영어의 Equality와 같은 의미로 해석할 수 있다. 프랑스 혁명가들의 구호에서는 빠졌지만 이들 못지않게 보편적인 이상이자 가치로서 정의(Justice)를 들 수 있다. 그리고 정의라는 개념은 평등이나 형평성 또는 대등이라는 의미도 지니고 있다.

일본제국주의의 침략으로 우리나라는 36년간 일본의 식민지가 되어 독립을 박탈당했었다. 가혹했던 식민지배하에서 우리는 우리말을 마음대로 말할 수 있는 자유가 없었다. 강제징용을 당해 전쟁터로 끌려가면서 항의할 수 있는 자유도 없었다. 경찰에 잡혀가 고문을 당했을 때도 억울함을 호소할 수 있는 자유도 없었다. 강제로 옥토를 빼앗기고도 항거할 수 있는 자유가 없었다. 한마디로 우리는 일제 식민시대를 사실상 정치적으로나 경제적으로나 사회적으로 근본적으로 자유를 박탈당하고 노예와 다름없는 삶을 산 것이다.

뿐만 아니라 종교적 자유도 누릴 수 없었다. 총독부가 신사참배를 강요하자 기독교신자들이 이를 거부하였고 반대한 목사들은 투옥당했고 교회당은 폐쇄되기도 했다. 심지어 창씨개명(創氏改名)을 강요하여 우리의 성명까지 일본 이름으로 바꾸라고 강요했다. 가정에서도 조선어 사용을 금지하였고 학교에서는 일본어만을 써야 했다. 이런 것이 일본 식민지배하의 조선인이 겪었던 속박이요 억압이었다. 부자유(不自由), 무자유(無自由)의 식민통치이었다.

자유는 꼭 자유주의라는 특정의 사상체계를 뜻하는 것이 아니라 일반적인 용어로도 해석할 수 있다. 과다한 정치적 압제로 부터의 자유, 가난으로부터의 자유, 편견과 차별대우로 부터의 자유, 지식을 제한하거나 통제하려는 것으로부터 학문의 자유, 성적 구별로 부터의 자유가 있을 수 있다. 어떻든 자유의 반대는 어떤 형태이든간의 구속된 상태이며 자유는 그것으로부터의 해방이라는 의미가 있다. 그것은 인간이 공통으로 추구하려는 보편적인 가치라고 해도 과언이 아니다.

자유라는 개념은 「질적」인 것이 아니라 「양적」인 개념이다. 어떤 자유는 좋고 어떤 자유는 나쁘다는 진술은 무의미한 것이다. 가령 「북한은 노동자들의 복지가 잘되어 있고 평등한 곳이어서 그곳 인민이 누리는 자유가 남한 사람들이 누리는 자유보다 좋다」라고 말했을 때 자유와 평등 그리고 복지를 혼동해서 쓰고 있을 뿐만 아니라 알려진 사실로 보아도 이 진술은 허위인 것이다. 오히려 정확하게 말한다면 북한 "인민"들이 누리는 자유의 양은 모든 면에서 남한 시민들이 누리고 있는 자유에 비해 거의 없다 해도 과언이 아니다.

또 자유라는 개념은 개인의 자유만 아니라 사회구성원 전체의 자유도 포함한다. 그러나 어느 나라 헌법도 국민에게 무제한의 자유를 허용하는 헌법은 없다. 그 나라가 처한 정치적, 사회적, 경제적 상황에 따라 어느 정도 자유를 제한하고 있는 것이 일반적인 현상이다. 특히 전쟁 시에는 일시적이지만 긴급정치체제로 전환하면서 국민의 자유의 양이나 폭을 대폭적으로 축소시키고 있다. 이것은 모든 국가가 공통적으로 취하는 조치이다. 더구나 한국처럼 반세기 이상을 북한이라는 적대적 정권과 대치상태를 지속하고 있는 상황에서 자유의 양은 적당한 수준까지 제한될 수밖에 없었다. 한국의 헌법 97조도 "모든 자유와 권리는 국가안전보장, 질서유지, 또는 공공복리를 위해 '법률로 제한'할 수 있다"고 규정하고 있다.

자유는 양적 개념이기 때문에 그것은 보다 넓거나 다양한 영역으로 자유의 확대라는 의미도 포함한다. 영국의 정치사상가 그린(T.H. Green)은「소극적 자유와 적극적 자유」를 구별하였고 적극적 자유를 계몽주의시대의 소극적 의미가 아니라 사회복지를 포함한 대규모의 사회적 자유라는 의미로 사용하였다. 이것은 자유의 '질'의 문제가 아니라 자유의 영력을 개인만 아니라 집단 그리고 사회로 광범위하게 넓힌다는 것이다. 그러나 이 경우 자유의 어떤 '질적' 차이를 말하는 것이 아니라 보다 많은 사람에게로 양적 확대를 한다는 의미다.

민주정치는 정치적으로나 사회경제적으로 자유의 양을 확대시키는 체제이지만 그런 자유의 양적 확대가 자동적으로 이루어 지는 것은 아니다. 독일 바이마르 공화국의 헌법초안에도 참여했으나 그 공화국의 장래에 대해 그 다지 희망적이 아니었던 베버는 "자유는 점차 줄어가고 있으며 나는 그런 추세의 물결을 거슬러 수영하고 있는 셈"이라고 말한 바 있다. 베버는 관료주의가 전 세계를 휩쓸고 있는 거역할 수 없는 대세라고 보았다. 그것이 "자유를 제약하는 어쩔 수 없는 추세"라고 했다. 베버는 현대 자본주의도 자유와 민주주의에 도전하는 세력이며 궁극적으로는 그 아래에서 자유와 민주주의가 생존 가능한가라는 의문을 제기하기도 했다. 그러면서 그런 상황에서 「자유와 민주주의가 생존하려면 스스로를 순한 양(sheep)으로 지배당하기를 거부하는 국민의 결의가 영구히 살아있어야 한다」고 했다 (Gerth and Mills, 『From Max Weber』, p.71). 그의 사망 후 독일은 히틀러의 잔악한 전체주의 지배를 겪었다.

자유를 양적인 것으로 이해하는 데 좋은 예는 언론이다. 언론이야말로 자유라는 가치를 구현하는 데 기여할 수 있는 중요한 제도이며 한 나라의 민주정치의 수준을 재는 데 중요한 바로미터(barometer)가 된다. 나라마다 그리고 같은 나라에서도 때에 따라, 언론 자유의 양은 늘어났다가 줄어드는 예가 있다. 우리나라의 경우 이승만 정권 당시 정부가 언론의 자유를 어느 정도 통제했다. 그러나 4 · 19 학생의거 이후 언론의 자유를 너무 허용한 탓에 온갖 사이비언론이 나타나 온갖 범법과 부정행위를 했다. 그러다 5 · 16 쿠데타가 발생하면서 언론의 자유가 대폭 줄어들었다. 그러나 그 후 유신체제때에 비하면 공화당 정부시절의 언론의 자유는 상대적으로 많은 편이었다. 언론 자유의 폭이나 양은 그 후 여러 번 변화를 겪었고 민주화를 이룬 후 이제는 어느 때 보다 많은 양의 자유를 누리고 있다고 할 수 있다.

다른 나라의 언론의 자유의 양도 비교해 볼 수 있다. 즉 공산국가인 중국이나 북한의 언론이 남한의 언론에 비해 얼마나 자유를 누리고 있는가 하는 질문을 제기해 볼 수 있다. 그리고 과거 소련에 비해 민주화된 후의 러시아의 언론에서 자유가 얼마나 늘어났는가를 논해 볼 수 있다. 어떤 정확한 수치를 가지고 논하지 않더라도 그런 질문에 대한 답은 쉽게 나올 수 있다. 중국의 언론이나 북한의 언론에 대한 정부의 통제는 남한이나 일본의 언론과는 비교할 수 없는 수준의 것으로 알려져 있다. 그런 의미에서 자유라는 개념을 질적인 것으로 보는 것은 무의미하다. 가령 현재 북한의 언론이 누리는 자유가 남한의 언론들의 것보다 "좋다"라는 진술은 넌센스에 가까운 것이다. 지금까지 북한의 신문이나 방송이 북한정부에 대한 비판적인 글이나 발언을 실었거나 발표했다는 사실은 들은 적이 없다. 그것을 좋은 자유라면 자유의 의미와는 관계없는 표현이다.

언론의 자유와 마찬가지로 종교나 사상의 자유도 양적인 것이지 질적인 것으로 이해할 수 없다. 어느 나라에서 종교가 보다 많은 자유를 누리고 있는가를 말할 수 있어도 어느 나라에서 보다 '좋은 종교적 자유'를 누리고 있느냐를 논하는 것은 무의미하다. 일제강점기에 총독부는 한국의 기독교회에게 주일 예배마다 '동방요배'라고 하면서 일본의 천황을 향해 머리를 숙이고 경례하도록 강요하였다. 그 명령에 불복한 목사들은 투옥되었고 교회도 폐쇄되었다. 그리고 일본의 신들을 모신 신사(神社)에 참배시키려고 했으며 이를 거부하는 목사들을 투옥했다. 기독교의 종교적 자유를 박탈한 것이다. 기독교만 아니라 다른 종교에 대해서도 감시를 했다. 일부 종교와 독립운동이 연계될 가능성을 경계한 것이다.

정치학이 특히 관심을 갖는 정치적 자유도 역시 양적인 것으로 이해하는 것이 옳다. 가령 정치적 자유를 질적인 것으로 논한다면 선진국가의 정치적 자유는 좋고 개발국가의 것은 좋지 않다는 엉뚱한 진술이 나오게 된다. 그러나 자유를 양적으로 생각한다면 2012년 남한에서 시민들이나 정치단체들이 누리는 정치적 자유의 양은, 1970년대는 물론 심지어 1990년대에 비해서도 엄청나게 늘어났다. 심지어 전에는 불법단체로 감시대상이었고 활동이 제한되었던 정치세력이 선거를 통해 국회에 진출하게 되었다면 이것은 정치적 자유의 양적 확대를 반영해 주는 것이다. 그런 한국의 정치적 자유보다 사이비 공산주의인지 봉건시대의 가산제국가의 재현인지 구별하기조차 어려운 오늘의 북한의 정치적 자유가 '질적으로' 보다 좋고 많다고 믿는 사람은 김정일이나 그의 소수 측근들 정도뿐일 것이다.

▮ 정의의 다차원적 의미

그처럼 자유의 신장과 더불어 인간의 존엄성을 높이고 자기실현의 욕구가 충족될 수 있는 보다 좋은 사회적 환경이 조성되면서도 우리사회에는 날이 갈수록 많은 사람들 사이에서 또 다른 욕구와 갈망이 나타나고 있다. 그것을 정의(Justice)에의 갈구라고 할 수 있다. 정의라는 가치는 매우 포괄적인 내용을 지니지만 그 가치를 가장 상징적으로 나타내는 것은 사법부이다. 사실 흔히 사법부의 로고로 쓰이는 그림에는 여신이 눈을 감은 채 저울질을 하고 있다. 미국 대법원의 공식 명칭은 'Supreme Court of Justice'이다. 정의에 대한 최고법정이라는 뜻이다. 그 법정에서 어떤 사건을 둘러싼 정의와 부정의를 가려낸다는 것이다.

이것은 대법원이 공평성이라는 차원을 넘어 정의로운 차원의 재판을 지향한다는 의미도 포함된다. 사법부는 민주정치에 있어서 사회질서를 유지하고 사회에서 나타나는 중대한 정치적, 사회적, 경제적 갈등을 해소시켜 주는 역할도 담당한다. 사업부는 죄인에게 벌을 주고 피해자에게 보상하는 차원의 정의만 아니라 사회적 차원에서 가해자나 피해자들에게 공공질서유지에 기여할 수 있도록 교도하는 정의를 집행한다. 한때 인종문제를 둘러싼 갈등으로 국가적 위기에 처한 미국에서 주도적 역할을 수행하면서 대대적인 사회적 변화로 이끌어간 것은 행정부나 입법부가 아니라 사법부였다. 그래서 사법부 혁명이라는 표현이 나오기도 했다.

정의라는 개념은 오랜 동안 사상가들의 사색의 대상이었고 또 그만큼 이해하기 어려운 개념이기도 하다. 그 속에는 명시적으로나 묵시적으로 '평등'이라는 가치가 내포되어 있다고 본다. 공정하다는 것은 평등하다는 것과 통하는 표현이다. 그리스의 플라톤(Plato)은 정의를 개인과 사회집단사이를 묶어주는 결합적 기능이라고 했다. 그의 정치철학을 담은 『공화국(The Republic)』의 근저를 흐르는 주제는 일치성, 통일성(Unity)이다. 그런 일치성의 첫째 원천(source)으로 지배집단을 묶는 덕과 지혜를 들며 그것이 사회전체에까지 흘러가는 것이 통일성이요 곧 정의라고 보았다. 그리고 개개인에게 부여된 질서 있는 기능적 구조가 보다 많은 통일성을 가져올 수 있는 또 하나의 원천으로 생각했다. 개개인에게 부여된 자기의 몫을 충실히 이행할 때 통일성이 높아진다는 주장이다.

플라톤은 그 후 나온 『법(The Laws)』에서 전체적 통일성이라는 목적은 불변하지만 그것을 소수의 지배집단에만 의존하는 것을 피하고 법적인 규제를 철저하게 수행하면 인간존재의 상당수가 질서 있는 정의로운 형태를 조성할 수 있다고 했다.

플라톤의 통일성개념을 비판한 아리스토텔레스(Aristotele)는 플라톤이 통일성과 조화성을 혼동하고 있다고 하면서 정치적 결사체가 너무 통일되어 있으면 정치적 결사체 자체가 없어질 수 있다고 했다. 아리스토텔레스는 통일성도 중요하지만 '다양성'을 강조했고 동시에 '조화성'에 역점을 두었다고 할 수 있다. 사회구성원들은 하나의 선(good)만 아니라 여러 가지 선을 추구할 수도 있다는 것이다. 정치의 기술은 그런 여러 가지 선(가치라고 해도 좋다) 사이를 중재하면서 전체의 자기생존성을 강화해 주어야 한다는 것이다. 아리스토텔레스에게 정의란「비례(proportion)적인 배분」개념이다. 그리고 그는 정의를 배분적 정의(Distributive justice)와 징벌적 정의(Retributive justice)로 구별해서 논하고 있다.

한 정치공동체 구성원들 사이에 하나만의 "절대적 선(The Absolute Good)"이 아니라 여러 개의 선(가치)이 존재한다고 볼 때 여러 집단이 자기 것이라고 주장하고 요구하는 것을 어떻게 중재하면서 조화로운 공동체를 만드느냐하는 문제가 아리스토텔레스의 정치사상의 핵심과제였다. 선(또는 가치)의 정당한 배분이 정의라고 할 수 있다. 따라서 아리스토텔레스에 이르면서 정의라는 개념은 플라톤이 말하는 엘리트(Elite) 지배자의 지혜와 덕이 넘쳐 그것이 공동체 전체로 흘러가 통일성을 이루는 상태가 아니라 많은 정치적 주장(claim)과 요구를 어떻게 '정치적으로 타협하고 그럼으로써 질서유지의 원리'로 활용하느냐라는 문제로 확대되었다고 할 수 있다. 정치를 '가능성의 예술'이라고 말한 것도 그런 의미를 내포하는 것이다. 그런 점에서 아리스토텔레스에게 정의론은 비례적, 조화적 분배론의 의미를 지닌 것이었다. (Sheldon S. Wolin, *Politics and Vision*, Little, Brown and Company, 1960), p.63)

한편 그런 조화로운 질서와 분배의 원리로서의 정의개념과 달리 로마법 발달의 기초를 제공한 로마의 스토아(stoic)철학자들은 희랍어인 로고스(Logos-성경은 '말씀'으로 번역)라는 개념으로 자연의 법칙과 도시국가의 법을 논했다. 그들은 로고스가 자연에서 물리적 법칙으로 작용하고 있듯이 인간 두뇌에서는 도덕적 법으로 기능을 발휘한다고 보았다. 그 로고스는 실증법에 있어서 정의(justice)를 판단하는 원리가 된다고 보았다.

고대사상가들의 정의개념은 근대에 와서는 주로 영국의 벤덤과 밀스의 공리주의(Utilitarianism)사상으로 이어져왔다. 그들 공리주의자들은 사회의 정의는 「최대 다수의 최대 행복」을 추구하는 것이라고 보았다. 그러나 그런 최대다수의 최대행복을 계산하는 일은 제시하지 못했다. 단지 존 밀스의 유명한 「돼지와 소크라테스」의 비유에서 나타난 것처럼 이성을 지닌 인간들이 자유주의 시장경제의 원리를 따라 자신이 최선이라 생각하는 방향을 선택하면 전체로서 "돼지의 방향이 아니라 소크라데스의 방향"으로 갈 것이라는 주장이 나왔다. 그가 살던 계몽주의 사상의 영향을 받아 자유 선택에 의해 인간의 향상이 가능하다는 낙관적인 신념을 나타낸 것이다.

공리주의이론에서 말하는 정의론의 기조를 반영하면서 현대 미국사회에서의 정의문제에 초점을 맞춘 정의론을 편 사람으로 존 롤스(John Rawls)를 들 수 있다. 1971년에 나온 그의 저서 『정의이론』(John Rawls, 『A Theory of Justice』(Harvard U. P., 1971)이 각계에 미친 영향은 지대했다. 부산물이라 할 수도 있지만 그의 책의 영향은 학계만 아니라 미국정부의 정책수립에도 영향을 미쳤다. 「긍정적 행동」(Affirmative Action)이라는 정책이 채택 되었고 특히 소수민족출신의 학생이나 직장인들에 대한 차별을 없애는 데 기여하기도 했다.

그의 책이 나온 당시는 미국에서 흑인의 민권운동이 전국을 휩쓸고 있던 때였다. 그 당시 미국사회의 맥락에서 공리주의자들이 풀지 못한 「최대 다수의 최대 행복」의 계산이라는 과제와 관련해서 제기되는 기본적인 질문은 가령 흑인들과 같은 최저소득층을 희생해 가면서 전체 사회가 부를 증대해 가는 것이 허용될 수 있는가 하는 질문이었다고 할 수 있다. 고전적 공리주의에 대한 비판론을 제기한 것이다.

이 책이 주장하는 문제는 사회에서 단순히 평등을 실현하라는 것이 아니라 불평등에 한도가 있어야 한다는 것을 강조하는 데 있었다. 적어도 A가 손해를 보고 B가 부자가 될 수 없도록 하자는 것이었다. 그것을 정치적 자유를 논한 제 1원리와 사회적 경제적 불평등을 논한 제2의 원리를 중심으로 설명해가고 있다. 결국은 사회에서 불평등을 적게 하려는 데 주안점을 둔 논리를 전개함으로써 불평등을 인정하고 있다는 비판도 있었고 최대다수의 행복을 희생하면서 빈민층을 구해야 하느냐라는 좌우 양쪽으로부터 비판도 있었다.

그러나 그의 주장을 따른다면 결국 불평등의 한계를 적게 하는 방법은 누진세(累進稅)를 가지고 빈부격차를 줄이는 방법으로 귀착된다. 자유주의사회는 시장에만 결정을 맡겨 놓으면 공정성을 상실하는 경우가 많다. 그것을 정의라는 요소로 수정해 나갈 필요가 있다는 주장을 정교한 논리로 주장한 것이다. 롤스(Rawls)는 자유와 평등이 양립될 수 있는 정의로운 사회란 있을 수 있는가라는 가장 기본적이고 핵심적인 의문을 제기하는데 크게 기여했다.

그런데 롤스 훨씬 이전에 이 기본적인 질문을 제가한 사람으로 칼 마르크스를 들 수 있다. 그러나 마르크스의 정의에 대한 생각은 권력(즉 국가)이라는 개념과 밀착되어 논의되고 있다. 그에 의하면 국가의 법은 지배집단의 사회통제를 위한 도구(tools)에 불과하다는 것이었다. 그런 국가가 강요하려는 법이란 정의로울 수 없다. 국가가 행사하는 권력의 진원은 군사적 침략에 의해 얻은 것일 수 있고 사화-경제적 계급구조로부터 나온 것일 수도 있다. 여하튼 그런 국가가 소멸되고 그런 정치적 권력이 필요 없는 행정(行政)으로 대치될 때 정의는 실현가능하다는 주장을 했다.

결국 '국가의 소멸로만 정의는 실현된다'는 것이다. 그리고 국가의 정의는 부정의(injustice)이며 지배계급은 이데올로기로 그 부정의를 정당화하고 옹호하려고 하고 있다는 것이다. 보다 냉소적인 견해는 정의를 순전히 '권력'의 기능으로 해석하면서도 그 권력의 판단이나 심판은 논외로 하고 있다는 것이다. 그런 공산주의를 추종한다는 오늘날 북한에 분배적이거나 징벌적인 의미의 정의라는 개념조차 존재하는지가 의문이다. 독립된 사법부가 있는 것도 아니고 징벌적인 의미의 정의는 공정한 재판도 없이 공산당 집권세력의 일방적인 판단에 따라 강제로 수용소에 끌려가는 형태로 나타나고 있다. 그것을 마르크스의 정의에 대한 주장을 가지고 어떻게 설명될 수 있는지 반문하고 싶다.

내가 존경하던 김재준(金在俊) 목사님의 묘 앞에 놓인 상석(床席)에는 구약성서에서 인용한 글이 하나 적혀있다. "정의가 강물처럼 흐르게 하라"라는 구절이다. 그분이 살아가신 자세와 너무나 잘 맞는 구절이다. 아모스(Amos)라는 구약에 나오는 유대의 선지자(예언자라고도 함)가 하나님의 계시를 받고 불의와 방탕이 극에 달한 이스라엘 백성을 향해 울부짖은 예언 중에 나오는 표현이다. "다만 정의를 강물처럼 흐르게 하여라. 서로 위하는 마음 개울같이 흐르게 하여라"(아모스 5장 22절).

그런데 이 구절 바로 전에 나오는 것으로 "너희가 바치는 번제물과 곡식제물이 나는 조금도 달갑지 않다. 친교 제물로 바치는 살찐 제물은 보기도 싫다"라는 구절이 있다. 물질적 번영, 호화로운 잔치, 그리고 아름다운 노래 소리가 무슨 의미가 있느냐, 너희들의 이웃이 죽어가고 서로 싸우며 부정이 판을 치고 있는 판인데 제물이 무슨 소용이 있느냐고 꾸짖는 하나님의 목소리를 아모스는 그렇게 전한 것이다. 아모스의 꾸짖음은 그 후 수천 년이 지나면서도 아직도 강한 호소력을 지니면서 많은 사람들의 심금을 울리고 있다.

독일출신으로 미국에 망명한 후 실존주의와 존재론(ontology)으로 심오한 신학적 경지를 이룩한 사람으로 폴 틸리히(Paul Tillich)라는 신학자가 있다. 지금까지 논해 온 사회적 정의를 전문적으로 다룬 것은 아니지만 정의에 대해 신학적 시각에서 논한 해석은 사회의 정의문제를 생각하는 데도 많은 시사점을 주기에 충분할 정도로 깊은 통찰력을 지니고 있다. (Paul Tillich, *Love, Power and Justice,* A Galaxy Book, 1960).

수정한 평등은 있어도 절대적 평등은 없다

흥미로운 것은 틸리히는 정의 개념 속에 평등, 자유, 그리고 공동체(community)라는 요소를 포함시켜 정의문제를 다루고 있다는 점이다. 평등은 인간이 잠재적(potentially)으로 동등하게 이성(理性)을 보유한다는 것을 전제로 한다. 그리고 평등을 이루려면 그런 잠재성이 실제화되어야 하지만 사람마다 성격이 다르고, 사회적 기회가 다르며 권력도 다르다. 그런 차이가 사회적 권력의 차이만 아니라 분배적 정의에 대한 주장을 다르게 한다. 그런데 진정한 의미에서 균등한 사회란 존재하지 않다. 그런 균등성이란 없다. 수정한 평등(Qualified equality)은 있을 수 있지만 균등한(Egalitarian) 사회는 없다. 그렇기 때문에 정의의 원리로서 '인격의 원리'를 논할 필요가 있다. 이 원리는 누구나 서로를 하나의 인격(Person)으로 대해야 한다는 원리이다.

인간이 물체로 취급될 때 정의는 침해되는 것이다.

틸리히는 정의개념이 지니는 첫째 원리로 적절성(adequacy)이라는 용어를 쓰고 있다. 가령 이전에 적절했던 법이 현재에 맞지 않는다는 표현을 든다. 과거 가족관계를 규정한 법이나 경제관계에 대한 법이 오늘에 와서 가족을 파괴시키거나 계급적 통합을 저해하는 경우가 있다면 그것은 적절성을 상실한 것이고 부정이다. 한때 적절했던 권력구조이지만 지금은 적절성의 한계를 넘어섰는데도 그것을 유지하려고 하는 데서 유래하는 현실과 적절성을 상실한 형태(form) 사이의 괴리를 말하는 것이다. 적절성이 없는 기존의 형태를 보존하려고 할 때 안전함(safety)은 있을지 모르나 그 때문에 부정의라는 대가를 치르는 것이다. 궁극적으로 그것이 안전함 자체를 무너뜨리면서 안전함을 공허하게 만든다.

그런데 적절성의 원리는 과거의 권력구조나 형태를 전적으로 부정하거나 기존 질서를 무의미하게 여기려는 과격주의적인 주장이나 행동의 경우에도 적용되는 것이다. 기존의 질서와 형태를 무조건 부정의(injustice)라고 주장하고 새로운 질서를 갈망하고 요구할 경우에도 특정의 사회가 처한 상황이나 환경을 전혀 고려하지 않는 행동이라면 그것은 적절성을 결하는 것이어서 적절성의 원리에 위배되는 경우이다. 그럴 경우 정의의 이름으로 행해지는 부적절한 행동이나 주장이 정의 자체를 무너뜨리는 경우가 생길 수 있다.

틸리히가 지적하는 두 번째 요소는 자유이다. 자유란 '외적' 세계의 노예화하려는 조건을 극복할 수 있는 자신의 '내적' 우월성을 의미한다. 로마제국 시대 기독교인들은 노예가 되었지만 쇠사슬에 묶여 있어도 정신적으로 자유로웠다. 그리고 정치적 의미로서 자유주의는 노예적인 조건으로부터 인간을 해방하려는 것이다. 그런데 정치적 자유에는 그 이상의 의미가 있다. 자유가 정의의 가장 중요한 원리라고 보기 때문이다. 정치적 자유, 문화적 자결주의는 인간존재의 가장 긴요한 요소이기 때문이다. 가령 주인과 노예사이에 '초월적'인 의미의 자유에 서로가 동참하고 있다고 해도 어떤 형태의 노예제도이든 그것은 정의와 모순되는 것이다. 자유 없이 정의가 존재할 수 없다는 것이다.

정의의 또 하나의 원리로 공동체를 든다. 프랑스혁명 당시 구호의 하나였던 박애(Fraternity)에 해당하는 개념이다. 그것을 결속 내지 연대성으로 해석할 수도 있다. 틸리히는 그것을 공동체라고 해석한다. 다른 사람을 나와 같은 사람으로 대하는 평등의 원리가 정의의 한 요소라고 했다. 신학자로서 틸리히는 정의와 사랑과의 관계에 관심을 두면서 그런 사람들 사이의 만남을 주로 상대방의 이야기를 들어주는 것으로 요약한다. '들어주는 사랑'이라는 표현을 쓰고 있다. 서로 '들어 주는 사랑'을 하는 사람들이 구성하는 것이 공동체이다. 그러면서 그 공동체를 지배하는 소수는 그 집단의 권력과 정의를 표현 할 뿐 아니라 그 공동체의 정신, 이상, 그리고 가치를 표현하고 있는 것이다.

그처럼 모든 자연 또는 사회적 유기체는 본질적으로 어떤 형태이든 서로를 연결시키는 사랑을 바탕으로 하고 있다. 그것들은 권력만 아니라 정의를 갈망하는 본질적인 주장을 담고 있는 것이다. 그런 공동체의 정신을 집단정신(Group spirit)이라 한다. 그 정신은 모든 법, 제도, 상징물, 신화를 포함한 윤리적 및 문화적 형태로 나타나고 있다. 소수로 구성되는 지배집단은 그것을 대표하고 있는 존재이다. 그것이 바로 그들의 권력기반이기도 하다. 그것을 피지배자들이 구성하는 공동체가 인정(Acknowledge)하는 한 그들의 자리는 보장된다.

이와 같이 사회집단 내에서 권력과 정의는 공동체의 정신에 의존하고 있으며 그런 결합된 사랑이 바로 공동체를 창조하고 또 유지해 가는 것이다.

틸리히는 정의를 구성하는 원리를 논하면서 동시에 정의의 수준(level)과 형태(form)를 논한다. 첫째 수준의 정의로 드는 것은 가장 원초적이고 본질적(Intrinsic)인 정의 개념이다. 인간 존재가 가진 권력을 기반으로 하여 조용히 또는 소리 높게 요구하려는 것이 본질적 정의이다. 그것을 인권(人權)이라고도 말한다. 그런 주장을 하는 사람의 본질적인 주장이 그에게 적절한 것일 수도 있고 그렇지 않을 수도 있다. 그리고 그의 주장이 정당하거나 정당하지 않을 수도 있다. 그런데 사람의 본질적인 주장에 대해 옳고 그른 것에 대한 판단을 내리려 할 때 그것은 잘못하면 인간 존재가 자기실현을 추구하려는 것을 억압하는 일이 될 수도 있다. 그것은 불의(Injustice)이다.

둘째 수준으로 「비례적 정의」(proportional justice)를 든다. 아리스토텔레스의 배분적 정의와 징벌(懲罰)적 정의가 포함되는 넓은 개념이다. 그것은 계산적인 정의이다. 사람이 지닌 권력에 따라 얼마를 주어야 하고, 또 반대로 그들로부터 얼마를 회수해야 하는가를 측정하는 식의 정의이다. 틸리히는 그것을 조공(朝貢)적(Tributive) 정의라고 부르는 것이 적절하다고 말한다. 고대에 속국이나 약소국들이 강대국들에게 바치던 조공과도 같다는 것이다. 그리고 분배적 정의와 징벌적 정의란 실제로 다른 것이 아니라고 본다. 두 가지가 다 비례적(proportional)인 정의이지만 하나는 긍정적인 것이고 다른 하나는 부정적인 것으로 볼 수 있기 때문이다.

그런 비례적 정의는 실정법을 통해서 계산되고 집행된다. 그리고 법의 집행에 있어서 조공(朝貢)적인 형태의 정의가 판단의 기준이자 규범(norm)이다. 그런데 사회적 현실로 볼 때 조공적 정의만으로 정의의 본질을 규정하기는 어렵다. 정의가 너무나 동적인 것이기 때문이다. 실정법을 어기는 사람들의 수는 셀 수가 없고, 권력을 둘러싼 투쟁도 끊임없으며 승자와 패자 사이의 권력도 수시로 변하게 된다. 정의의 사임(resignation) 아니면 포기를 요구하는 사건들이 쉬임 없이 발생하는 것이 이 세상이다. 비례적 정의로써 사회의 정의를 확보하는 길은 사실상 불가능하다는 것이다. 인간들의 판단의 한계와 불의(不義)의 가능성을 말하는 것이다.

세 번째로 틸리히는 창조적 정의(Creative Justice)라는 개념을 논한다. 그런 정의는 용서(Forgive)하는 정의이다. 실정법의 차원이 아니라 종교적 차원이다. 그리고 서로를 결합하는 사랑(reuniting love)의 차원을 포함한다. 정의는 비례적 정의만을 의미하는 것이 아니라 창조적인 정의, 인간 사이를 재결합시키는 은총을 바탕으로 하는 용서를 의미한다. 그래서 창조적 정의는 인간 사이에서 그들을 재결합하는 사랑의 형태를 갖는다.

틸리히는 다음과 같이 창의적 정의의 의미를 요약하고 있다. "사랑은 정의가 요구하는 것 이상을 하는 것이 아니라 정의의 궁극적인 원리이다. 사랑은 재결합시킨다; 정의는 결합해야 할 것을 보존해 준다; 정의는 사랑이 그것(정의)을 통해서 그 일을 수행하는 형태이다; 정의란 궁극적인 의미에서 창조적 정의이며 창조적 정의는 재결합하는 사랑의 형태를 의미 한다."

틸리히의 정의론이 지닌 통찰력은 앞서 인용한 아모스의 예언적인 글 가운데 두 번째 구절인 "서로 위하는 마음을 개울 같이 흐르게 하여라"를 상기시키는 내용이다. 정의가 "강물처럼 흐르는 것"과 동시에 서로를 위하고 사랑함으로써 진정한 의미의 정의로운 사회를 이룩할 수 있다는 것으로 이해된다. 사실 틸리히가 조공적(朝貢的) 정의라고 규정한 내용의 권력(또는 부와 물질)의 적당한 배분으로서의 정의 개념은 정의를 배반하는 것이나 다름없다. 우리 사회가 바라는 정의는 그런 것만은 아닐 것이다. 그런 의미에서 틸리히의 정의이론은 깊히 음미할 내용을 담고 있다고 본다.

자유 없는 정의는 생각할 수 없다. 서로는 끊을 수 없는 상관관계를 지닌다. 자유가 없는 곳에 정의란 존재할 수 없다. 그러나 정의를 위협하거나 짓밟을 정도의 자유는 용납될 수 없다. 정의를 실현시키는 것이 아니라 자유만 아니라 정의 자체도 존속할 수 없도록 만들 수도 있다. 자유가 그 정도에 달하면 그것은 자유가 아니라 방종(License)이다. 방종은 자유만 아니라 정의를 무너뜨릴 수도 있다.

틸리히의 표현을 따른다면 어떤 노예제도도 그것은 정의와는 모순되는 것이다. 정치적인 노예상태나 다른 어떤 노예상태라도 불의인 것이다. 가령 주인이 노예에게 자비를 베풀고 그와 종교적인 의미의 사랑을 나누고 있어서 서로가 "자유"다 라고 주장해도 그것은 정의와는 반대의 경우이다. 신체적인 것이든 정신적인 것이든, 또는 정치적인 것이든 노예라는 상태 자체가 정의와 위배된다. 인간과 인간 사이의 관계가 진정 "자유로울 때" 틸리히가 말하는 본질적 정의(Intrinsic justice)도 존재할 수 있는 것이기 때문이다. 그리고 자유가 존재할 때 분배적 정의나 징벌적인 정의를 요구할 수 있고 부정의에 대한 항의도 할 수 있다. 자유가 박탈된 곳에서는 정의가 설 자리가 없다.

▌민주정치를 지키는 자유와 정의

자유 없이 정의가 실현될 수 없는 것처럼 자유와 정의가 존재하지 않는 곳에 민주정치도 성립될 수 없다. 역사는 민주주의가 실현되는 곳에서 자유도 정의도 실현될 수 있다는 것을 증명해주고 있다. 독재체제에서 그것을 기대할 수 없다. 최악의 정치적 노예상태가 전개되고 있는 오늘날 북한에서 그것을 기대할 수 없다. 정의에 의해 뒷받침되고 자유가 보장되며 그것이 더욱 양적으로 늘어날 때 민주주의는 깊은 뿌리를 내리면서 성장해 갈 수 있다. 자유, 정의 그리고 민주주의는 불가분의 관계를 지니고 있는 것이다.

민주주의가 존속하려면 자유와 정의가 그것을 받쳐주어야 한다. 한 사회의 수준에 '적절'하게 배분적인 정의가 실현되어야 한다. 틸리히의 주장대로 정의의 원리는 '적절성(adequacy)'이라는 원리를 포함해야 한다. 적절성을 결정하는 문제는 나라의 사정에 따라 수준이나 범위나 정도가 다를 수 있다. 그래서 일률적(一律的)일 수 없다. 그래서 한 나라에서 실시한 배분정책을 그대로 다른 나라에 옮겨 실천할 경우 문제가 있을 수 있다. 분배적 정의만이 아니라 공평하고 공정하게 법을 집행하여 징벌적 정의가 실현되어야 한다. 국민사이에 법에 대한 불신감이 높을 경우 법은 사실상 구속력을 상실한 것이나 다를 바 없다. 그런 나라에서 민주주의의 존속가능성(Viable)은 높을 수 없다.

그리고 배분적 정의도 중요하고 징벌적 정의도 실현되어야 하겠지만 이 보다 더 중요한 것은 지배층과 공동체 구성원을 묶어주는 깊은 '신뢰', 틸리히가 말하는 "들어주는 사랑"으로의 '정의'가 필요하다. 그가 말하는 창조적(Creative)인 정의가 필요하다. 공동체 구성원 사이에 강한 소속의식과 긍정적인 일체감을 갖게 하는 것, 그들의 요구를 잘 들어주는 것, 그리고 서로를 위하는 마음이 곳곳에 스며들게 하는 것, 이런 의미의 창의적인 정의가 넘치는 사회일수록 지배자와 피지배자 사이에 상호신뢰가 생기고 자유와 정의는 물론 민주주의도 높은 생존가능성을 갖게 되는 것이다. 그런 민주정치체제를 토대로 21세기 중에 민족의 염원인 남북통일을 달성할 수 있기를 진심으로 기원한다.

한배호 교수의 경력 및 저서와 논문

• 학력

1931.10.20.	서울 出生
1944.3.~1950.4.	中央中學校 6年制 卒業
1950.4.	延禧大學校 政治外交學科 入學(6·25 후 중퇴)
1954.9.~1957.12.	美國 Maryville College, Maryville, Tenn. 政治學科 卒業 (政治學士)
1958.9.~1960.8.	美國 Northwestern 大學院 卒業 (政治學 碩士)
1966.9.~1971.1.	美國 Princeton 大學校 政治學科 卒業 (政治學 博士)

• 경력

1961.2.~1962.6.	延世大, 美 8 軍內 Maryland 大學 서울分校 講師
1963.3.~1966.8.	中央大學校 政治外交學科 副敎授
1966.8.~1968.8.	同 大學校 休職
1969.9.~1970.5.	美國 University of Pennsylvania 招聘講師
1971.3.~1994.4.	高麗大學校 政治外交學科 敎授
1971.3.~1984.2.	同 大學附設 亞細亞問題硏究所 日本硏究室長
1977.7.~1977.10.	The Japan Foundation Senior Fellow (東京大 客員硏究敎授)
1978.~1980.	現代日本學會 初代會長
1980.8.~1981.7.	The Woodrow Wilson International Center for Scholars, Washingtond, D.C., Senior Fellow (연구교수)
1982.12.~1983.12.	韓國政治學會 會長

1986.6.~1986.12.	高麗大 政經大學長
1986.12.~1989.8.	高麗大 政策大學院長
1989.9.~1992.8.	高麗大 大學院長
1990.9.	母校 Maryville College에서 Honorary Degree of Law (LL.D) 名譽法學博士學位 授與
1993.~1994.	統一院 政策諮問 委員長
1994.1.~1994.4.	國會制度改善諮問委員會 副委員長
1994.4.~1999.1.	世宗研究所 所長
1999.~2001.	Princeton大學校 韓國 同門會 會長
2004.~2010.	柳韓財團 理事長

• 저서 및 논문 목록

저서

『理論政治學』(一潮閣, 1965).
『比較政治論』(法文社, 1972).
『日本近代化研究』(高大出版部, 1974).
『政治學方法論』(法文社, 1981).
『韓國의 政治』(博英社, 1984).
『韓國의 政治過程과 變化』(法文社, 1993).
『韓國政治變動論』(서울: 法文社, 1994; 日語版:法政大學 出版部, 2004).
『比較政治論』(3 개정판) (서울: 法文社, 2000).
『韓國政治文化와 民主政治』(法文社, 2003).
『자유를 향한 20세기 한국정치사』(일조각, 2008)

공저 및 편저(국문)

韓培浩 · 梁好民 · 金南植 외 共著.『北韓政治體系研究』(고려대 아세아문제연구소, 1972).

韓培浩 編著.『現代 各國 政治論』(法文社, 1975).

梁好民 · 韓培浩 · 盧在鳳 외 共著.『韓國民族主義의 理念』(서울: 亞政研, 1976).

韓培浩 · 崔相龍 · 李相禹 共著.『韓國 · 美國 · 日本』(서울: 亞政研, 1977).

韓培浩 · 車基壁 · 崔相龍 외 共著.『現代日本의 解剖』(한길사, 1978).

韓培浩 · 徐相喆 · 朴英哲 · 共著.『韓國社會開發研究』(고려대 아세아문제연구소, 1979).

韓培浩 · 金學俊 외 共著.『分斷國의 對話』(동아일보사, 1979).

韓培浩 외 共著.『日本政治論』(박영사, 1983).

韓培浩 · 鄭泰東 · 閔萬植 외 共著.『新生國政治論』(정음사, 1983).

韓培浩 · 李正馥 · 韓相一 외 共著.『日本政策決定의 解剖』(정음사, 1984).

具永祿 · 韓培浩 외 共著.『美國과 東北亞』(서울대 미국학연구소, 1984).

韓培浩 · 魚秀永 共著.『韓國政治文化』(서울: 法文社, 1987).

韓培浩 · 朴贊郁 共編著.『韓國의 政治葛藤』(法文社, 1992).

韓培浩 · 陳德奎 외 共著.『韓國의 國家와 市民社會』(한울, 1992).

韓培浩 · 吉昇欽 · 朴忠錫외 共編著.『21世紀日本의 位相』(法文社, 1993).

韓培浩 編著.『世界化와 民主主義』(世宗研究所, 1996).

______.『韓國의 民主化와 改革』(世宗研究所, 1997).

논문(국문)

韓培浩. "集團槪念으로 본 韓國政治過程."『韓國政治學會報』. 2집. 1967.

______. "京鄕新聞 廢刊에 대한 事例研究."『中央大 法政論叢』. 1967.

______. "戰後 韓國의 權威構造."『國際政治學會 論叢』. 9집. 1969.

______. "理論的 展望으로 본 韓국의 派閥政治."『한국의 전통과 변화, 高麗大 亞研』. pp. 312-321. 1973.

______. "傳統과 近代—그 의미와 한계."『高大 社會科學論集』. 1975.

______. "開化期 이 후의 政體와 政治文化."『韓國政治學會報』. 1976.

______. "政黨政治의 發生에 대한 고찰."『고려대 亞細亞研究』. 1980.

______. "50년대 전후의 美國 極東戰略."『高大文化』. 22: 129-137. 1982.

______. "아시아에 있어서 民主政治의 成立條件." 차기벽 편.『정치

와 정치사상』 pp. 221-243. 1984.
______. "한국외교정책 속의 일본-Linkage 理論의 適用." 『日本硏究論叢』 (現代日本學會) 5: 62-83. 1986.
______. "戰爭과 平和에 대한 한국인의 意識構造: 동아일보 社說을 중심으로." 『梨花女大 社會科學論集』 7권, 59-82. 1987.
______. "제1공화국의 국가와 사회-국가구조와 정치과정." 『韓國과 國際政治』, 慶南大 極東問題硏究所. 1988.
魚秀永 · 韓培浩. "韓國政治文化의 變化와 持續性에 관한 연구." 『韓國政治學會報』. 30권 3호. 81-104. 1996.

공저 및 편저(영문)

Bae Ho Hahn. "Major Issues in the American-Korean Alliance." Youngnok Koo and Suh Dae-sook (eds.). *Korea and the United States* (University of Hawaii Press, 1985).
______. "Policy Toward Japan." Youngnok Koo and Sung-joo Han (eds.). *The Foreign Policy of the Republic of Korea* (Columbia University Press, 1985).
______. "Korean-American Security Relations in the 1970s." Martin E. Weinstein(ed.). *Security in Northeast Asia After Vietnam* (University of Illinois Press, 1982).
______. "Party Bureaucrats and Party Development." Suh Dae Sook and Chae Jin Lee (eds.). *Political Leadership in Korea* (University of Washington Press, 1976).
______. "Authority Structure of Korean Politics." Edward Wright (ed.). *Korean Politics in Transition* (U. of Washington Press, 1975).
Bae Ho Hahn and Yamamoto Tadashi (eds.). *Korea and Japan* (Asiatic Research Center, Korea University, 1975).
Bae Ho Hahn (ed.). *Korea-Japan Relations in Transition: Challenges and Opportunities* (Asiatic Research Center, 1982).
Bae Ho Hahn and Chae-Jin Lee (eds.). *The Korean Peninsula and the Major*

Powers (Seoul: Sejong Institute, 1998).

______. *Patterns of Inter-Korean Relations* (Seoul: Sejong Institute, 1999).

논문(영문)

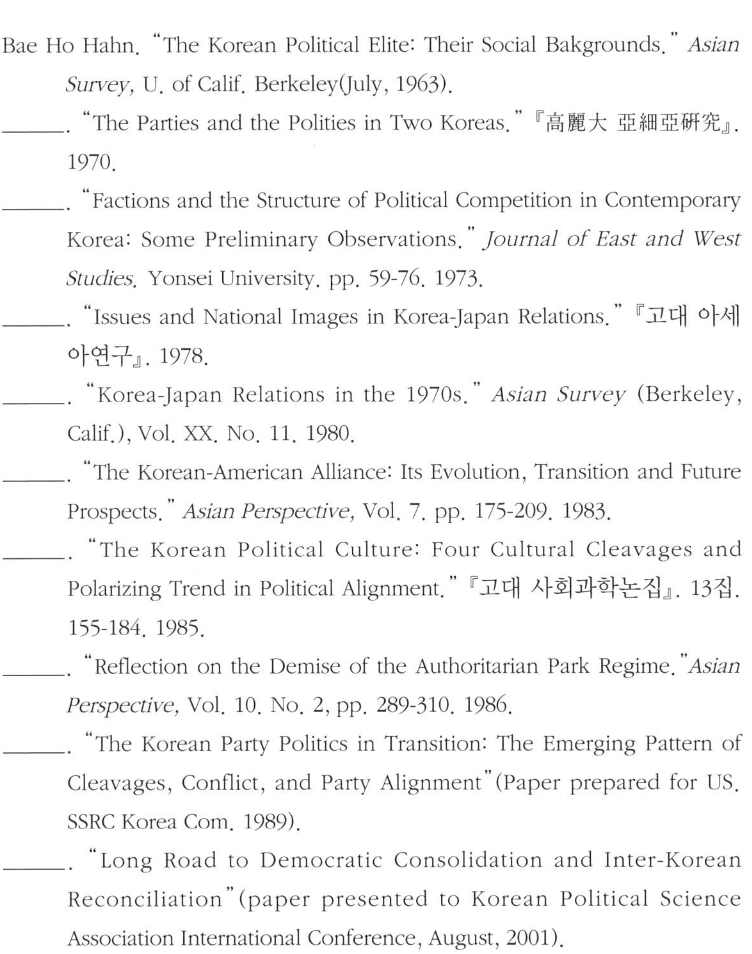

Bae Ho Hahn. "The Korean Political Elite: Their Social Bakgrounds." *Asian Survey,* U. of Calif. Berkeley(July, 1963).

______. "The Parties and the Polities in Two Koreas." 『高麗大 亞細亞硏究』. 1970.

______. "Factions and the Structure of Political Competition in Contemporary Korea: Some Preliminary Observations." *Journal of East and West Studies.* Yonsei University. pp. 59-76. 1973.

______. "Issues and National Images in Korea-Japan Relations." 『고대 아세아연구』. 1978.

______. "Korea-Japan Relations in the 1970s." *Asian Survey* (Berkeley, Calif.), Vol. XX. No. 11. 1980.

______. "The Korean-American Alliance: Its Evolution, Transition and Future Prospects." *Asian Perspective,* Vol. 7. pp. 175-209. 1983.

______. "The Korean Political Culture: Four Cultural Cleavages and Polarizing Trend in Political Alignment." 『고대 사회과학논집』. 13집. 155-184. 1985.

______. "Reflection on the Demise of the Authoritarian Park Regime."*Asian Perspective,* Vol. 10. No. 2, pp. 289-310. 1986.

______. "The Korean Party Politics in Transition: The Emerging Pattern of Cleavages, Conflict, and Party Alignment"(Paper prepared for US. SSRC Korea Com. 1989).

______. "Long Road to Democratic Consolidation and Inter-Korean Reconciliation"(paper presented to Korean Political Science Association International Conference, August, 2001).

민주정치라야 정치학이 산다

정치학 교수로 보낸 30년과 학문탐구의 궤적

인 쇄 | 2013년 2월 1일
발 행 | 2013년 2월 8일
지은이 | 한배호
발행인 | 부성옥
발행처 | 도서출판 오름
등록번호 | 제2-1548호 (1993. 5. 11)
주 소 | 서울특별시 서초구 서초동 1420-6
전 화 | (02)585-9122, 9123 팩 스 | (02)584-7952
E-mail | oruem9123@naver.com
URL | http://www.oruem.co.kr

ISBN 978-89-7778-390-4 93340

※잘못된 책은 교환해 드립니다.
※값은 뒤표지에 있습니다.